Inhaltsverzeichnis

4-5	KARTE DER HAUPTSEHENSWÜRDIGKEITEN
6-7	KARTE DER STRECKENVORSCHLÄGE
8-10	FERIENORTE

11 EINFÜHRUNG IN DAS REISELAND

12-19	LANDESNATUR
20-23	GESCHICHTLICHER ÜBERBLICK
24	DIE PROVENZALISCHE SPRACHE
25-26	SAGEN UND LEGENDEN
26	FESTE UND TRACHTEN
27	TRADITIONELLE LÄNDLICHE HAUSFORMEN
28-38	KUNST
39	PROVENZALISCHE WEIHNACHTSBRÄUCHE
40	PROVENZALISCHE KÜCHE
41	KLEINES WÖRTERVERZEICHNIS

42 ZEICHENERKLÄRUNG

43-184 SEHENSWÜRDIGKEITEN
Beschreibung in alphabetischer Reihenfolge

185-190 PRAKTISCHE HINWEISE

191-205 BESICHTIGUNGSBEDINGUNGEN

206-209 REGISTER

Benutzen Sie mit diesem Reiseführer die entsprechenden Michelin-Abschnittskarten

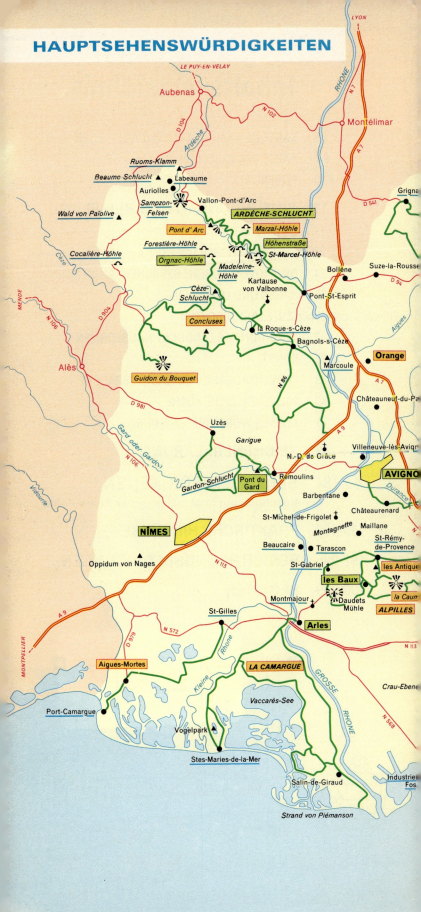

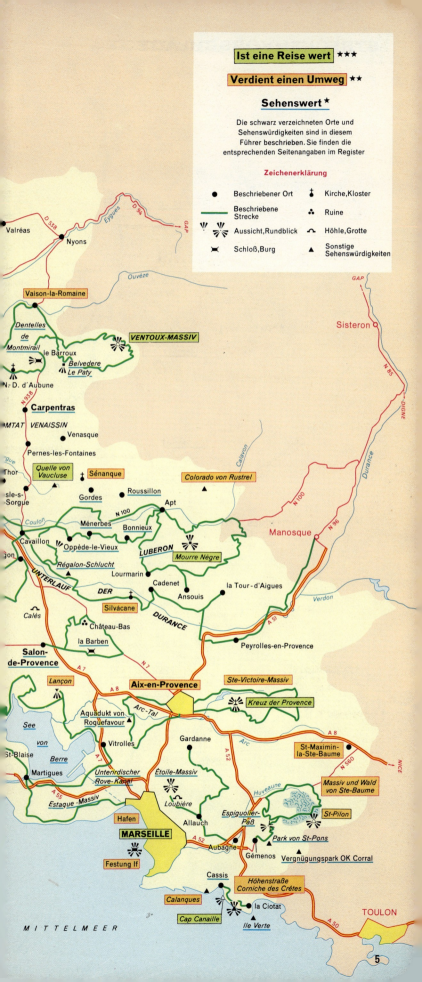

STRECKENVORSCHLÄGE

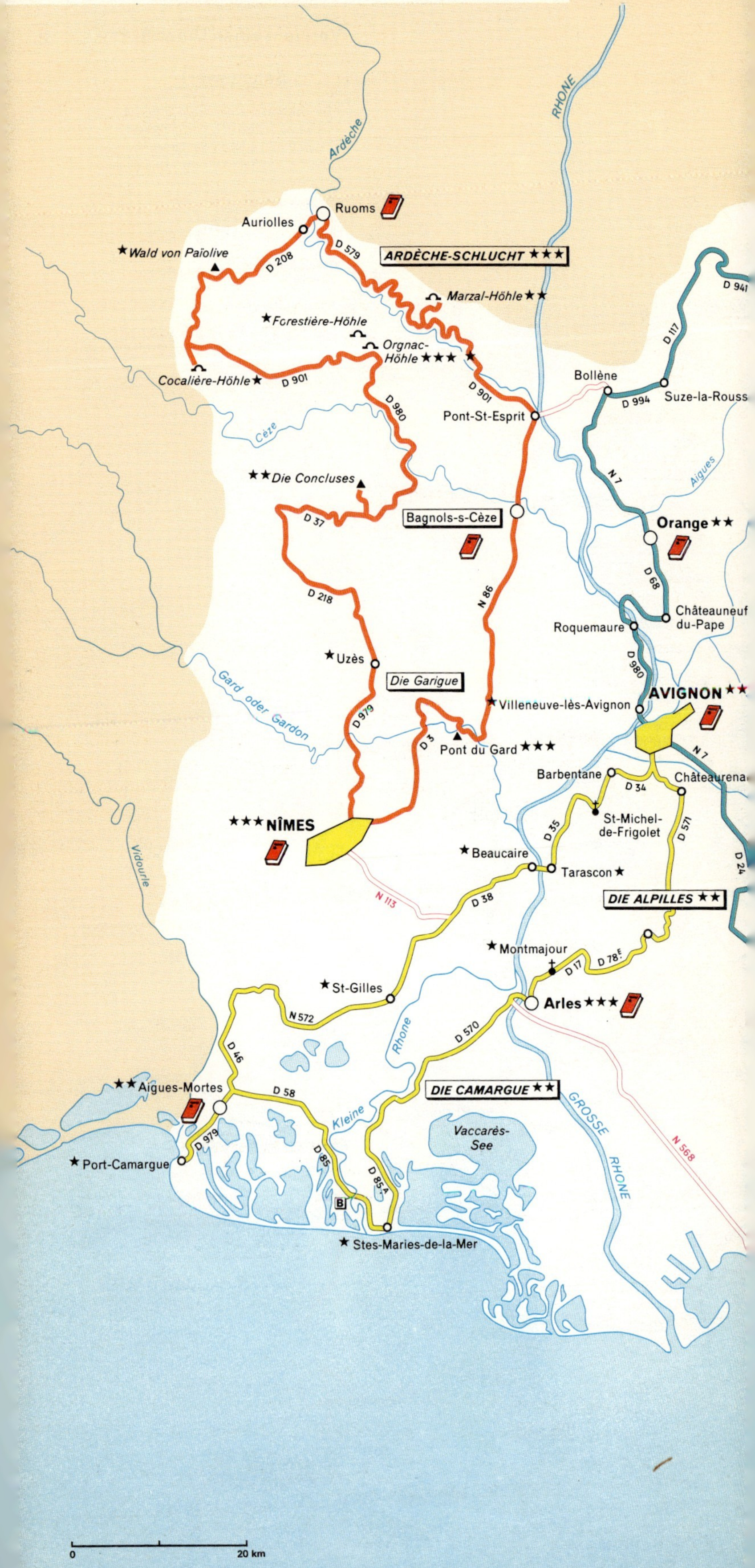

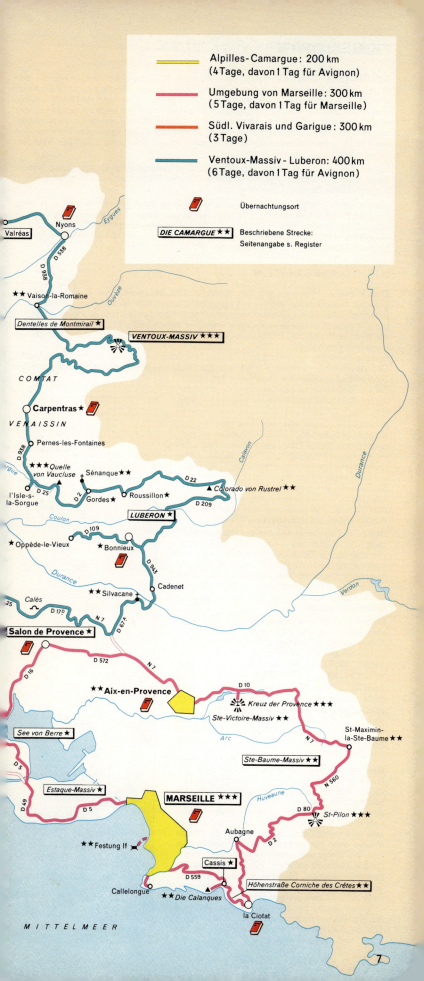

FERIENORTE

Auf der Karte geben wir Ihnen eine Auswahl an Ferienorten; sie entspricht den Unterkunftsmöglichkeiten der betreffenden Orte, die im jährlich neu erscheinenden **Michelin-Hotelführer France** aufgenommen sind. In diesem Führer sind die Hotels und ihre Zimmerpreise sowie ausgewählte Restaurants aufgeführt, wobei auch die einfachen, aber guten Mahlzeiten nicht vergessen wurden. Sie finden außerdem eine Reihe angenehmer, ruhiger oder schön gelegener Hotels, deren Öffnungszeiten und besondere Einrichtungen wie Tennis, Schwimmbad u. dgl. sowie Anschriften und Telefonnummern der Fremdenverkehrsämter.

Die meisten der auf der Karte verzeichneten Orte besitzen einen Campingplatz. Nähere Angaben über Einrichtungen und Charakteristika der Plätze finden Sie im jährlich neuen Michelin-Führer **Camping Caravaning France**.

Die Ferienorte wurden auch aufgrund ihrer Lage als Ausflugszentrum, der gebotenen Sportmöglichkeiten (Wassersport, Angeln, Tennis, Golf, Reiten, Segelfliegen, Wanderwege, Ski) und ihres malerischen Ortsbildes ausgewählt. Freibäder, Golfplätze, Pferderennbahnen, Flugplätze, markierte Wanderwege, Schutzhütten usw. sind auf den **Michelin-Abschnittskarten** im Maßstab 1 : 200 000 aufgenommen.

DIE JAHRESZEITEN

Das Klima. — Dichter und Schriftsteller haben die gemäßigten Temperaturen, die geringen Niederschläge und die außergewöhnliche Lichtfülle der Provence gerühmt.
Die klimatischen Bedingungen können jedoch von einem zum anderen Jahr stark differieren (so gibt es auch Beispiele winterlicher Fröste — zuletzt 1985/86), während es zuweilen, vor allem im Winter und Frühjahr, im Verlauf eines Tages zu starken Temperaturschwankungen kommen kann.
Entscheidend ist der Einfluß von Bergen und Meer — so besitzen die küstennahen Gebiete ein milderes Klima (wärmer, weniger Regen) als das Binnenland, wo die jeweilige Meereshöhe spürbar die Temperatur beeinflußt.
Für alle Gegenden typisch bleibt jedoch die überdurchschnittliche Sonneneinstrahlung (über 2 500 Std./Jahr).

Sommer. — Diese von den Touristen so geschätzte, sprichwörtlich schöne Jahreszeit ist charakteristisch für die Provence. Während drei oder vier Monaten fällt weniger als 70 mm Niederschlag und sinkt die Temperatur selten unter 30 °C. Diese trockene Hitze ist recht gut erträglich; die hohe Stabilität der Wetterlage erklärt sich durch große Mengen heißer Luftmassen aus der Sahara, die durch das Zentralmassiv vor den feuchten Tiefdruckgebieten geschützt sind.

Herbst. — Das Zurückweichen der Hochdruckgebiete tropischer Herkunft ermöglicht das Vordringen atlantischer Tiefdrucks. Mitte September bis Ende November ist die Periode der Regenfälle, die manchmal die Form regelrechter Wasserhosen annehmen und in einer Stunde über 100 mm Niederschlag bringen (bei einer jährlichen Gesamtmenge von 600 mm).

Winter. — Er ist verhältnismäßig mild und trocken; allerdings kann eine „Attacke" des Mistral die Temperaturen in wenigen Stunden um 10 °C sinken lassen. Mit seiner großen Wassermasse mildert das Mittelmeer die Kälte erheblich und verhindert, außer in den Höhen, Schneefälle.

Frühling. — Sobald sich die sibirischen Hochdruckgebiete ab Februar abschwächen, bringt atlantischer Tiefdruck erneut Regen, jedoch weniger heftig als im Herbst, so daß es trotzdem viele schöne Tage gibt. Besonders im März kann jedoch der Mistral noch für manche überraschende Abkühlung sorgen.

Die Winde. — Wind ist ein bestimmender Faktor im provenzalischen Klima. Der berühmteste ist der **Mistral** („Meister" auf provenzalisch), der nordwestlich von den schneebedeckten Höhen des Zentralmassivs aus durch das Rhonetal heranfegt, die Wolken vertreibt und jegliche Feuchtigkeit verdunsten läßt: dann schlägt die Rhone Wellen, Seen bedecken sich mit Schaumkronen, und die Menschen ziehen sich in ihre Häuser zurück. Genauso plötzlich, wie er kam, läßt er innerhalb weniger Stunden wieder nach. Der Schriftsteller Daudet erwähnt etwa 30 verschiedene Winde... zwei weitere sind zumindest ebenfalls von weitreichender Wirkung: der Seewind aus Südost, der Regen und Nebel mit sich bringt, und der Südwestwind mit Gewittern; alle übrigen haben eher lokale Bedeutung.

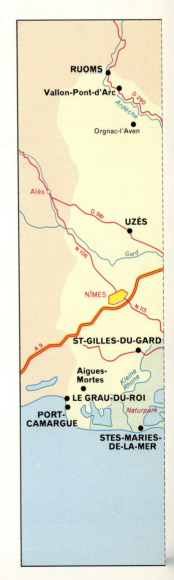

FREIZEITGESTALTUNG

Adressen und weitere Informationen siehe unter „Praktische Hinweise" am Ende des Bandes.

Wandern. — Wer die Provence zu Fuß entdeckt, genießt erst richtig die Schönheit einer in Sonne getauchten Landschaft, sei sie nun unberührt oder, in Siedlungen mit umliegendem Ackerland, durch den Menschen geprägt. Erst wenn man das Auto stehenläßt, entkommt man der heutigen Rastlosigkeit und erfaßt das unwandelbare Wesen dieses reizvollen Landes.
Zahlreiche Fernwanderwege (Sentier de Grande Randonnée) durchziehen die hier beschriebene Gegend: so durchquert der GR 4 das südliche Vivarais bis zum Ventoux; der GR 42 führt am Rhonetal entlang; der GR 6 folgt dem Verlauf des Gard bis Beaucaire und führt dann in die Alpilles und den Luberon. Auf dem GR 9 umgeht man die Nordflanke des Ventoux, überquert das Plateau von Vaucluse, den Luberon, das Ste-Victoire- und Ste-Baume-Massiv. GR 63, 92, 97 und 98 sind Varianten.
Daneben gibt es eine Vielzahl kürzerer Wege, die einen Zeitaufwand von wenigen bis zu 48 Stunden erfordern.

Reiten. — Zahlreiche Reitclubs und Reiterhöfe veranstalten Ausritte und Wandern zu Pferde. Vor allem in dem Pferdeland Camargue gibt es viele Möglichkeiten, das Reich der Seen und Sümpfe vom Pferderücken aus zu erleben.

Bootsfahrten. — Ein regelmäßiger Liniendienst besteht zwischen Marseille und Château d'If; die Calanques besichtigt man ab Marseille und Cassis.
Weitere Ausflüge werden auf der Rhone, der Kleinen Rhone und verschiedenen Kanälen der Camargue unternommen.

Wassersport. — Segeln, Surfen oder Wasserski fahren kann man sowohl an der Küste als auch auf Stauseen oder manchen anderen Seen. Mit Kanu oder Kajak erreicht man auch unzugängliche Stellen in den Tälern von Ardèche, Cèze, Sorgue (zwischen der Quelle und Fontaine-de-Vaucluse), Durance und Rhone. Tauchen läßt sich besonders gut in den Calanques von Marseille.

Hochseefischerei. — Das Mittelmeer ist zwar weniger fischreich als der Atlantik, doch wimmelt es an den Felsküsten von Drachenköpfen (Glanzstück einer Bouillabaisse), Knurrhähnen, Seeaalen und Muränen; daneben gibt es eine Menge Tintenfische, Seespinnen, verschiedene Weichtiere und einige wenige Langusten. Bei Sandboden findet man Rochen, Seezungen und Rotzungen. Schwärme von Sardinen, Sardellen oder Thunfischen halten sich im tiefen Wasser auf, ebenso wie Goldbarsch, Wolfsbarsch und Seebarbe.

Binnenfischerei. — In der Provence gibt es nicht allzu viele Flüsse und Seen, die zudem starken Schwankungen unterworfen sind; viele Bäche fließen nur nach Regenfällen. Doch Flüsse wie Ardèche, Gard, Durance (ganz zu schweigen von der Rhone) sowie Kanäle und Stauseen mit ihren Forellen, Weißfischen, Karpfen, Schleien und Hechten sind für Angler durchaus attraktiv. Im allgemeinen wird der Oberlauf eines Flusses als 1. Kategorie, der Mittel- und Unterlauf als 2. Kategorie ausgewiesen.

Jagd. — Jagen ist in der Provence ein sehr populäres Vergnügen; das Wild entspricht etwa dem im übrigen Frankreich.

Klettern. — Klettern kann man zu jeder Jahreszeit in den Kalkfelsen der provenzalischen Berge (Dentelles de Montmirail) oder in den Calanques bei Marseille.

Höhlenkunde. — Das weitläufige Netz von Karsthöhlen (S. 13) bietet Forschern wie erfahrenen Amateuren vielfältige Möglichkeiten.

Klettern in der Calanque En-Vau

Archäologie. — Die Provence ist reich an archäologischen Stätten, wo besonders im Sommer freiwillige Helfer willkommen sind.

Das Boule-Spiel. — Das populärste Spiel Südfrankreichs ist das Boule-Spiel; es ist dem italienischen *Boccia* ähnlich und wird mit Metallkugeln gespielt. Die Partien können entweder zwischen drei *(triplettes)* oder vier Spielern *(quadrettes)* ausgetragen werden. Zahlreiche Zuschauer umstehen das Feld und nehmen durch Zurufe und Bemerkungen leidenschaftlich Anteil.
Die Angreifer *(pointeurs)* müssen ihre Kugeln möglichst nah bei der zuerst ausgeworfenen kleinen Kugel *(cochonnet)* plazieren, die am Ende des Spielfeldes liegt. Die Verteidiger *(tireurs)* versuchen, die gegnerischen Kugeln mit den eigenen wegzuschlagen. Geübte Spieler können dabei genau auf den Platz der gegnerischen Partei kommen.
Das über eine kurze Strecke gespielte Boule-Spiel heißt **Pétanque.** Hierbei wird die Kugel aus dem Stand geworfen. Bei Entfernungen von 10 m oder mehr nehmen die Spieler mit drei Schritten bis zu einer Markierung Anlauf und werfen ihre Kugel dort aus. Diese Spielart heißt *à la longue*.

Einführung in das Reiseland

Das in diesem Führer beschriebene Gebiet entspricht nicht genau der historischen oder verwaltungstechnischen Provence. Neben der Rhone als Mittellinie reicht es weit nach Westen und umfaßt einen Teil des Vivarais im Norden und des Languedoc im Süden. Die Küste ab Les Lecques wurde in den Reiseführer „Côte d'Azur" aufgenommen.
Unter offensichtlicher geographischer und demographischer Einheit werden so ganz unterschiedliche Landschaften nebeneinander gestellt; wie Marie Mauron schreibt: „eine vollständige Einheit: ein Mikrokosmos voller Kontraste und Harmonie".

Gordes

Um unseren Lesern möglichst aktuelle Informationen geben zu können, wurden die Besichtigungsbedingungen für die in diesem Reiseführer beschriebenen Sehenswürdigkeiten am Ende des Bandes zusammengefaßt.

Die Sehenswürdigkeiten, für die besondere Besichtigungsbedingungen gelten – sie wurden jeweils durch das Zeichen ⓥ kenntlich gemacht – sind dort entweder unter dem Ortsnamen oder ihrem Eigennamen aufgeführt.

LANDESNATUR

DIE BODENGESTALTUNG

Erdgeschichte. — Vor 600-220 Millionen Jahren etwa, zu Beginn des Paläozoikums, bedeckte ein Meer das Gebiet der heutigen Provence. Es umgab einen Kontinent aus kristallinem Gestein, Tyrrhenis, der gleichzeitig mit dem Zentralmassiv entstanden war und dessen höchste Erhebungen heute noch zu sehen sind: das Mauren-Massiv, Korsika, Sardinien und die Balearen.

Während des Mesozoikums, vor etwa 220-60 Millionen Jahren, wurde Tyrrhenis allmählich durch Erosion eingeebnet; das Material lagerte sich als Sediment schichtweise auf dem Meeresboden ab: Kalk, Lehm, Tonschiefer und Sandstein. Es entstand eine in Ostwestrichtung verlaufende, von Meer umgebene Barriere, der „Isthmus der Durance".

Paläozoikum: Tyrrhenis

Quartär: das Mittelmeer

Im Tertiär, vor ca. 60-2 Millionen Jahren, hob sich durch tektonische Druckwirkung (pyrenäische, dann alpine Faltung) diese Sedimentschicht; sie bildete Falten in Ostwestrichtung, und es entstanden die Bergketten nördlich von Marseille (Ste-Baume, Ste-Victoire, Mont Ventoux, Baronnies, Alpilles, Luberon), von Toulon und Draguignan. Das Meer reichte bis zum heutigen Rhonetal, die Alpilles erhoben sich, die Crau-Ebene sank ab.

Im Quartär (vor ca. 2 Millionen Jahren) setzt sich diese Entwicklung fort: Tyrrhenis verschwindet und hinterläßt nur einige Spuren (Canaille-, Mauren-, Esterel-Gebirge); das heutige Mittelmeer bedeckt nun den ehemaligen Kontinent. Allmählich gewinnt die Landschaft das uns vertraute Gesicht: die Rhone-Ebene wird zum großen Flußtal; die Durance ändert ihren Lauf durch das Absinken der Crau und mündet nun in die Rhone statt ins Meer. Die großen Eiszeiten formen u. a. die Calanques.

DIE LANDSCHAFTEN

Landschaftlich bietet die Provence ein Bild großer Vielfalt, die von den endlosen Salzsümpfen und der Camargue über die windgepeitschte Hochebene von Vaucluse bis zum weißen, fast 2 000 m hohen Gipfel des Mont Ventoux mit seinen nackten Kalkfelsen reicht.

Daneben gibt es üppige Weinberge, Obstplantagen und Gemüsefelder; Schluchten, Stromschnellen, Wasserfälle oder ausgetrocknete Flußbetten.

Ebenen. — Sie bildeten sich auf Kosten des Meeres, durch Schwemmland, das sich beständig ausbreitete — zunächst links der Rhone (so die weite Ebene des **Comtat Venaissin**), dann beiderseits des Flusses; westlich des Rheblands des Bas-Languedoc unterhalb des Hügellandes von Nîmes; östlich die fruchtbare **Kleine Crau** und die **Große Crau**.

Bereits die Römer und die Mönche des Mittelalters verstanden es, den teilweise sumpfigen Boden des Rhone-Tals urbar zu machen und die dürren Landstriche zu bewässern (insbesondere Comtat Venaissin und Kleine Crau), die zuweilen von Zypressen- und Schilfreihen zum Windschutz in kleine Parzellen unterteilt wurden.

Die **Große Crau** *(S. 101)* wird durch die Große Rhone von der Camargue getrennt. Es ist ein wüstenhafter Landstrich, wo zwischen Kieseln eine karge Vegetation wächst, die traditionsgemäß als Weide für große Schafherden diente. Die Ausdehnung des Industriegebietes von Fos, die Verbesserung des Bodens durch Entfernen der Steine und Bewässerung verändern ihren ursprünglichen Reiz; heute gedeihen in diesem Gebiet Oliven- und Mandelbäume, Wein und Wiesen.

Die **Camargue** *(S. 89)* ist ein erdgeschichtlich junges, durch das Schwemmland der Rhone entstandenes Delta. Ihr Boden, den ursprünglich das Meer bedeckte, ist mit Salz gesättigt, und ihre endlose Weite gehört zu den malerischsten Gegenden Frankreichs.

Hochebenen, Hügelland und Gebirge. — Das provenzalische Flachland wird umgeben bzw. durchzogen von ostwestlich gerichteten, abrupt aufsteigenden Bergketten. Höhenzüge aus Kalkstein wechseln unvermittelt mit fruchtbaren, in Felder aufgeteilten Becken: in den Gegenden um Apt, Aigues (südlich des Luberon) und Aix (vom Canal de Provence bewässert) wird Getreide, Wein, Obst und Gemüse angebaut.

Östlich der Rhone folgen von Nord nach Süd unterschiedliche Landschaften: Der Westrand der **Baronnies** ist ein Hügelland von natürlicher Schönheit, wo Olivenbaum und Lavandin vorherrschen.

Die gezackten Felsgrate der **Dentelles de Montmirail** *(S. 101)* sind einzig in der Provence; an ihren Hängen gibt es Eichen- und Kiefernwälder sowie Weinberge.

An die Baronnies schließt sich das eindrucksvolle Kalksteinmassiv des **Mont Ventoux** *(S. 178)* an und beherrscht mit 1 909 m Höhe die Ebene des Comtat Venaissin.

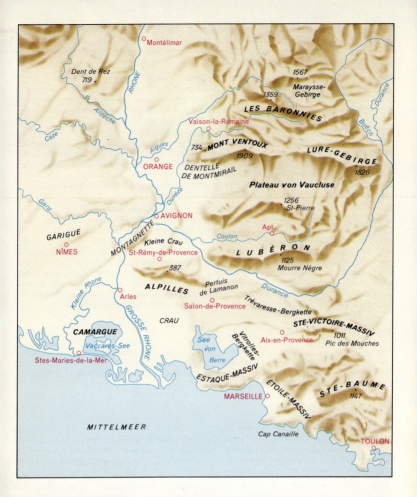

Das **Plateau von Vaucluse** — auch Berge von Vaucluse genannt — ist ein großes trockenes Gebiet, das überwiegend für Schafzucht und Lavendelanbau genutzt wird. Klüfte *(S. 19)* und Schluchten durchziehen diese Hochebene aus Karstgestein, und ein unterirdisches Wassernetz mündet in die Karstquelle Fontaine de Vaucluse *(S. 107)*.
Der Höhenzug des **Luberon** *(S. 113)* ist etwa 60 km lang, wird durch die Lourmarin-Schlucht zweigeteilt und gipfelt im Grand Luberon mit 1 125 m Höhe — eine Landschaft von wilder Schönheit, mit alten Bergdörfern und dem faszinierenden Kontrast zwischen der bewaldeten, ursprünglichen Nordseite und der Südflanke, auf der Kulturland vorherrscht.
Inmitten der Rhone-Ebene erheben sich eine kleine Hügelgruppe, die **Montagnette** *(S. 130)* sowie die malerische Kette der **Alpilles** *(S. 53)* mit ihren steilen Kalkfelsen, den nackten Flanken und der ausgezackten Kammlinie.
Östlich von Aix erhebt sich über dem Flachland das von Höhlen und Klüften durchsetzte Kalksteingebirge **Ste-Victoire** *(S. 161)*, während südöstlich die Trévaresse- und Vitrolles-Kette die Ebene zum See von Berre abschließen. Südlich von diesem liegt die **Estaque-Kette** *(S. 106)*, durch die Senke von Caronte von den St-Mitre-Höhen getrennt.
Die Bergzüge **Étoile** *(S. 106)* und St-Cyr sowie das Marseilleveyre-Massiv *(S. 128)* umgeben Marseille, am Horizont ragt die lange Felsbarriere des **Ste-Baume-Massivs** *(S. 157)* auf und gipfelt im 1 147 m hohen Signal de Ste-Baume.
Westlich der Rhone liegen die Cévennenausläufer, die sich über das Hügelland von Nîmes zum Fluß und zu dem Weinbaugebiet hin abflachen. Es folgt stufenförmig eine Reihe öder Kalksteinplateaus, von Schluchten und zuweilen riesigen Höhlen durchsetzt; ihr trockener, steiniger Boden ist wenig fruchtbar und dient als Schafweide. Die Kräuter der Garigue, Oliven, Mandeln und Schafskäse waren früher eine zusätzliche Verdienstquelle der Bauern.
Die Landschaft wird geprägt von Mauern aus lose aufgeschichteten Feldsteinen, die ein bescheidenes Gebäude umschließen (ähnlich den Bories, *S. 114*). Fruchtbare Inseln sind das Becken von Uzès, die Ebene von Le Vistre und La Vaunage (südwestlich von Nîmes), wo Obst, Wein u. a. m. angebaut werden.
Flüsse. — In ihrem provenzalischen Abschnitt fließen dem Rhone von Westen Nebenflüsse aus den Cévennen zu (Ardèche, Gard) und östlich von den Alpen (Aigues, Ouvèze, Durance). Alle sind ausgesprochene Gebirgsflüsse: in Trockenzeiten dünne Rinnsale in einem zu breiten Bett, die bei Gewittern zu wahren Sintfluten anwachsen. In den Cévennen kann es zu gewaltigen Niederschlägen kommen: einige erreichten 700 mm/24 Std. (Paris: 600 mm als Jahresmittel !). Entsprechend plötzlich schwellen die Flüsse an; so stieg die Ardèche an einem Tag um 21 m, die Durchflußmenge von 2,5 m³ auf 7 500 m³ pro Sekunde ! Häufig sind jedoch Anstiege um über 10 m; dann durchquert die Flut der Ardèche die des Rhone wie ein mächtiges Geschoß und zerstört die Befestigung des gegenüberliegenden Ufers; in Avignon folgen plötzlich Hochwasser bis zu 5 m. Die östlichen Nebenflüsse dagegen schwellen durch die Schneeschmelze in den Alpen an —

die Durance beispielsweise im Verhältnis 1:180. Glücklicherweise geschieht dies im Frühjahr, wenn Ardèche und Gard Niedrigwasser führen. Umgekehrt ist die Durance im Herbst und Winter nahezu ausgetrocknet, wenn der Regen in den Cévennen die westlichen Nebenflüsse anwachsen läßt.

Küste. — Zwischen Languedoc und Marseille ändert die Küste häufig ihr Gesicht. Bis zum Golf von Fos wird sie von großen **Seen** gesäumt, die durch schmale Sandstreifen vom Meer getrennt sind; küstennahe Strömungen formten das von der Rhone angeschwemmte Land zu einem Streifen, der die Lagunen abschloß. Frühere Häfen wie Aigues-Mortes liegen durch diesen Vorgang heute kilometerweit im Landesinneren!
Mit der Estaque-Kette tauchen wieder Kalksteinhöhen auf: zwischen Marseille und La Ciotat besitzt die Küste zahlreiche Felsbuchten, unter denen die sog. **Calanques** am tiefsten ins Land einschneiden — es handelt sich um ehemalige Flußtäler, die nach den großen Eiszeiten des Quartär durch den ansteigenden Meeresspiegel überflutet wurden. Hohe rotbraune Felsen fallen senkrecht in tiefes Wasser ab, wo unweit zahllose Inseln auftauchen. Diese Calanques mit ihren geschützten Häfen und den unberührten kleinen Buchten sind ein Paradies für Taucher und Bergsteiger.

Meer. — Das tiefblaue Meer beeinflußt mit seiner riesigen Wassermasse direkt das Klima, indem es im Sommer kühlt und im Winter wärmt. Dabei variiert die Wassertemperatur zwischen 20° und 25 °C im Sommer und sinkt im Winter nicht unter 12°-13 °C (in 200 bis 4 000 m Tiefe liegt sie konstant bei 13 °C). Infolge der hohen Verdunstung ist das Wasser des Mittelmeeres deutlich salziger als das des Atlantiks. Die Gezeiten sind schwach ausgeprägt: durchschnittlich schwankt die Meereshöhe nur um 25 cm, doch kann starker Wind Schwankungen bis zu 1 m verursachen. Aufgrund dieser verhältnismäßigen Beständigkeit wählte man das Mittelmeer als Basis für alle Höhenmessungen in Frankreich. Doch kann dieses ruhige Meer plötzlich heftig werden — innerhalb weniger Stunden ruft der Mistral dann schreckliche Unwetter hervor.

DIE WIRTSCHAFT

Die Provence ist wohl die Region Frankreichs, in der die Wirtschaft in den letzten 50 Jahren den stärksten Umbruch erfuhr: landwirtschaftliche Revolution, vor allem an der Küste eine beschleunigte Industrialisierung, Anpassung an die Erfordernisse des Massentourismus, eine galoppierende Besiedelung.

Landwirtschaft

Das Landleben ruhte früher auf drei Säulen — Weizen, Wein, Oliven — die, zusammen mit der Schafzucht und weiteren Naturprodukten wie Kräutern oder Honig, einer Vielzahl von Kleinbauern, die ganz ihrer Heimat verhaftet waren, als Existenzgrundlage dienten. Diese traditionell vielseitige Landwirtschaft ist praktisch verschwunden; heute nutzt man den „Garten Frankreichs" systematisch.

Obst und Gemüse. — In der Rhone-Ebene bieten Schwemmland, mildes Klima und ein gutes Bewässerungssystem günstige Voraussetzungen für den Anbau von Gemüse und Frühobst, teilweise mit mehreren Ernten jährlich. Typisch sind die verhältnismäßig kleinen Felder, von Zypressen- bzw. Schilfgürteln gegen den Wind geschützt. Hier wachsen Frühkartoffeln, Kohl, Tomaten, Spargel, Melonen, Erdbeeren, Kirschen, Tafeltrauben, Pfirsiche, Birnen und Aprikosen. Die morgendliche Ernte wird zum großen Teil in genossenschaftlichen Betrieben versandfertig gemacht, die meist in der Nähe von Großmärkten und Güterbahnhöfen liegen. Von dort gelangt sie am nächsten Tag nach Paris und spätestens am übernächsten Tag nach London, München usw.

Getreide und Wein. — Zwischen Arles und Tarascon werden heute neben Weizen auch Reis *(S. 89)*, Mais und Raps angebaut. Die alten Mühlen sind verschwunden und wurden durch Mehlfabriken in den Ballungsräumen ersetzt.
110 000 ha entfallen auf den **Weinbau** im südlichen Teil des Rhonetals und in der Provence. In der Ebene ist der Ertrag groß und ergibt einen einfachen, leichten Wein; an den Hängen dagegen reifen edlere Gewächse, die allgemein als „Côtes du Rhône" bezeichnet werden und deren berühmtester der Châteauneuf-du-Pape ist *(S. 40: Die Weine)*. Etwa 15 000 ha Weinbaugebiet erbringen Tafeltrauben.

Lavendel. — Gegen Ende des 19. Jh.s verwendete man bereits wildwachsenden Lavendel zur Herstellung von Wäscheparfüm. Anfang des 20. Jh.s begann man auf den Hochebenen und den Hängen oberhalb von 700 m mit dem systematischen Anbau, für den sich Klima und Kalkboden der Provence hervorragend eignen. **Lavandin,** eine viel ertragreichere, aber weniger intensiv duftende Art, wächst in Lagen zwischen 400 und 700 m Höhe. 2 350 ha nehmen die Lavandin-Felder ein, 8 400 ha die Lavendel-Kulturen. Zwischen Juli und September findet die inzwischen immer stärker mechanisierte Ernte statt; nur die alten Felder, die sehr dicht gepflanzt und schwer zugänglich sind, werden noch mit der Hand abgeerntet.

Lavendelfeld auf dem Plateau von Vaucluse

2-3 Tage dauert das Trocknen, bevor man durch Destillation die ätherischen Öle gewinnt. Dabei liefert 1 t Lavendel 5-10 kg Essenz, die in der Kosmetikindustrie Verwendung findet; 1 t Lavandin ergibt 25-40 kg Essenz, die Duftstoffe für Wasch- und Pflegemittel liefert. Ein Teil der getrockneten Blüten wird in Stoffsäckchen als Wäscheparfüm weltweit verkauft.
Herrliche Lavendelfelder gibt es auf dem Vaucluse-Plateau, in den Departements Drôme und Gard sowie nördlich von Nîmes.

Mandel- und Olivenbäume. — Der **Mandelbaum** wurde 1548 aus Asien in Frankreich eingeführt und wächst inzwischen an der ganzen Mittelmeerküste; heute gibt es eine später blühende Neuzüchtung.
In der Umgebung von Aix und Salon dienen seine Früchte zur Herstellung der „Calissons", einer bekannten Süßigkeit.
Oliven gedeihen in der Nähe von Salon, Nyons und an den Südhängen der Gebirge. In den Pflanzungen sägt man teilweise alte Baumstämme über der Wurzel ab und läßt nur vier Triebe stehen, aus denen sich dann wieder juge Bäume entwickeln.
Sehr beliebt sind die schwarzen (reif gepflückten), in Meersalz eingelegten Oliven von Nyons.

Trüffeln. — Die Trüffel ist ein unterirdisch lebender, knollenförmiger Pilz, der an den Wurzeln der Steineichen *(S. 17)* wächst. Eichenplantagen, sog. Truffières, findet man im südlichen Tricastin, Comtat Venaissin und auf der Claparèdes-Hochebene. Ein leicht gelockerter Boden und sorgfältiges Beschneiden fördern die Entwicklung der Pilze, die zwischen November und April geerntet werden. Bedeutende Trüffelmärkte gibt es u. a. in Apt, Carpentras, Richerenches, Uzès und Valréas, wo jährlich mehrere Tonnen Trüffeln verkauft werden.
Das begehrte Gewächs wird zur Verfeinerung von Fleischspeisen, Pasteten usw. verwandt.

Lindenblüten und Kräuter. — In der Provence gibt es zwischen Buis-les-Baronnies und Carpentras regelrechte **Lindenpflanzungen,** wo die Bäume auch beschnitten und veredelt werden. Die Blüten erntet man hauptsächlich im Juni; getrocknet und lose bzw. in Beuteln gelangen sie in den Handel.
Gewürzkräuter wie Thymian, Rosmarin, Salbei, Basilikum, Majoran, Bohnenkraut und Fenchel wachsen teils wild, teils werden sie angebaut (vor allem in der Gegend von St-Rémy und im Departement Vaucluse). Getrocknet kommen sie auch als Mischung unter der Bezeichnung „Herbes de Provence" auf den Markt und verleihen den provenzalischen Gerichten ihren typischen Geschmack.

Viehzucht. — In der Provence werden, wie in allen Mittelmeerländern, hauptsächlich Schafe gezüchtet — da die Produktion von Wolle sich nicht mehr lohnt, zur Fleischerzeugung; allerdings steht den Herden immer weniger Raum zur Verfügung. Zwischen dem 15. Oktober und dem 15. Juni weiden die Merinos von Arles in der öden Crau; danach werden sie auf die Hochweiden der Alpen gebracht (diese früher so malerische Wanderung findet heute im LKW statt). Auch die Herden der Garigue begnügen sich mit magerer Weide und durchlaufen dabei ein weites Gebiet; den Sommer verbringen sie auf dem Larzac oder im Lozère-Gebirge. Typisch für die Camargue sind große Güter, wo schwarze Rinder und weiße Pferde gezüchtet werden, die als gemischte Herden in völliger Freiheit leben *(S. 90)*.

Fischfang

Traditionsgemäß wird in den Häfen des Languedoc (Grau-du-Roi) und der Provence (Port-St-Louis, Martigues, Carry-le-Rouet, Marseille, Cassis) Fischfang betrieben, der jedoch nur noch eine Nebenrolle spielt und nicht zuletzt unter der Wasserverschmutzung leidet. Nichtsdestoweniger werden jährlich mehrere tausend Tonnen Sardinen, Sardellen, Makrelen und Aale gefangen.
Das Kommen und Gehen der Fischer, die ihre Boote entladen und ihre Netze trocknen, ist nach wie vor das interessanteste Schauspiel eines Hafens. In Marseille kann der neue Hafen Saumaty zu Füßen des Estaque-Massivs an insgesamt 1 400 m langen Kais bis zu 180 Trawler aufnehmen und besitzt alle erforderlichen Anlagen für die Verarbeitung des Fischs. Kleine Fischer versorgen weiterhin die Fischhändler im Alten Hafen — eine Szenerie, die den Romanen Pagnols entstammen könnte.

Industrie

Seit den dreißiger Jahren erlebte die Provence eine spektakuläre industrielle Entwicklung, indem sie ihre für Handelsbeziehungen günstige geographische Lage nutzte. Um den See von Berre entstand ein großer Industriekomplex (Erdölraffinerien, chemische Betriebe, Flugzeugfabriken, — inzwischen gefährdete — Eisenhütten), dessen wichtigster Teil der 1968 eröffnete Hafen von Fos ist. Zwischen Marseille und Aix vervielfältigten sich die Industriegebiete mit den verschiedensten Branchen: von der Seifenherstellung über das Wärmekraftwerk von Gardanne bis zur Spitzenelektronik. Auch die Anlage von Wasserkraftwerken am Unterlauf von Rhone und Durance brachte einschneidende wirtschaftliche Änderungen mit sich. Durch die Nutzung von Wasser- und Kernkraft (Marcoule) konnte das Energiepotential Frankreichs erhöht werden.
Die Bändigung der beiden Flüsse ermöglichte in der Folge auch die Bewässerung großer landwirtschaftlicher Gebiete, die bis dahin unter der Trockenheit litten. Alle diese Veränderungen machten die Provence zu einer der großen Industrieregionen Frankreichs, wobei zwei Arten industrieller Betriebe nebeneinander bestehen:
— traditionelle Branchen wie Abbau und Verarbeitung von Mineralien (Ocker, Bauxit, Lignit), Schiffsbau, Seifenherstellung (Raum Marseille), Baumaterial, Bauwesen, Salinen.
— moderne Branchen: Raffinerien und Petrochemie, Flugzeugbau, Elektronik, Kernforschung (Zentrum von Caradache), Chemie.
Daneben gibt es kleine Betriebe wie die Kartonnagenfabriken in Valréas und Tarascon, Süßwarenherstellung in Aix, Apt und Nyons; Obstkonserven-, Kleider- und Schuhfabriken in Nîmes.

Ocker und Bauxit. — Das lockere Gemenge aus Ton und Eisenoxid, das überwiegend als Grundstoff für Farbe dient, wird im Gebiet Apt-Roussillon abgebaut, wo es in bis zu 15 m starken Lagern vorkommt.

Ockererde durchläuft einen langen Verarbeitungsprozeß: Mehrfach gewaschen und gefiltert, wird die sog. Ockerblüte schließlich getrocknet, geschnitten, gemahlen und evtl. gebrannt, um dunklere Farbtöne zu ergeben. So entsteht ein fettiger, hauchzarter Puder, der als Grundsubstanz für verschiedene Farben und Tünche verwendet wird. Die gute Qualität dieses Produkts machte Frankreich zu einem der größten Ockerlieferanten der Welt.
Etwa 3 000 t gelangen jährlich im In- und Ausland in den Handel.

Bauxit, wichtigster Rohstoff zur Aluminiumherstellung, hat durch die vielseitige Verwendung dieses Leichtmetalls in der Industrie (Flugzeug-, Automobilindustrie, Baugewerbe, Elektrotechnik, Verpackungsmittelsektor, Haushaltswaren) eine große wirtschaftliche Bedeutung gewonnen.
Nachdem es 1821 im Dorf Les Baux entdeckt wurde, hat sich heute jedoch der Hauptabbau in die Départements Var und Herault verlagert. Mit einer Produktion von 1 700 000 t deckt Frankreich noch etwa 2/3 seines Bedarfs, doch gelten die Bauxitlager (auf ca. 14 000 000 t geschätzt) als in absehbarer Zeit erschöpft.

Olivenöl. — Ein typisch provenzalisches Produkt ist Olivenöl, dessen Qualität von der Güte der reifen (schwarzen) Früchte ebenso abhängt wie vom Herstellungsverfahren. Für den Verzehr werden die Oliven meist noch grün gepflückt.
Nach zwei bis drei Tagen Lagerung werden die Früchte mit Kern zerkleinert — entweder mit dem Mühlstein, oder durch Hammer oder Rollen. Die erhaltene Paste wird automatisch auf Nylonscheiben verteilt, die dann, abwechselnd mit Metallscheiben, in eine hydraulische Presse gesetzt werden. Unter dem Druck (100 kg/cm^2) tritt ein Öl-Wasser-Gemisch aus, das in Zentrifugen getrennt wird. Diese erste Kaltpressung ergibt das sog. Jungfernöl (huile vierge); zurück bleibt der Preßkuchen.
Früher wurde die Paste mit der Hand auf große Scheiben aus Kokosfasern aufgetragen, die man unter der Presse aufeinandersetzte. Lange wurde auch sie mit der Hand bedient, während ein Pferd den Mühlstein bewegte. Der Preßkuchen wurde unter Zusatz von lauwarmem Wasser ein zweites Mal gepreßt, was ein minderes Öl ergab; Elektrizität und verbesserte Technik erbringen heute jedoch auch ein höherwertiges Öl.
Wie früher setzt man in Italien dem Preßkuchen in großen Fabriken chemische Lösungsmittel zu, um das restliche Öl zu gewinnen, das zum Verschnitt und zur Seifenherstellung verwendet wird; der Rest ist genießbar. Vor dieser chemischen Extraktion kann man auch Kern und Fruchtfleisch trennen: der Kern findet gemahlen in Bäckerei und Konditorei Verwendung, während das Fruchtfleisch zu Ölkuchen (Futtermittel) oder Kompost verarbeitet wird.

Salz. — Zwei große **Salinen** sind in der Camargue in Betrieb: eine im Süden von Aigues-Mortes, die andere südlich von Salin-de-Giraud (10 000 bzw. 11 000 ha), wo bereits im 13. Jh. von Mönchen Salz gewonnen wurde. Der Abbau erreichte im 19. Jh. einen Höhepunkt, um dann erneut nachzulassen; augenblicklich liegt die gesamte jährliche Fördermenge bei 850 000 t.

DIE NATUR

Neben der Schönheit ihrer Landschaft unter (fast immer) strahlender Sonne besitzt die Provence ein ureigenes Erbe — eine artenreiche Fauna und Flora erschließt sich dem, der die Muße hat, sie zu entdecken.

Pflanzenwelt. — In der Provence gibt es zwei Blüteperioden: Auf den Frühling mit seiner Farbenpracht folgt ein langer heißer und trockener Sommer. Mit den Herbstregen beginnt eine neue Wachstums- und Blütezeit, die bis weit in den Winter reicht, der nur eine verhältnismäßig kurze Ruhepause bedeutet. Viele Pflanzen haben einen besonderen Schutz gegen die Sonne entwickelt: lange, tiefgehende Wurzeln, um die letzte Feuchtigkeit zu erreichen; Blätter mit harter, glänzender Oberfläche, die die Verdunstung vermindert; wasserspeichernde Knollen oder Aromastoffe, die sich als schützende Schicht über die Pflanze legen.
Olivenbäume und Steineichen kennzeichnen den eigentlichen Mittelmeerraum, Bereich der Garigue.
In der Oberen Provence endet die Garigue und beginnt der Wald (Eichen, Kiefern, Buchen) bzw. die Heide (Ginster, Lavendel, Buchsbaum). Die Kastanie ist charakteristisch für das Vivarais.

Der Ölbaum. — Er wurde vor 2 500 Jahren von den Griechen eingeführt und gedeiht in Höhen bis zu 600 m (Grenze des mittelmeerischen Klimas), häufig zusammen mit Mandel- und Feigenbäumen, auf kalk- oder kieselhaltigem Boden.
Man nennt ihn auch den „unsterblichen Baum", da wilde Ölbäume immer neu aus dem alten Stumpf treiben und so viele hundert Jahre alt werden können. Sie sind dann bis zu 20 m hoch und haben über der Wurzel einen Umfang von 4 m, an der Krone von 20 m.
Im Alter zwischen 6 und 12 Jahren beginnt der Baum zu tragen, erreicht aber erst mit 20-25 Jahren die volle Reife; geerntet wird alle 2 Jahre *(Herstellung des Olivenöls s. oben).* Unter dem silbrigen, immergrünen Blätterdach der Olivenhaine wird häufig Frühgemüse gezogen.

Ölbaum

Eichen. — Die Eichen des Mittelmeerraumes gehören zu den immergrünen Laubbäumen. Es gibt, je nach der Bodenbeschaffenheit und der Höhenlage unterschiedliche Arten.

Die **Steineiche** (Quercus ilex) besitzt einen kurzen, gedrungenen Stamm und eine dichte gerundete Krone; die Blätter, die auf der Unterseite weißlich filzig sind, behalten das ganze Jahr über ihre schöne dunkelgrüne Farbe. Sie wächst auf mageren Kalkböden in Höhenlagen unter 1 000 m und in trockenem Klima.

Dieser Baum gehört als wesentlicher Bestandteil, mit allen möglichen Büschen und Kräutern, zur Buschlandschaft der Garigue.

Die **Kermeseiche** (Quercus coccifera) ist ein etwa 1 m hoher, dichter Strauch, der auch auf trockenen, steinigen Böden gedeiht. Seine Rinde ist grau, die glänzenden Blätter sind ledrig, gezähnt und stachelig.

An seinen Ästen lebt eine Art der Schildlaus (frz. *kermès*), die dem Baum den Namen gab und aus der man früher roten Farbstoff gewann.

Eine sommergrüne Art ist die **Flaumeiche** (Quercus pubescens), deren Blätter an der Unterseite mit weichen, weißlichen Haaren bedeckt sind (daher im Französischen *chêne blanc*). Sie braucht erheblich mehr Wasser als die zuvor erwähnten Arten: man findet sie in den Tälern und an den Berghängen mit höherer Niederschlagsmenge; zuweilen erscheint sie zusammen mit Ahorn, Mehlbeerbaum und Eberesche.

Unter ihrem Blätterdach wachsen zahlreiche Büsche und Blumen, vor allem Orchideen.

Kiefern. — Die drei häufigsten Kiefernarten, die in der Provence wachsen, unterscheiden sich deutlich durch ihre Silhouette.

Die **Seestrand-** oder **Sternkiefer** (Pinus pinaster oder maritima) wächst auf Kalkböden, hat eine rotviolette Rinde und dunkelblaugrüne Nadeln. Der Baum kann 200 Jahre alt werden.

Die **Pinie** (Pinus pinea) steht häufig einzeln und ist an ihrer auffälligen, schirmförmigen Krone leicht erkennbar und einer der typischsten Bäume des Mittelmeerraumes.

Pinie

Die **Aleppokiefer** (Pinus halepensis) kommt hauptsächlich auf dem Kalkboden der Küstengegend vor. Ihre Rinde ist silbergrau, die Nadeln sind hell und paarweise angeordnet.

Weitere provenzalische Baumarten. — Schattenspendende **Platanen** (Platanus orientalis) mit ihren glatten Stämmen und **Zürgelbäume** (Celtis australis) säumen häufig Straßen und Dorfplätze. Das biegsame Holz des Zürgelbaums wurde früher zur Herstellung von Heugabeln verwendet.

Die Silhouette der dunklen, meist kegelförmigen **Zypresse** (Cupressus sempervirens), eines immergrünen Nadelbaums, prägt die mediterrane Landschaft; in dichten Reihen gepflanzt, dient er als Windschutz. Eine ausladendere Zypressenart mit ausgebreiteter Krone wird als Waldbaum verwendet.

Der **Mandelbaum** (Prunus amygdalus) gehört zur Familie der Rosengewächse und ist in der Provence stark verbreitet; wunderschön sind im Februar und März seine noch vor den Blättern erscheinenden rosaroten Blüten.

Die edle Ulme ist nahezu verschwunden.

Wälder. — Die wenigen Wälder beschränken sich weitgehend auf das Bergland unterhalb von 1 600 m.

Schöne Stein- und Flaumeichen gibt es auf dem Großen Luberon, dem Ste-Victoire-Gebirge und auf dem Plateau von Vaucluse.

Zedern gedeihen auf dem Kleinen Luberon, und herrlicher Buchenwald bedeckt den Nordhang des Ste-Baume-Massivs.

Ginsterheide wächst auf den Kalksteinhöhen.

„Wald" bezeichnet ansonsten meist eine Art Busch- oder Niederwald, der nördlich der Durance weit verbreitet ist.

Mandelbaum

Zypresse

Kugeldistel des Mittelmeerraums

Zistrose

Die Garigue. — Dieser Name bezeichnet ein weites, oft sanft gewelltes Heideland, das typisch für die ganze Provence ist; es befindet sich jedoch vor allem nördlich von Nîmes, wo der Gardon eine tiefe Schlucht entstehen ließ.
Auf dem mageren Kalkboden wächst zwischen viel Gestein eine eigene Vegetationsgemeinschaft: Steineichen, Kermeseichen, die nicht höher als 15 cm werden, sowie Disteln, Stechginster und Zistrosen.
Lavendel, Thymian und Rosmarin gedeihen zwischen wenig kurzem, trockenem Gras, auf dem Schafherden weiden.
Außer den aromatisch duftenden Pflanzen, die überall in der Garigue anzutreffen sind, wachsen unter provenzalischem Himmel Gewürzpflanzen wie Basilikum, Majoran, Bohnenkraut, Salbei, Melisse, Minze, Lorbeer und Wermutkraut, die inzwischen auch regelrecht angebaut werden und als Gewürz- oder Heilpflanzen auf den Markt gelangen (S. 15).

Schopflavendel

Umweltschäden. — Der Touristenstrom ans Mittelmeer und in die Provence sowie die Entwicklung der Industriegebiete und Ballungsräume stellen einen beständigen Eingriff in die natürliche Umwelt dar.

Waldbrände. — Der provenzalische Wald ist ganz besonders gefährdet; verheerend waren die Brände von 1979, 1985 und 1986. Meist sind Fahrlässigkeit und Brandstiftung die Ursachen; Trockenheit und Wind kommen als natürliche Faktoren hinzu. In der sommerlichen Hitze entflammen das trockene Unterholz, die Kiefernnadeln und die leicht brennbaren ätherischen Öle, die manche Pflanzen absondern, bei der geringsten Unachtsamkeit oder auch durch Selbstentzündung. Ist das Feuer erst ausgebrochen, so sind die Kiefern seine beste Nahrung, und bei starkem Wind kommt es schnell zur Katastrophe.
Die Flammenwand, die bis zu 30 m hoch und 10 km lang werden kann, rückt dann mit 5-6 km/Std. vor; zurück bleiben nur die schwarzen Baumskelette und eine weiße Aschenschicht.
Oft genug dringt das Feuer bis zum Meer vor, sofern der Wind nicht plötzlich erlischt oder die Richtung wechselt.
Allmählich verändern diese Brände das ökologische Gleichgewicht: so geht der Eichenbestand weiter zurück, und der Boden bleibt für lange Zeit unfruchtbar.
Die zahlreichen Maßnahmen zur Feuerbekämpfung (durch Löschfahrzeuge der Feuerwehr, aber auch aus der Luft unter Einsatz von Spezialflugzeugen mit Wassertanks, den Canadairs) genügen nicht, um dieser Geisel Einhalt zu gebieten.
Vorbeugung (systematische Brandwacht, Reinigung des Unterholzes, Anlage von Schneisen) sowie die Sensibilisierung der Öffentlichkeit und vor allem der Touristen (im Wald nicht rauchen; keine Lagerfeuer machen; nur auf den Campingplätzen und nicht in freier Natur zelten) sollten zu besseren Ergebnissen führen.

Verschmutzung und schädliche Eingriffe. — Die beschleunigte Besiedelung und Industrialisierung der Provence haben die Schönheit mehrerer Gebiete bereits merklich beeinträchtigt: so vereinnahmt der Industriekomplex Fos-sur-Mer die wüstenhafte Crau; die Umgebung des Sees von Berre ist, besonders in seinem Ostteil, zum geschäftigen Vorort (Flughafen, Erdölraffinerien usw.) der Marseiller Metropole geworden. Seit dem Jahr 1957 ist aufgrund der übermäßigen Wasserverschmutzung der Fischfang im See von Berre verboten.
Ebenso ernste Belastungen sind die Abwässer der Küstenstädte, die Müllhalde von St-Martin-de-Crau oder der große Abwasserkanal Marseilles, der in die Calanque von Cortiou mündet.
Der ständig anwachsende Strom von Fahrzeugen schließlich erfordert einen stetigen Ausbau des Straßennetzes, das die Landschaft immer stärker zerteilt und den Lebensraum der Wildtiere einengt.

HÖHLEN UND KLÜFTE

Einen Kontrast zu den tief eingeschnittenen, fruchtbaren Tälern bildet die graue, steinige Einsamkeit der Hochebene des südlichen Vivarais. Ihr trockener Boden ist durch den Kalkstein bedingt, der sämtliche Niederschläge wie ein Schwamm aufnimmt, wodurch regelrechte unterirdische Flußläufe entstehen.

Versickerung. — Auf verschiedenen Hochebenen nimmt die oberste Schicht des Kalksteins Regen und sogar ganze Flüsse auf: Das mit Kohlensäure angereicherte Wasser löst Kalziumkarbonat aus dem Gestein (Subrosion), wodurch sich meist runde Vertiefungen bilden — kleine sog. Schlucklöcher bzw. die größeren „**Dolinen**".
Die Zersetzung des Kalksteins, der insbesondere Salz oder Gips enthält, ergibt fruchtbaren Ackerboden. Dringt das Regenwasser durch unzählige feine Risse und Spalten tiefer in den Fels ein, entstehen natürliche schachtartige **Klüfte** bzw. Schlünde (frz. aven), die sich vergrößern, fortsetzen, verzweigen und ein miteinander in Verbindung stehendes Höhlensystem bilden.

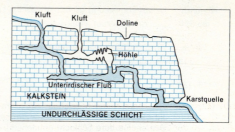

Unterirdischer Wasserlauf

Unterirdische Flüsse. — Das versickerte Oberflächenwasser bahnt sich schließlich unterirdische Gänge und sammelt sich zu einem Fluß mit mehr oder minder starker Strömung, der sein Bett verbreitert und sich häufig in Kaskaden ergießt. Bei geringerer Fließgeschwindigkeit entstehen kleine Stauseen vor natürlichen (teilweise durch Kalkablagerung gebildeten) Hindernissen. Über der Wasserfläche wird u. U. das poröse Gestein weiter gelöst, so daß sich die Höhlenkuppel der Erdoberfläche nähert (z. B. bei dem 50 m hohen Oberen Saal von Orgnac) und bei starker Erschütterung einbrechen kann. Oberhalb einer undurchlässigen Bodenschicht schließlich tritt der Fluß als sog. **Karstquelle** wieder zutage (ein Beispiel ist die Quelle von Vaucluse, der Austritt der Sorgue-Versickerung bei Avignon).

Höhlenbildung. — Auf seinem Wege durchs Gestein reichert sich das Wasser mit Kalk (genauer Kalziumkarbonat) an, der sich in den Höhlen ablagert (ein Vorgang, den man als Sintern oder Kristallisieren bezeichnet): Bei einer Wachstumsrate von etwa 1 cm/Jh. entstehen so die verschiedensten Tropfsteinformationen, am häufigsten **Stalaktiten** und **Stalagmiten**. Erstere bilden sich an der Decke durch langsam tropfendes Sickerwasser, das jeweils einen Teil seines Kalkgehaltes dort ablagert, bevor es zu Boden fällt, wo der restliche Kalk zu Stalagmiten kristallisiert, die allmählich mit ihrem Gegenstück zu einer Säule (Stalagnat) zusammenwachsen. Andere Tropfsteine nehmen die Form von Gardinen oder exzentrischen Gebilden an, die durch Kristallisation entstanden sind und den Gesetzen der Schwerkraft zu widersprechen scheinen; teilweise sind sie sogar bunt gefärbt, falls das Wasser zusätzlich gelöste Erze enthält. Bemerkenswerte Exemplare dieser Art gibt es in den Höhlen Orgnac, Marzal und Madeleine.

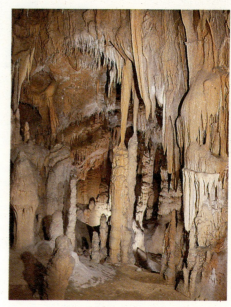

Marzal-Höhle

Diese unterirdische Welt wurde Ende des letzten Jahrhunderts hauptsächlich durch **Édouard-Alfred Martel** wissenschaftlich erforscht. Man entdeckte eine Reihe von Höhlen neu und machte sie für den Fremdenverkehr zugänglich. Seither wurde ständig weitergeforscht. 1935 erkundete **Robert de Joly** die Höhle von Orgnac mit ihren Reichtümern; 1965 fand man dann noch ein riesiges Netz höhergelegener Gänge; zahlreiche Klüfte sind jedoch noch immer unerforscht.

---

*Mit den stets aktualisierten **Michelin-Karten** im Maßstab 1: 200 000 sind Sie immer auf dem laufenden*

Sie unterscheiden auf einen Blick:
– Hauptverkehrsstraßen
– regionale Verbindungsstraßen oder Entlastungsstrecken
– weniger verkehrsreiche Straßen

Benutzen Sie immer die neusten Ausgaben der Michelin-Karten.

GESCHICHTLICHER ÜBERBLICK

Von der Vorgeschichte zur römischen Herrschaft

Vor Chr.

um 6000	Jungsteinzeit (Neolithikum): Anfänge der Töpferei und verschiedener landwirtschaftlicher Aktivitäten; Menschen siedeln sich in Châteauneuf-les-Martigues und Courthézon an.
um 3500	Chassey-Kultur: die ersten richtigen Landwirte und Viehzüchter leben in dörflichen Siedlungen.
1800-800	Bronzezeit. Ligurer bevölkern die Gegend.
8.-4. Jh.	Kelten kommen in großer Anzahl ins Land.
um 600	Die griechischen Phokäer aus Kleinasien gründen Massalia (Marseille) (S. 118).
4. Jh.	Blütezeit Massalias; Pytheas der Seefahrer erforscht die Nordmeere.
218	Hannibal zieht von Spanien durch die Provence und überquert die Alpen.
125-122	Eroberung des südlichen Galliens durch die Römer. Zerstörung von Entremont und Gründung von Aquae Sextiae (Aix-en-Provence) (S. 46).
102	Marius schlägt die Teutonen bei Aix (S. 46).
58-51	Julius Cäsar erobert ganz Gallien.
27	Die Verwaltung unter Augustus verbreitet die römische Zivilisation in der Provence.

Nach Chr.

2. Jh.	Glanzzeit in Nîmes.
4. Jh.	Blütezeit von Arles; Einrichtung von Diözesen.
416	Johannes Cassianus gründet die Abtei St-Victor in Marseille.

Vaison-la-Romaine – Venuskopf
(Haus der Messii)

Die Grafschaft Provence

471	Die Westgoten erobern Arles.
476	Fall des Römischen Reiches.
536	Abtretung der Provence an die Franken.
843	Durch den Vertrag von Verdun gelangen die Provence, Burgund und Lothringen an Lothar, Enkel Karl des Großen.
855	Karl, der Sohn Lothars, wird König der Provence.
879	Boso von Vienne, Schwager Karls d. Kahlen, ist König von Burgund und der Provence.
2. Hälfte des 9. u. 10. Jh.s	Wiederholte Einfälle von Sarazenen, Normannen und Ungarn.
1032	Das Hl. Römische Reich Deutscher Nation annektiert die Provence, wobei die Grafen jedoch weitgehende Unabhängigkeit behalten; die Städte expandieren und behaupten ihre Autonomie.
1125	Die Provence wird zwischen dem Grafen von Barcelona und dem Grafen von Toulouse aufgeteilt.
um 1135	Zum erstenmal wird ein Konsulat in Arles erwähnt.
1229	Durch den Vertrag von Paris fällt das südliche Languedoc an die französische Krone zurück; ein königlicher Amtsbezirk (Sénéchaussée) wird in Beaucaire geschaffen.
1246	Karl I. von Anjou, ein Bruder Ludwig des Heiligen, heiratet Beatrix von Provence, die Tochter des Grafen von Barcelona und wird Graf der Provence.
1248	Ludwig der Heilige schifft sich in Aigues-Mortes zum 7. Kreuzzug ein.
1316-1403	Päpste und Gegenpäpste residieren offiziell in Avignon.
1348	Johanna I. von Anjou verkauft Avignon Papst Clemens VI. Eine erste große Pestepidemie dezimiert die Bevölkerung der Provence.
1409	Gründung der Universität von Aix.
1434-1480	René von Anjou wird Graf der Provence; die Regierung des „guten Königs René" gilt als Goldenes Zeitalter.
1481	Karl von Maine, der Neffe König Renés, vermacht die Provence testamentarisch dem französischen König Ludwig XI.

Die Provence als Provinz des französischen Königreiches

1486 — Die drei Stände der Provence (Vertreter von Klerus, Adel und 3. Stand) ratifizieren in Aix den Anschluß der Provence an das Königreich Frankreich.

1501 — Ludwig XII. gründet das Parlament der Provence, einen unabhängigen Gerichtshof, der später auch gewisse politische Rechte beansprucht.

1524-36 — Auseinandersetzungen zwischen Karl V. und Franz I. Dabei kämpfen die kaiserlichen Truppen auch in der Provence.

1539 — Das Edikt von Villers-Cotterêts legt Französisch als Verwaltungssprache der Provence fest.

1545 — Massaker in den Waldenserdörfern des Luberon *(S. 23)*.

1555 — Nostradamus veröffentlicht seine astrologischen Weissagungen, die „Centuries" *(S. 162)*.

1558 — Adam de Craponne, ein Ingenieur aus Salon-de-Provence, baut einen Kanal zur Bewässerung der Crau *(S. 162)*.

1560-98 — Die Religionskriege werden durch das Edikt von Nantes beendet, das den Protestanten Gewissensfreiheit gewährt; sie bauen eigene Kirchen und befestigte Orte.

1622 — Ludwig XIII. besucht Arles, Aix und Marseille.

1660 — Ludwig XIV. zieht feierlich in Marseille ein.

1685 — Widerrufung des Ediktes von Nantes; Unterdrückung des Protestantismus: Flucht von etwa 300 000 - 500 000 Hugenotten in protestantische Länder.

1713 — Das Fürstentum Orange, ehemals Besitzung des Hauses Nassau, gelangt durch den Vertrag von Utrecht an das französische Königshaus.

1720 — Erneute Pestepidemie *(S. 119)*, die sich von Marseille aus verbreitet.

1771 — Auflösung des Parlaments von Aix.

Von der Revolution zum 20. Jh.

1791 — Avignon und die Grafschaft Venaissin werden Frankreich einverleibt.

1792 — 500 Freiwillige aus Marseille marschieren in Paris nach den Takten der „Marseillaise" *(S. 119)*.

1815 — Sturz Napoleons. Die fanatischen Royalisten ermorden Marschall Brune in Avignon.

1854 — Gründung der literarischen Gruppe „Le Félibrige" *(S. 24)*.

1859 — Frédéric Mistral veröffentlicht das provenzalische Epos „Mireille" *(S. 117)*.

1933 — Gründung der „Compagnie Nationale du Rhône", Beginn der Kanalisierung.

1942-44 — Invasion der deutschen Truppen; Lyon wird Zentrum der Widerstandsbewegung; Befreiung Marseilles.

1962 — Inbetriebnahme der ersten Wasserkraftwerke an der Durance.

1965 — Baubeginn des Industriehafens Fos.

1970 — Verbindung Marseille-Paris durch die Autobahn A6-A7.

1977 — Erste U-Bahnstrecke in Marseille *(S. 119)*.

1981 — Verbindung Marseille-Paris durch den Hochgeschwindigkeitszug „TGV".

EINE REICHE VERGANGENHEIT

Das südliche Gallien vor der Eroberung durch die Römer

Ein Völkergemisch. — Während der Bronzezeit (1800-800 v. Chr.) wird die Gegend von Ligurern bewohnt, wahrscheinlich Nachkommen der neolithischen Urbevölkerung. Ab dem 7. Jh. erscheinen die ersten Kelten, und die ersten Griechen werden seßhaft. Um 600 oder 620 gründen die Phokäer Massalia (Marseille), in Übereinstimmung mit dem Stamm der keltischen Segobriger. Doch erst im 5. und 4. Jh. kommt eine größere Zahl von Kelten ins Land: hieraus ergibt sich das kelto-ligurische Völkergemisch der antiken Provence. Es entstehen sog. Oppida — befestigte Siedlungen auf Anhöhen: Nages bei Nîmes, St-Blaise über dem Golf von Fos und Entremont bei Aix waren regelrechte Städte.

Der griechische Einfluß. — Er wirkte bestimmend auf die südliche Zivilisation. Sicher gaben Siedler von Rhodos dem großen provenzalischen Fluß ihren Namen (Rhodanos), doch sind die Phokäer aus Kleinasien (Ionien) die ersten, die eine ständige Kolonie gründen: Massalia wird sehr schnell eine mächtige Handelsstadt, die ihrerseits zahlreiche provenzalische Niederlassungen gründet (Glanum, Avignon, Cavaillon) und mit den Völkern des Nordens Handel treibt (Wein und Keramik gegen Zinn aus Armorika (Bretagne), landwirtschaftliche Erzeugnisse und Vieh). Dennoch verbreitet sich die griechische Kultur nur langsam, ab dem 2. Jh., als die Beziehungen zwischen der Urbevölkerung und der Phokäerstadt sich trüben. Der saluvische Bund (eine Vereinigung der provenzalischen Stämme) reagiert auf den „Imperialismus von Massalia".

Rom und Massalia. — Im Zweiten Punischen Krieg (218-201) unterstützt Massalia Rom, während die Saluvier Hannibal helfen, das Land zu durchqueren (218).

Im Jahr 154 wird Massalia, das die gallische Bedrohung fürchtet, dem Schutz Roms unterstellt. Um 130 bedroht das mächtige arvernische Reich die Sicherheit des südlichen Galliens, das eine Schlüsselstellung im Verkehr zwischen Italien und Spanien innehat. 125 v. Chr. folgt Rom dem Ruf Massalias: seine Legionen unterwerfen die Vocontier, dann die Saluvier, deren Hauptstadt Entremont zerstört wird.

122 wird Aquae Sextiae (Aix) gegründet, und die Arverner und Allobroger erleben eine blutige Niederlage. 118 legt man die Grenzen einer neuen Provinz fest: „Transalpina", nach der ersten römischen Kolonie Narbonne *Gallia Narbonensis* genannt. Massalia behält seine Unabhängigkeit und erhält eigenes Territorium. Die römische Herrschaft — im Jahr 105 durch die Ausbreitung der Kimbern und Teutonen gefährdet (Niederlage bei Orange), die jedoch 102 von Marius bei Aix zum Stehen gebracht werden — erstreckt sich über das ganze Land.

Die römische Kolonisierung

Pax Romana. — Die neue Provinz fügt sich schnell dem römischen Reich ein und unterstützt aktiv Prokonsul Cäsar während der Gallischen Kriege (58-51 v. Chr.). Da Marseille in dem Streit zwischen Cäsar und Pompejus für letzteren Partei ergriffen hat, muß die Stadt nach einer Belagerung (49 v. Chr.) kapitulieren und verliert ihre Unabhängigkeit; die führenden Städte sind seither Narbonne, Nîmes, Arles und Fréjus.

Unter Augustus beschleunigt sich die Romanisierung; Gallia Narbonensis wird 27 v. Chr. neu organisiert.

Die Epoche des Antonius Pius (2. Jh.), dessen Familie mütterlicherseits aus Nîmes stammte, ist die Blütezeit gallo-römischer Zivilisation. Weiterhin bleibt die Landwirtschaft in der Provence die wichtigste Aktivität; Handel bringt den Städten Wohlstand, vor allem Arles, das von der Zurücksetzung Marseilles profitiert. Wie man an den zahlreichen Resten erkennen kann, war die Lebensweise in den Städten vorwiegend durch Bequemlichkeit, Luxus und Zerstreuung bestimmt.

Arles in der Vormachtstellung. — Nach dem unsicheren 3. Jh. bringen 4. und 5. Jh. beträchtliche religiöse und politische Veränderungen. Das Christentum, das wohl erst gegen Ende des 2. Jh.s aufkam (entgegen den mittelalterlichen Legenden über die Landung von Lazarus, Martha und Magdalena an der Küste der Camargue), setzt sich nach der Bekehrung Konstantins durch. Dieser macht Arles zu seiner Lieblingsstadt im Abendland *(S. 61)*. Marseille bleibt Handelszentrum und Aix ist Verwaltungsstadt, während die Bedeutung Nîmes' zurückgeht und Glanum von seinen Bewohnern verlassen wird. Die ländliche Bevölkerung dagegen leidet unter einer im gallo-römischen Reich allgemeinen Verarmung, da die Großgrundbesitzer sie mit hohen Abgaben belegen. Aufgrund der Unsicherheit werden hochgelegene Orte wie St-Blaise *(S. 148)* neu besiedelt.

Vom Fall des römischen Reiches zum Papsttum in Avignon

Invasionen. — Bis ins Jahr 471, als Arles von den Westgoten eingenommen wird, bleibt die Provence praktisch von Einfällen verschont. Auf die burgundische und westgotische Herrschaft zwischen 476 und 508 folgt die ostgotische „Restauration", die etwa 30 Jahre dauert: tatsächlich betrachten sich die Ostgoten als Erben des Herrschers aus dem Osten und führen wieder römische Institutionen ein. Das religiöse Leben erfährt weiteren Aufschwung; mehrere Konzile finden in provenzalischen Städten statt — insbesondere das von Vaison: es beschließt die Gründung einer Schule in jeder Gemeinde, damit auch die Landbevölkerung christianisiert werden kann. Der Bischof von Arles, Césaire, genießt in Gallien ungeheures Ansehen. 536 wird die Provence ins fränkische Reich eingegliedert und ist wie die übrigen Povinzen der Teilung unter die Nachfolger der merovingischen Dynastie ausgeliefert. Der Niedergang beschleunigt sich.

Die 1. Hälfte des 8. Jh.s bringt nur Wirren und Tragödien: Araber und Franken machen die Gegend zum Schlachtfeld; Karl Martell unterwirft sie zwischen 736 und 740 mit unerhörter Härte. Eine ständige Bedrohung stellen die Sarazenen dar. 855 wird ein Königreich Provence errichtet, das in etwa der Rhoneebene entspricht. Durch die Sarazenen- und Normannengefahr geschwächt, fällt es den Königen von Burgund zu, deren Besitzungen sich nun vom Jura bis zum Mittelmeer erstrecken und dem Schutz der Kaiser deutscher Nation unterstehen, die sie 1032 beerben. Mit diesem Datum wird die Provence ein Teil des Reichs, während das Gebiet westlich der Rhone den Grafen von Toulouse untersteht.

Die okzitanische Provence. — Das 10. und 11. Jh. stellen einen Bruch in der Entwicklung der provenzalischen Zivilisation dar, die bisher von ihrer antiken Vergangenheit geprägt war. Aus der Anarchie des Mittelalters entsteht eine neue Gesellschaft: Nun konzentriert sich das ländliche Leben auf die Bergdörfer (Luberon, Ste-Baume, Vaucluse) und Herrensitze; die Städte expandieren weiter und beginnen, sich selbst zu verwalten. Die Sprache des Langue d'oc *(S. 24)* nimmt ihren Aufschwung... Die Provence ist eng mit dem Languedoc verbunden.

Der Fehlschlag einer Einigung Okzitaniens erleichtert das Eingreifen der Kapetinger. Der Kreuzzug gegen die Albigenser bringt die späte Einigung der katalanischen und der Toulouser Partei — die sich bis dahin die Provence streitig gemacht haben — angesichts der „Eindringlinge" aus dem Norden; doch macht die Niederlage von Muret (1213) jede Hoffnung auf ein vereintes Okzitanien zunichte.

Die Expedition Ludwigs VIII. (Belagerung von Avignon 1226) und der Vertrag von Paris führen 1229 zur Gründung des königlichen Amtsbezirks eines Seneschalls von Beaucaire: seither untersteht das rechte Ufer der Rhone der französischen Krone. Im Osten hält der katalanische Graf Ramón Berenguer V. seinen Machtbereich aufrecht und organisiert die Verwaltung der Provence; er selbst residiert häufig in Aix.

Die Städte sind zu lokalen Machtfaktoren geworden; seit Beginn des 12. Jh.s wählen sie Konsuln, deren Macht auf Kosten der traditionellen Herren (Bischöfe, Grafen und Vizegrafen) zunimmt; im 13. Jh. sind sie auf dem Weg zur Unabhängigkeit.

Das Haus Anjou. — Die Heirat **Karls von Anjou,** Bruder Ludwig des Heiligen, mit Beatrix von Provence, der Erbin Ramón Berenguers V., verbindet 1246 das Schicksal der Provence mit dem des Hauses Anjou. Karl hat großen politischen Ehrgeiz: er mischt sich in Italien ein und unterwirft 1266 das Königreich Neapel, bevor er sich dem Osten zuwendet. In der Provence schätzt man seine Regierungszeit — die Sicherheit ist wiederhergestellt, eine integre Verwaltung regelt die öffentlichen Angelegenheiten, und man gelangt erneut zu Wohlstand. 1274 überläßt der französische König das Territorium des Comtat Venaissin den Päpsten, wodurch es in der Folgezeit einen eigenen Werdegang hat.

Die Nachfolger Karls I., Karl II. und Robert, verfolgen in der 1. Hälfte des 14. Jh.s eine Politik der Ruhe und Ordnung. Aix wird in den Rang einer Verwaltungshauptstadt erhoben, an deren Spitze ein Seneschall mit einem Kreis von Offizieren steht, die mit der Finanzverwaltung betraut sind.

Die führende Stadt ist von nun an Avignon, das sich der spätere Papst Johannes XXII. (1316) als Sitz erwählt. Schon Clemens V. residierte seit 1309 im Comtat Venaissin und profitierte vom Schutz des französischen Königs; so war die Wahl Johannes XXII. keine Überraschung und wurde durch seinen Nachfolger Benedikt XII. bestätigt, der den Bau einer neuen päpstlichen Residenz unternahm. Der Aufenthalt der Päpste in Avignon *(S. 70)* dauert nahezu ein Jahrhundert und bewirkt einen außergewöhnlichen Aufschwung und Glanz der Stadt (die 1348 von Königin Johanna erworben wird): sie ist Bankzentrum, Umschlagplatz, ständige Baustelle sowie künstlerischer Mittelpunkt und übertrifft bei weitem ihre ehemaligen Konkurrenten.

Vom Anschluß an die französische Krone zum 20. Jh.

Das Ende der provenzalischen Unabhängigkeit. — Mit der 2. Hälfte des 14. Jh.s kommt für die Provence eine schwere Zeit: Hunger und Pest (1348), die Verwüstungen durch Räuberbanden sowie die politische Unsicherheit, bedingt durch die Schwäche der Königin Johanna (Enkelin König Roberts, die 1382 umgebracht wurde) schwächen das Land zusehends. Die Bevölkerung verringert sich, und es gibt immer mehr Ruinen. Nach heftigen Erbstreitigkeiten stellt Ludwig II. von Anjou (ein Neffe des französischen Königs Karl V.) mit Hilfe seiner energischen Mutter Marie von Blois und dem Papst die Ordnung wieder her. Sie wird jedoch vorübergehend durch die Machenschaften des turbulenten Vicomte Raymond de Turenne gestört, der von den Festungen Les Baux und Roquemartine aus mit seiner Bande zu unzähligen Raubzügen aufbricht und das Land (1389-1399) unsicher macht. Erst zu Beginn des 15. Jh.s kehrt endgültig Ruhe ein.

König René, jüngerer Sohn Ludwigs II. von Anjou († 1417), erbt beim Tod seines Bruders 1434 die Provence. Doch befaßt er sich hauptsächlich damit, das Königreich Neapel zurückzuerobern; nachdem all seine Versuche scheitern, wendet er seine Aufmerksamkeit und Sympathie der Provence zu (1447). Seine Regierungszeit bleibt in guter Erinnerung, da sie mit einer Periode politischer und wirtschaftlicher Restauration einhergeht, die in ganz Frankreich spürbar ist *(S. 46)*. Der aufgeklärte Fürst, selbst Dichter und Kunstliebhaber, zieht zahlreiche Künstler nach Aix, das in gewisser Weise die Nachfolge der Papstresidenz Avignon antritt. Für kurze Zeit folgt ihm sein Neffe Karl von Maine, ehe 1481 Ludwig XI. das Land in Besitz nimmt.

Seit diesem Zeitpunkt entspricht die Geschichte der Provence der des französischen Königreichs.

Waldenser und Reformierte. — Ab 1530 verbreitet sich die Reformation dank den Bibelverkäufern und Händlern über das Rhonetal, das Vivarais und das Durancetal im ganzen Süden. Gefördert wird diese Entwicklung durch das Wirken der Waldenser, die in den Dorfgemeinden des Luberon beheimatet sind.

Petrus Valdes (bzw. Pierre Valdo auf französisch), ein Kaufmann aus Lyon, hatte 1170 diese Sekte gegründet, die Armut und eine Rückbesinnung auf das Evangelium predigte, die Sakramente sowie die Kirchenhierarchie jedoch ablehnte. So gerieten die Waldenser in Widerspruch zum Katholizismus, wurden 1184 exkommuniziert und seitdem als Ketzer verfolgt. 1540 entschließt sich das Parlament von Aix (1501 gegründet) zum Durchgreifen und befiehlt die Zerstörung des Waldenserortes Mérindol. Nachdem die Häretiker 1544 die Abtei Sénanque verwüstet haben, kommt es vom 15.-20. April 1545 zu einem furchtbaren Blutbad: Dörfer (Cadenet, Ménerbes, Mérindol und 20 andere) werden geplündert und in Brand gesteckt, 3 000 Menschen kommen auf grausamste Art ums Leben, 600 Männer schickt man auf die Galeeren.

Dennoch verbreitet sich der Protestantismus, vor allem westlich der Rhone im Vivarais, in den Cévennen, in Nîmes und Uzès; im Osten wird Orange — Fürstentum der Familie Nassau seit 1559 — zur Hochburg der Reformierten. 1560 wird die Konfrontation unausweichlich: Eine Reihe von Kirchen und Abteien (St-Gilles, Kartause von Valbonne) werden von den Hugenotten geplündert, die Gewalt eskaliert auf beiden Seiten. Hier gehen nun Provence und Languedoc-Cévennen getrennte Wege: die Provence entscheidet sich für den Katholizismus, und die katholische Liga gewinnt in Städten wie Aix oder Marseille (das den Status eines Stadtstaates anstrebt) überzeugte Anhänger. Auf der anderen Rhoneseite sieht die Situation jedoch anders aus: hier überwiegen in der Bevölkerung die Anhänger der Reformation, deren Zentrum Nîmes ist.

So stehen sich am Ende der erbittert geführten Religionskriege im Süden zwei Bevölkerungsgruppen gänzlich konträrer Überzeugung gegenüber, die sich im Kamisardenaufstand (1702-04) noch einmal befehden und diese entscheidende Episode ihrer Geschichte niemals völlig vergessen.

Vom 17. zum 20. Jh. — Vor allem im 18. Jh. hat sich die Provence von ihren Wunden erholt — für die Landwirtschaft und den Handel gilt es als Goldenes Zeitalter. Dagegen erscheint die 19. Jh. weniger günstig: während die Industrialisierung fortschreitet, leidet der ländliche Bereich unter dem Rückgang der Seidenraupenzucht und dem Reblausbefall. Angesichts dieses Umbruchs stärkt Mistral die provenzalische Identität und läßt ihre Traditionen wiederaufleben. Doch bei seinem Tod 1914 ist die Provence mit ihrer Schwerindustrie, der systematischen Landwirtschaft und dem Fremdenverkehr unabwendbar auf dem Weg in die Modernität.

DIE PROVENZALISCHE SPRACHE

Ursprung. — Das Französische ging, wie die anderen romanischen Sprachen, aus dem Vulgärlatein hervor, das Ende des 4. Jh.s in den Gebieten römischer Kultur gesprochen wurde. Dabei bildeten sich zwei verschiedene Sprachen, die nach der Art, ob man für das Wort ja „oc" oder „oïl" sagte, als **Langue d'oc** und **Langue d'oïl** bezeichnet werden.
Die Aufspaltung in zwei Sprachgruppen zeichnete sich bereits zur Zeit der Merowingerherrschaft ab und war im 10. und 11. Jh. so weit fortgeschritten, daß literarische Zeugnisse in beiden Sprachen entstanden.

Das Altprovenzalische. — Der Sprachraum des Altprovenzalischen umfaßte Okzitanien, d. h. Südfrankreich, von einer gedachten Linie zwischen Bordeaux und Lyon zum Mittelmeer und den Pyrenäen. Es erlebte durch die Troubadourdichtung eine Blütezeit und verbreitete sich über die Grenzen Frankreichs hinaus, wo es in höfischen Kreisen bekannt war. Die **Troubadours**, die als fahrende Sänger von Ort zu Ort zogen und ihre selbstgedichteten Minnelieder an den Höfen vortrugen, verherrlichten eine aus Leidenschaft freie Liebe zu einer oft unerreichbaren verheirateten Frau und brachten ihre Hoffnungen, Zweifel und Sehnsüchte in kunstvolle Versformen. Bekannte Minnesänger aus der Provence waren Raimbaut d'Orange, die Gräfin von Die, Folquet de Marseille und Raimbaut de Vaqueiras. Diese höfische Kunst hatte Ende des 13. Jh.s Inhalt und Thematik erschöpft; zudem hatten die reichen Herrensitze an Bedeutung verloren.

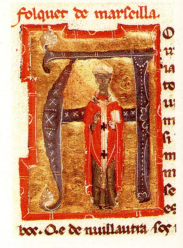

Folquet de Marseille (Manuskript des 13. Jh.s)

Die Verbreitung des französischen Einflusses im Süden durch Kreuzzüge, Inquisition und Aufschwung der Kapetinger Monarchie waren der historische Hintergrund dieser Entwicklung. Immerhin beeinflußte ihre Form den Stil der Dantezeit und im 14. Jh. die Dichtung Petrarcas *(S. 107)*. Das Provenzalische war neben dem Lateinischen als Amtssprache anerkannt und wurde am Papsthofe in Avignon gesprochen. Damals entstanden Grammatiken und Wörterbücher, doch begann in dieser Zeit auch die Aufsplitterung der Langue d'oc in zahlreiche Dialekte.

Bellaud de la Bellaudière. — Der dichtende Edelmann und Soldat, der 1534 in Grasse geboren wurde, ist ein verspäteter Troubadour. Er ließ sich vom Realismus von Clément Marot und Rabelais inspirieren und eiferte, in Sonetten, zugleich Petrarca nach.

Niedergang. — Das Nordfranzösische (also der Dialekt der Ile-de-France) begann 1539 seinen Siegeszug, nachdem es Franz I. zur Amtssprache bestimmt hatte. Das Provenzalische erhielt sich nur noch in Legenden, Chroniken, Dichtungen und in volkstümlichen oder wissenschaftlichen Werken. Immerhin war es noch im 17. Jh. weitgehend die Umgangssprache des Volkes, denn der aus Nordfrankreich stammende Jean Racine berichtet von Schwierigkeiten, sich verständlich zu machen, als er bei seinem Onkel in Uzès *(S. 172)* eingeladen war, und noch bis zur Revolution blieb Provenzalisch allgemeine Umgangssprache. Die Volksdichtung des Südens war damals besonders reich, und es entstanden viele Weihnachtsdichtungen **(Noëls)** und Gesänge. Der Moralphilosoph Vauvenargues verfaßte indessen seine Aphorismen nicht in der Sprache seiner Heimat, sondern in Französisch. Die Revolution unterstützte mit ihren zentralistischen Bestrebungen und der Unterdrückung der Dialekte die Ausbreitung des Nordfranzösischen.

Der Felibrige. — Eine Neubelebung des Provenzalischen wurde, Ende des 18. Jh.s, von einer Dichtergruppe eingeleitet, die sich nach einem Volkslied „Felibrige" nannte. Ihr gehörten u. a. Th. Aubanel, J. Roumanille und **Frédéric Mistral** (1830-1914) an. Insbesondere der letztgenannte machte sich um Sprache und Bräuche seiner Heimat sehr verdient. Er wurde durch das 1859 erschienene Volksstück „Mirèio" bekannt. Außerdem gab er ein Werk über die Weihnachtsbräuche („Calendau") heraus und ist mit seinem Wörterbuch des Neuprovenzalischen als Sprachwissenschaftler noch heute in der Fachwelt anerkannt. Er wurde 1904 mit dem Nobelpreis ausgezeichnet und stiftete das bedeutende Heimatmuseum von Arles, das Museon Arlaten *(S. 65)*.

Das Provenzalische heute. — In der Nachfolge Mistrals gibt es auch heute noch zahlreiche Vereinigungen, die Brauchtum und Sprache der Provence besonders pflegen. Paradoxerweise geht das Provenzalische als gesprochene Sprache jedoch zurück, während es als Kultursprache inzwischen sozusagen „staatlich anerkannt" ist.
So besitzt die Universität Aix-Marseille ein Institut für provenzalische Studien. Die Zentralstelle für das Studium des Okzitanischen befindet sich in Toulouse und unterhält Sprachakademien in verschiedenen großen Städten Südfrankreichs, wo Okzitanisch auch an den höheren Schulen als Wahlfach gelehrt wird.

Mistral

SAGEN UND LEGENDEN

Sagen und Legenden illustrieren die Geschichte der provenzalischen Landschaft: Diese Erzählungen beschreiben Glauben, Sitten und Alltag der damaligen Menschen, Institutionen, Monumente und Plätze.

Vielleicht spielt das griechisch-lateinische Erbe eine Rolle in der provenzalischen Tradition, die das Unwahrscheinliche mit der Realität verbindet und wo das Wunder zum ganz banalen Alltagsleben gehört. Das jedenfalls glaubten unsere Vorfahren, die überall Zeichen göttlichen Willens und dessen wunderbare Auswirkung sahen.

Antike Legenden. — Für die Griechen waren die Ufer des westlichen Mittelmeeres ein geheimnisvolles Land, schrecklich und wunderbar zugleich, wo allabendlich der Sonnenwagen des Apolls verschwand. **Herkules,** Sohn des Jupiters, hatte dank seiner ungeheuren Kraft Passagen in die Alpenkette gebrochen; als er bei seiner Rückkehr aus Spanien seinen Vater gegen Feinde zuhilfe rief, ließ dieser einen Steinregen niedergehen, der noch heute als Wüste Crau zu sehen ist.

Später übte das westliche Mittelmeer auf die Phokäer eine solche Anziehung aus, daß sie in dieser sagenhaften Gegend eine Kolonie gründeten — ein Ereignis, das sich in der Legende von **Protis und Gyptis** widerspiegelt *(S. 118).*

Auch bei den Abenteuern des Marseillers **Pytheas** ist es nicht leicht, Dichtung und historische Wahrheit zu unterscheiden. Der kühne Seefahrer und Geograph soll im 4. Jh. v. Chr. die Säulen des Herkules (Meerenge von Gibraltar) passiert haben und bis Cornwall und an die Gestade Islands gelangt sein.

Heiligenlegenden. — Eine tausendjährige Tradition schreibt die Christianisierung der Provence (ab 1. Jh.) Lazarus, Maria-Magdalena und Martha zu, die mit ihren Begleitern in einem Boot aus Judäa kamen und in Stes-Maries landeten *(S. 159).* Zahlreiche Wundertaten werden von ihnen berichtet: **Martha** z. B. befreite die Stadt Tarascon von dem Ungeheuer Tarasque *(S. 167).*

Rührende Zeugen naiven Volksglaubens sind die Berichte über einzelne provenzalische Heilige. **Elzéar de Sabran** kasteite sich bereits im zartesten Kindesalter, indem er freitags die Milch seiner Amme zurückwies. Der **hl. Mitre** hingegen, ein Märtyrer „nahm nach seiner Enthauptung seinen blutigen Kopf in die Arme, küßte (!) ihn und legte ihn auf den Altar der Kathedrale".

Der **hl. Cäsar** soll in seinem Handschuh eine Brise Seewind eingefangen und nach Nyons gebracht haben, das ihn bitter nötig hatte, da es gänzlich eingeschlossen in einem tiefen Bergkessel lag. Von da ab blies in dieser Gegend ein stetiger Wind, so daß die Bewohner Mut schöpften und anfingen, den Boden zu bestellen. Aus jener Zeit stammt das günstige Klima, das sogar Ölbäume gedeihen läßt, und der Region zu Wohlstand verhalf.

Das Erbe der Troubadoure. — Die bekannteste mittelalterliche Liebes- und Abenteuergeschichte, **Aucassin und Nicolette,** wurde im 13. Jh. nach einer maurischen Erzählung aufgeschrieben: Aucassin, Sohn des Grafen von Beaucaire, verliebt sich in Nicolette, eine gefangene, bekehrte Sarazenin. Das Paar gerät in Gefangenschaft, entflieht, wird erneut gefangen genommen und erleidet zahlreiche weitere Schicksalsschläge, ehe es endlich in Frieden vereint ist.

Pierre de Provence, ein tapferer Ritter und begabter Troubadour, lebte bei seinem Vater auf Schloß Cavaillon. Er verliebt sich leidenschaftlich in das Porträt der Prinzessin Maguelone, Tochter des Königs von Neapel und macht sich auf die Reise, wird bei Hofe aufgenommen und geht bei zahlreichen Turnieren als Sieger hervor. Eine geheime Liebe entsteht zwischen Pierre und Maguelone, die sich Treue schwören. Eines Tages jedoch wird der Ritter nach Tunis verschleppt und erst nach sieben Jahren gelingt ihm endlich die Rückkehr, doch vor Aigues-Mortes erleidet er Schiffbruch. Lebensgefährlich verletzt bringt man ihn in das städtische Spital, das von Prinzessin Maguelone geleitet wird, die in diesem Werk der Nächstenliebe Vergessen suchte. Die Liebenden erkennen sich wieder, Pierre wird geheilt...

Nicht immer ist das Ende so glücklich. **Guillem de Cabestaing,** Sohn aus vornehmem Haus und bekannter Troubadour, singt am Hofe des Herrn von Castel-Roussillon, der — selbst häßlich, alt und ungebildet — die schöne, junge Sérémonde zur Frau hat. Schnell entbrennt die Liebe zwischen den beiden jungen Leuten, was dem Ehemann nicht entgeht: Er tötet Guillem meuchlings, reißt ihm das Herz heraus und gibt es seiner Frau zu essen. Als er sich seiner Rache rühmt, entgegnet sie: „Mein Herr, Sie haben mir ein so delikates Mahl serviert, wie ich es in Zukunft niemals mehr kosten werde. Ich schwöre zu Gott, jede andere Nahrung zu verweigern, um den Geschmack mit in den Tod zu nehmen!" Sie sprang von einer der steilen Felswände des Roussillon, und als ihr Blut die Erde färbte, entstand der Ocker!

Hexerei und Magie. — Selten gab es nicht wenigstens einen „masc" oder eine „masco" im Dorf, also jemanden, der Mensch und Tier verhexen konnte. Verweigerte ein Säugling die Brust, scheuten Pferde ohne ersichtlichen Grund oder verloren Jagdhunde ihren Geruchssinn, so waren sie behext.

Der Ort Méthamis im Vaucluse gilt sogar noch heute als Hochburg provenzalischer Hexerei. Im Kampf gegen die Verzauberung suchte man Hilfe bei einem „démascaire": häufig einem Hirten, denn von ihnen nahm man an, daß sie übernatürliche Kräfte besaßen, die Geheimnisse der Natur kannten und dabei geschworene Feinde der Hexer waren. Der „Entzauberer" kann nur Gutes tun: er löst den bösen Zauber, renkt Glieder ein und heilt mit Pflanzen.

Auch andere Methoden halfen gegen Hexerei: ein Kleidungsstück verkehrt herum tragen, Salz ins Feuer werfen, Beschwörungsformeln aufsagen und sich in einem bestimmten Moment bekreuzigen etc. Um ein Haus vor dem „bösen Blick" zu schützen, mauerte man gewöhnlich einen verglasten Kiesel ein; über die Tür einer Schäferhütte nagelte man eine „magische Distel".

Manche Orte sind ganz durchdrungen vom Geheimnisvollen und Wunderbaren, so z. B. der Garagaï bei Vauvenargues — ein bodenloser Schlund, wo merkwürdige Dinge geschehen; und zwischen Arles und Montmajour gibt es das von übernatürlichen Wesen bevölkerte „Feenloch" (trou des fees).

Heldenknaben. — Viele provenzalische Geschichten erzählen von den Großtaten ungewöhnlich begabter Kinder, die von Gott, einem Heiligen oder durch Magie über besondere Kraft oder Klugheit verfügten. So z. B. der kleine **Bénézet** in Avignon *(S. 75)* oder **Jean de l'Ours** („vom Bären"), der zusammen mit einem Bären aufgewachsen war. Mit 12 Jahren brach Jean zu einer Reise durch Frankreich auf: Zunächst war er Lehrling bei einem Schmied, wo er sich einen riesigen eisernen Spazierstock schmiedete. Mit dieser Waffe erschlug er später die schrecklichen Drachen, die eine junge Prinzessin in einem verwunschenen Schloß bewachten. Nach zahllosen Wechselfällen konnte er das Mädchen endlich befreien und zur Frau nehmen.

Guihen das Waisenkind besaß eine weiße Henne. Streichelte er sie und sagte dabei einen Zauberspruch, vermochte er sich unsichtbar zu machen. Auf diese Art befreite er einen König und dessen Tochter aus der Gewalt eines bösen Barons. Zum Dank versprach der König Guihen die Hand seiner Tochter.

FESTE UND TRACHTEN

Feste. — Die Provenzalen hatten schon immer Sinn für Feste profaner oder religiöser Art (wobei die christliche Feierlichkeit zuweilen mit hartnäckigem Heidentum gemischt ist); neben den klassischen Kirchweihfesten, die das ganze Jahr hindurch stattfinden, gibt es die traditionellen Feste, zu denen Tausende von Menschen in einer typisch provenzalischen Atmosphäre zusammenkommen.

Zwischen April und September finden in Nîmes und Arles die berühmten Stierkämpfe statt, die begeisterte Zuschauermengen anziehen — sei es eine tödlich endende spanische Corrida oder die unblutige provenzalische Art (course à la cocarde), bei der die „Razeteurs" die zwischen den Hörnern des Stiers befestigte Kokarde abreißen müssen. In der Camargue wird die sog. Ferrade festlich begangen, wenn die Rinder mit dem Brandzeichen ihres Besitzers markiert werden; außerdem gibt es Pferderennen der Gardians.

Das „venezianische Fest" von Martigues besteht aus einem nächtlichen Zug geschmückter Boote. Seit einigen Jahrzehnten wurde die Provence zum Land der Festivals: Avignon, Aix, Orange, Vaison, Carpentras, Salon, Arles — nahezu in jeder Stadt gibt es alljährlich hochwertige künstlerische Veranstaltungen. Auch die Folklore ist nicht vergessen: das Festival von Séguret und die Feste von Nyons sind ihr gewidmet.

Veranstaltungskalender s. S. 189 und 190

Trachten und Tänze. — Bei den meisten Festen kann man die traditionellen Trachten sehen und alte Instrumente hören.

Charakteristisch für die Provence ist im wesentlichen die **Tracht aus Arles** (das Muséon Arlaten in Arles besitzt eine wunderschöne Kollektion). Die Frauen tragen einen langen, bunten Rock und ein schwarzes Mieder mit langen, engen Ärmeln; über einem kunstvoll gefälteten Tülleinsatz liegt ein großes Brusttuch, entweder aus weißer Spitze oder zum Kleiderstoff passend. Die Haube bedeckt einen dicken Haarknoten: entweder besteht sie aus bedrucktem Baumwollstoff, der zu „Hasenohren" geknotet wird, oder sie wird von einem breiten spitzenbesetzten Samtband gehalten, so daß vorne eine Fläche entsteht (durch einen Karton versteift), während das Tuch hinten lose herabhängt; oder ein Spitzentuch wird zu „Schmetterlingsflügeln" gebunden. Ein Fächer vervollständigt diese Tracht.

Die Kleidung der Männer ist schlichter: ein weißes Hemd, eine dünne Kordel oder ein Band um den Kragen, teilweise eine dunkle Weste mit Uhrenkette; ein breiter Gürtel aus roter oder schwarzer Wolle hält die Leinenhose. Dazu gehört ein Filzhut, dessen breite Krempe ein wenig aufgebogen ist. Auch die Bauerntracht kommt wieder zu Ehren: die Frauen haben hübsche bunte Umschlagtücher, eine weiße Kappe und darüber einen großen flachen Strohhut; die Männer tragen ebenfalls einen Strohhut und eine Samtweste.

Arleserin in Tracht

Die **Farandole** ist ein Tanz der Mittelmeervölker, der bis ins Mittelalter, wenn nicht in die Antike zurückreicht, und hauptsächlich im Raum Arles gebräuchlich war. Die Tänzer halten sich an der Hand oder einem Tuch und tanzen ihre Figuren zu einem lebhaften Rhythmus. Typisch provenzalische Instrumente sind der **Galoubet,** eine kleine Flöte mit drei Löchern, und das **Tamburin,** die von den Musikern abwechselnd gespielt werden. Der Galoubet ist etwa 30 cm lang und hat einen schrillen Klang. Das Tamburin (ca. 75 cm hoch und 35 cm Durchmesser) wird mit einem Schlegel geschlagen, damit die linke Hand für den Galoubet freibleibt. Über das Oberteil (aus der Haut totgeborener Kälber) spannt sich eine Violin- oder Hanfsaite, die einen knirschenden Ton hervorbringt, poetisch „Lied der Grille" genannt.

Jedes Jahr überprüft **Michelin** *seine Auswahl von Hotels und Restaurants, die*
— besonders angenehm, ruhig und gut gelegen sind
— eine besonders schöne Aussicht bieten
— einen Tennisplatz, Strand, Garten oder Swimming-pool besitzen.

Der **Rote Michelin-Führer** *des laufenden Jahres macht sich immer bezahlt.*

TRADITIONELLE LÄNDLICHE HAUSFORMEN

Die provenzalischen Bauernhöfe und Wohnhäuser haben, unabhängig von ihrer Größe, eine Reihe gemeinsamer Merkmale:
— ein nur wenig geneigtes, mit Klosterziegeln gedecktes Dach, dessen Gesims durch mehrere im Mörtel eingebettete, vorspringende Ziegelreihen gebildet wird
— Steinmauern, die mit einer dicken, grob geglätteten Schicht von Kalkputz in den warmen Farbtönen rosa oder mauve bedeckt sind. Dabei ist die dem Wind zugekehrte Nordseite fensterlos während die anderen Seiten kleine Fenster aufweisen, die gerade genügend Licht, nicht aber die Hitze eindringen lassen
— eine Ausrichtung nach dem Wind (Nord-Süd-Richtung) mit leichter Neigung nach Osten, um sich vor dem Mistral zu schützen. Eine dichte Zypressenreihe hält den Nordwind ab, während schöne Platanen oder Zürgelbäume die Südfassade beschatten
— die Böden der Räume sind mit roten oder braunen Terrakotta-Fliesen belegt
— anstelle von Holzdecken besitzen sie mörtellos gefügte oder gemauerte Gewölbe.

Der **Mas** ist ein gedrungenes rechteckiges Gebäude, das unter einem Dach Wohnhaus und Nebengebäude vereint. Die Mauern bestehen aus Feldsteinen oder den glatten Kieseln der Crau-Ebene; Haussteine werden nur für die Einfassung der Fenster- und Türöffnungen verwendet. Ein Gang trennt die beiden Teile: eine Seite ist die des Besitzers, die andere die des Landarbeiters (im Erdgeschoß ebenso wie im 1. Stock). Die Küche liegt ebenerdig zum Hof und ist trotz ihrer geringen Größe der Hauptraum; sie enthält mehrere fest installierte Einrichtungen wie Spülstein, Kamin und gemauerten Herd; außerdem verschiedene Möbel (Tisch und Stühle, Schränke, Büffets, Regale und z. T. kunstvoll gearbeitete Brotschränke).
Im 1. Stock befinden sich die Zimmer mit gefliesten Böden und der Speicher. Je nach Bedeutung des Hofes und der Art der jeweiligen landwirtschaftlichen Nutzung variiert die Anlage des Gebäudes und seiner Räume. Im Erdgeschoß gibt es teilweise auf der Nordseite einen gemauerten Keller, einen Stall, einen Schuppen, einen Schafstall (zuweilen als eigenen Bau), einen Backofen, einen Vorratsraum und eine Zisterne; im 1. Stock enthalten die Speicherräume die Seidenraupenzucht, eine Scheuer (über dem Schafstall) und ein Taubenhaus.

Der **Hof im südlichen Vivarais** unterscheidet sich vom provenzalischen Mas durch Einzelheiten: Das Mauerwerk ist unverputzt, das Haus besitzt ein zusätzliches Stockwerk. Das Erdgeschoß mit seinem soliden Gewölbe dient als Stall für das Kleinvieh und als Geräteschuppen; in der Vorratskammer lagern die verschiedenen Ernteprodukte sowie die Würste.
In den 1. Stock mit den Wohnräumen gelangt man über eine Steintreppe, die auf eine meist überdachte Terrasse führt; von dort erreicht man die mit Steinplatten oder Terrakotta-Fliesen belegte Küche.
Auch von der Seidenraupenzucht kommt man direkt zur Terrasse; bis 1850 war diese ein wesentlicher Bestandteil des ländlichen Lebens.
Von der Küche, durch die man die Zimmer erreicht, führt eine kleine Holztreppe zum Speicher. Bei wohlhabenden Bauern war dies ein von außen sichtbares Treppentürmchen, das die Verbindung zu den Zimmern herstellte. Häufig kommen weitere Nebengebäude hinzu: Backofen, Scheune und, wo es Kastanien gibt, einen Raum, wo diese getrocknet werden.

Der **Oustau** ist das provenzalische Bauernhaus par excellence, kleiner als der Mas, doch nach demselben Schema angelegt.
Im oberen Comtat Venaissin nennt man ihn „Scheuer" — sie hat sich allmählich vergrößert, um den Familienclan zu beherbergen sowie die Arbeiter unterzubringen. Dieser Haustyp liegt in der Art zwischen dem Mas und dem Dorfhaus und gleicht die geringere Grundfläche durch mehrere Etagen aus.

Die **Bastide** ist ein Landhaus mit quadratischem Grundriß und Zeltdach. Sie ist aus Haussteinen gebaut und weist regelmäßige Fassaden mit symmetrischen Öffnungen auf; dazu kommen dekorative Elemente wie schmiedeeiserne Balkongeländer, Freitreppen, Skulpturen etc.

Die **Cabane** ist die Hausform der Camargue, die dem Gardian als Wohnung dient. Sie hat einen rechteckigen Grundfaß und umfaßt oft nur eine Fläche von 10 x 5 m; sie ist weißgetüncht, mit Schilfrohr gedeckt und auf der Rückseite (Nord-Nordwest, woher der Mistral bläst) apsisartig gerundet. Das stark geneigte Dach wird von einem langen Balken getragen, der den First überragt und durch ein Holzstück quer verriegelt ist, was wie ein geneigtes Kreuz aussieht.

Cabane

Auf dem First verhindern eine Schicht gebrannten Kalks und eine Reihe von Ziegeln das Einsickern von Regenwasser. Das Innere ist äußerst schlicht und nur mit dem Notwendigsten ausgestattet; die beiden Räume trennt eine Schilfwand. Über der Tür, die immer im Windschutz auf der Südseite liegt, ist ein kleines Vordach angebracht, das Tisch und Bank schützt, wo der Gardian Netze reparieren und seine verschiedenen Geräte instand halten kann.

KUNST

ABC DER BAUKUNST

Um unsere Leser mit den Fachausdrücken der Architektur vertraut zu machen, geben wir nachstehend einen Überblick über die sakrale Baukunst und die Wehrbauten sowie eine alphabetische Liste mit Begriffen aus Architektur und Kunst, die bei der Beschreibung der Baudenkmäler in diesem Führer verwendet wurden.

Sakrale Baukunst

Abbildung I

Grundriß einer Kirche: Langhaus (Hauptschiff) und Querhaus (Querschiff) bilden ein lateinisches Kreuz. ① Vorhalle – ② Narthex (Vorraum in frühchristlichen Basiliken) – ③ Seitenschiffe (manchmal doppelt) – ④ Joch (Quereinteilung eines Kirchenschiffes, Gewölbefeld) – ⑤ Seitenkapelle (häufig nachträglich angebaut) – ⑥ Vierung (Schnittfläche von Lang- und Querhaus) – ⑦ Querschiff- oder Kreuzarme (treten zuweilen nicht über die Seitenschiffe hinaus und besitzen oft ein Seitenportal) – ⑧ Chor, fast immer nach Osten ausgerichtet; der große Raum ist in Abteikirchen den Mönchen vorbehalten – ⑨ Apsis – ⑩ Chorumgang: Weiterführung der Seitenschiffe um den Chor (besonders in Wallfahrtskirchen), die es den Pilgern erlaubt, an den Reliquien vorüberzugehen – ⑪ Kapellenkranz (Chorkapellen) – ⑫ Scheitelkapelle. Bei Kirchen, die nicht der Muttergottes geweiht sind, ist dies häufig die Marienkapelle – ⑬ Querschiffskapelle

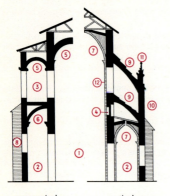

romanisch   gotisch

◄ Abbildung II

Schnitt einer Kirche: ① Hauptschiff – ② Seitenschiff – ③ Empore – ④ Triforium (Laufgang zwischen Arkaden und Fensterzone) – ⑤ Tonnengewölbe – ⑥ Halbtonnengewölbe – ⑦ Spitzbogengewölbe – ⑧ Strebepfeiler – ⑨ Strebebogen – ⑩ Widerlager des Strebebogens – ⑪ Fiale (schlanke, spitze Pyramide) als Gegengewicht des Widerlagers – ⑫ Obergadenfenster.

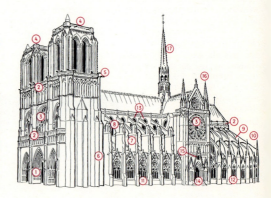

Abbildung III ▶

Gotische Kathedrale: ① Portal – ② Galerie – ③ Große Fensterrose – ④ Glockenturm, manchmal von einem Turmhelm abgeschlossen – ⑤ Wasserspeier, zum Ablaufen des Regenwassers – ⑥ Strebepfeiler – ⑦ Widerlager des Strebebogens - ⑧ Strebebogen – ⑨ Doppelter Strebebogen – ⑩ Fiale – ⑪ Seitenkapelle – ⑫ Chorkapelle – ⑬ Obergadenfenster – ⑭ Seitenportal – ⑮ Wimperg (Ziergiebel) – ⑯ Ziertürmchen – ⑰ Dachreiter (sitzt hier auf der Vierung auf)

Abbildung IV
Kreuzgratgewölbe
① Scheidbogen –
② Grat – ③ Gurtbogen.

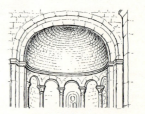

Abbildung V
Halbkuppel
Die Wölbung der Apsiden wird von Halbkuppeln gebildet.

Abbildung VI
Gewölbe mit Scheitel- und Nebenrippen
① Kreuzrippe – ② Scheitelrippe – ③ Nebenrippe – ④ Hängender Schlußstein (Abhängling) – ⑤ Kragstein (Konsole)

Abbildung VII
Kreuzrippengewölbe
① Kreuzrippe (Diagonalbogen) – ② Gurtbogen – ③ Schildbogen – ④ Strebebogen – ⑤ Schlußstein

Portal: ① Stirnbogen (Archivolte) – ② Bogenläufe – ③ Bogenfeld (Tympanon) – ④ Türsturz – ⑤ Türpfosten – ⑥ Gewände (teilweise mit Säulen oder Statuen verziert) – ⑦ Portal- oder Mittelpfeiler, meist mit Statue – ⑧ Türbeschläge oder -bänder

◀ Abbildung VIII

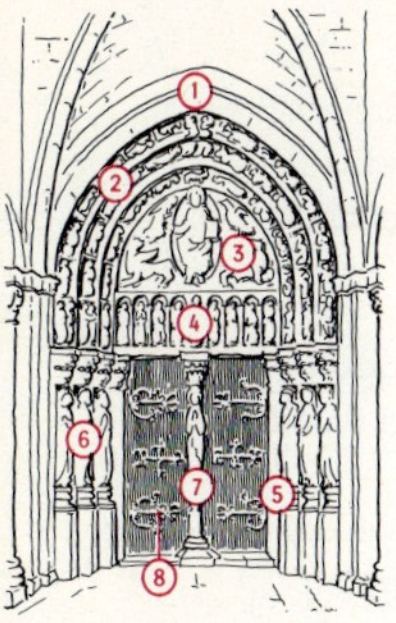

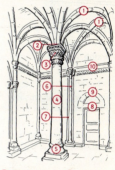

Abbildung IX ▶

Bogen und Pfeiler: ① Rippen – ② Deckplatte – ③ Kapitell – ④ Schaft – ⑤ Basis – ⑥ Wandsäule – ⑦ Wandpfeiler – ⑧ Türsturz – ⑨ Entlastungsbogen – ⑩ Fries

Wehrbauten

Abbildung X
Befestigte Ringmauer: ① Hölzerne Hurdengalerie – ② Pechnasenkranz (Maschikulis) – ③ Gußerker – ④ Wohnturm (Bergfried, Donjon) – ⑤ Gedeckter Wehrgang – ⑥ Zwischenwall – ⑦ Äußerer Wall (Ringmauer) – ⑧ Schlupfpforte

Abbildung XI
Türme und Mittelwall: ① Hurdengalerie – ② Zinne – ③ Mauerzacke – ④ Schießscharte – ⑤ Mittelwall – ⑥ (feste) Brücke

◀ Abbildung XII
Befestigtes Tor:
① Pechnasenkranz – ② Pfefferbüchse (Wartturm) – ③ Einlaß für die Hebelarme der Zugbrücke – ④ Schlupfpforte (bei einer Belagerung leicht zu verteidigen)

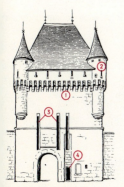

Abbildung XIII ▶

Klassische Festungsanlage nach Vauban: ① Eingang – ② Zugbrücke – ③ Glacis (leicht zu verteidigendes Vorfeld) – ④ Demi-Lune (Halbmond) – ⑤ Graben – ⑥ Bastion – ⑦ Wachtturm – ⑧ Stadt – ⑨ Paradeplatz

IN DIESEM FÜHRER VERWENDETE FACHBEGRIFFE AUS ARCHITEKTUR UND KUNST

Die Begriffe der römischen Baukunst findet man auf S. 32 bis S. 34

Akroterion: Verzierung an den seitlichen Ecken sowie der Spitze eines Tempels
Archivolte: Abb. VIII
Atlant: s. Karyatide
Aus-, Vorkragung: Vorspringen eines Bauteils (in der Vertikalen)
Blendbogen, -arkade: wenig vortretende, der geschlossenen Wand vorgelegte Bögen, die ebensolche vertikalen Mauerverstärkungen, sog. **Lisenen,** verbinden. Hauptsächlich in der romanischen Epoche (bes. in der Lombardei) dekorativ als Wandgliederung gebraucht
Bosse: buckelig vorspringende, nur grob zugehauene Vorderseite eines Werksteins; bes. in der Renaissance beliebt
Chorgestühl: Abb. XVIII
Chorhaupt: Abb. I
Chorumgang: Abb. I
Donjon: Abb. X
Ecktrichterkuppel: Abb. XIV
Eckzwickelkuppel: Abb. XV
Eierstab: eiförmiges Schmuckmotiv
Fiale: schlanke Bekrönung von Strebepfeilern, typisch für die Gotik. Abb. II und III
Flachrelief: Skulptur, die sich schwach von einem Hintergrund abhebt
Flamboyant: spätgotischer Baustil (15. Jh.) in Frankreich und England, der bes. häufig die Fischblase oder Flamme als Maßwerkform verwendet
Fresko: Wandmalerei auf feuchtem Putz
gekuppelt: paarweise angeordnete Bauelemente (Zwillingsbogen, gekuppelte Säulen)
Gewände: schräge Führung des Mauereinschnitts bei Fenstern und Portalen
Halbkuppel: Abb. V
Hochrelief: mit dem Hintergrund verbundene, aber fast vollplastische Skulptur
Hypokausten: römische Fußbodenheizung durch zirkulierende Warmluft
Joch: Abb. I
Kapellenkranz: Abb. I
Kapitell: Abb. IX
Kappe: Teil eines Gewölbes, das von den Graten bzw. Rippen begrenzt wird
Karyatide: Frauenfigur als Gebälkstütze (**Atlant** heißt die entsprechende männliche Trägerfigur)
Kassette: vertieftes Feld in einer Decke oder Wölbung, Schmuckmotiv
Kathedra: Bischofsstuhl mit hoher Rückenlehne
Keilstein: einer der keilförmigen Steine, die einen Bogen oder ein Gewölbe bilden
Korbbogen: flacher Bogen, der bes. gegen Ende des Mittelalters und in der Renaissance verwendet wurde
Kragstein: vorspringender Stein in einer Mauer, der eine Last tragen kann; Abb. VI
Kreuzgratgewölbe: Abb. IV
Kreuzrippe: Diagonalbogen, der ein Gewölbe stützt; Abb. VI und VII
Krypta: Gruft, unterirdische Kapelle
Lettner: Abb. XVII
Lisene: s. Blendbogen
Maßwerk: geometrisches Bauornament der Gotik zur Gliederung von Wandflächen, einer Fensterrose oder der Bogenzone der Fenster
Miserikordie: als Gesäßstütze verbreiterte Unterseite eines Klappsitzes (Chorgestühl); Abb. XVIII
Nekropole: Gräberstadt, -feld
Orgel: Abb. XIX
Pechnasen: Abb. X
Peribolos: der einen Tempel umgebende hl. Bezirk
Peristyl: einen Hof umgebende Säulenhalle
Pietà: Vesperbild, Darstellung der Muttergottes mit dem toten Sohn; auch Gnadenmadonna genannt
Pilaster: Wandpfeiler
Piscina: Taufbecken oder Becken für liturgische Waschungen
Portikus: von Säulen getragene Vorhalle
Retabel: Altaraufsatz; Abb. XVI
Risalit: horizontal vorspringender Bauteil, oft mit eigenem Dach
Rose: Abb. III
Scheitelkapelle: in der Mittelachse des Chors, Abb. I
Schlußstein: Abb. VII
Seitenschiff: Abb. I
Stele: aufrechtstehende Steinplatte zum Gedenken an Verstorbene
Strebepfeiler: Abb. II

Stuck: mit Leimwasser angerührte Mischung aus Marmor (oder Kalk) und Gips
Tonnengewölbe: Abb. II
Triforium: Laufgang zwischen Arkaden und Fensterzone bestimmter Kirchen; Abb. II
Triptychon: gemalter oder geschnitzter Flügelaltar
Trompen (-kuppel): Abb. XIV
Türsturz: Abb. VI und VII
Tympanon: Bogenfeld über romanischen oder gotischen Kirchenportalen
Wange: einschließende Seitenwand bei Treppen oder Chorgestühl; Abb. XVIII
Wasserspeier: Abb. III
Wehrgang: Abb. X
Wimperg: Abb. III
Zippus: kleiner eiförmiger Denkstein, häufig in gallo-römischen Nekropolen
Zwischenwall: Abb. XI
Zwischenwange: Abb. XVIII

◀ **Abbildung XIV**
Ecktrichterkuppel (Trompenkuppel): ① Achteckige Kuppel – ② Trichter oder Trompe – ③ Arkade der Vierung

Abbildung XV ▶
Eckzwickelkuppel (Pendentifkuppel): ① Runde Kuppel – ② Zwickel (Pendentif) – ③ Arkade der Vierung

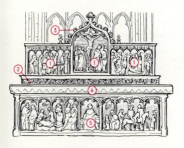

Abbildung XVI
Retabelaltar: ① Retabel – ② Predella – ③ Bekrönung – ④ Mensa – ⑤ Antependium

Abbildung XVII
Lettner: Trennmauer zwischen Chor (für die Kleriker) und Mittelschiff (für die Laien); von hier aus wurden das Evangelium und die Gebete verlesen; die meisten Lettner verschwanden im 17. Jh., sie verdeckten den Altar

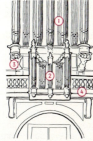

◀ **Abbildung XVIII**
Chorgestühl: ① Hohe Rückenlehne – ② Zwischenwange – ③ Wange – ④ Miserikordie

Abbildung XIX ▶
Orgel: ① Großes Register – ② Kleines Register – ③ Karyatide – ④ Empore

Abbildung XX ▶
Renaissance-Schmuckformen:
① Muschel – ② Vase – ③ Rankenwerk – ④ Drache – ⑤ Putte – ⑥ Amorette – ⑦ Füllhorn – ⑧ Satyr

ANTIKE BAUKUNST

Vor der römischen Eroberung

Ligurer und Kelten gründeten mit den Oppida von Nages *(S. 132)* und Entremont *(S. 52)* planmäßig angelegte Städte: innerhalb einer Befestigung standen zahlreiche einheitliche Wohnungen — kleine Häuser aus Stein und ungebrannten Ziegeln. Das bevorzugte Motiv kelto-ligurischer Plastik ist die Verehrung des toten Kriegers, des Helden der Stadt — als Darstellung eines von mehreren Personen umgebenen Kriegers im Schneidersitz, als Standbild oder Relief.
Ein bedeutender Brauch bestand darin, die abgeschlagenen Köpfe der besiegten Feinde am steinernen Türsturz zu befestigen oder sie zumindest darauf einzumeißeln. Die Skulpturen von Roquepertuse sind ein gutes Beispiel für keltische Kunst.
Grundlegend für diese Gegend war der griechische Einfluß, der die wirtschaftliche und gesellschaftliche Entwicklung der ursprünglichen Zivilisation beschleunigte. In den Bauten von St-Blaise *(S. 148)* und Glanum *(S. 155)* fand griechische Technik Verwendung. Zahlreiche Keramikscherben schwarzfiguriger attischer Becher entdeckte man in Arles. Die ältesten griechischen Skulpturen Frankreichs (2. Hälfte des 6. Jh.s v. Chr.) sind die Stelen der Rue Négrel in Marseille.

Die Römerzeit

Als die Römer den französischen Süden erobert hatten, fanden sie Siedlungen vor, die reif für eine städtische Entwicklung waren. Daher entstanden in der Provence viele Städte, die die römische Lebensweise annahmen: alle waren mit bemerkenswerten öffentlichen und privaten Gebäuden ausgestattet, die teilweise noch gut erhalten sind und diesen Orten ihren besonderen Reiz verleihen.

Die Stadt. — Die großen provenzalischen Städte lösten sich zwar nicht ganz vom griechischen Einfluß, folgten jedoch im wesentlichen dem Vorbild Roms.

Anlage. — Neugründungen sind selten, da die meisten Städte auf teilweise hellinisierten Siedlungen der Urbevölkerung beruhen. Sehr häufig liegt jedoch eine Veteranenkolonie zugrunde wie in Nîmes oder Orange, bei der sich bald auch zivile Bevölkerung ansiedelt. Die Gründung erfolgt nach genauen Regeln: nachdem der Mittelpunkt der künftigen Stadt festgelegt ist, werden zwei Hauptachsen gezogen — der Cardo Maximus in Nordsüdrichtung und der in Ostwestrichtung verlaufende Decumanus Maximus; danach wird ein regelmäßiges Schachbrettmuster angelegt, dessen einzelne Quadrate etwa 100 m Seitenlänge haben. Tatsächlich ist diese geometrische Einteilung nur in Orange oder Arles perfekt durchgeführt; in Nîmes oder Vaison mußten die Stadtplaner die Gegebenheiten des Geländes berücksichtigen.

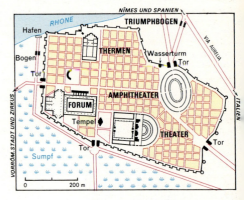

Das römische Arles

Wenn bereits, wie in Glanum, größere Gebäude existierten, wurden sie abgerissen, um neuen Platz zu machen. Außer Nîmes, Arles und Orange, die das Recht erhielten, sich mit einer Mauer zu umgeben, sind die Städte offen. Verteidigungsanlagen erscheinen ab dem späten 3. Jh., sie werden von Türmen gesäumt, und ihre Tore entsprechen dem Verlauf der großen Verkehrsadern.

Straßen. — Die Hauptstraßen werden von teilweise bis zu 50 cm hohen Bürgersteigen flankiert und von Säulengängen gesäumt, die die Fußgänger vor Sonne und Regen schützen sollen.
Ihre mit großen Steinplatten befestigte Fahrbahn weist hin und wieder einzelne Steine in gleicher Höhe wie der Bürgersteig auf, die dazu dienten, die Straße bequem und sauberen Fußes zu überqueren — Pferde und Wagenräder konnten ungehindert passieren. Rinnsteine säumen die leicht gewölbte Fahrbahn.

Forum. — Dieser große, von Kolonnaden gesäumte Platz war gesellschaftlicher und geschäftlicher Brennpunkt der römischen Stadt; hier fand an bestimmten Tagen auch der Sklavenmarkt statt. Um den Platz lagen die offiziellen Gebäude: ein dem Kaiser geweihter Tempel, eine Basilika (für profane — juristische und kommerzielle Angelegenheiten), die Kurie (Stadtverwaltung) und manchmal ein Gefängnis.
In Arles war das Forum ausnahmsweise von unterirdischen Säulengängen umgeben, deren Funktion unbekannt ist.

Die Konstruktion. — Die kolossale Größe der Bauwerke sowie die unglaubliche Geschwindigkeit, mit der sie errichtet wurden, ist weniger auf die Zahl der Arbeitskräfte zurückzuführen als vielmehr auf deren Spezialisierung, eine gut funktionierende Organisation und entsprechendes Hebezeug wie Hebel, Winde etc.

Das Material. — Der provenzalische Kalkstein eignet sich hervorragend als Baumaterial. Ursprünglich wurden die Steine einfach aufeinandergesetzt und hielten durch ihr Eigengewicht, während man später Klammern und Zapfen verwendete. Anfangs wurde Mörtel weniger zum Verbinden der Steine als zum Glätten der Oberfläche benutzt, wie beim Maison Carrée oder dem Amphitheater in Nîmes *(S. 133 und 134)*, aber auch als Bindemittel für Kuppeln mit großer Spannweite.

Säulenordnungen. — Die der römischen Baukunst sind von der griechischen Ordnung abgeleitet und unterscheiden sich durch Einzelheiten. Die römische (oder toskanische) Version der dorischen Ordnung, die einfachste und solideste Form, wird in der untersten Etage der Gebäude verwendet; da sie zu streng wirkt, wurde sie wenig gebraucht. Die sehr elegante, doch wenig pompöse ionische Ordnung wurde von den römischen Baumeistern verschmäht, während die korinthische Ordnung wegen ihrer reichen Ornamente

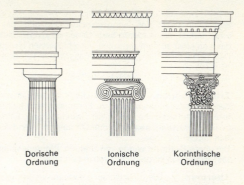

Dorische Ordnung   Ionische Ordnung   Korinthische Ordnung

sehr beliebt war. Die Kompositordnung ist eine Verbindung von ionischer und korinthischer Ordnung.

Dachformen. — Hohe Säulenreihen stützten innen die flachen Dächer; allerdings kannten die römischen Baumeister auch bereits das rundbogige Tonnengewölbe über Gängen mit parallelen Wänden, Kreuzgratgewölbe bei quadratischen Räumen sowie die Kuppel über Rundbauten.

Gebäude für Veranstaltungen. — Die damalige Bevölkerung liebte sowohl blutige Kämpfe als auch friedlichere Theatervorstellungen *(S. 134)*.

Amphitheater. — Die Außenseite eines solchen Theaters bestand aus zwei Arkadenreihen und einem dritten, niedrigeren Attikageschoß, wo das riesige Sonnensegel an Pfosten befestigt war. Die Arkaden werden durch rechteckige Pfeiler, im ersten Geschoß von Halbsäulen geziert. Innen umgab eine Mauer die Arena als Schutz der Zuschauer vor den wilden Tieren. Das Halbrund der Zuschauertribünen war meist in vier Segmente geteilt, die jeweils ein Gang trennte. Sitze bzw. Ränge waren streng nach System reserviert — unten, d. h. der Arena am nächsten saßen die höchsten Würdenträger (Senatoren, Magistrat) und bestimmte Innungen wie die Arler Binnenschiffer. In einem anderen Abschnitt saßen die Priester, Ritter und römischen Bürger; mit ansteigender Höhe der Sitzstufen nahm der soziale Rang der Zuschauer ab: ganz oben saßen die Freigelassenen und Sklaven. Die Arkaden, die drei Kreisgalerien sowie hunderte von Treppen und Gängen ermöglichten reibungslosen Betrieb: In Nîmes konntenn 20 000 Besucher das Theater in wenigen Minuten verlassen.

Theater. — Das römische Theater hat die Form eines Halbkreises, der sich in einer tiefen Bühne fortsetzt. Es besteht aus drei Teilen: dem Halbrund der Sitzreihen (das eine natürliche Anhöhe ausnutzt wie in Orange), gekrönt von einem Säulengang; der „Orchestra", einem halbrunden Platz vor der Bühne mit beweglichen Sitzen für die Würdenträger; und der Bühne, von rechteckigen Räumen flankiert, die höher als die Orchestra liegen. Im Hintergrund der Bühne erhebt sich eine Mauer (bis zur Höhe der Zuschauerränge), durch deren drei Türen die Schauspieler auftreten. Diesen schönsten Teil des Gebäudes zieren mehrere Säulenreihen, Nischen mit Standbildern (die mittlere enthält die Figur des Kaisers), Marmorverkleidung und Mosaiken. Dahinter liegen Schauspielerlogen und Requisitenkammern. Jenseits öffnet sich eine Säulenhalle zum Garten, wo sich die Schauspieler vor ihrem Auftritt aufhalten, oder die Zuschauer in den Pausen. Wie beim Amphitheater kann auch hier ein Sonnensegel gespannt werden.

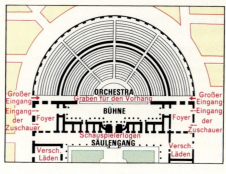

Arles — Römisches Theater

Dekoration und Maschinerie sind höchst einfallsreich: manche sind fest installiert, andere verdecken sich gegenseitig und können seitlich verschoben werden. Ein nur 3 m hoher, versenkbarer Vorhang markierte Anfang und Ende der Vorstellung; Kulissen konnten vor den Augen des Publikums gewechselt werden, eine komplizierte Maschinerie unter der Bühne erlaubte die erstaunlichsten Effekte wie Rauch, Blitze und Donner bzw. den wirkungsvollen Auftritt eines Schauspielers aus den Wolken oder aus den Tiefen der Unterwelt.

In den Masken der Schauspieler wirkte die Mundöffnung wie ein Megaphon. Das schräge Dach war Teil eines ausgeklügelten akustischen Systems: Säulen im Bühnenhintergrund verminderten den Nachhall, hohe Türen dienten als Resonanzkörper, große Vasen zwischen den Sitzreihen als Lautsprecher (wollte ein Schauspieler seine Stimme verstärken, mußte er sich nur anlehnen!).

Stadion. — Das Gebäude, in dem die Wagen- und Pferderennen ausgetragen wurden, hatte die Form eines verlängerten Rechtecks mit einem ovalen Ende. Einziger Überrest des Arler Stadions ist der Obelisk vor der Kirche St-Trophime.

Tempel. — Die Römer übernahmen Götter aller Mythologien, und auch die Kaiser wurden zu göttlichem Rang erhoben. Ihre Tempel entsprachen alle dem griechischen Vorbild: Meist stehen sie erhöht, so daß der Zugang über eine große Treppe führt. Ein

Satteldach deckt das langgestreckte Gebäude, das ganz oder teilweise von Säulen umgeben ist; am vorderen Ende bildet die zweite Säulenreihe eine offene Vorhalle, durch die man einst zu dem zentralen, verschlossenen Heiligtum mit dem Götterbild gelangte. Das perfekteste Beispiel eines klassischen Tempels ist das Maison Carrée in Nîmes *(S. 134)*.
Auf dem Land gab es auch kleine Tempel der einheimischen Bevölkerung.

Triumphbögen. — In Orange, Les Antiques, Carpentras und Cavaillon gleichen sie zwar den Bögen, die man in Rom zu Ehren siegreich heimkehrender Generäle errichtete, sind hier jedoch Bauwerke, die an die Gründung bzw. Einnahme der Stadt erinnern sollen. Sie besitzen entweder eine oder drei Öffnungen; Wandsäulen zieren die Ecken und flankieren den mittleren Bogen.
Die obere Plattform wurde von Statuen, Pferdegespannen und Trophäen geschmückt, die fast immer aus vergoldeter Bronze bestanden.

Thermen. — Die öffentlichen Thermen waren mehr als einfache Badeanstalten — es war ein Ort des Zeitvertreibs und der Erholung, Ausdruck verfeinerter Lebensart. Man hielt sich häufig und lange dort auf, um sich zu entspannen, Freunde zu treffen, sich körperlich zu ertüchtigen, spazieren zu gehen, zu lesen oder Vorträge zu hören. In diesen weitläufigen Gebäuden *(s. Plan der Thermen in Arles, S. 66)* diente ein ebenso luxuriöser wie bequemer Rahmen — bunte Säulen und Kapitelle, Mosaikschmuck, Marmorverkleidung, Gewölbe mit reichem Kassettenschmuck, Wandfresken und Standbilder — dem körperlichen und geistigen Wohlergehen.

Die Heizung. — Der Betrieb solcher Thermen erforderte große Könnerschaft bei der Lösung von Problemen wie Wasserzuführung und Heizung. Zunächst wird das Wasser über ein Aquädukt herbeigeführt, in Zisternen gesammelt und dann über ein Kanalsystem aus Blei und Mörtel verteilt; das Abwasser wird durch ein anderes Kanalnetz abgeleitet. Die Erwärmung von Wasser und Räumen gewährleisten Öfen und sog. Hypokausten im Untergeschoß: heiße Luft, die durch die Verbrennung von Holz oder Holzkohle entsteht, heizt den auf Ziegelpfeilern ruhenden Boden und steigt dann durch Tonröhren in den Wänden auf.
Der im Süden oder Westen liegende wärmste Raum besitzt große Glasfenster, hinter denen man Sonnenbäder nehmen kann. Sicher betrug die Temperatur im Dampfbad wenigstens 60 °C, so daß Holzsandalen nötig waren, um den heißen Boden zu betreten. Das Wasser gab es in drei verschiedenen Temperaturen: kalt, lauwarm und heiß.

Die Badefolge. — Der Badende hielt sich an eine bestimmte Abfolge: nachdem er seine Kleidung im Ankleideraum abgelegt hat, ölt er sich ein; danach wärmt er sich durch körperliche Übungen in der Palästra. Anschließend besucht er das sogenannte Tepidarium, das lauwarme Bad, wo er sich gründlich reinigt, indem er die Haut mit kleinen gebogenen Metallspateln schabt. Dann hält er sich im Caldarium auf, dem Heißwasserbad, oder er nimmt ein Dampfbad, danach benutzt er ein gemeinsames heißes Badebecken. Nachdem er sich hat massieren lassen, kehrt er nochmals ins lauwarme Bad zurück, bevor er sich ins Frigidarium (Kaltwasserbad) begibt, dessen eiskaltes Wasser belebende Wirkung hat. Hinterher zieht er sich an und zerstreut sich in den zahlreichen Nebengebäuden der Thermen.
Die privaten Thermen der reichen Stadthäuser waren nicht ganz so weitläufig, doch besaßen sie vergleichbaren Komfort.

Das Stadthaus. — Die Ausgrabungen von Vaison, Glanum oder des Fontaine-Viertels in Nîmes legten verschiedene Typen römischer Häuser frei: bescheidene Bürgerhäuser, mehrstöckige Mietshäuser, Läden und große, luxuriöse Patrizierhäuser. Von außen wirkten letztere aufgrund der nackten Mauern und wenigen Fenster eher einfach, doch zeugte die Innenausstattung mit Mosaiken, Statuen, Malereien und Marmor vom Reichtum des Besitzers.

Von der Pförtnerloge führten Vorhalle und Flur zum **Atrium** (1), einem großen, seitlich überdachten Innenhof, wo Freunde empfangen wurden und der ein Sammelbecken für Regenwasser (Impluvium) enthielt. Rundum schlossen sich die einzelnen Zimmer an, darunter das **Tablinum** (2), Arbeitsraum und Bibliothek des Hausherrn sowie eine kleine Betkapelle.
Der von Kolonnaden umgebene zweite Innenhof oder **Peristyl** (3)

Römisches Wohnhaus

war ganz der Familie vorbehalten und meist mit Springbrunnen und Statuen als Garten angelegt; um diesen gruppierten sich der Speisesaal oder **Triklinium** (4), der große Salon oder **Oecus** (5) und Schlafräume.
Die Wirtschaftsgebäude enthielten die Küche mit gemauertem Backofen und Anschluß an die städtische Kanalisation, Latrinen und Bäder, andere Gebäude Zimmer für die Sklaven, Speicher, Vorratskammer, Stall u. a. m.

Das ländliche Wohnhaus. — Hier steht die Forschung erst am Anfang. Sicherlich gab es zahlreiche Dörfer, so daß die Romanisierung von bereits vorhandenen Siedlungen ausging. Nach dem Katasterplan von Orange schienen sich die Römer zu bemühen, das Gelände in Parzellen aufzuteilen. Die bekannteste Hausform ist auch hier das Landhaus (Villa); etwa 40 wurden inzwischen in der Provence entdeckt.

Aquädukte. — Seien es nun kühne Konstruktionen wie der Pont du Gard *(S. 145)* oder bescheidenere Bauten wie die Ruinen von Barbegal *(S. 53)* — immer spielten die Aquädukte eine zentrale Rolle im Alltag, da sie die Städte mit fließendem Wasser versorgten.

ROMANIK

Die glänzende gallo-römische Zivilisation erlosch nach dem Niedergang des Westreiches *(S. 22)* nur langsam, und die Baumeister des Mittelalters ließen sich von den vorhandenen antiken Gebäuden für den Bau von Kirchen und Klöstern inspirieren.
Von der Architektur des Hochmittelalters (5.-10. Jh.) existieren außer den Baptisterien von Aix und Venasque fast nichts mehr. Auch die ersten Anfänge romanischer Kunst, die im 10. und 11. Jh. zwischen Katalonien und Norditalien entstand, haben keine nennenswerten Spuren hinterlassen.
Im 12. Jh. erlebte die Provence eine einmalige Blütezeit und Renaissance seiner Baukunst. Besonders bemerkenswert an den damaligen Kirchen ist der großartige Mauerverband; ihr Stil stammte von einer Schule, deren Einfluß sich zwischen Rhone, Drôme, Alpen und Mittelmeer verbreitete.
Er verband verschiedene Einflüsse zu einer originalen Neuschöpfung: von der römischen Antike wurde die allgemeine Verwendung von Gewölben und die Verzierung übernommen; aus dem Languedoc kommt der Skulpturenschmuck bestimmter Portale; aus der Lombardei die Lisenen bzw. die Löwen am Fuß mehrerer Portale; aus der Auvergne die Trompenkuppel über dem Hauptschiff, vor der Apsis.
Anschließend werden die allgemeinen Merkmale dieses Stils beschrieben, dessen schönste Beispiele die großen Gotteshäuser des Rhonetals sind: die ehemalige Kathedrale La Major in Marseille, St-Trophime in Arles, St-Gilles-du-Gard, die Kathedrale Notre-Dame-des-Doms in Avignon, die ehemalige Kathedrale von Orange und die Kirche in Le Thor.

Kirchen und Kapellen

Grundriß. — Die romanischen Kirchen der Provence haben sich unmittelbar aus den römischen Basiliken und den Karolinger Sakralbauten entwickelt. Meist bestehen sie aus nur einem Schiff mit schmalen Fensteröffnungen und ohne Querhaus (oder mit einem, das kaum vorspringt); Wandnischen unter den Entlastungsbögen sind als Kapellen eingerichtet. Die Apsis endet in einem Halbrund und wird von Chorkapellen flankiert, wenn Seitenschiffe vorhanden sind.

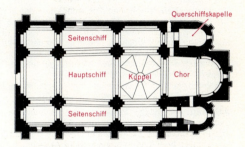

Grundriß der ehemaligen Kathedrale Notre-Dame — Vaison-la-Romaine

Außer in den großen Wallfahrtskirchen wie St-Gilles oder St-Trophime gibt es keinen Chorumgang.
Einige kleinere Bauten (Heiligkreuzkapelle von Montmajour, die Kapelle St-Sépulcre in Peyrolles) besitzen einen Vierpaß als Grundriß.

Äußeres

Türme. — Meist hat der wuchtige Glockenturm einen quadratischen (zuweilen achteckigen) Grundriß und überragt die Vierungskuppel; in manchen Fällen erhebt er sich auch über dem Joch vor der Apsis oder über der Fassade.
Er ist mit Lisenen oder, nach antiker Art, mit kannelierten Pilastern verziert; manchmal mit beidem.

Mauern. — Außer Gesimsen und den schlichten Seitenportalen entbehren die Mauern im allgemeinen jeglichen Schmuck. Mächtige Strebepfeiler, zwischen denen sich die Fenster des Langhauses öffnen, gliedern jedoch die Fläche.

Westfassade und Portale. — Dies Westfassade ist generell schmucklos und besitzt nur ein einfaches Portal mit einem Rundfenster darüber, da das Hauptportal häufig auf der vor dem Mistral geschützten Südseite liegt. An den Portalen ist der Einfluß der Antike sicherlich am ehesten abzulesen: nicht selten wurde ihr Giebel direkt dem Vorbild von Tempeln nachempfunden (so die Vorhalle von Notre-Dame-des-Doms und das Portal der Kapelle St-Gabriel bei Tarascon). Im 12. Jh. wird der Fassadenschmuck reicher, teilweise schützt eine Vorhalle das Portal: über einem geraden Türsturz erscheint ein großes skulptiertes Bogenfeld. Die herrlichen Skulpturen der Portale von St-Gilles und St-Trophime erreichen in Ausmaß und Schönheit die Meisterwerke der gotischen Kathedralen im Norden Frankreichs.

Inneres

Auffällig ist die Einfachheit und Schlichtheit der provenzalischen Kirchenschiffe; aufgrund der Dunkelheit erkennt man erst auf den zweiten Blick verschiedene Gesimsformen als bescheidenen Schmuck.

Chor. — Dieser Teil ist dem Klerus vorbehalten. Meist besitzt er eine Halbkuppel, während ein Joch mit Tonnengewölbe ihn mit dem Querschiff verbindet.

Langhaus und Gewölbe. — Das nicht allzu hohe Schiff beeindruckt durch seine reinen Linien. Es wird von einer Spitztonne überwölbt, deren Seitenschub geringer ist als beim Tonnengewölbe und das daher weniger den Eindruck vermittelt, die Wände nach außen zu drücken.
Diese gemauerte Spitztonne war bereits in der römischen Antike bekannt; in der Romanik ersetzte sie das allzu leicht entzündliche Dachgebälk, das vom 5.-11. Jh. verwendet wurde und die Zerstörung zahlreicher Gebäude verursachte. Das Gewölbe wird von Spitzbögen gestützt, die auf starken Pilastern der Seitenwände oder auf Pfeilern des Hauptschiffs ruhen. Letzteres wird zuweilen von zwei Seitenschiffen flankiert, die eine Halbtonne oder eine Spitztonne überwölbt; da die Seitenschiffe sehr hoch sind, gibt es naturgemäß keine Emporen. Den oberen Teil des Hauptschiffs schmücken oft Rundbogenar-

kaden, drei Bögen pro Joch. Ein schmales Fenster öffnet sich in dem mittleren Bogen, das nur wenig Licht einläßt. In einschiffigen Kirchen sind die Seitenwände besonders dick, um mit ihrer Masse das Fehlen von stützenden Seitenschiffen auszugleichen.

Querschiff und Kuppel. — Eine beträchtliche Schwierigkeit stellte sich den romanischen Baumeistern mit der Konstruktion eines Querschiffes: tatsächlich war ein weitgespanntes Kreuzgratgewölbe erforderlich, das das gesamte Gewicht des zentralen Glockenturms trug und durch die Überschneidung der Gewölbe von Langhaus und Querschiffarmen entstand. Trompenkuppeln, wie sie in der Auvergne bekannt waren, lösten dieses Problem.

Ornamentik. — Die Ausschmückung des Innenraums ist ebenso schlicht wie die des Äußeren: stilisierte Blattkapitele, Friese aus Flecht- und Rankenwerk, Kannelierungen und Bänder.

Das römische Blattkapitell ist eine Adaption des korinthischen Kapitells: Blattwerk wird um die Lieblingsmotive der römischen Steinmetze angeordnet (Flechtwerk, figürliche Darstellungen). Die malerischsten zeigen Motive des Alten und Neuen Testaments. Meisterwerke der Bildhauerei finden sich in den Kreuzgängen: das beachtlichste Beispiel sind die Heiligenfiguren der Eckpfeiler im Kreuzgang von St-Trophime. Schöne Kapitelle zieren auch die Kreuzgänge von Montmajour und St-Paul-de-Mausole (Fabeltiere) und die Apsis der Kirche von Stes-Maries-de-la-Mer.

Erwähnenswert sind auch einige Einzelstücke: so der Bischofsthron in der Kathedrale von Avignon und der Altar der Kathedrale von Apt.

Abteien. — In der Provence gibt es mehrere schöne Abteien. Ein erstrangiger Baukomplex, der die Entwicklung der romanischen Formen zwischen dem 11. und 13. Jh. zeigt, ist die im 10. Jh. gegründete Benediktinerabtei Montmajour bei Arles. Sie besteht aus zwei Kirchen (davon eine Unterkirche), zwei Kapellen und einem Kreuzgang mit Nebengebäuden, die die provenzalische Ausprägung der Romanik illustrieren: schlichtes Äußeres, von der Antike beeinflußte Proportionen, ein Skulpturenschmuck, der an St-Trophime erinnert, und ein vollkommener Mauerverband.

Die Baukunst der Zisterzienser repräsentieren die drei Schwesterabteien Sénanque *(S. 163)*, Silvacane *(S. 166)* und Le Thoronet *(s. Michelin-Reiseführer Côte d'Azur)*. Hier entsprechen Schlichtheit, Strenge und Schmucklosigkeit der Absicht des Ordensgründers, des hl. Bernhard. Dieser hatte beschlossen, jegliche Ornamentik zu vermeiden, die die Mönche vom Gebet ablenken könnte.

Die Zisterzienser ließen überall nach demselben Muster bauen und leiteten selbst die Arbeiten.

Gotik

Architektur. — Kreuzrippengewölbe und der systematische Gebrauch des Spitzbogens charakterisieren die gotische Architektur. Diese von Nordfrankreich ausgehende Neuerung bedeutet eine regelrechte Revolution der Baukunst, da nun das Gewicht des Daches über Bögen auf die Pfeiler übertragen wird. Gibt es keine Strebebögen (typisch für die Gotik Nordfrankreichs), so dienen massive Strebepfeiler als Widerlager des Gewölbes; dazwischen sind Kapellen eingerichtet. Innen ist das eine Kirchenschiff relativ dunkel, fast ebenso breit wie hoch und endet in einer schmaleren, polygonalen Apsis. Dieser weite Raum konnte große Menschenmengen aufnehmen. Die Wandflächen waren ein idealer Grund für Malereien.

Das beste Beispiel der Gotik dieser Gegend ist die Kirche St-Didier in Avignon. Dagegen mischen sich in der Basilika St-Maximin-la-Ste-Baume südliche und nördliche Einflüsse; die Kirche des Zölestinerklosters in Avignon schließlich veranschaulicht die nordfranzösische Gotik.

Es gibt jedoch nicht nur Sakralbauten, sondern auch profane und militärische Gebäude von Bedeutung. Einer der schönsten und weitläufigsten Fürstenpaläste des 14. Jh.s ist der Papstpalast von Avignon *(S. 70)*, der die Erfordernisse von Luxus und Sicherheit gleichermaßen erfüllt.

Entwicklung. — Die romanische Periode dauerte in der Provence wesentlich länger als im übrigen Frankreich. Obwohl bei zwei Bauwerken (Krypta von St-Gilles und Vorhalle von St-Victor in Marseille) relativ frühzeitig (vor 1150) Kreuzrippengewölbe auftauchen, konnte sich die Gotik erst spät durchsetzen.

Im frühen 13. Jh. begnügte man sich damit, nur romanische Bauwerke mit der gotischen Spitztonne zu überwölben. Nur in Aix findet man gotische Bauten aus dem 13. Jh.: das Mittelschiff der Kathedrale St-Sauveur und die Kirche St-Jean-de-Malte. Zwei historische Faktoren verhalfen der Gotik schließlich zum Durchbruch: die Präsenz der Kapetinger im Süden Frankreichs nach dem Kreuzzug gegen die Albigenser und nach der Heirat Karls von Anjou mit Beatrix von Provence *(S. 23)* sowie die Etablierung der Bettelorden in den Städten.

Mitte des 14. Jh.s entwickelt sich als neue Variante die „Gotik der Päpste". Diese versammeln an ihrem Hof Künstler der verschiedenen Provinzen Frankreichs sowie aus Deutschland, Flandern und Italien.

Im Lauf des 15. Jh.s lassen Kardinäle Villeneuve-lès-Avignon mit Palais, Kirchen und Klöstern verschönen. Zur selben Zeit fügt man bei manchen Kirchen Seitenschiffe und Kapellen an; in St-Trophime ersetzt man die romanische Apsis durch einen Chorumgang mit Kapellenkranz. Die bedeutendsten gotischen Kirchen sind: die Klementinische Kapelle des Papstpalastes, St-Didier, St-Pierre, St-Agricol, das Zölestinerkloster in Avignon, St-Laurent in Salon, die ehemalige Kathedrale St-Siffrein in Carpentras, die Basilika St-Maximin, die Kirche von Roquemaure und vor allem die Kartause und Kirche Notre-Dame von Villeneuve-lès-Avignon.

Verzierung. — Die gotischen Kirchen der Provence wirken auch deshalb so schlicht, weil sie relativ sparsam ausgeschmückt sind.

Bauplastik. — Im 14. Jh. ist der Skulpturenschmuck stark reduziert. Außer bei Grabmälern (das Johannes' XXII. in Notre-Dame-des-Doms, Avignon; Innozenz' VI. in der Kartause von Villeneuve-lès-Avignon; von Kardinal de Lagrange im Petit Palais, Avignon) beschränkt er sich auf die Verzierung von Konsolen, Gewölbeschlußsteinen und kleinen Kapitellen; sein archaischer Stil knüpft an die romanische Tradition an.
Der Grund für diese verhältnismäßig formenarme Plastik liegt an dem zunehmenden Raum, den die Wandmalerei bei der Innenausstattung der Gebäude beansprucht.

Malerei. — Für zwei Jahrhunderte war Avignon der Mittelpunkt der provenzalischen Malerei. Bereits im 13. Jh. erinnerten die Fresken des Ferrande-Turms an die Miniaturen der Zeit Ludwigs des Heiligen. Im 14. Jh. holen die Päpste zur Dekoration ihres Palastes berühmte Künstler aus Italien: Simone Martini aus Siena und Matteo Giovanetti aus Viterbo. Auch die Kartause von Villeneuve besitzt schöne Werke Giovanettis.
Nach der Zeit der Päpste geht der italienische Einfluß zurück, doch erlebt das Kunstschaffen Mitte des 15. Jh.s eine Erneuerung. Als äußerst fruchtbar erweist sich die Epoche König Renés *(S. 46)*. Die Maler der Schule von Avignon lassen die Freskenmaler in den Hintergrund treten. Künstler aus Frankreichs Norden, Flandern und Burgund schaffen herrliche Meisterwerke wie das Verkündigungstrip-

Die Verkündigung, von Taddeo di Bartolo

tychon (1443-45, Kirche Marie-Madeleine in Aix) und die Marienkrönung von Enguerrand Quarton (1453-54, Museum von Villeneuve-lès-Avignon); N. Froment aus dem Languedoc malt das berühmte Triptychon des Brennenden Dornbuschs (Kathedrale von Aix).
Das Museum Petit Palais von Avignon besitzt eine überaus sehenswerte Sammlung dieser Gemälde des 14. und 15. Jh.s (Schule von Avignon und italienische Schule).

VON DER RENAISSANCE ZUM 20. JH.

Renaissance. — Obwohl das Rhonetal der Hauptweg war, auf dem Elemente italienischer Renaissance nach Frankreich gelangten, blieb die Provence selbst paradoxerweise weitgehend von dieser Strömung unberührt; bis auf wenige Kapellen und Schlösser, die im 16. Jh. errichtet wurden, blieb die provenzalische Bauweise weiterhin der Gotik verhaftet.

Klassizismus. — Das 17. und 18. Jh. dagegen brachten eine große Anzahl von Bauwerken hervor: Der Stil wurde streng und erhaben und bot nur noch wenig Spielraum für eigene, regionale Prägung.
In der Grafschaft Venaissin entstanden Kirchen im sog. Jesuitenstil mit italienischen Elementen wie Altären, Vertäfelungen und Baldachinen, deren reiche Verzierungen häufig die funktionalen Linien des Baus verdeckten.
Wiederum war Avignon das künstlerische Zentrum, wo Maler wie Pierre Mignard und Parrocel sowie der Holzschnitzer Bernus aus Mazan vorwiegend kirchliche Ausstattungen schufen.
Im Departement Gard baute man zahlreiche Kirchen auf, die während der Religionskriege zerstört worden waren (so z. B. die Abteikirche St-Gilles).
Neu im Stadtbild waren damals auch die sog. Hôtels, d. h. Stadtpalais, die sich der alte und neue Geldadel, hohe Beamte und andere errichten ließen: Wenige sind noch in Avignon und Nîmes zu sehen; die schönsten säumen die Straßen von Aix-en-Provence. Diese Patrizierhäuser besitzen oft prächtige Portale, flankiert von Karyatiden oder Atlanten, die einen Balkon mit kunstvollem schmiedeeisernem Gitter stützen. Ihre Schöpfer waren Bildhauer wie Rambot, Toro und vor allem Puget.

Pierre Puget (1620-1694) stammte aus Château-Follet bei Marseille, war außerdem Maler und Architekt und unbestritten einer der bedeutendsten Barockbildhauer des 17. Jh.s überhaupt.
Zunächst übte er sich an der Ausschmückung von Schiffen für die er später mächtige Heckskulpturen ersann. Auf einer Italienreise entwickelte er sein Talent bei Pietro da Cortona, dessen Schüler er wurde. Obwohl er sich freiwillig weit von Versailles entfernt hatte, stand er dennoch in Colberts Gunst, der ihn mit der Leitung der Ausschmückung des Hafens von Toulon betraute. Mißgunst und Intrigen ließen ihn rasch in Ungnade fallen, woraufhin er sich der Verschönerung einiger provenzalischer Städte verschrieb. Häufig opferte er die Eleganz der Kraft; seine Werke von zum Teil großartigen Ausmaßen vermitteln den Eindruck von Stärke, Dynamik und Pathos.

Aix-en-Provence — Portal des Hôtel de Maurel de Pontevès (17. Jh.)

Aix-en-Provence — Portal des Hôtel de Panisse-Passis (18. Jh.)

Auch im 18. Jh. fährt man fort, die Städte zu verschönen; so legt der Ingenieur J.-P. Mareschal in Nîmes den herrlichen Park Jardin de la Fontaine an. Unter den Malern sind zwei besonders erwähnenswert: Carle van Loo und Joseph Vernet, der vor allem Häfen und Seestücke malte.
Einen speziellen Rang nehmen auch die wunderschönen Möbel und Fayencen ein, das kostbare Geschirr aus Moustiers und Marseille und die schmiedeeisernen Arbeiten im Calvet-Museum in Avignon.

19. Jh. — Architekten und Ingenieure wirkten vor allem im Raum Marseille, wo Espérandieu die neue Kathedrale La Major und die Basilika Notre-Dame-de-la-Garde nach der Mode des späten 19. Jh.s im romano-byzantinischen Stil errichtete, sowie das Palais Longchamp.
Das Aquädukt von Roquefavour ist ein regelrechtes Kunstwerk nach dem Vorbild des antiken Pont du Gard; der unterirdische Rove-Kanal stellt eine großartige Leistung dar. In dieser Zeit gab es eine ganze Reihe talentierter Maler, die die lichterfüllte Schönheit der Provence gefangennahm: Constantin, Granet, Loubon, Guigou waren die Vorgänger von van Gogh und Cézanne.

Van Gogh. — 1853-90. Vincent van Gogh, Sohn eines kalvinistischen holländischen Pfarrers, bewunderte die Maler Millet, Rubens und die Kunst japanischer Holzschnitte; er fühlte sich den Impressionisten nahe, entwickelte jedoch eine starke eigene Persönlichkeit.
Im Februar des Jahres 1888 ließ er sich in Arles (S. 62) nieder und blieb bis 1890 in der Provence (Arles, Stes-Maries-de-la-Mer, Les Baux, St-Rémy), wo er seine vielleicht beeindruckendsten Bilder malte.
Im Oktober 1888 lud er seinen Freund Gauguin nach Arles ein, doch kam es schon im Dezember zu einem heftigen Streit, bei dem der Holländer Gauguin bedrohte und sich in einem schweren Anfall von Geistesverwirrung ein Ohr abschnitt. Van Gogh kam dann in die Heilanstalt St-Paul-de-Mausole (S. 156) bei St-Rémy, malte aber auch weiterhin, wenn es sein Gesundheitszustand erlaubte (Landschaften mit Zypressen und Oliven, Selbstbildnis...).
1890 kehrte er nach Paris zurück und beging bald darauf Selbstmord.

Cézanne. — 1839-1906. Der Bankierssohn aus Aix-en-Provence vernachlässigte bald seine Ausbildung zugunsten der Malerei (S. 51), als ihn sein Freund Émile Zola in den Pariser Malkreis der Impressionisten einführte. Zunächst studierte er als Romantiker Delacroix, dessen Theorie der Farben er übernahm, ebenso wie er die impressionistische Technik adaptierte.
1879 begann seine konstruktive Periode, die ihn in die Nähe des späteren Kubismus brachte.
Nach 1890 verließ er die Provence kaum noch und widmete sich vor allem der Darstellung des Ste-Victoire-Gebirges, das er etwa sechzigmal malte, ohne jemals ganz zufrieden zu sein.

20. Jh. — Der Süden zieht seither zahlreiche Künstler an, z. B. die sog. Fauves — Dufy, Derain, Camoin (aus Marseille), deren Hauptvertreter **Matisse** ist. Ihre Bilder leben von der Farbe und Linienführung, ohne Perspektive oder Helldunkelschattierung zu berücksichtigen.
Zwischen 1906 und 1908 wird l'Estaque (dessen Aussicht Cézanne malte) zum bevorzugten Treffpunkt einer Malergruppe, die man später als Kubisten bezeichnet: **Braque** und **Picasso** arbeiten in Sorgues eng zusammen: das Ergebnis sind revolutionäre Bildkompositionen an der Grenze zur Abstraktion.
Nach dem Weltkrieg macht eine neue Generation neue Erfahrungen, es entwickeln sich Strömungen wie Expressionismus und Surrealismus... **André Masson** gilt als Vater der „automatischen Malerei" (eine Technik, die sich von der Konvention des Gegenständlichen befreit); 1947-87 lebte er im Raum Aix, wo er die Reihe seiner „provenzalischen Landschaften" malte.
Auch andere illustre Namen sind mit der Provence verbunden, so Max Ernst, Nicolas de Staël und **Vasarely,** der in Gordes eine Stiftung eingerichtet hat, die seine optischen und kinetischen Studien vorstellt.
Heute zieht die Kunstschule von Lumigny in Marseille zahlreiche Talente an.

EUROPA auf einem Kartenblatt: Michelin-Karte Nr. 920.

PROVENZALISCHE WEIHNACHTSBRÄUCHE

Weihnachtskrippen besitzen in der Provence eine lange Tradition, die noch immer lebendig ist und sogar über deren Grenzen hinaus bekannt geworden ist. Doch erst im 18. Jh. verbreitete sich dieser Brauch in größerem Umfang und nahm die typisch provenzalische Form an; es entstanden sehr schöne und originelle Krippen, von denen jedoch nur wenige bei Sammlern und Museen (Heimatmuseum Aix, Marseille, Museon Arlaten in Arles, Volkskundemuseum in Paris) erhalten sind.

Kirchenkrippen. — Ein christliches Weihnachtsfest mit Krippe soll erstmalig im 4. Jh. in Rom gefeiert worden sein, und hier gab es auch eine Basilika mit dem Beinamen „Von der Krippe". Eine Darstellung von der Geburt Christi ist auf einem Sarkophagdeckel in Saint-Maximin zu sehen, der wahrscheinlich noch vor dem 7. Jh. entstand. Nach dem Konzil von Trient (1543-63) fanden volkstümliche Bräuche, insbesondere die Weihnachtskrippen, allgemeinere Verbreitung. Die Bewegung ging von Italien aus und erreichte die Provence im 17. Jh. Damals wurden die Krippenfiguren meist aus Holz geschnitzt und in den Kirchen aufgestellt. Eine besonders schöne Krippe aus dieser Zeit, deren Figuren orientalische Tracht tragen und eine Höhe von 50 cm erreichen, gibt es noch in der Kirche von Saint-Maximin. Im 18. Jh. erschienen Wachsfiguren mit Glasaugen, Perücken und prächtigen, perlenbesetzten Gewändern. Dabei waren nur Kopf, Arme und Beine modelliert und an einem Metallgestell befestigt. Als Material wurde manchmal auch Karton, Glas, Kork und sogar Brotkrume verwendet. Als die Kirchen während der Revolution von 1789 geschlossen wurden, hielten die Krippen ihren Einzug in die Häuser, und nun entstanden die provenzalischen Weihnachtskrippen mit den bemalten Figuren, den *Santons*.

„Lebende Krippen". — Bei zahlreichen Mitternachtsmessen werden regelrechte Schauspiele aufgeführt, um Christi Geburt zu veranschaulichen, so z. B. in Séguret, Allauch, L'Isle-sur-la-Sorgue und Marseille. In Gémenos legen als „Santons" verkleidete Kinder das Jesuskind in seine Krippe. Diesen Krippenspielen ähnelt auch noch heute in Les Baux *(S. 81)* der Pastrage-Brauch, bei dem Schäfer ein lebendes Lamm in einem von einem Widder gezogenen Karren zum Altar bringen. Trommler und als Engel verkleidete Kinder schreiten dem Zug voraus; man singt alte provenzalische Weihnachtsgesänge.

„Sprechende Krippen". — So nannte man in der Provence Krippen mit mechanisierten Figuren bzw. Marionetten, die — von Gesängen begleitet — ein Krippenspiel aufführten. Die Vorliebe des 18. Jh.s für alle Arten von Automaten machte sich auch hier bemerkbar, und die Leute kamen von weither, um die Sprechenden Krippen von Aix oder Marseille zu sehen. Dabei triumphierte zuweilen die Fantasie über historische Genauigkeit oder Lokalkolorit: es gab Rentiere, Giraffen, Nilpferde, und der Papst entstieg einer Kutsche, um die Heilige Familie zu segnen(!). Im Ersten Kaiserreich erlebte man Napoleon, französische Soldaten und ein Kriegsschiff in Aktion. Später zeigte eine Krippe in der Nähe des Marseiller Bahnhofs die Hl. Drei Könige einem Zug mit Dampflok entsteigen! Die Sprechenden Krippen waren noch bis ins 19. Jh. hinein sehr beliebt.

Die Santons. — Der Vater der provenzalischen Krippenfiguren ist Jean-Louis **Lagnel** (1764-1822) aus Marseille. Er hatte als erster die Idee, preiswerte Tonfigürchen in Gipsformen herzustellen und sie, statt mit Stoff, mit Farben zu bekleiden. Der Name „Santon" kommt vom provenzalischen Wort *santoùn,* was „kleiner Heiliger" bedeutet; er ist insofern leicht irreführend, als sich die provenzalischen Krippen gerade durch eine Vielzahl „unheiliger", in der Weihnachtsgeschichte *nicht* erwähnter Personen auszeichnen... Man findet hier, als Begleitung der Hl. Drei Könige, z. B. einen Scherenschleifer, einen Trommler und andere Typen aus dem Volke wie Marktfrau, Milchfrau, den Blinden mit seinem Sohn, manchmal auch den Bürgermeister. Sie alle sind auf dem Weg zur Krippe, der sie durch eine Berglandschaft aus Papiermaché führt.

Die tönernen Krippenfiguren hatten einen so großen Erfolg, daß der Beruf des *Santonniers* entstand und in Marseille und anderenorts ein Santonmarkt ins Leben gerufen wurde, der noch heute in der Weihnachtszeit abgehalten wird.

Auch Aubagne wurde für seine Santons berühmt, und allmählich gab es regelrechte „Santonnier-Dynastien" in der Provence. Ihre Blütezeit erreichte diese Kunst während der Restauration, weshalb die Santons häufig nach der Mode des frühen 19. Jh.s gekleidet sind. Heute sind provenzalische Santons in der ganzen Welt bekannt.

Provenzalische Krippe

DIE PROVENZALISCHE KÜCHE

Knoblauch *(ail)* und Olivenöl sind typische Zutaten der abwechslungsreichen provenzalischen Küche.

Bouillabaisse. — Diese Fischsuppe ist die berühmteste Spezialität der Provence. Sie muß die drei Fische Drachenkopf *(rascasse)*, Knurrhahn *(grondin)* und Seeaal *(congre)* enthalten; beliebig können weitere Meeresfische (Wolfsbarsch, Steinbutt, Seezunge u. a.) oder Krustentiere (Krebse, Seespinnen, Muscheln usw.) hinzukommen; Languste schwimmt jedoch nur in der Luxus-Bouillabaisse.
Fast ebenso wichtig wie die Fische sind die Gewürze: Pfeffer, Salz, Zwiebeln, Safran, Knoblauch, Thymian, Lorbeer, Salbei, Fenchel, Orangenschale und Tomaten, manchmal auch ein Glas Weißwein oder Cognac. Sie verleihen der Brühe, die man zuletzt über Scheiben von geröstetem Weißbrot gießt, einen kräftigen Geschmack, der durch die rote Rouille-Soße noch verstäkt wird.
Über die Güte der Bouillabaisse, in der insbesondere der Drachenkopf nicht fehlen darf, entscheidet vor allem die Frische der Fische sowie Olivenöl und Safran, die von bester Qualität sein müssen.

Aïoli. — Die mit Knoblauch abgeschmeckte Mayonnaise wird mit Olivenöl zubereitet und gehört zu kalten Vorspeisen oder zur Bourride-Fischsuppe aus Seeteufel *(baudroie)*, Wolfsbarsch *(loup, bar)* und Seehecht *(merlan)*. Sie wird von manchen Feinschmeckern der Bouillabaisse vorgezogen.

Fische und Muscheln. — Einer der schmackhaftesten Mittelmeerfische ist die Rote Meerbarbe *(rouget-barbet)*; mit Fenchel oder jungen Weinranken gegrillter Wolfsbarsch *(loup au fenouil)* ist ebenfalls ein Leckerbissen.
In St-Rémy gibt es das Catigau, ein aus gegrillten oder geräucherten Flußaalen bestehendes Frikassee; Brandade de morue ist ein sämiges Gericht aus zerkleinertem Stockfisch, das mit Milch, Olivenöl, einigen Knoblauchzehen und Trüffeln zubereitet wird.
In Marseille sollte man in den Lokalen beim alten Hafen die rohen Venusmuscheln und Seescheiden, Miesmuscheln und Seeigel probieren, die stark nach Jod schmecken und in der Camargue die köstlichen Tellmuscheln (*tellines*, eine in Feinsand eingegraben lebende Meermuschel), die mit einer scharfen Soße serviert werden.

Gemüse und Obst. — Die provenzalische Küche zeigt eine Vorliebe für rohe Zwiebeln und die hier „Liebesäpfel" genannten Tomaten; doch auch Artischocken, Fenchel, Paprika, Zucchini, Auberginen, Wassermelonen und die süßen, aromatischen Zuckermelonen werden geschätzt. Verbreitet ist die grüne oder Marseiller Feige, die klein, saftig und süß ist. Pfirsiche, Aprikosen, Erdbeeren, Kirschen und Trauben sind von guter Qualität.
Die Oliven sind fleischig, fein im Geschmack und unterscheiden sich durch ihre geringe Größe von den Sorten anderer Mittelmeerländer. In der Gegend von Nîmes werden sie bereits grün gepflückt und eingelegt; die reifen schwarzen Oliven kommen häufig aus Carpentras und Nyons.

Weitere Spezialitäten. — Unter den zahlreichen provenzalischen Spezialitäten seien hier nur die bekanntesten erwähnt, wie die **Pieds-paquets** in Marseille, die aus kleingeschnittenen Schafsdärmen und -füßen in Weißwein gekocht werden. **Hartwurst** *(saucisson d'Arles")* ißt man in Arles. In der Camargue sollte man den Rindfleisch-Eintopf *(bœuf „gardian")* probieren.
Kandierte Melonen und andere Früchte gibt es vor allem in Avignon; die **Berlingot-Bonbons** werden in Carpentras hergestellt. Süße **Caladons** und **Croquants** aus Nîmes sowie **Calissons** aus Aix bestehen vorwiegend aus Mandeln. Tarascon bietet gefüllte Schokoladekugeln als **Tartarinades** an, Sault hat sich auf das **Nougat** (türkischer Honig) spezialisiert und Apt auf kandierte Früchte.

Weine. — Die Provence ist für ihren **Rosé** bekannt, der mengenmäßig den größten Teil der Produktion ausmacht. Er wurde durch König René *(S. 46)* in der Gegend eingeführt und erfreut sich heute immer größerer Beliebtheit, denn er paßt gut zu allen Speisen.
Rechts der Rhone ist besonders der *Tavel* zu nennen, ein reiner, harmonischer Rosé. Den feinen und zugleich herzhaften *Lirac* gibt es als Rosé oder Rotwein. *Listel* kommt aus der Nähe von Aigues-Mortes und wächst auf Sandboden.
Die **Weißweine** sind im allgemeinen herb, besitzen jedoch ein zartes Bukett; sie harmonieren insbesondere mit Fischgerichten, Muscheln und Krustentieren. Besonders gut sind die Weine von Cassis.
Die **Rotweine** sind je nach Herkunft vollmundig-herzhafte oder elegant-feine Gewächse: Am berühmtesten unter ihnen ist der *Châteauneuf-du-Pape*, der aus verschiedenen Rebsorten hergestellt wird. Viel Körper hat auch der *Gigondas*, der unweit von Châteauneuf angebaut wird.
Als **Dessertweine** seien der süße *Palette* genannt, der in der Nähe von Aix gedeiht und gut zu den lokalen Gebäckspezialitäten paßt. Köstlich sind auch der rote oder goldgelbe *Rasteau* sowie der *Muskateller* von Beaumes-de-Venise.

Entdecken Sie Frankreich mit den Grünen **Michelin-Reiseführern**
  24 Regionalführer in französisch
   7 in deutsch — 7 in englisch

Landschaften
Bau- und Kunstdenkmäler
Malerische und interessante Strecken
Erdkunde, Wirtschaft
Geschichte, Kunst
Rundgänge
Stadt- und Gebäudepläne

Die richtigen Reiseführer für Ihren Urlaub

KLEINES WÖRTERVERZEICHNIS

Allgemeines

ja, nein	oui, non
guten Tag	bonjour (Madame, Mademoiselle, Monsieur)
auf Wiedersehen	au revoir
bitte	s'il vous plaît
danke (sehr)	merci (beaucoup)
entschuldigen Sie	pardon
ich verstehe nicht	je ne comprends pas
Sprechen Sie Deutsch ?	Parlez-vous allemand ?
wann	quand
um wieviel Uhr ?	à quelle heure ?
heute	aujourd'hui
gestern	hier
morgen, morgens	demain, le matin
mittags	à midi
nachmittags	l'après-midi
abends	le soir
wo ist ?	où est ?
kann man besichtigen ?	peut-on visiter ?
Licht	lumière, minuterie
Kirchendiener	sacristain
Führer	guide
Aufsichtsperson, Portier	gardien, concierge
geöffnet, geschlossen	ouvert, fermé
Eingang, Ausgang	entrée, sortie
kein Eingang	entrée interdite
Botschaft	Ambassade
Ausstellung (Wechsel-)	exposition (temporaire)
Verleih	location
man wende sich an...	s'adresser à
Treppe	escalier
rechts, links	à droite, à gauche
Norden, Süden	nord, sud
Osten, Westen	est, ouest

Orte und Sehenswürdigkeiten

abbaye	Abtei
aven	Schacht, Kluft
baignade, piscine	Schwimmbad
barrage	Staudamm, Sperre
belvédère	Aussichtspunkt
bois, forêt	Gehölz, Wald
cascade, saut	Wasserfall
chapelle	Kapelle
chartreuse	Kartäuserkloster
château	Schloß, Burg
cloître	Kreuzgang
couvent	Kloster
donjon	Bergfried, Wohnturm
église	Kirche
étang	Teich, See
fontaine	Brunnen, Quelle
gorges	Schlucht
grotte	Höhle, Grotte
île	Insel
jardin botanique (-zoologique)	Botanischer (Zoologischer) Garten
lac, - de barrage	See, Stausee
maison	Haus
- forestière (M.F.)	Forsthaus
monastère	Kloster
mont, montagne	Berg, Gebirge
office de tourisme	Informationsstelle
plage	(Bade-) Strand
point de vue	Aussichtspunkt
porte	Tor, Tür
puits	Brunnen
rempart, enceinte	Stadtmauer, Wall
roche, rocher	Fels, Felsen
sentier, chemin	Pfad, Weg
source	Quelle
syndicat d'initiative	Informationsstelle
table d'orientation	Orientierungstafel
tour	Turm, Rundfahrt
trésor	Schatzkammer

Verkehrsschilder

attention	Achtung, Vorsicht
danger (de mort)	Gefahr (Lebens-)
déviation	Umleitung
douane	Zoll
feux de signalisation	Lichtsignale
garage	Ausweichstelle, Garage
gravillons	Rollsplit
impasse	Sackgasse
limitation de vitesse	Geschwindigkeitsbegrenzung
passage interdit	keine Durchfahrt
passage protégé	Vorfahrtsstraße
priorité (à droite)	Vorfahrt (von rechts) beachten
ralentir	langsam fahren
route barrée	Straße gesperrt
sens unique	Einbahnstraße
serrez à gauche	links fahren
toutes directions	alle Richtungen
travaux, chantier	Bauarbeiten, -stelle
voie unique	einspurig

Post

Ansichtskarte	**carte postale**
Brief	**lettre**
Briefmarke	**timbre**
Briefkasten	**boîte aux lettres**
Paket	**colis**
Post	**poste (P.T.T.)**
postlagernd	**poste restante**
Telefon	**téléphone**
Telegramm	**télégramme**

Einkauf

groß, klein	**grand, petit**
Preis	**prix**
(zu) teuer	**(trop) cher**
viel, (ein) wenig	**beaucoup, (un) peu**
wieviel kostet... ?	**quel est le prix de... ?**
mehr, weniger	**plus, moins**

Auf der Straße, in der Stadt

aéroport	Flughafen
auberge de jeunesse	Jugendherberge
carrefour	Straßenkreuzung
centre ville	Stadtzentrum
cimetière	Friedhof
cours	Promenade, Anlage
départ	Abfahrt, Ausgangspunkt
direction	Richtung, Leitung
école	Schule
gare (-routière)	Bahnhof (Busbahnhof)
hôpital (Hôtel-Dieu)	Krankenhaus
hôtel	Hotel, Stadtpalais
hôtel de ville	Rathaus
mairie	Bürgermeisteramt
marché	Markt
musée	Museum
place	Platz
pont	Brücke
port	Hafen
quartier	Stadtviertel
rue	Straße

Zeichenerklärung

Sehenswürdigkeiten

★★★ Ist eine Reise wert
★★ Verdient einen Umweg
★ Sehenswert

Beschriebene Strecke, Ausgangspunkt und Richtung der Besichtigung

auf der Fahrt   in der Stadt

Schloß, Burg - Ruine	Katholische Kirche, Protestantische Kirche
Bildstock - Brunnen	Gebäude mit Haupteingang
Rundblick - Aussicht	Stadtmauer - Turm
Leuchtturm - Mühle	Stadttor
Staudamm - Fabrik, Kraftwerk	Denkmal, Statue - Kleines Gebäude
Festung - Steinbruch	Garten, Park, Wald
Sonstige Sehenswürdigkeiten	Referenzbuchstabe einer Sehenswürdigkeit

Sonstige Zeichen

Autobahn (oder ähnliche Schnellstraße)	Öffentliches Gebäude
Autobahneinfahrt und/oder -ausfahrt Nummer der Anschlußstelle	Krankenhaus - Markthalle
Hauptverkehrsstraße	Gendarmerie - Kaserne
Straße mit getrennten Fahrbahnen	Friedhof
Treppenstraße - Weg, Pfad	Synagoge
Fußgängerzone - Gesperrte Straße	Pferderennbahn - Golfplatz
Paß - Höhenangabe	Freibad - Hallenbad
Bahnhof - Omnibusbahnhof	Eisbahn - Orientierungstafel
Schiffsverbindungen : Autofähre Personenfähre	Jachthafen
	Funk-, Fernsehturm
	Stadion - Wasserturm
	Fähre - Bewegliche Brücke
Flughafen	Hauptpostamt (Postlagernde Sendungen)
Nr. der Ausfahrtsstraßen, identisch auf Michelin-Stadtplänen und -Karten	Informationsstelle
	Parkplatz

Auf den Stadtplänen und Kartenskizzen der Michelin-Führer ist Norden immer oben.
Die Geschäftsstraßen sind im Straßenverzeichnis in einer Kontrastfarbe gedruckt.
In diesem Führer geben die Stadtpläne in erster Linie
Hauptstraßen und den Zugang zu Sehenswürdigkeiten an;
auf den Kartenskizzen sind Hauptverkehrsstraßen und Streckenvorschläge verzeichnet.

Abkürzungen

A Landwirtschaftskammer (Chambre d'Agriculture)	H Rathaus (Hôtel de ville)	P Präfektur, Unterpräfektur
C Handelskammer (Chambre de Commerce)	J Gericht (Palais de Justice)	POL. Polizei
	M Museum	T Theater
		U Universität

ⓥ Dieses Zeichen betrifft die Besichtigungsbedingungen : die jeweiligen Angaben finden Sie am Ende des Bandes.

Besondere Zeichen in diesem Führer

Höhle, Grotte   Reisfeld   Sumpf   Raffinerie   Metrostation

SEHENSWÜRDIGKEITEN

Beschreibung
in alphabetischer Reihenfolge

Séguret

★★ AIGUES-MORTES

4 475 Ew.

Michelin-Karte Nr. 🞰🞰 Falte 8 oder 🞰🞰🞰 Falte 27 — Kartenskizze S. 90 — Ferienort

Aus dem flachen Horizont erhebt sich die von starken Rundtürmen unterbrochene, abweisende Wehrmauer, hinter der man die sonst durch nichts angezeigte Stadt vermuten muß — bei Sonnenuntergang ein besonders lohnender Anblick. Die mittelalterliche Wehranlage ist noch sehr gut erhalten.
Im Ort selbst erinnern nur die geradlinigen, im Schachbrettmuster angelegten Straßen an die ursprüngliche Stadt.

GESCHICHTLICHES

Aigues-Mortes, dessen aus dem lateinischen *Aquae mortuae* gebildeter Name Tote Wasser bedeutet, war der erste befestigte Platz der französischen Krone, der — durch eine Kanalverbindung — als Ausgangspunkt zum Mittelmeer dienen konnte.
Der später heilig gesprochene Ludwig IX. hatte das Fischerdorf im Sumpfland als Hausbesitz erworben und befestigt. Er brach 1248 von hier aus zum 6. Kreuzzug nach Palästina auf. 1270 schiffte er sich erneut zum Kampfe gegen die Ungläubigen ein, starb jedoch kurz darauf an der Pest.
Im 14. Jh. zählte die bedeutende Festung noch 15 000 Einwohner, dann führte die fortschreitende Versandung der Fahrrinnen zum Hafen den Niedergang herbei.
In den Religionskriegen hielten die Hugenotten den Platz. Doch viele der Glaubenstreuen schmachteten nach dem Widerruf des Edikts von Nantes (1685) in den Kerkern des Konstanzen-Turms.
Heute ist Aigues-Mortes durch den sog. Chenal Maritime und den Rhône-Sète-Kanal mit dem Meer verbunden. Der Ort lebt hauptsächlich von Weinbau und Meersalzgewinnung *(S. 16 und 90).*

★★ STADTMAUER Besichtigung: 1 1/2 Std.

★★ **Blick auf die Stadt.** — Vor Besichtigung des Ortes wird empfohlen, auf der D 979 etwa 1,5 km weit in Richtung Le Grau-du-Roi zu fahren. Kurz vor Erreichen einer Brücke wenden. Hier bietet sich ein eindrucksvoller Blick.
Auf dem Rückweg hat man eine schöne Sicht auf die Südseite des Wehrgangs. Leider erheben sich einige moderne Gebäude vor den mittelalterlichen Mauern.

Gardette-Tor (Porte de la Gardette). — Es bildete früher von Norden her den einzigen Zugang zur Stadt. 3 km landeinwärts bewachte der Carbonnière-Turm *(S. 94)* den Zugang zur Stadt.

Durch das Gardette-Tor gehen, dann rechts abbiegen; über den Place Anatole-France gelangt man zur Pförtnerloge im Turm.

★★ **Constanzen-Turm (Tour de Constance).** — Der Turm ist 40 m hoch (mit Türmchen) und hat einen Durchmesser von 22 m; er liegt etwas außerhalb des Mauerrechtecks und ist seit dem 16. Jh. durch eine Brücke damit verbunden. Mit 6 m dicken Mauern und den beiden aufeinanderfolgenden, durch Fallgitter und Wurfschächte gesicherten Toren diente er wohl als strengst bewachte „Durchgangs-Schleuse".
Seine beiden übereinanderliegenden Räume sind durch Rippengewölbe abgeschlossen. Anstelle des Schlußsteins sieht man in der Decke eine Öffnung, durch die der Lastenaufzug ging. Ein Wehrgang führt um den Raum, vorbei am Brunnen, den Wurfschächten und den Vorrichtungen für die Fallgitter. Im Wachsaal *(Salle des Gardes)* ist noch ein Backofen zu sehen.
Eine Wendeltreppe führt hinauf in die Betkapelle (oratoire) Ludwig des Heiligen und weiter in den Rittersaal *(Salle des Chevaliers),* wo in Vitrinen Fotokopien alter Dokumente und Briefe, insbesondere zur Sache Durand, ausgestellt sind.
Der auch als Leuchtturm dienende Wohnturm war fünf Jahrhunderte lang Gefängnis, in dem u. a. Mitglieder des Templerordens und Hugenotten inhaftiert waren.
Er soll nach einer Gräfin der Provence benannt sein. Man kann seinen Namen jedoch auch poetischer mit „Turm der Beständigkeit" deuten, so wie es Gertrud von Le Fort in der gleichnamigen Novelle tat, in der sie das Geschick einer tapfer im Glauben ausharrenden Hugenottin schildert. Diese **Marie Durand** zeigte während der jahrelangen Haft eine solche Charakterstärke, daß sich die Autoritäten schließlich veranlaßt fühlten sie und ihre zehn Glaubensgenossinnen freizulassen (1768). Aus dem Jahre 1705 ist eine Evasion in Erinnerung geblieben: Hierbei gelang es dem Hugenottenführer **Abraham Mazel** mit Hilfe eines aus zusammengeknoteten Decken gefertigten Seils zu fliehen. Er konnte auf diese Weise auch 16 Mithäftlingen in die Freiheit verhelfen; beim siebzehnten rissen die Decken und 14 weitere Gefangene mußten weiterhin im Turm schmachten.
Bis zum Türmchen hinaufsteigen *(53 Stufen),* das von einem schmiedeeisernen Käfig bekrönt ist, der vom 13.-16. Jh. das Leuchtfeuer schützte. Eine herrliche **Aussicht**★★ bietet sich von der Plattform auf den Ort mit den geradlinig verlaufenden Straßen und die umliegende Gegend, wo sich von rechts nach links die Cevennen, die pyramidenförmigen Apartmenthäuser der Grande Motte, die Hügel von Sète, die Salzgärten und die Camargue abzeichnen.

★★ **Wehrgang (Remparts).** — Die Befestigungsmauer von Aigues-Mortes wurde nach 1272 mit Steinen aus Beaucaire und Les Baux errichtet und ist noch heute gut erhalten; sie ist das beste Beispiel einer Verteidigungsanlage des 13. Jh.s.
An der Innenseite der Mauer befindet sich ein breiter Gang; er gestattete der Garnison schnell an jede Stelle der Befestigungsmauer zu gelangen, um die Angreifer abzuwehren.
Bei einem Spaziergang um das Städtchen (Längsseiten 567 bzw. 496 m, Schmalseiten 301 bzw. 269 m) erreicht man die verschiedenen Türme, deren Namen z. T. auf die frühere Zweckbestimmung schließen lassen: der Burgunderturm (Tour des Bourgui-

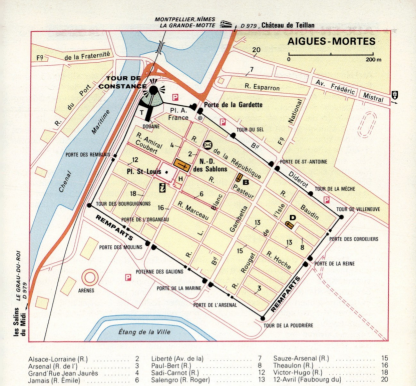

Alsace-Lorraine (R.)	2	Liberté (Av. de la)	7	Sauze-Arsenal (R.)	15
Arsenal (R. de l')	3	Paul-Bert (R.)	8	Theaulon (R.)	16
Grand'Rue Jean Jaurès	4	Sadi-Carnot (R.)	12	Victor-Hugo (R.)	18
Jamais (R. Émile)	6	Salengro (R. Roger)	13	12-Avril (Faubourg du)	20

gnons), das Ankerring-Tor (Porte de l'Organeau), wo die Schiffe an Eisenringen ankerten, das Mühlentor (Porte des Moulins), in den Türmen wurde das Mehl für die Garnison gemahlen, die Schlupfpforte der Galeonen (Poterne des Galions), das Marine-Tor (Porte de la Marine), der Pulverturm (Tour de la Poudrière), der Villeneuve-Turm, der Turm mit dem Docht (Tour de la Mèche), wo ständig ein Öllämpchen zur Zündung der Feuerwaffen brannte, der Salzturm (Tour du Sel).
Die größere Zahl von Öffnungen auf der Südseite erklärt sich aus der Tatsache, daß hier die Kais lagen.

WEITERE SEHENSWÜRDIGKEITEN

Place St-Louis. — Dieser schöne schattige Platz liegt im belebten Zentrum der Stadt. Die Statue Ludwigs IX. stammt von Pradier (1792-1852) und wurde 1849 errichtet.

Kirche Notre-Dame-des-Sablons. — Diese gotische Kirche wurde immer wieder umgebaut.
Sie besitzt eine Holzdecke und ist nur sparsam ausgestattet: ein Christus aus dem 14. Jh., ein Altarbild aus der ehemaligen Abteikirche von Psalmody und die Kapelle Ludwigs des Heiligen.

Kapelle der Weißen Büßer (Chapelle des Pénitents Blancs) (B). — In der Barockkapelle findet nur noch am Palmsonntag Gottesdienst statt. Hier werden zahlreiche Erinnerungsstücke dieses Ordens aufbewahrt, der 1622 in Aigues-Mortes gegründet worden war.

Kapelle der Grauen Büßer (Chapelle des Pénitents Gris) (D). — In dieser Kapelle aus dem 17. Jh. steht ein eindrucksvoller Altar, der 1687 von Sabatier geschaffen wurde.

AUSFLÜGE

Salzgärten (Salins du Midi). — *3 km südwestl. von Aigues-Mortes.*
Die Besichtigung bietet einen Einblick in den Vorgang der Salzherstellung *(Näheres S. 90).*

Schloß Teillan (Château de Teillan). — *13 km in nordöstl. Richtung auf der D 979, dann links auf der D 34; in Marseillargues der D 265 folgen und gleich hinter der Brücke rechts auf einen unbefestigten Weg abbiegen.*
Das Anwesen war einst im Besitz des Klosters von Psalmody und wurde in ein Priorat umgewandelt, gelangte im 17. Jh. in Privatbesitz und wurde vergrößert. Ein Wachtturm (15. Jh.) überragt den Haupttrakt; von der Terrasse bietet sich ein schöner Blick auf die Cevennen, die Ebene des Languedoc, Aigues-Mortes und die Camargue.
Im großen, überwölbten Saal im Erdgeschoß findet man Mobiliar des 17. und 18. Jh.s. Zu den im 18. Jh. wiederaufgebauten Nebengebäuden gehört ein Taubenhaus mit 1500 Nestern, dessen Inneneinrichtung, besonders Plattform und Drehleiter, gut erhalten ist.
In dem Park mit schönem Baumbestand sind römische Altäre und Meilensteine zu sehen sowie ein interessantes Schöpfwerk in einem kleinen, überwölbten Raum.

★★ AIX-EN-PROVENCE

124 550 Ew.

Michelin-Karte Nr. 84 Falte 3 oder 245 Falte 31 oder 246 Falte J — Kartenskizze S. 161

Aix, Hauptstadt der Provence und seit 1501 Sitz eines von Ludwig XII. gegründeten Parlaments, löste Avignon als Kunst- und Kulturzentrum ab. Mit den zahlreichen ehemaligen Adelspalais aus goldgelbem Stein im noblen, klassisch-gemilderten französischen Barock, mit den platanenbeschatteten Plätzen und plätschernden Brunnen gilt die Stadt als eine der elegantesten und angenehmsten Frankreichs.
Warme Mineralquellen führten in der Römerzeit zu ihrer Gründung, und noch heute wird das Wasser gegen Kreislaufkrankheiten verschrieben. Der Kurbetrieb, Studenten (1409 gegründete Universität) und die **Musikfestspiele** im Sommer bestimmen den heiteren Lebensrhythmus der Stadt.
Man muß sich Zeit nehmen für Aix — die Stadt erschließt sich nicht auf den ersten Blick — und dann wird man verstehen, warum die Franzosen sie so sehr schätzen.
In der Umgebung werden vor allem Oliven und Mandeln angebaut, und so sind denn auch Mandeln die bedeutendste Zutat bei der Herstellung der bekannten Calissons-Spezialität.

GESCHICHTLICHES

Der Ursprung der Stadt. — Als früheste Siedler sind die Saluvier (4. Jh. v. Chr.) nachgewiesen, deren Hauptstadt auf dem Plateau von Entremont, nördlich von Aix, ausgegraben worden ist. Die Anlage dieses Oppidums sowie die gefundenen Skulpturen (heute im Granet-Museum) zeugen von einer hochstehenden, wenn auch in ihren religiösen Ausdrucksformen ungeklärten Kultur. Die Saluvier trieben mit den Griechen aus Marseille Handel, doch kam es zwischen den beiden Bevölkerungen zu Spannungen, und die Griechen riefen die Römer zu Hilfe, welche unter Konsul **Caius Sextius Calvinus** das saluvische Oppidum einnahmen und zerstörten (123 v. Chr.). Ein Jahr später gründete der römische Feldherr hier den militärischen Stützpunkt *Aquae Sextiae*, um das unterworfene Gebiet abzusichern, aber auch wegen des Heilwassers, das bedeutungsvoll im Namen erwähnt ist.
Rund zwanzig Jahre später fand am Fuße des nahen Ste-Victoire-Massivs erneut eine Schlacht statt, bei der der römische Feldherr **Marius** die Teutonen vernichtend schlug. Damals sollen hunderttausend Germanen gefallen und ebensoviele in Gefangenschaft geraten sein. In Erinnerung an diesen Sieg ist der Name Marius noch heute in der Provence sehr populär.
Der Blütezeit als Hauptstadt der Provinz *Gallia Narbonensis Secunda*, unter **Diokletian**, folgte ab dem 4. Jh. Stagnation, denn Arles hatte die Führung übernommen.

König René

König René. — Als Residenz des kunstliebenden Königs René kam Aix wieder zu einigem Glanze. René I. (1409-1480) aus dem Hause Anjou verbrachte — nach dem Verlust seines Königreichs Neapel (1442) und nach vielen vergeblichen Kämpfen um andere, ihm zustehende Besitztümer — die letzten neun Jahre seines Lebens in Aix. Hier förderte er als Mäzen die Künste — hat wohl gelegentlich auch selbst gedichtet und gemalt — und kümmerte sich um die wirtschaftliche Entwicklung der Provence, indem er die Muskateller-Traube (Denkmal auf dem Cours Mirabeau), eine gewisse Nelkenart und Maulbeerbäume für die Seidenraupenzucht einführte. War er in der Beschaffung von Geldmitteln unbedenklich und in der Politik vom Pech verfolgt, so lebt er in der Tradition doch als der „Gute König René" fort — vielleicht, weil er alte Bräuche wieder zu Ehren brachte (u. a. des Tarasque-Fest in Tarascon, *S. 167*).

Das Parlament. — Bereits Ende des 13. Jh.s schuf das Haus Anjou, das von 1246-1481 in der Provence herrschte, hier eine städtische Verwaltung durch gewählte Konsuln, die die Abgaben bestimmten und eine gewisse Autonomie hatten. Das 1501 durch den französischen König gegründete Parlament war ein Gerichtshof, der sich bald zum Fürsprecher der Unabhängigkeit der Provence gegenüber der Krone und ihren Vertretern (Gouverneuren und Intendanten) machte. Bis zur Revolution regierte diese Instanz praktisch den französischen Süden. Sie war jedoch wegen der von ihr bestimmten Steuern beim Volke nicht beliebt und galt, zusammen mit dem Mistralwind und der launischen Durance, als eine Geißel der Provence.

19. und 20 Jh. — Die Entwicklung von Industrie und Transportwesen ließen Aix im 19 Jh. in wirtschaftlicher Hinsicht in den Schatten von Marseille treten. Heute bestimmen der Fremdenverkehr, Kurbetrieb und die Universität das Leben der Stadt.

Berühmte Söhne der Stadt. — **Graf Mirabeau** (1749-1791), dessen zorniger Ausspruch „wir weichen nur der Macht der Bajonette" zum geflügelten Wort geworden ist, verbrachte seine turbulente Jugend in Aix — skandalumwittert und mit Schulden

AIX-EN-PROVENCE

genauso bedeckt wie mit Pockennarben. Trotzdem gelang es ihm, die Heirat mit der vermögenden jungen Dame Mademoiselle de Marignane zu erzwingen. Neue Schulden häuften sich an, für die der Schwiegervater nicht aufkommen wollte. So kam Mirabeau, wie bereits früher schon, ins Gefängnis (Château d'If, S. 127). Verschiedene Liebesabenteuer führten schließlich 1783 zum Scheidungsantrag seiner Frau. Mirabeau verteidigte sich selbst und gewann den Prozeß sogar in erster Instanz — womit die Redegewandheit, eine der guten Seiten des zynischen Lebemanns, aufgezeigt sei, zu der noch außergewöhnliche Intelligenz und Belesenheit kamen. Daher wurde der Graf 1786/1787 auch in geheimer Mission an den Hof Friedrichs des Großen geschickt und hat über seine Beobachtungen dort ein Buch geschrieben.

Er verfaßte außerdem verschiedene philosophische Schriften, insbesondere ein Pamphlet gegen den Despotismus, was sicher dem Geiste der Zeit entsprochen haben mag, aber nicht unbedingt dem seines Standes: Letzterer lehnte es ab, Mirabeau 1789 in die Generalstände zu entsenden; so ließ sich der Graf vom Dritten Stand aufstellen und wurde gewählt... Damit begann seine politische Karriere, die — wie die ganze Persönlichkeit — nicht klar umrissen war und 1791 mit einem frühen Tod endete.

Paul Cézanne (1839-1906). — Er wurde in Aix geboren, wo er auch zur Schule ging und lange mit dem gleichaltrigen Émile Zola befreundet war. Auf väterlichen Wunsch begann er Jurastudien, ging aber 1861 nach Paris, um sich ausschließlich der Malerei zu widmen. Hier schenkte ihm der Einfluß Monets und Pissarros eine bleibende Vorliebe für die Freilichtmalerei und machte ihn mit der Malweise der Impressionisten bekannt, von der er sich bald abwendete. In der französischen Hauptstadt verkannt, kehrte er gegen Ende seines Lebens in die Heimat zurück und lebte in seinem Hause, dem Jas de Bouffan, in der Nähe von Aix. Seit dem Zerwürfnis mit Zola, der im Roman „Das Werk" (1886) ein sehr unschmeichelhaftes, aber teilweise erkennbares Bild von seinem Jugendfreund gezeichnet hatte, war es einsam um den Maler geworden.

Starke Farben, Kontrast und Kontur bestimmen seine Landschaften, Stilleben und Figurenkompositionen. Er benutzt Farbabstufungen jedoch nicht dazu, um eine traditionelle Licht- und Schattenwirkung oder Perspektive zu erzielen, sondern um die Form in fast geometrische Grundelemente zu zerlegen und sie mit — meist dünnen — Farbschichten wieder zusammenzusetzen. Maßverhältnisse, Raumwirkung und Volumen entsprechen dabei häufig nicht mehr dem Augenschein. Besonders diese Eigenschaft brachte seine Kunst zu Lebzeiten in Mißkredit, machte ihn jedoch zum Vorläufer der modernen Malerei, insbesondere des Kubismus.

Émile Zola (1840-1902). — Der in Paris geborene Romanschriftsteller verlebte seine Jugendzeit in Aix, wo sein Vater einen der ersten Gewölbestaudämme (Barrage Zola S. 161) errichtete.

Darius Milhaud (1892-1974). — Milhaud, der einer der wegweisenden Komponisten der neueren französischen Musik ist, wurde hier geboren. Südamerikanische Rythmen und Folklore inspirierten ihn (Ballett: „Le Bœuf sur le toit"). Charakteristisch ist außerdem die gleichzeitige Verwendung verschiedener Tonarten. Er komponierte über 400 Musikwerke.

★★ ALTSTADT *Besichtigung: 4 Std. — s. Plan S. 49*

Mehrere Ringstraßen und Alleen, die dem Verlauf der ehemaligen Befestigung folgen, umschließen die Altstadt. Sie liegt nördlich des Cours Mirabeau, zwischen Kathedrale und Place d'Albertas.

Der Rundgang beginnt am Place du Général-de-Gaulle.

In seiner Mitte erhebt sich ein mächtiger Brunnen von 1860.

★★ **Cours Mirabeau** (DY). — Diese breite Platanenallee wurde im 17. Jh. angelegt und ist die Prachtstraße von Aix: Ein dichtes Blätterdach und Brunnen auf dem Mittelstreifen sorgen auch im Sommer für angenehme Kühle; auf der einen Seite laden Geschäfte und Cafés zum Bummeln und Verweilen ein, während die andere Seite von den vornehmen Fassaden alter Adelshäuser gesäumt wird, verziert mit geschnitzten Türflügeln, Atlanten und schmiedeeisernen Balkongittern.

Dem Cours auf dem rechten Bürgersteig folgen.

Hôtel d'Isoard de Vauvenargues. — *Nr. 10.* Um 1710 erbaut. Hier wurde die Marquise von Entrecasteaux, Angélique de Castellane, von ihrem Mann, dem Parlamentspräsidenten, ermordet. Sehenswert ist der schmiedeeiserne Balkon und der gerade, kannelierte Türsturz.

Hôtel de Forbin. — *Nr. 20.* In diesem Palais, das 1656 entstand, wurden die Herzöge von Burgund und Berry empfangen, die Enkel Ludwigs XIV., Pauline Borghese, der in Ungnade gefallene Fouché, die spätere Herzogin von Berry und der Herzog von Angoulême. Schönes Balkongeländer.

Neun-Röhren-Brunnen (Fontaine des 9 canons) (DY B). — Er stammt von 1691 und erhebt sich in der Mitte des Cours, in der Verlängerung der Rue Joseph-Cabassol.

Thermalbrunnen (Fontaine d'eau thermale) (EY D). — In Höhe der Rue Clemenceau. Der bemooste Brunnen existiert seit 1734. Sein 34° C warmes Wasser war bereits vor 2000 Jahren von den Römern als Kurmittel geschätzt.

Hôtel de Maurel de Pontevès. — *Nr. 38. Abb. S. 38.* Pierre Maurel, der Gatte von Diane de Pontevès, ist ein gutes Beispiel für sozialen Aufstieg: der ehemalige einfache Kaufmann wurde am Ende seines Lebens in den erblichen Adelsstand erhoben. 1660 beherbergte sein Haus Anne-Marie de Montpensier, die „Grande Mademoiselle". Heute ist hier die wirtschaftliche Fakultät der Universität Aix-Marseille untergebracht.

Brunnen des Königs René (Fontaine du Roi René) (EY E). — Er liegt am Ende des Cours und ist ein Werk von David d'Angers (19. Jh.). Der König ist mit einer Muskattellertraube dargestellt.

Zur anderen Straßenseite überwechseln.

AIX-EN-PROVENCE ★★

Die Rue Fabrot *(1. Straße rechts)*, eine Geschäftsstraße, führt zum Place St-Honoré (an einer Hausecke die Statue des hl. Vinzent, 19. Jh.).

Links in die Rue Espariat einbiegen.

Hôtel Boyer d'Eguilles. — *Nr. 6.* Das Gebäude wurde 1675 wahrscheinlich von Puget errichtet und beherbergt heute das Naturkundemuseum.

Naturkundemuseum (Musée d'histoire naturelle). — Es zeigt interessante Mineralien, provenzalische Fossilien und insbesondere eine Sammlung von Dinosauriereiern aus der vorzeitlichen Fluß- und Seenlandschaft um Aix; außerdem findet der Besucher schöne Türflügel aus dem 17. Jh., Gemälde, Schnitzarbeiten und Büsten provenzalischer Gelehrter.

Hôtel d'Albertas. — *Nr. 10.* Baujahr 1707. Die Verzierungen stammen von Toro, einem Bildhauer aus Toulon.

Place d'Albertas. — Der von noblen Häusern gesäumte Platz wurde 1745 angelegt und 1912 mit einem Brunnen geschmückt. Hier finden im Sommer Konzerte statt.

Rechts die Rue Aude nehmen.

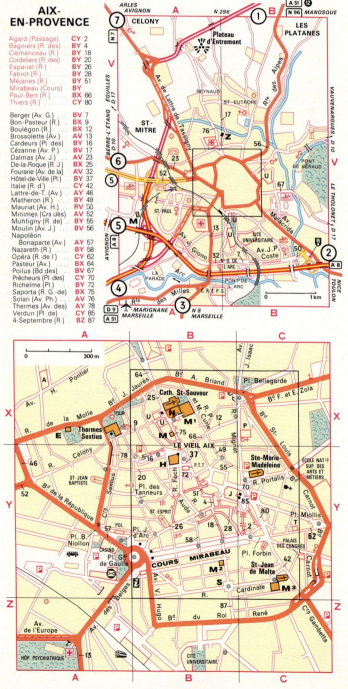

AIX-EN-PROVENCE

Agard (Passage)	CY	2
Bagniers (R. des)	BY	4
Clemenceau (R.)	BY	18
Cordeliers (R. des)	BY	20
Espariat (R.)	BY	26
Fabrot (R.)	BY	28
Méjanes (R.)	BY	51
Mirabeau (Cours)	BY	
Paul-Bert (R.)	BX	66
Thiers (R.)	CY	80
Berger (Av. G.)	BV	7
Bon-Pasteur (R.)	BX	9
Boulégon (R.)	BX	12
Brossolette (Av.)	AV	13
Cardeurs (Pl. des)	BY	16
Cézanne (Av. P.)	BV	17
Dalmas (Av. J.)	AV	23
De-la-Roque (R. J.)	BX	25
Fourane (Av. de la)	AV	32
Hôtel-de-Ville (Pl.)	BY	37
Italie (R. d')	CY	42
Lattre-de-T. (Av.)	AY	46
Matheron (R.)	BY	49
Mauriat (Av. H.)	RV	50
Minimes (Crs des)	AV	52
Muntigny (R. de)	BY	55
Moulin (Av. J.)	BV	56
Napoléon Bonaparte (Av.)	AY	57
Nazareth (R.)	BY	58
Opéra (R. de l')	CY	62
Pasteur (Av.)	BX	64
Poilus (Bd des)	BV	67
Prêcheurs (Pl. des)	CY	70
Richelme (Pl.)	BY	72
Saporta (R. G.-de)	BX	75
Solari (Av. Ph.)	AY	76
Thermes (Av. des)	AY	78
Verdun (Pl. de)	CY	85
4-Septembre (R.)	BZ	87

48

AIX-EN-PROVENCE

Agard (Passage)	CY	2
Bagniers (R. des)	BY	4
Clemenceau (R.)	BY	18
Cordeliers (R. des)	BY	20
Espariat (R.)	BY	26
Fabrot (R.)	BY	28
Méjanes (R.)	BY	51
Mirabeau (Cours)	BY	
Paul-Bert (R.)	BX	66
Thiers (R.)	CY	80
Aude (R.)	BY	3
Bedarrides (R.)	BY	5

Commune de Roussillon
DROIT DE STATIONNEMENT : 10,00 F
N° 083397

...aissancebau entstand 1620.

...*chal-Foch*.

...lanten rahmen die Tür. Gegenüber, am Place

...Auf dem Rathausplatz wird der Blumenmarkt
...reidespeichers (heute Post und Verwaltung)
...), der seiner Heimatstadt zahlreiche Werke

...er Pariser Architekt Pierre Pavillon erbaute es
...eisernen Gittern an Balkon und Eingang. Im
kieselgepflasterten **Hof★** weisen die Gebäude Wandpeiler in klassischer Ordnung auf
(S. 33); die Innenseite der Fassade schmückt eine Nische mit Voluten. Der 1. Stock
enthält die Méjanes-Bibliothek und die Stiftung Saint-John Perse.

Stiftung (Fondation) **Saint-John Perse.** — *Aufgang über die Treppe links in der Halle.*
Manuskripte, verschiedene Ausgaben und Fotografien des französischen Diplomaten
und Dichters, der 1960 den Nobelpreis für Literatur erhielt. Ausstellungen zu seinem
literarischen Werk.

Uhrturm (Tour de l'Horloge) (DY F). — *Neben dem Rathaus*. Den alten Belfried der
Stadt (16. Jh.) krönt ein typisch provenzalischer Glockenkäfig. Vier verschiedene
Figuren verkörpern die jeweilige Jahreszeit.

Der Rue Gaston-de-Saporte folgen.

Heimatmuseum (Musée du Vieil Aix) (DX M). — *Nr. 17*. In dem ehemaligen
Adelshaus Hôtel d'Estienne de St-Jean lohnt es sich, einen Blick auf das schmiedeei-
serne Treppengeländer und die von Daret bemalte Decke im Boudoir zu werfen. Die
Sammlung enthält Marionetten, die bei den sog. Sprechenden Krippen *(S. 39)* und den
Fronleichnamsprozessionen eine Rolle spielten; Fayencen aus Moustiers, Santons
u. a. m.

Hôtel de Châteaurenard. — *Nr. 19*. Heute ist in dem Gebäude das Sozialamt
untergebracht. Es war gerade fertiggestellt, als Ludwig XIV. sich bei seinem Besuch
1660 hier aufhielt. Sehenswert ist die Illusionsmalerei von Daret im Treppenhaus.

Hôtel de Maynier d'Oppède. — *Nr. 23*. Der Bau entstand 1490 und wurde im
18. Jh. verändert, als es den Besitzer wechselte. Der schmiedeeiserne Balkon wird
von einem Korbbogen gestützt; Akanthusblätter zieren die Pilaster.

*Die Rue Gaston-de-Saporta führt zum Place des Martyrs-de-la-Résistance: jenseits
liegt das Tapisseriemuseum, links der Kreuzgang St-Sauveur.*

★**Tapisseriemuseum (Musée des Tapisseries) (DX** M¹). — *Zugang über die Treppe
links in der Halle*. Die Wandteppiche sind im erzbischöflichen Palais (17./18. Jh.)
ausgestellt, zu dessen Besitz sie einst gehörten. 17 wertvolle Stücke stammen aus der
Werkstatt von Beauvais, von Künstlern des 17. und 18. Jh.s, darunter die Teppichfolge
mit Szenen aus dem Leben des Don Quijote nach Kartons von Natoire. In dem großen
Hof findet jedes Jahr ein Lyrik- und Musikfestival statt.

★**Kreuzgang (Cloître) St-Sauveur (DX** N). — Anders als die Kreuzgänge von Arles
und Montmajour besitzt dieser ein Flachdach: Damit brauchen die Arkaden kein
stützendes Strebewerk, wodurch die romanische Anlage zierlich und elegant wirkt.
Von den mit Blättern oder Figuren geschmückten Kapitellen über gekoppelten Säulchen
sind viele schadhaft; am besten erhalten blieb der hl. Petrus an einem der Eckpfeiler.

An der Nordwestseite führt eine Tür zur Kathedrale.

AIX-EN-PROVENCE★★

Kathedrale St-Sauveur (DX R). — Diese Kirche vereint sämtliche Baustile des 5. bis 17. Jh.s. In der 1. Kapelle des rechten, romanischen Seitenschiffes (12. Jh.) steht der weiße Marmorsarkophag des hl. Mitrias. Die beiden folgenden Joche überspannen das **Baptisterium**★ aus der Merowingerzeit (5. Jh.): Acht römische Säulen tragen die Renaissancekuppel über dem Taufbecken.

In dem großen gotischen Mittelschiff sind zwei Triptychen aus dem 15. Jh. ausgestellt; bei dem ersten ist nur die mittlere Tafel original. Das **Triptychon des Brennenden Dornbusches**★★, ein Meisterwerk von Froment, zeigt König René und Königin Jeanne kniend neben Maria mit dem Kind. Der Chor (13. Jh.) enthält Gestühl aus dem 16. Jh.; das linke Seitenschiff wurde im 17. Jh. umgestaltet. Guiramand aus Toulon schnitzte 1504 die meisterhaften **Flügel**★ **des Hauptportals** aus Nußbaum *(durch Läden geschützt);* die Figuren stellen die vier Propheten und 12 heidnische Sibyllen dar. An der Fassade erkennt man rechts ein gallorömisches Mauerstück mit einem kleinen romanischen Portal, Teil der Vorgängerkirche, das von spätgotischen Bauteilen eingerahmt wird; links der gotische Glockenturm (14.-15. Jh.). Zwei der schönen alten Statuen blieben erhalten: Maria mit Kind am Mittelpfeiler und über dem großen Fenster der hl. Michael im Kampf mit dem Drachen.

Kathedrale St-Sauveur — Triptychon des Brennenden Dornbusches, von Nicolas Froment

Zum Place de l'Hôtel-de-Ville zurückgehen. Von dort gelangt man durch die Rues Vauvenargues, Méjanes, des Bagniers und Clemenceau zum Cours Mirabeau.

Hôtel d'Arbaud-Jouques. — Nr. 19. Die um 1700 entstandene Fassade ist reich verziert: ein skulptierter Fries betont den Absatz der 1. Etage, unter dem Balkon ziert ein Medaillon den Kämpfer; die Eichentüren sind geschnitzt.

MAZARIN-VIERTEL Besichtigung: 1 1/2 Std.

Diesen Stadtteil ließ Erzbischof Mazarin, ein Bruder des berühmten Kardinals, 1646-51 im Süden von Aix anlegen.

Bibliographisches und archäologisches Museum Paul-Arbaud (Musée bibliographique et archéologique P.-A.) (DY M^2). — *Rue du 4-Septembre Nr. 2.* Hier findet der Besucher Literatur über die Provence, Fayencen aus Moustiers, Marseille und Allemagne-en-Provence sowie Gemälde und Skulpturen.

Hôtel de Marignane (DY). — *Rue Mazarine Nr. 12.* Ende des 17. Jh.s. Dies war das Haus der Schwiegereltern Mirabeaus *(S. 46).*

Hôtel de Caumont (DY). — *Rue Joseph-Cabassol Nr. 3.* Die Fassade dieses eleganten Wohnhauses von 1720 zieren Balkone und übereinandergesetzte Giebel. Es beherbergt das Konservatorium für Musik und Tanz Darius Milhaud.

Hôtel de Villeneuve d'Ansouis (DY). — *Rue du 4-Septembre Nr. 9.* Das Patrizierhaus aus dem frühen 18. Jh. schmücken Balkons und skulptierte Masken. Hier wurde Folco de Baroncelli geboren, der Marquis von Javon *(S. 160).*

Hôtel de Boisgelin (DY). — *Rue du 4-Septembre Nr. 11.* Weitläufiges Anwesen von 1650, errichtet nach Plänen von Pavillon und ausgeschmückt von Rambot.

★**Delphinbrunnen (Fontaine des Quatre Dauphins)** (DY S). — Diesen anmutigen Brunnen schuf J.-C. Rambot 1667.

Kirche St-Jean-de-Malte (EY). — Die Kirche der ehemaligen Malteser-Komturei war das erste gotische Bauwerk in Aix (spätes 13. Jh.). 67 m hoch erhebt sich der Glockenturm; im **Langhaus**★ kommt die einfache Eleganz frühgotischer Architektur — große Bögen, Obergadenfenster ohne Triforium, sechsteilige Gewölbe — gut zur Geltung. Die 1794 zerstörten Grabstätten der Grafen der Provence wurden teilweise im nördlichen Querschiff wiederaufgestellt.

★**Granet-Museum (Kunst und Archäologie)** (EY M^3). — Das in der ehem. Malteser-Komturei (17. Jh.) untergebrachte Museum enthält eine schöne Gemäldesammlung mit Werken italienischer, niederländischer und flämischer Meister des 16.-19. Jh.s sowie lebensvolle Bildnisse der französischen Schule von François Clouet (16. Jh.) bis Ingres. Erwähnt seien außerdem die zahlreichen Bilder des aus Aix stammenden Malers F.-M. Granet (1775-1849) und der Cézanne-Saal sowie ein Raum mit Werken zeitgenössischer Künstler.

Die archäologische Abteilung zeigt Fundstücke von Entremont *(S. 52)* und aus dem alten Aquae Sextiae (Grabungen beim erzbischöflichen Palais, dem Grassi-Garten und dem Pasteur-Parkplatz). Die Skulpturen von Entremont zeugen von einer eigenständigen kelto-ligurischen Kunst, weisen jedoch auch griechische und etruskische Einflüsse auf.

★★ AIX-EN-PROVENCE

WEITERE SEHENSWÜRDIGKEITEN

Rue de l'Opéra (EY 62). — *Nr. 18.* Das Hôtel de Lestang-Parade wurde um 1650 von Pavillon und Rambot errichtet und 1830 vom Chevalier de Lestang-Parade umgebaut. Nr. 24 ist das Hôtel de Bonnecorse (oder d'Arlatan-Lauris) aus dem 18. Jh., Nr. 26 das Hôtel de Grimaldi, 1680 nach Plänen von Puget entstanden.

Hôtel de Panisse-Passis (EY). — *Rue Éméric-David Nr. 16. Abb. S. 38.* Das Gebäude von 1739 besitzt schmiedeeiserne Balkons über mit fantastischen Figuren verzierten Konsolen.

Ehemalige Jesuitenkapelle (Ancienne chapelle des Jésuites) (EY X). — Aus dem 17. Jh. Die mächtige Fassade ist von fünf Nischen durchbrochen.

Kirche Ste-Marie-Madeleine (EY). — Hinter der modernen Fassade verbirgt sich ein Bau aus dem 17. Jh., dessen Seitenkapellen Gemälde aus dem 17. und 18. Jh. enthalten; in der 4. Kapelle rechts steht eine Marmorstatue der **Jungfrau**★ von Chastel (18. Jh.). Das große Bild links im Querschiff wird Rubens zugeschrieben. Von dem **Verkündigungstriptychon**★ aus dem 15. Jh. (linkes Seitenschiff, beim Altar der Gnadenmadonna) ist nur noch der Mittelteil erhalten; sein Schöpfer war wohl ein Verwandter des berühmten Van Eyck.

Predigerbrunnen (Fontaine des Prêcheurs) (EY Z). — Ein Werk Chastels aus dem 18. Jh.

Hôtel d'Agut (EY). — *Place des Prêcheurs Nr. 2.* Pierre d'Agut, Berater im Parlament, ließ 1676 dieses Haus erbauen, das von zwei Gallionsfiguren, Bossenwerk, einer Eckfigur und einer Sonnenuhr geschmückt wird.

Hôtel de Roquesante (EY). — *Rue Thiers Nr. 2. 1. Hälfte des 17. Jh.s.* Der Bau mit monumentaler Eingangstür und Geschossen, die durch Giebel und Friese betont sind, wurde von Pierre de Raphélis de Roquesante bewohnt: er war Berater im Parlament, ergriff 1664 die Partei Fouquets und wurde nach dem Prozeß exiliert.

Kurhaus (Thermes Sextius) (AX). — Am Standort der römischen Thermen wurde im 18. Jh. das Kurhaus errichtet, wo das 34°C warme Wasser gegen Kreislaufstörungen angewandt wird. Im Kurpark ist noch ein Turm der Stadtmauer (14. Jh.) zu sehen.

Pavillon de Vendôme (AX E). — *Rue Célony Nr. 34.*
Das 1667 erbaute Landhaus des Kardinals und Herzogs von Vendôme ist mit seinen Atlanten und Ziergittern recht typisch für die Provence, wenn auch das Dachgeschoß erst später, d. h. im 18. Jh., aufgestockt und die ursprüngliche Arkadengalerie des Erdgeschosses geschlossen wurde. Original sind noch das Gitter des Balkons über der Tür und das Geländer der doppelläufigen Treppe im Inneren. Die Räume sind mit provenzalischen Möbeln und alten Bildern ausgestattet. Eine Diaschau führt zurück in die Geschichte des Hauses und seiner Bewohner.

★ **Stiftung (Fondation) Vasarely** (AV M). — *4 km westl.* Auf einer Anhöhe bei dem Weiler Jas de Bouffan erhebt sich ein 87 m langer Komplex aus acht Einheiten, der im Erdgeschoß Wandteppiche und geometrische Wandbilder des Künstlers zeigt. Vasarely (1908 in Ungarn geboren) gilt aufgrund seiner Studien über lineare Abweichungen und den Effekt von Licht und Bewegung als Pionier der kinetischen Kunst. Im 1. Stock wird dieses Bewegungsmoment anschaulich vorgeführt.

Das Haus in Aix-en-Provence, von P. Cézanne

Cézanne-Atelier (BV Z). — *Avenue Paul-Cézanne Nr. 9.* Das Maleratelier, das sich in dem Zustand befindet, wie Cézanne *(S. 47)* es bei seinem Tode 1906 hinterlassen hatte, enthält vor allem Erinnerungsstücke und Dinge aus dessen persönlichem Besitz.

Plateau von Entremont (ABV). — *2,5 km, dann 1/4 Std. zu Fuß hin und zurück.* Ausfahrt aus Aix in nördl. Richtung auf der rasch ansteigenden D 14. Nach 2,5 km zweigt rechts ein Weg zum Plateau d'Entremont ab.

AIX-EN-PROVENCE★★

Ausgrabungen. — Im 2. vorchristlichen Jh. war Entremont *(S. 46, Der Ursprung der Stadt)* eine regelrechte befestigte Stadt von 3,5 ha Fläche, geschützt durch den natürlichen Steilhang im Norden und eine Mauer mit Zwischenwall und vorspringenden Rundtürmen.

Im Inneren umschloß eine Mauer die regelmäßig angelegte „Oberstadt" mit organisierter Müllabfuhr und Kanalisation. Die Häuser aus getrockneten Ziegeln waren direkt an die Mauer gebaut und in Gruppen planmäßig angeordnet. Zwischen zwei Türmen befand sich eine Art Torhalle — vermutlich ein Heiligtum, wo die Schädel der besiegten Feinde ausgestellt wurden. In der „Unterstadt" lebten wahrscheinlich überwiegend Handwerker (Reste von Backöfen und Ölmühlen). Die Fundstücke bezeugen den verhältnismäßig hohen Entwicklungsstand dieser Siedlung sowie deren Zerstörung durch die Römer (Steingeschosse, vergrabene Münzschätze).

Kunstgeschichtlich bedeutsam sind die Skulpturen von Entremont — Opferszenen, Krieger- und Frauengestalten, die sich im Granet-Museum befinden *(S. 50)*.

Aussichtspunkt (Orientierungstafel). — Vom Rand des Plateaus aus bietet sich ein weiter Blick auf das Becken von Aix, das Ste-Victoire-Gebirge, die Étoile-Bergkette und das Ste-Baume-Massiv.

AUSFLUG

Arc-Tal. — *Rundfahrt von 43 km — etwa 2 Std. Ausfahrt aus Aix auf der D 9, südwestl. des Plans.*

Von der Straße aus bieten sich schöne Ausblicke auf die Étoile-Bergkette.

Schloß Pioline (Château de la Pioline). — Das Herrenhaus liegt im Geschäftsviertel von Les Milles; seine ältesten Teile stammen aus dem 16. Jh., 1536 wurde Karl V. hier empfangen. Der im 17. und 18. Jh. vergrößerte Bau diente den Parlamentariern von Aix als Sommerresidenz. Reich ausgestattete und möblierte Säle (u. a. der Salon Ludwigs XVI.) und ein weitläufiger Spiegelsaal zeugen von einer glanzvollen Vergangenheit. Hinter dem Gebäude liegt ein hübscher Park mit Terrasse.

Réaltor-Stausee (Réservoir). — Der See nimmt eine Fläche von 58 ha ein und ist von üppiger Vegetation umgeben. Hier lagert sich das Geröll des Grand Torrent ab, der vom Arc und dem Marseille-Kanal *(S. 103)* kommt und die Wasser der Durance mit sich führt.

Hinter dem See rechts die D 65^D nehmen, die an einer Radiostation vorbeiführt und den Kanal überquert.

Hinter La Mérindolle links abbiegen.

★ **Aquädukt von Roquefavour** (Aqueduc). — Der Marseille-Kanal überquert des Arc-Tal 12 km westlich von Aix auf einer Kanalbrücke, die der Ingenieur Montricher 1842-47 erbaute. Sie ist 375 m lang und 83 m hoch (Pont du Gard: 275 m lang, 49 m hoch); die 1. Etage zählt 12 Bögen, die zweite 15 und die dritte 53.

Der D 65 in Richtung Salon-de-Provence folgen; nach 300 m rechts in die D 64 einbiegen.

Rechterhand sieht man das Aquädukt, bevor die Sicht durch Fichten- und Eichenwald verdeckt wird.

Höchster Punkt des Aquädukts. — *Nach 2,1 km rechts den unbefestigten Weg in Richtung Petit Rigouès einschlagen, rechts fahren bis zum Wärterhaus auf der obersten Etage der Brücke.* In der Nähe befand sich das Römerlager des Feldherrn Marius, wo z. Z. Ausgrabungen durchgeführt werden. Vom Rande der Plattform bietet sich eine gute Sicht auf das Becken von Aix, das Ste-Victoire-Gebirge und die Étoile-Kette. Man läßt den Wagen auf dem Parkplatz und geht bis zum obersten Stock des Baus, der das eigentliche Kanalbett trägt.

Zur D 64 zurückkehren und rechts abbiegen.

Ventabren. — 2 717 Ew. Das kleine Dorf mit seinen malerischen Gassen wird von dem verfallenen Schloß der Königin Jeanne überragt. Vom Fuße der Ruine — erreichbar über die Rue du Cimetière — genießt man einen herrlichen **Blick**★ auf den See von Berre, Martigues und den Kanal von Caronte sowie die Vitrolles-Bergkette.

Die D 64^A und die D 10 führen nach Aix zurück.

ALLAUCH   13 528 Ew.

Michelin-Karte Nr. 84 Falte 13 oder 245 Falte 44, 45 oder 246 Falte L

Großer Vorort von Marseille am Ausläufer der Étoile-Bergkette *(S. 106)*.

Esplanade des Moulins. — Die Esplanade verdankt ihren Namen fünf alten Windmühlen, von denen eine restauriert wurde. Von hier bietet sich eine schöne **Aussicht**★ auf Marseille.

Heimatmuseum (Musée du Vieil Allauch). — *Bei der Kirche.* Es zeigt eine stadtgeschichtliche Sammlung.

Kapelle Notre-Dame-du-Château. — *1/2 Std. zu Fuß hin und zurück.* Die Kapelle ist der Rest einer Burg aus dem 11./12. Jh., von der noch einige Mauerreste zu sehen sind. Vom Vorplatz hat man den gleichen reizvollen Blick auf Marseille wie von der Esplanade des Moulins.

AUSFLUG

Château-Gombert; Loubière-Höhle. — *7 km nordwestl. auf der D 44^F. Beschreibung S. 128.*

★★ Die ALPILLES

Michelin-Karte Nr. 83 Falte 10, 84 Falte 1 oder 245 Falte 29

Die Kalksteinkette im Herzen der Provence, zwischen Avignon und Arles, erreicht eine Höhe von 300-400 m. Weiß zeichnen sich die stark zerklüfteten Bergstöcke gegen den blauen, besonders bei Mistral sehr klaren Himmel ab. Sie sind in ihren oberen Zonen kahl und nur mit den Kräutern der Macchie dunkel betupft. An geschützten Stellen haben sich Kermeseichen und Pinien angesiedelt und bilden runde Schattenflecken auf dem steinigen Boden, den eine magere Grasnarbe unregelmäßig bedeckt. Die große Helligkeit gibt den Konturen Schärfe, absorbiert die Farben und läßt die immer bewegten Blättchen der rundlichen Ölbäume silbrig flimmern.

Die Alpilles

★★ ① DIE ALPILLES VON BAUX

Rundfahrt ab St-Rémy-de-Provence

40 km — etwa 4 Std. — Kartenskizze S. 54

★ St-Rémy-de-Provence. — *Seite 154*

St-Rémy in südwestl. Richtung auf der Straße Chemin de la Combette verlassen, dann rechts auf die Straße Vieux Chemin d'Arles abbiegen.

Turm des Kardinals (Tour du Cardinal). — Hübscher Landsitz aus dem 16. Jh. mit Renaissance-Balkon.

Nach links auf die D 27 abbiegen.

Die Straße führt durch bebautes Land mit Zypressenreihen als Windschutz. Gegen Ende der Steigung, links, schöne Aussicht auf die ebene Landschaft des Venaissin, die vom Ventoux-Massiv abgeschlossen wird.

Auf der Weiterfahrt, links in einen Höhenweg einbiegen und den Wagen nach 1 km abstellen.

Aussichtspunkt von Les Baux (Orientierungstafel). — *Seite 83*

Zur D 27 zurück und links weiterfahren.

Diese Straße führt durch das „Höllental" (Val d'Enfer).

★★★ Les-Baux-de-Provence. — *Seite 81*

Der D 27 folgen, durch Paradou (Heimat des Poeten Charloun Rieu, 1846-1924) fahren und die D 78^E nehmen.

Aquädukte von Barbegal. — 1/4 Std. zu Fuß hin und zurück. Überwiegend links der Straße liegen bedeutende Ruinen von zwei römischen Wasserleitungen, die eine große Strecke weit parallel geführt waren. Eine Leitung bog dann nach Westen ab und versorgte die Stadt Arles mit Wasser, die andere endete nach Durchquerung einer tiefen Felsenrinne — heute verläuft hier der Fußweg — in einer hydraulischen Ölmühle (4. Jh.), deren Fundamente zu Füßen des Betrachters, am Südhang des Hügels, liegen. Es handelt sich um eines der seltenen Beispiele römischer Industriebauten und zeugt von außergewöhnlicher Erfindungsgabe: Von einem dreieckigen Reservoir gehen zwei Bäche aus, die jeweils nacheinander die Schaufelräder von acht Mühlen antreiben. Die gesamte Anlage erstreckt sich über 1200 m^2 und konnte 300 kg Mehl pro Stunde mahlen.

Rechts abbiegen auf die D 33.

Daudets Mühle (Moulin de Daudet). — *Seite 132*

Eine schöne Pinienallee führt nach Fontvieille.

Fontvieille. — 3 432 Ew. Ferienort. Der kleine Ort ist untrennbar mit der Erinnerung an Daudet verbunden, der sich häufig hier aufhielt. In Fontvieille wird Kalkstein abgebaut (der sog. Pierre d'Arles). Am 24. Dezember findet in der Kirche aus dem 18. Jh. das traditionelle Hirtenspiel statt.

Der D 33 folgen.

Olivenhaine, Fichtenwäldchen und von Pappeln eingefaßte Felder mit Frühgemüse säumen die Straße.

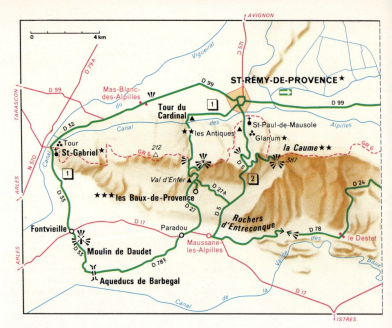

★ Kapelle St-Gabriel (Chapelle St-Gabriel). — Inmitten von Sumpfland befand sich hier eine gallo-römische Siedlung am Schnittpunkt mehrerer Handels- und Militärstraßen. Die kleine Kapelle (Ende des 12. Jh.s) hat eine schöne, skulpturengeschmückte Fassade. Zwei Säulen und ein Giebel umgeben das Portal unter dem Rundbogen. Man sieht die Verkündigung, Adam und Eva, Daniel in der Löwengrube und die Apostelsymbole.

Das Innere ist schlicht, aber durch die Harmonie der Proportionen eindrucksvoll. Der Grabstein mit Inschrift, rechts im Schiff, stammt aus dem Zeitalter des Augustus.

Etwas oberhalb sind die Reste eines Viereckturms aus dem 13. Jh. zu sehen, der einst zu der Wehranlage gehörte, die die Siedlung schützte.

Auf der D 32 und D 99 nach St-Rémy zurückfahren.

Hinter Mas-Blanc-des-Alpilles bietet sich links ein schöner Blick auf das Ventoux-Massiv.

★★ ② DIE ALPILLES VON EYGALIÈRES

Rundfahrt ab St-Rémy-de-Provence

73 km — etwa 5 Std. — Kartenskizze siehe oben und S. 55

★ St-Rémy-de-Provence. — Seite 154

Ausfahrt aus St-Rémy auf der D 5, ③ des Plans.

Die Straße führt an dem ehemaligen Kloster St-Paul-de-Mausole und an Les Antiques (S. 154) vorbei in die Berge, wo die regelmäßigen Linien der Gesteinsschichten auffallen.

In einer Kurve öffnet sich der Blick auf das Montagnette-Bergland und das Tal der Durance.

Nach 4 km zweigt links eine ansteigende Straße nach La Caume ab (die Straße kann im Sommer gesperrt sein).

★★ Aussichtspunkt Caume-Plateau (387 m). — Auf der Anhöhe befindet sich eine Fernseh-Relaisstation. Bis zum Südrand des Plateaus vorgehen, von wo aus sich ein weitreichender Blick auf die Alpilles (im Vordergrund), die Crau-Ebene sowie die Camargue bietet und vom Nordrand des Plateaus aus auf die Rhone-Ebene, den schnabelförmigen Berg Guidon du Bouquet, den Ventoux und das Durance-Tal.

Auf die D 5 zurückfahren und links abbiegen.

Die Straße schlängelt sich durch ein Kiefernwäldchen und durchquert dann kleine Schluchten.

Felsen von Entreconque (Rochers d'Entreconque). — Sie liegen links der Straße und sind nicht mehr ausgebeutete Bauxitsteinbrüche (S. 16) von rötlicher Farbe.

Obstbaumpflanzungen säumen die Straße (Aprikosen, Mandeln, Kirschen) und wechseln mit Olivenhainen ab.

Rechts die D 27ᴬ in Richtung Les Baux nehmen.

★★★ Les Baux-de-Provence. — S. 81

Umkehren und auf der D 5 nach Maussane-les-Alpilles (Ferienort) *fahren. Am Ortseingang links abbiegen und kurz danach nochmals links (D 78).*

Die Straße führt durch Olivenhaine am Fuße der Alpilles entlang und steigt dann langsam zu einer kleinen Paßhöhe an: schöner Blick auf Opiès, das von einem Turm überragt ist.

In Le Destet links auf die D 24 abbiegen.

Von der Straße ist das Caume-Plateau zu sehen.

Nach 5 km rechts die D 25 nehmen.

★★ Die ALPILLES

Castelas de Roquemartine. — Malerische Ruinen aus verschiedenen Zeitepochen. Gegen Ende des 14. Jh.s war diese Festung neben Les Baux Stützpunkt der Banden des Raymond de Turenne (S. 81).

Eyguières. — 4 171 Ew. *2 km ab Castelas de Roquemartine auf der D 569.*
Der reizvolle, typisch provenzalische Ort am Rande der Ebene um Salon besitzt zahlreiche Brunnen.
Die malerische D 569 führt dann durch Olivenhaine und erreicht in der Nähe von Orgon die N 7.

Orgon. — Seite 143

Die D 24B führt an der Nordwand des Plaines-Massivs entlang.

Kapelle St-Sixte (Chapelle St-Sixte). — Im Inneren der Kapelle aus dem 12. Jh. ist die Apsis durch einen konsolengeschmückten Triumphbogen vom Schiff getrennt.
Wildschweinköpfe sind Schmuckmotiv. Eine kleine Einsiedelei aus dem 16. Jh. liegt nebenan. Schöner Blick auf Eygalières und die Alpilles-Kette.

Eygalières. — 1 427 Ew. Der kleine Ferienort steigt terrassenförmig einen Hügel hinauf, welcher von einem alten Donjon bekrönt wird.
Den Wagen auf dem Dorfplatz abstellen, durch das Auro-Tor gehen und geradeaus die zum Uhrturm hinaufführende Straße nehmen. Die im 12. Jh. erbaute Kirche hat einen Glockenturm aus dem 19. Jh.
Von der Anhöhe über dem Dorf schöner Blick auf das Caume-Plateau, die Alpilles-Kette und das Tal der Durance.
Auf der D 74A weiterfahren, die beim Mas-de-la-Brune (16. Jh.) den Alpilles-Kanal überquert und in eine Anbauzone für Frühgemüse eintritt.

Die D 99 führt dann, links, nach St-Rémy-de-Provence zurück.

Eygalières — Kapelle St-Sixte

ANSOUIS
612 Ew.

Michelin-Karte Nr. 84 Falte 3 oder 245 Falte 31 — Kartenskizze S. 115

Ansouis liegt auf einem Felsvorsprung, der von einem Schloß gekrönt wird.

SEHENSWÜRDIGKEITEN

★ **Schloß (Château).** — Das Schloß, halb Festung, halb Wohnanlage, wird seit mehreren Jahrhunderten von den Nachkommen des Herzogs von Sabran bewohnt, die das Familiengut im Laufe der Zeit verschönerten. Von Norden gesehen erscheint der Bau wehrhaft. Nachdem man jedoch die Stufen hinaufgestiegen ist, führt der Weg auf eine mit Kastanien bestandene Esplanade — die Fassade im Stil Louis XIII. wirkt wesentlich freundlicher. Über die Freitreppe aus der Zeit Heinrich IV. gelangt man zum Wachsaal, der mit Rüstungen des 17.-19. Jhs ausgestattet ist. Sehenswert sind die flämischen Wandteppiche (17. Jh.) des Speisesaals, ein Himmelbett und eine schöne Anrichte, die im Besitz Franz I. gewesen sein soll. Außerdem sieht man das Zimmer des hl. Elzear und der hl. Dauphine von Sabran (1280-1328), das sog. Zimmer der Schloßherren mit Erinnerungsstücken der beiden Heiligen, ferner das provenzalische Küche mit blitzendem Kupfergeschirr, das Gefängnis und die Kirche. Von der Terrasse schöner Blick auf die Trévaresse-Gebirgskette. Besonders hübsch sind die Parkanlagen.

Kirche. — Der romanische Bau enthält die Büsten des hl. Elzear und der hl. Dauphine.

"Außergewöhnliches Museum" (Musée Extraordinaire). — Das kleine Museum im Kellergewölbe (15. Jh.) ist der Unterwasserwelt gewidmet und zeigt eine nachgebildete Grotte sowie provenzalische Möbel. Gemälde und Keramik von Mazoyer. In der 1. Etage das Atelier des Künstlers.

APT

11 560 Ew.

Michelin-Karte Nr. **81** Falte 14 oder **245** Falte 31 — Kartenskizzen S. 57 und 115 — Ferienort

Samstag ist Markttag

Die betriebsame Stadt im Calavon-Tal ist das französische Zentrum der Ockerproduktion *(S. 16)*; außerdem werden hier kandierte Früchte, Marmeladen und Lavendelöl hergestellt sowie Trüffeln gewonnen. Samstagmorgens findet ein vielbesuchter Markt statt.
Apt war eine wohlhabende römische Kolonie, seit dem 3. Jh. Sitz eines Erzbistums. In der Kathedrale werden die Reliquien der hl. Anna von Frankreich aufbewahrt, zu deren Ehren am letzten Julisonntag eine traditionelle Wallfahrt stattfindet.
Apt ist ein günstiger Ausgangspunkt für Ausflüge in das Lubéron-Bergland *(S. 113)*.

SEHENSWÜRDIGKEITEN

Ehemalige Kathedrale Ste-Anne (B). — Das Gotteshaus wurde im 11. oder 12. Jh. errichtet und in der Folgezeit häufig umgebaut. Das rechte Seitenschiff ist romanisch, das linke gotisch (14. Jh.); das Hauptschiff wurde im 17. Jh. erneuert. Ähnlich wie bei Notre-Dame-des-Doms in Avignon *(S. 73)* ruht die Vierungskuppel auf Trompen. In der Apsis ist die hl. Anna selbdritt auf einem Glasfenster aus dem 14. Jh. dargestellt.

Kapelle Ste-Anne (auch **Chapelle Royale**). — Erste Kapelle im nördlichen Seitenschiff. Sie wurde 1660 eingefügt. Über dem Altar aus vergoldetem Holz erblickt man das große Büstenreliquiar der hl. Anna. Links, unter der Kuppel, eine Marmorgruppe des italienischen Künstlers Benzoni, welche die hl. Anna und die Jungfrau Maria darstellt; gegenüber das Grabmal der Herzöge von Sabran.

Kirchenschatz (Trésor). — In der Sakristei der Kapelle Ste-Anne sind liturgische Manuskripte des 11. und 12. Jh.s ausgestellt, Reliquienschreine mit Emailarbeiten aus Limoges (12./13. Jh.), Florentiner vergoldete Holzladen aus dem 14. Jh. sowie das sog. Schweißtuch der hl. Anna, eine arabische Standarte, die im 11. Jh. beim 1. Kreuzzug erbeutet wurde.
In der benachbarten Kapelle wird der Altar von einem Sarkophag aus dem 4. Jh. gebildet. Das Altarbild stellt, auf Goldgrund, Johannes den Täufer dar. In der Kapelle Corpus Domini *(südliches Seitenschiff)* steht ein weiterer bemerkenswerter Marmoraltar aus dem 12. Jh., der einstige Hauptaltar der Kathedrale.

Krypta. — Zwei Räume liegen übereinander: Die oberste Krypta aus romanischer Zeit ist durch die Präzision der Mauertechnik bemerkenswert. Hier ruht eine Altarplatte auf einem römischen Kapitell. Die Sarkophage in beiden Krypten werden mit dem 13. Jh. datiert. Die Gewölbeplatten könnten aus karolingischer Zeit stammen.

Archäologisches Museum (Musée archéologique) (B M). — In dem Palais aus dem 18. Jh. wurde ein interessantes Museum eingerichtet.
Im Erdgeschoß: Vorgeschichte (Steinwerkzeug, Feuersteine), Frühgeschichte (Waffen, Werkzeuge, Keramik) und gallo-römische Skulpturen.
Im 1. Stock: gallo-römische Zivilisation (Mosaik, Keramik, Glas, Grabbeigaben, Schmuck, Münzen) sowie Funde von Grabungen bei Chastellard-de-Lardiers bei Banon (Alpes-de-Hte-Provence).
Im zweiten Stock Fayencen (17.-19. Jh.) aus Apt, Moustiers, Allemagne-en-Provence und Castellet. Die Werke des Apter Künstlers Léon Sagy (1863-1939) schließen die Sammlung ab. Außerdem sind zahlreiche Votivtafeln aus dem 17., 18. und 19. Jh. ausgestellt.

Docteur-Gros (R. du)	A 8	Cucuronne (Mtée de la)	A 7	Rousset (R. Louis)	B 21
Marchands (R. des)	B 17	Gambetta (R.)	B 10	Sagy (Quai Léon)	A 22
St-Pierre (R.)	B	Girard (Av. Ph. de)	A 12	Saignon (Av. de)	B 24
		Lauze-de-Perret (Crs et Pl.)	B 14	St-Martin (R.)	B 25
Amphithéâtre (R. de l')	B 2	Libération (Av. de la)	B 15	St-Pierre (Pl.)	B 27
Carnot (Pl.)	B 3	Péri (Pl. Gabriel)	A 18	Scudéry (R.)	B 29
Cély (R.)	AB 5	République (R. de la)	A 20	Victor-Hugo (Av.)	A 30

APT

AUSFLUG

★★ Fahrt zu den Ockerbrüchen. — *49 km — etwa 3 1/2 Std. Ausfahrt aus Apt auf der N 100, ③ des Plans.*

Pont Julien. — In drei weiten Bögen überspannt die etwa 70 m lange Brücke den Coulon (oder Calavon). Sie ruht auf breiten, durch Rundbogenöffnungen gegliederten Pfeilern, die sie weniger massig wirken lassen und bei Hochwasser das Abfließen der Wassermengen erleichtern. Die Brücke stammt aus dem 1. Jh. n. Chr.

Auf der D 108 und der D 149 (rechts) nach Roussillon fahren.

★ Roussillon. — *Seite 147.*

Von der D 227 bieten sich schöne Blicke auf die zerklüfteten Ockerformationen und den Luberon (rechts) sowie auf das Plateau von Vaucluse (links).

Die D 4 überqueren, rechts die D 2 nehmen und dann, nochmals rechts, die D 101.

Man kommt an etwa 20 Klärbecken *(rechts der Straße)* vorbei, wo der in der Nähe gewonnene Ocker weiterverarbeitet wird *(Näheres S. 16).*

Am Ortseingang von Gargas links die D 83, dann nochmals links die D 943 nehmen.

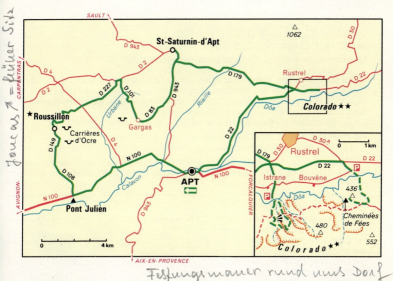

St-Saturnin-d'Apt. — 1 741 Ew. Eine Burgruine und eine romanische Kapelle überragen das Dorf, das sich an die Ausläufer des Plateaus von Vaucluse lehnt. Aus der Höhe *(den Weg links der Kirche nehmen)* bietet sich ein hübscher Blick. Das Tor Porte Ayguier besitzt noch Reste seiner Verteidigungsanlagen aus dem 15. Jh.

Auf der D 943 in südl. Richtung fahren; dann links der D 179 in Richtung Rustrel folgen.

Die Straße führt durch Kirschbaumpflanzungen.

★★ Colorado von Rustrel. — *3 Std. zu Fuß hin und zurück teilweise über Steilstellen.* Zwei Spaziergänge ermöglichen die Besichtigung einiger der schönsten Stellen der riesigen Schlucht, in der ein Ockersteinbruch auf den anderen folgt.

— Die Schlucht (Canyon) *(2 Std. hin und zurück):* Bei der Kreuzung der Straßen D 179, D 22 und D 30 die anfangs befestigte Straße nach Istrane nehmen und den Wagen kurz vor Erreichen des Dôa-Flüßchens parken. Dieses in einer Furt überqueren, zwischen den Klärbecken hindurchgehen, dann sofort links abbiegen und an einem Bach entlanggehen, bis man einen Bergkessel erreicht. Rechts bis zum Kamm hinaufklettern und einem Weg folgen, der zu den Aussichtspunkten führt. Sie öffnen schöne Ausblicke auf die Lager von Brauneisenstein, und auf halber Höhe sind noch einige stillgelegte Stollen zu sehen. *Hinuntergehen, indem man sich immer links hält.*

— Aussichtspunkte (Belvédères) *(1 Std. hin und zurück):* Bei der Kreuzung der Straßen D 179, D 22 und D 30 links auf die D 22 fahren und nach 2,5 km rechts eine Straße nehmen, die bergab führt. Den Wagen auf dem Parkplatz am Ufer der Dôa parken, das Flüßchen überqueren und den gelben Richtungspfeilen folgen. Nach der Steigung zu Beginn des Weges biegt der Pfad nach rechts, durchquert ein Kiefernwäldchen und kommt zu mehreren Aussichtspunkten. Diese vermitteln einen Überblick über die alten Lagerstätten, wo von Erde bedeckter Brauneisenstein klippenartig aufragt, oder als gelbe Wand ausgezackt gegen den tiefblauen Himmel steht (Cheminées de Fées = „Schornsteine der Feen").

Auf dem gleichen Weg zurückgehen und auf der D 22 wieder nach Apt zurückfahren.

Die Seite für Feinschmecker...
Auf S. 40 dieses Reiseführers sind die beliebtesten Spezialitäten
und bekanntesten Weine des Landes aufgeführt.
Außerdem bietet Ihnen der Rote Michelin-Führer France
jedes Jahr eine neu überprüfte Auswahl an guten Restaurants.

★★★ ARDÈCHE-Schlucht

Michelin-Karte Nr. 80 Falte 9, 10 oder 245 Falte 1, 2, 14, 15 oder 246 Falte 23

Die Ardèche-Schlucht ist von unvergleichlicher landschaftlicher Vielfalt: felsige Steilhänge, Basaltschichten, Mulden, in denen Obst und Wein wächst, Burgruinen und befestigte Bergdörfer, bizarre Erosionsformen und Schluchten, die zu den imposantesten Naturdenkmälern des südlichen Frankreichs zählen; ein Teil der Schlucht ist Naturschutzgebiet.

Die Ardèche entspringt im Mazan-Massiv in 1 467 m Höhe und mündet nach 119 km bei Pont-St-Esprit in die Rhone; anders als Rhone, Durance u. a. wurde die Ardèche nicht begradigt. Während der Oberlauf starkes Gefälle hat und sehr gewunden ist, weist der Unterlauf die interessantesten Erosionsformen auf: hier hat sich der Fluß seinen Weg durch die Kalksteinschichten des Plateaus gebahnt, das bereits im Inneren durch unterirdische Wasserläufe ausgehöhlt ist. Die Nebenflüsse aus dem Gebirge verstärken noch die unregelmäßige Wasserführung, die kennzeichnend für den Mittelmeerraum ist — Maxima in Frühjahr und Herbst, Minima in Sommer und Winter. So kann die Menge im Herbst von 2,5 m^3/Sek. bis auf 7 000 m^3/Sek. anwachsen, die Fließgeschwindigkeit beträgt dann bis zu 20 km/Std. In der Mündung in die Rhône entsteht ein Geröllkegel, und 1877 brach die Gewalt der Wassermassen sogar den Damm des gegenüberliegenden Ufers bei Lauzon. Ebenso plötzlich setzt auch das Niedrigwasser ein.

VON VALLON-PONT-D'ARC NACH PONT-ST-ESPRIT

58 km — etwa 1 Tag — Kartenskizze s. unten und S. 59

Hinter der Senke von Vallon durchquert die Ardèche das Kalkplateau des südlichen Vivarais und teilt es in das nördliche Plateau von Gras und das südliche Plateau von Orgnac *(S. 60)*, beide mit niedrigen Steineichen bewachsen und von einem regelrechten System unterirdischer Kanäle und Höhlen durchzogen.
Die D 290 verläuft als **Panoramastraße** auf der linken Seite der Schlucht.

Vallon-Pont-d'Arc. — *Seite 176*

Vallon in Richtung Pont-d'Arc verlassen.

Die Straße führt unterhalb der Ruinen des alten Vallon (Vieux Vallon) vorbei über die Ibie zur Ardèche. Links öffnet sich die **Tunnel-Höhle,** durch die früher ein unterirdischer Bach floß.

★★ **Pont-d'Arc.** — *Abb. S. 60. Parkplatz zu beiden Seiten des Aussichtspunktes.* Ursprünglich umfloß das Wasser den Felsvorsprung — so wie heute die Straße verläuft. Der Bogen war wohl nur ein kleiner Durchlaß für einen unterirdischen Wasserlauf. Erosion durch Wasser und Wind isolierten den Felsen, bis der Fluß bei besonders starkem Hochwasser sein altes Bett verließ und im Lauf der Zeit die Öffnung immer mehr erweiterte, bis der heutige Bogen von 34 m Höhe und 59 m Breite entstand. *150 m vom Aussichtspunkt in Richtung Vallon führt ein Pfad hinunter zum Fluß.*

Hinter Pont-d'Arc erlebt der Reisende eine grandiose Landschaft: Auf dem Grund einer 30 km langen Schlucht zeichnet der Fluß regelmäßige Mäander, hin und wieder von Stromschnellen unterbrochen. Die bis zu 300 m hohen Felswände mit ihren ständig wechselnden Formationen und der Zusammenklang der Farben bilden eine unvergeßliche Kulisse. Hinter Chames folgt die Straße in einer großen Linksschleife dem Tiourre-Tal, einem eindrucksvollen **Gebirgskessel**★, und führt dann an den Rand des Plateaus zurück.

★★ **Serre de Tourre-Belvedere.** — Aus 200 m Höhe über der Ardèche hat man einen herrlichen **Blick** auf die Flußwindung um den **Pas du**

★★★ ARDÈCHE-Schlucht

Mousse-Felsen mit der Ruine von Burg Ebbo aus dem 16. Jh. Gegenüber sind die gerundete Klippe des Saleyron, am Horizont rechts Mont Lozère und links die Hochebene von Orgnac zu sehen.

Die breit angelegte Panoramastraße folgt dem zerklüfteten Relief des linken Felsufers und führt durch die Steineichenwälder von Bouchas und Malbosc.

★★ **Gaud-Belvedere.** — **Blick** stromauf über einen Teil der Gaud-Schleife und die Türme eines kleinen Schlosses aus dem 19. Jh.

★ **Autridge-Belvederes.** — In einem Bogen führt die Straße zu den beiden Aussichtspunkten, von denen man die Morsanne-Spitze sieht, die sich wie ein Schiffsbug über der Ardèche erhebt.

500 m hinter dem Agrimont-Tal bieten sich von der Strecke schöne **Ausblicke**★★ stromauf über die Ardèche-Schleife mit der Morsanne-Spitze im Vordergrund.

★★ **Gournier-Belvederes.** — 200 m unter sich sieht man, wie die Ardèche sich ihren Weg durch die Gournier-Toupine-Felsen bahnt. Auf einem kleinen Feld steht die Ruine eines Gehöftes.

★ **Madeleine-Höhle.** — *Seite 117*

Die Straße führt über die Hochebene von Gras zur Marzal-Höhle.

★★ **Marzal-Höhle.** — *Seite 130*

Auf die D 290 zurückkehren und zum Parkplatz beim Madeleine-Belvedere fahren.

★★★ **Die Höhenstraße** (Haute Corniche). — Die Belvederes dieses interessantesten Streckenabschnitts ermöglichen unvergleichliche Ausblicke.

Madeleine-Belvedere. — *1/4 Std. zu Fuß hin und zurück.* Im Vordergrund erhebt sich die an eine Ruine erinnernde Formation der „Kathedrale", während stromab der „Madeleine-Wall", mit 300 m die höchste Felswand der Schlucht, die Passage zu versperren scheint.

Kathedrale-Belvedere. — Blick auf den Gebirgskessel der Madeleine und die „Kathedrale".

Tempelritter-Belvedere (Balcon des Templiers). — Inmitten des Gebirgskessels beschreibt die Ardèche eine enge Schleife; auf dem Felsvorsprung sind noch die Reste eines Lepraspitals (Maladrerie) der Tempelritter zu sehen.

Maladrerie-Belvedere. — Blick flußaufwärts auf die „Kathedrale".

Rouvière-Belvedere. — Gegenüber erhebt sich die Garn-Wand.

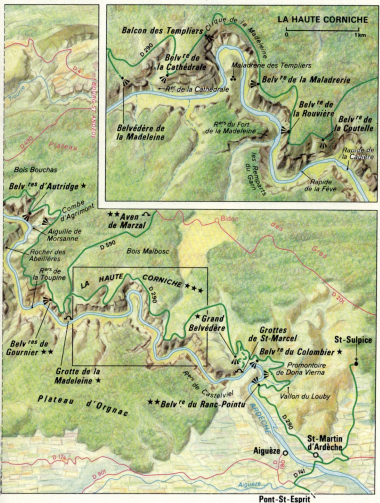

ARDÈCHE-Schlucht★★★

Pont-d'Arc

Coutelle-Belvedere. — Schwindelerregender Blick auf die 180 m tiefer fließende Ardèche mit den Fève- und Cadière-Stromschnellen. Rechts erkennt man die Garn-Wand, links tauchen in der Längsachse der Schlucht die Felsen von Castelviel auf.

★ **Grand-Belvedere.** — Blick auf den Ausgang der Schlucht und die letzte Windung der Ardèche.

★ **Colombier-Belvedere.** — Schöne Aussicht auf eine ganz von Felsufern eingefaßte Flußschleife.

St-Marcel-Höhle (Grottes). — *Seite 151*

Die Straße macht nun einen Abstecher in ein Trockental und führt am Dona Vierna-Felsen vorbei ins Louby-Tal, bevor man zum nächsten Aussichtspunkt gelangt.

★★ **Ranc-Pointu-Belvedere.** — Von hier überblickt man die letzte Ardèche-Schleife zwischen gestreiften Felswänden, die alle möglichen Erosionsformen aufweisen.

Hinter Ranc-Pointu ändert sich die Landschaft: Auf die scharf eingeschnittene Schlucht folgt ein landwirtschaftlich genutztes Tal, das sich zur Rhone hin öffnet. Auf der rechten Seite thront das Dorf **Aiguèze** *(s. unten)* auf einer Klippe über der Ardèche.

St-Martin-d'Ardèche. — 380 Ew. Dies ist seit Vallon der erste Ort auf dem Nordufer.

Kapelle St-Sulpice. — *4 km ab St-Martin-d'Ardèche, über Trignan.* Die romanische Kapelle (12.-17. Jh.) steht einsam auf einer leichten Erhebung inmitten von Weinbergen. An dem blendend weißen Bau wurden auf der Südseite mit Flechtwerk verzierte Steine wiederverwendet.

Die Ardèche auf der Hängebrücke von St-Martin überqueren. Links auf die D 901 abbiegen, die kurz vor dem Zusammenfluß von Ardèche und Rhone auf die N 86 trifft. Diese führt nach Pont-St-Esprit.

Pont-St-Esprit. — *Seite 146*

DAS PLATEAU VON ORGNAC (rechtes Ufer)
Kartenskizze S. 58 und 59

Aiguèze. — 182 Ew. Vom Wehrgang der alten Festung bietet sich ein hübscher **Ausblick**★ auf den Fluß.

Les Crottes. — Ein Gedenkstein erinnert an den 3. März 1944, als Deutsche das Dorf zerstörten und die Einwohner erschossen.

★ **Forestière-Höhle** (Aven). — Diese Karsthöhle wurde 1966 von A. Sonzogni erforscht und 1968 zur Besichtigung freigegeben. Sie liegt in geringer Tiefe und ist gut begehbar. Die verschiedenen, raffiniert beleuchteten Räume enthalten eine Fülle besonders feiner Tropfsteingebilde in phantastischen Formen: Blumenkohlköpfe, lange Makkaroni, seltsame Auswüchse, kleine Stalaktitenvorhänge in verschiedenen Farben und vor allem ein eindrucksvoller stalagmitenübersäter Boden. Im Höhlenzoo sind Schalentiere, Fische, Froscharten und Insekten zu sehen.

Labastide-de-Virac. — 184 Ew. Nördlich dieses befestigten Dorfes (bastide = befest. Ort) an der Grenze zwischen Languedoc und Vivarais erhebt sich **Schloß Roure** aus dem 15. Jh., das die Schlucht auf der Höhe von Pont d'Arc bewachte. Seine beiden Rundtürme wurden 1629 während der Religionskriege geschleift. Seit 1825 ist es im Besitz der Familie des Bildhauers Pradier, dessen Vorfahren Pächter der Grafen von Roure waren. Die Besichtigung führt über den Hof im Florentiner Stil und die Wendeltreppe zum großen Saal mit Kamin im 1. Stock. Vom Wehrgang überblickt man die Hochebene der Ardèche und das Plateau von Gras: bei klarer Sicht sind die Lozère-Berge und ganz im Norden Mont Mézenc erkennbar. Eine Seidenraupenzucht führt heute diese alte Tradition fort.

★★ **Gaud-Schleife (Aussichtspunkt).** — Von diesem Vorsprung eröffnet sich ein wunderschöner **Blick**★★ auf die Ardèche und den Gebirgskessel von Gaud.

★★★ **Orgnac-Höhle.** — *Seite 142*

***ARDÈCHE*-Schlucht**

*** BOOTSFAHRT DURCH DIE SCHLUCHT
Von Pont-d'Arc nach St-Martin-d'Ardèche
Kartenskizze S. 58 und 59

Die Bootsfahrt stromabwärts kann zwischen März und Ende November unternommen werden; am besten geeignet sind Mai und Juni.

Nach breitem, ruhigem Fahrwasser tritt die Ardèche in die Schlucht ein. Rechterhand erkennt man den Eingang zur Ebbo-Höhle, danach den Pas du Mousse, eine enge Passage in der Steilwand, die zum Plateau führt; links ragt der Aiguille-Felsen auf. Den hohen Saleyron-Klippen folgen die Stromschnellen des Dent Noire und der Gebirgskessel von Gaud mit dem kleinen Schloß. Wildwasser wechselt mit spiegelnden Flächen, von mächtigen Steilwänden überragt.

Auf der linken Seite zeichnet sich deutlich die Morsanne-Spitze ab, rechts klaffen die rot-schwarzen Spalten der Abeillères. Nach etwa 4 Std. Fahrt taucht hinter dem Gournier-Toupine-Felsen, wo der Fluß stellenweise bis zu 18 m tief ist, in der Ferne der „Kathedrale" genannte Felsen auf; linkerhand öffnet sich der Eingang zur Madeleine-Höhle. Kurz darauf passiert man die riesige „Kathedrale".

Die Madeleine-Felsen zählen zu den eindrucksvollsten Stellen der ganzen Schlucht. Engpässe, Stromschnellen und glitzernde Wasserflächen folgen aufeinander, eingerahmt vom Grün der Steineichen oder von kahlen grauen Wänden. Hinter den Felsen von Casteiviel öffnet sich links der Eingang zur St-Marcel-Höhle.

Dem Dona Vierna-Fels folgt der Aussichtspunkt Ranc-Pointu; beim letzten Engpaß werden die Ufer niedriger. Der Turm von Aiguèze (rechts) thront am Rande des Steilabfalls über dem sich weitenden Tal.

** ARLES   50 772 Ew.

Michelin-Karte Nr. 83 Falte 10 oder 245 Falte 28 oder 246 Falte 26 — *Kartenskizze S. 91*

„Arles..., du träumst von deinem alten Ruhm", sagt Mistral *(S. 24)* in seinem Epos „Mireille" und charakterisiert damit treffend den Geist der Stadt. Diese blickt auf eine glanzvolle Vergangenheit zurück, von der noch die herrlichen römischen Bauwerke, sowie reiche Kunstschätze — in den Museen — zeugen.

Viele Musiker und Dichter haben die besondere Schönheit der Arleserinnen besungen und nicht nur Franzosen wie Bizet, Mistral und Daudet; auch Hugo von Hofmannsthal preist ihre „feierliche römische Schönheit" oder die „griechische Grazie". Berühmt ist das Bild einer „Arlésienne" von van Gogh.

Die am Beginn des Rhone-Deltas, nördlich der Salzsümpfe der Camargue liegende Stadt ist durch den Reisanbau *(S. 89)* als landwirtschaftliches Zentrum zu neuer Bedeutung gelangt; es wird Gemüse angebaut und Schafzucht betrieben; daneben gibt es zahlreiche Betriebe der Leichtindustrie.

Arles ist mit 77 000 ha flächenmäßig die größte Gemeinde Frankreichs.

Das Festival von Arles bietet mit Folklore, Konzerten, Dichterlesungen, Tanz und Theater künstlerische Qualität und provenzalische Tradition; hinzu kommen die typischen Stierkampf-Feste der Camargue: Oster-Feria, Fest der Gardians usw. Alljährlich finden Internationale Photo-Tage statt (Arles ist Sitz der Nationalen Schule für Photographie).

GESCHICHTLICHES

Arles und Marseille. — Ursprünglich lag Arles auf felsigem Untergrund wie eine Insel inmitten der Sümpfe, von wo es die Schiffahrt auf dem Rhônedelta kontrollierte. 1975 entdeckte man bei Ausgrabungen unter dem Wintergarten die Reste einer kelto-ligurischen Siedlung, die seit dem 6. vorgeschichtlichen Jh. zur Kolonie der Griechen aus Marseille geworden war. Diese Saluvier in „Arelate", der Stadt in den Sümpfen, hatten gelegentlich mit den Römern kriegerische Auseinandersetzungen, trieben jedoch für gewöhnlich regen Handel mit ihnen.

Der direkte Weg nach Italien und Spanien führte über die südlichste Rhone-Brücke; andere Straßen, die von der Stadt ausgingen, verbanden das Mittelmeer mit Nordgallien und anderen westeuropäischen Ländern und wurden durch Wasserwege ergänzt. Da die Stadt näher am Meer lag als heute, war sie zugleich See- und Flußhafen, wo die größten Schiffe der damaligen Zeit ohne weiteres anlegen konnten.

Die Römer. — Durch den Bau eines Kanals zum Mittelmeer begann die Stadt bereits 104 v. Chr. wirtschaftliche Bedeutung zu erlangen. Diese wurde durch die Niederlage der Rivalin Marseille gegen Cäsar *(S. 118)* verstärkt und durch Kaiser Konstantin gefestigt. Letzterer hatte in Arles seine Residenz und berief im Jahre 314 christliche Bischöfe zu einem Konzil hierher ein. Es fanden in Arles noch weitere kirchliche Versammlungen statt, nachdem die beginnende Völkerwanderung den römischen Präfekten aus Trier vertrieben hatte und Arles, um 400, als Präfektur an der Spitze Galliens, Spaniens und Britanniens stand.

Das gallische Rom. — Vom Dichter Ausonius (310-395) als „Gallisches Rom" gefeiert, besaß die Stadt alle bedeutenden öffentlichen Bauwerke und war durch ein dichtes Straßennetz mit den übrigen Teilen des römischen Reiches verbunden. Insbesondere der Verkehr zwischen Italien und Spanien ging über Arles, da sich hier die südlichste Rhone-Brücke vor dem Delta befand. Sie ruhte auf Schiffen und verband die beiden Stadtteile rechts und links der Rhone. Die von einer Mauer umgebene Stadt der Militärs lag am linken Ufer *(Abb. S. 32)*, während sich das Villenviertel Trinquetaille auf der anderen Seite befand. Alle Straßen waren mit Fliesen belegt. Die Nord-Südachse (Cardo) maß 12 m Breite, die Ost-Westachse (Decumanus) etwa 7 m.

ARLES ★★★

Es gab ein Forum, mehrere Tempel, eine Basilika, Thermen (unter dem Place de la République) und ein Theater; 2 Aquädukte versorgten die Stadt. Bemerkenswert war das Kanalisationsnetz; die öffentlichen Toiletten bestanden aus weißem Marmor und waren mit fließendem Wasser ausgestattet.

Völkerwanderungszeit und Hl. Römisches Reich. — Nach dem Untergang des römischen Reiches herrschten hier West- und Ostgoten. Auch die Normannen und die Sarazenen genannten Mauren aus Nordafrika machten seit Anfang des 8. Jh.s häufig Überfälle und zwangen zur Errichtung wehrhafter Mauern (Reste in der Nähe des Stadtparks). Im 9. Jh. wurde Arles die Hauptstadt des Königreichs Arles, das Burgund und einen Teil der Provence umfaßte und 1032 als Arelat dem Hl. Römischen Reich eingegliedert wurde. Die Rhone bildete die Grenze zum Königreich Frankreich. Die Bezeichnungen „Terre d'Empire" für Gebiete links der Rhone und „Terre de Royaume" für Gebiete rechts des Flusses erhielten sich noch lange. Die deutschen Kaiser herrschten im Arelat allerdings im wesentlichen nur nominell und mußten sich Adel und Geistlichkeit immer wieder durch Gewährung von Sonderrechten verpflichten. Tatsächlich regierten die Erzbischöfe als Vertreter der Kaiser und stellten sich in Streitfällen, z. B. während des Schismas *(S. 69)*, sogar auf die Seite ihrer weltlichen Herren.

13.-15. Jh. — Gegen Ende des 12. Jh.s kam es zu Unruhen, denn wie zahlreiche andere Orte in Südfrankreich wollte sich Arles nach dem Muster der italienischen Stadtrepubliken durch gewählte Konsuln selbst regieren. Der Erzbischof mußte fliehen und übertrug seine Rechte auf den spanischen Grafen von Provence Ramón Berenguer. Dieser setzte sowohl den Vertreter des Kaisers als auch die Konsuln ab. Nach dem Haus Barcelona kamen die Herrscher von Anjou durch Heirat in den Besitz der Provence. Der aus dieser Dynastie stammende König René I. *(S. 46)* regierte hauptsächlich in Aix-en-Provence, das Arles zu überflügeln begann. 1481 wurde die Provence an die Krongüter des Königs von Frankreich angeschlossen.

Vincent van Gogh. — Zahlreiche Dinge erinnern heute den Namen nach an den Maler, der 1888-1889 hier gelebt hat. Der aus leidenschaftlichem Idealismus zu extremen Handlungen neigende Holländer hatte einen schwierigen Charakter. Obwohl er selbst seinen Freund Gauguin zu gemeinsamer Arbeit nach Arles eingeladen hatte, trennten sich die Wege der beiden schon nach drei Monaten, nach einer schweren Krise van Goghs. Das „Gelbe Haus", in dem der Maler gewohnt hat, ist im Kriege zerstört und nicht wieder aufgebaut worden. In dieser Schaffenszeit, aus der nicht weniger als etwa 200 Gemälde und 100 Zeichnungen erhalten sind, malte er fieberhaft: Landschaften, Ansichten von Arles und Umgebung (Alyscamps, Brücke von Langlois, heute Pont van Gogh etc.). Begeistert berichtete er in den Briefen an seinen Bruder Theo von den „herrlich gelben Sonnen" der Provence; von den Sonnenuntergängen, deren zartes Orange das Ackerland blau erscheinen ließen... und noch als er bereits das kleine Zimmer der Anstalt von St-Rémy *(S. 156)* bezogen hatte, blieb er den in Arles zuerst verwendeten leuchtkräftigen Farben treu.

Selbstbildnis mit abgeschnittenem Ohr und Pfeife, von V. van Gogh (Privatsammlung)

HISTORISCHES ZENTRUM *Besichtigung: 1 Tag*

★★ **Amphitheater (Arènes)** (YZ). — Siehe auch *S. 33*. Der Bau entstand wahrscheinlich gegen Ende des 1. Jh.s und diente im hohen Mittelalter als Festung. Später siedelte sich unter den Arkaden, auf den Galerien und in der Arena ein kleiner Ort an, mit über 200 Häusern und zwei Kapellen. Als Baumaterial dienten Teile des Amphitheaters (vor allem das 3., inzwischen ganz abgetragene Attikageschoß), das so jedoch wenigstens der völligen Zerstörung entging. 1825 begannen Aufräumungs- und Restaurierungsarbeiten. Von den vier im Mittelalter eingefügten Wachttürmen blieben drei erhalten. Die Anlage bildet ein Oval von 136 m × 107 m; die Sitzstufen des Zuschauerrundes boten über 20 000 Personen Platz.

Das Amphitheater von Arles

***ARLES

Die zwei Etagen (Höhe 21 m) bestehen jeweils aus 60 Arkaden; korinthische Halbsäulen schmücken die Pfeiler der 1. Etage. Die eigentliche Arena (69 m × 40 m) wurde durch eine Schutzmauer von den Sitzreihen getrennt und besaß einen hölzernen Boden, unter dem die Maschinerie, die Kulissen und die Käfige der Raubtiere lagen.
Gladiatorenkämpfe wurden im Jahre 404 unter dem Einfluß des Christentums verboten. Heute knüpfen die äußerst beliebten Stierkämpfe in gewisser Weise an diese Tradition an.
Vom Turm, über dem Eingang, bietet sich ein guter Blick über die Anlage, auf die Stadt, die Rhone, die Alpilles und die Abtei Montmajour.

** **Römisches Theater (Théâtre antique)** (Z). — „Nur eine einz'ge Säule zeugt von verschwund'ner Pracht..." unwillkürlich steigen die Verse aus der Erinnerung auf, beim Anblick der zwei Säulen am Trümmerfeld der Bühnenwand.
Der Bau aus dem 1. Jh. v. Chr. war seit dem 5. Jh. schlicht als „Steinbruch" bekannt; der Kreuzgang von St-Trophime wurde u. a. teilweise aus solchen Steinen errichtet. Beim Bau eines Brunnens im Jahre 1651 fand man hier die berühmte „Venus von Arles" (Abgüsse im Museum heidnischer Kunst). Ein Jahrhundert später grub man die unbekleidete Kolossalstatue des Augustus aus, die wahrscheinlich die große Mittelnische der Bühnenwand einnahm.
Was man heute noch sieht, sind Reste der Bühne, die Grube für den Vorhang und das Halbrund der Zuschauerstufen (12 000 Plätze). Mit 102 m Durchmesser war das Theater nur wenig kleiner als das von Orange.

* **Kirche St-Trophime** (Z). — Der hl. Trophimus soll um 250 der erste Bischof von Arles gewesen sein und gilt als Missionar der Provence.
An der Stelle des heutigen Baus stand bereits in karolingischer Zeit eine Basilika (kleinteiliges Mauerwerk im unteren Teil der Fassade), die im 11. Jh. (Vierung) und im 12. Jh. (Hauptschiff) erneuert wurde, um die Reliquien des hl. Trophimus aufzunehmen. Gegen 1190 entstand das Portal, wofür der Boden des Hauptschiffes angehoben werden mußte. Der Glockenturm wurde durch einen lisenen- und pilastergeschmückten Viereckturm ersetzt, dessen letztes Geschoß im 17. Jh. erneuert wurde. Im 15. Jh. wurde der Chor mit Umgang und Kapellenkranz umgebaut, was die Kirche um ein Drittel vergrößerte. Im 17. Jh. kamen zwei klassizistische Portale neben dem Haupteingang, zwei Fenster im Querhaus sowie Emporen hinzu. Hier empfing **Friedrich Barbarossa** 1178 die Königskrone von Arles.

** **Portal.** — Das Portal ist ein Meisterwerk provenzalischer Steinmetzkunst und hat viel Ähnlichkeit mit dem von St. Gilles *(S. 150)*. Seine klassische Ordnung erinnert an einen Triumphbogen. Verglichen mit der Romanik Nordfrankreichs wirkt St-Trophime eher archaisch.

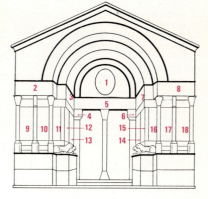

1) Tympanon des Jüngsten Gerichts. Thronender Christus, umgeben von den Evangelistensymbolen: Engel (Matthäus), Adler (Johannes), Stier (Lukas), Löwe (Markus). Im Bogenlauf ein Zug von Engeln; an der Spitze drei Engel des Jüngsten Gerichts.
2) Zug der Auserwählten
3) Der Engel empfängt die Erwählten und legt ihre Seelen in den Schoß Abrahams, Isaaks und Jakobs.
4) Josephs Traum; Verkündigung
5) Die zwölf Apostel
6) Geburt Christi; Bad des Neugeborenen
7) Engel an der Paradiespforte, der einer Gruppe von Verdammten den Eingang verwehrt
8) Zug von Verdammten (unbekleidet) auf dem Weg zur Hölle
9) Bartholomäus
10) Jakobus d.J.
11) Trophimus v. Arles mit zwei Engeln, die ihm die Bischofsmütze aufsetzen.
12) Johannes (bartlos)
13) Petrus (mit Schlüssel)
14) Paulus. Diese Statue mit den tiefen, engen Gewandfalten erinnert an die Figuren des Mittelportals von St-Gilles
15) Andreas
16) Steinigung des Stephanus; zwei Engel nehmen seine Seele (in Kindesgestalt) in Empfang
17) Jakobus d. Ä.
18) Philippus

An den Seitentüren sind links der hl. Michael bei der Seelenwägung und rechts Dämonen in der Hölle dargestellt.

Inneres. — Das hohe romanische Langhaus wird von schmalen Seitenschiffen flankiert und von einem gotischen Chor abgeschlossen. Folgende Kunstwerke sind besonders sehenswert:
— im linken bzw. nördlichen Seitenschiff ein Sarkophag mit Arkadenverzierung. Er wurde im 4. Jh. in Arles geschaffen. Säulen und einige Köpfe sind dabei vollplastisch aus dem Marmor herausgearbeitet.
— an der Wand des nördlichen Querschiffes eine „Verkündigung" von Ludovicius Finsonius, einem flämischen Künstler. In der Grignan-Kapelle *(Tür im nördlichen Querschiff)* dient ein Sarkophag mit der Darstellung der Durchquerung des Roten Meeres als Altar.
— die Kapelle rechts der Chorscheitelkapelle hat den Sarkophag des um 400 verstorbenen Geminus aufgenommen. Darüber eine „Grablegung" aus dem 16. Jh.

— das südliche Querschiff zeigt ein langes Tafelbild (16. Jh.) mit einer von kirchlichen Würdenträgern umgebenen Madonna.
— in der Königskapelle *(südliches Seitenschiff)* eine „Anbetung der Hl. Drei Könige" von Finsonius.
— die Wand des linken Seitenschiffes schmücken Wandteppiche aus Aubusson, die das Marienleben zum Thema haben.
— im Schiff, über dem Triumphbogen, ist die „Steinigung des Stephanus" von Finsonius dargestellt.

✶✶ Kreuzgang St-Trophime (Cloître) (Z). — Schönheit und Vielfalt der Schmuckmotive in erzählender Plastik sowie harmonische Proportionen machen ihn zum berühmtesten Kreuzgang der Provence. Hier wandelten in früheren Zeiten die Domherren, deren Wohnräume sowie Kapitelsaal und Refektorium diesen Ort der Stille umgaben. Der Bau, bei dem möglicherweise die Künstler von St-Gilles mitwirkten, verlief in mehreren Abschnitten: der romanische Nord- und Ostflügel entstand Ende des 12. Jh.s, der gotische Süd- und Westflügel im 14. Jh. Der nördliche, interessanteste Flügel (links vom Eingang) besitzt besonders schöne skulptierte Kapitelle (Motive der Auferstehung und des frühchristlichen Arles, Blattwerk) und vor allem wunderschöne Eckpfeiler mit großen Figuren und Reliefs: der

Nordwestl. Eckpfeiler
1. Petrus — 2. Auferstehung — 3. Trophimus — 4. Die hl. Frauen (oben) und die Salbölhändler (unten) — 5. Johannes

Nordöstl. Eckpfeiler
1. Andreas — 2. Steinigung des Stephanus; darüber der segnende Christus — 3. Stephanus — 4. Christi Himmelfahrt — 5. Paulus

Schöpfer der Paulusstatue mit den tiefen, langen Gewandfalten kannte sicher das Mittelportal von St-Gilles. Die jüngeren Kapitelle und Pfeiler des östlichen Flügels illustrieren die wichtigsten Stationen aus dem Leben Jesu. Im Südflügel findet man Motive aus dem Leben des hl. Trophimus, im Westflügel typisch provenzalische Themen wie die hl. Martha mit der Tarasque.
Vom Südflügel aus ergibt sich ein guter Überblick über das Kloster, die ehemaligen Kapitelräume, das Kirchenschiff und, alles beherrschend, den gedrungenen Turm. Auf den Flügeln des Kreuzgangs befindet sich der Wandelgang.
Vom Nordflügel erreicht man den Kapitelsaal mit Kreuzrippengewölbe, der im Erdgeschoß Wandteppiche aus Flandern und Aubusson (17. Jh.) enthält und im 1. Geschoß romanische Kapitelle und andere Steinplastik. Am Ostflügel liegen Refektorium und Dormitorium, wo Wechselausstellungen gezeigt werden.

Rathaus (Hôtel de ville) (Z H). — Es wurde im 17. Jh. nach Plänen von Hardouin-Mansart umgebaut, wobei der **Uhrturm** noch aus dem 16. Jh. stammt. Er ist dem Mausoleum von Glanum nachempfunden. Das Gewölbe der Halle, die zugleich als Durchgang dient, galt früher als Meisterstück der Handwerkskunst. Der Durchgang führt zum Plan de la Cour, einem schmalen Platz: Links an der Mauer des Hôtel des Podestats (12.-15. Jh.) ist noch eine Gerichtsbank zu sehen, von der einst die Strafen verkündet wurden.
Vor dem Rathaus mit klassischer Fassade steht auf dem Place de la République ein im 17. Jh. hier errichteter **Obelisk,** der früher im römischen Zirkus von Arles das Ziel der Wagenrennen markierte.

✶ Museum heidnischer Kunst (Musée d'Art païen) (Z M^2). — Das Museum befindet sich seit 1805 in der ehemaligen Kirche Ste-Anne (17. Jh.) und enthält eine wichtige Antikensammlung. Mehrere schöne Stücke stammen vom Römischen Theater: marmorne Büste des Augustus, Apollo-Altar, zwei Skulpturen, die Tänzerinnen darstellen sowie ein Abguß der berühmten Venus von Arles, die, als sie gefunden wurde, in 3 Teile zerbrochen und armlos war. Die Stadt Arles schenkte Ludwig XIV. die Figur, der sie von Girardon restaurieren ließ. Die Venus ist im Louvre (Paris) ausgestellt.
Von der unterirdischen Säulenhalle *(S. 65)* stammen folgende Fundstücke: der bärtige Kopf des Octavian (39 v. Chr.), der Votivschild des Augustus (26 v. Chr.) und der Kopf des Tiberius, dessen Vater Begründer der Kolonie Arles war.
Bemerkenswert ist auch der sog. Phädra- und Hippolyt-Sarkophag aus weißem Marmor (2.-3. Jh.) und mehrere Mosaiken aus dem 4. Jh., die in Trinquetaille, dem römischen Villenvorort von Arles, gefunden wurden.

✶✶ Museum für christliche Kunst (Musée d'Art chrétien) (Z M^1). — Es ist in der ehemaligen Jesuiten-Kapelle (17. Jh.) eingerichtet. Nur das Museum für christliche Kunst des Vatikans in Rom verfügt über eine reichere Sammlung an frühchristlichen Sarkophagen. Auf den aus Marmor gehauenen Meisterwerken (4. Jh.) von Künstlern aus Arles sind besonders folgende Darstellungen gut erkennbar: die Durchquerung des Roten Meeres, Jonas und der Walfisch, das Brotwunder, die Auferstehung des Lazarus.
In der Mitte des Kirchenschiffs sind drei Sarkophage aufgestellt, die 1974 bei Ausgrabungen im Trinquetaille-Viertel entdeckt wurden. Beachtenswert ist vor allem der Sarkophag der Dreieinigkeit oder der der Eheleute.

★★★ ARLES

★ **Unterirdische Säulenhalle.** — Vom Museum gelangt man in einen doppelten unterirdischen Säulengang vom Ende des ersten vorchristlichen Jh.s. Dieser hufeisenförmige, 90 m lange und 60 m breite Bau lag unter dem Forum. Eine Reihe massiver rechteckiger Pfeiler trennt die beiden Rundbogengänge; eine Art Kellerfenster lassen Tageslicht ein. Die Nordgalerie, die im 2. Jh. durch den Bau eines Tempels (Reste auf dem Place du Forum, S. 66) unterbrochen wurde, öffnet sich mit zwei Türen zum „Decumanus". Im 4. Jh. wurde eine zweite gedeckte Galerie angefügt.

Über die Funktion dieser Bogenhalle ist wenig bekannt. Tatsächlich sichert sie die Stabilität der Gebäude auf dem Forum; möglicherweise diente sie als riesiger Kornspeicher oder einfach als Wandelhalle. Bei den Ausgrabungsarbeiten entdeckte man einige schöne Skulpturen (im Museum heidnischer Kunst, S. 64).

★ **Heimatmuseum (Museon Arlaten)** (Z M³). — Es entstand um die Jahrhundertwende auf Initiative Frédéric **Mistrals** (S. 24). Der Dichter und Nobelpreisträger (1904), durch den die Provence und ihre klingende Sprache wieder zu Ehren kamen, hat mit Leidenschaft hier alles zusammengetragen, was die Volkskunst seiner Heimat hervorgebracht hat. Der Rahmen der Sammlungen ist ein Adelspalais aus dem 16. Jh., das Mistral mit dem Geld des Nobelpreises erwarb. Im Hof sieht man die Reste einer kleinen römischen Basilika aus dem 2. Jh.

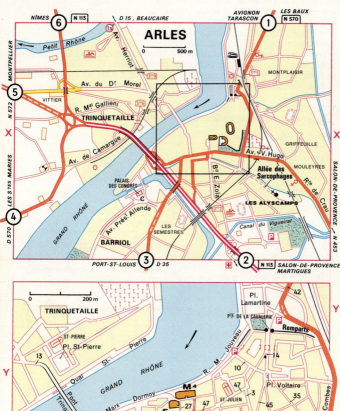

Antonelle (Pl.)	Z 5	Amphithéâtre (Pl. de l')	Y 3	Place (R. de la)	Y 32
Cavalerie (R. de la)	Y 14	Arènes (Rd-Pt des)	YZ 7	Plan de la Cour	Z 33
Forum (Pl. du)	Z 16	Balze (R.)	Z 8	Portagnel (R.)	Y 35
Hôtel-de-Ville (R.)	Z 17	Blum (R. Léon)	Y 10	Porte-de-Laure (R.)	Z 36
Jaurès (R. Jean)	Z 19	Calade (R. de la)	Z 12	Président-Wilson (R. du)	Z 37
Lices (Bd des)	Z	Camargue (R. de)	Y 13	République (Pl. de la)	Z 39
République (R. de la)	Z 40	Cloître (R.)	Z 15	Stalingrad (Av. de)	Y 42
4-Septembre (R. du)	Y 47	Maisto (R. D.)	Y 27	Vauban (Montée)	Z 43
		Major (Pl. de la)	Y 29	Victor-Hugo (Av.)	Y 44
Alyscamps (Av. des)	Z 2	Mistral (R. Frédéric)	Z 30	Voltaire (R.)	Y 45

ARLES ★★★

Das Museum, auf Wunsch Mistrals von einer Arleserin in Tracht betreut, besitzt etwa 30 Säle, die vorwiegend der Region Arles gewidmet und nach Themen geordnet sind. Möbel, Trachten, Keramik und Dokumente illustrieren Sitten, Handwerk, Musik und Geschichte der provenzalischen Heimat vollständiger als jedes andere Museum. Die Nachbildungen von Hauseinrichtungen und Szenen aus dem Alltagsleben haben ihren eigenen altertümlichen Reiz.

Sehenswert ist schließlich auch der Saal mit persönlichen Gegenständen des großen Dichters.

Place du Forum (Z 16). — Das alte Forum lag südlich des heutigen Place du Forum. Links vom Hotel Nord-Pinus stehen zwei korinthische Säulen (**D**) mit einem Giebelrest, die Ruine einer ehemaligen Tempelvorhalle aus dem 2. Jh., die über der Nordgalerie der unterirdischen Säulenhalle *(S. 65)* lag.

In der Mitte des belebten Platzes erhebt sich die Statue Frédéric Mistrals, umgeben von den Dreizacken der Gardians.

★ **Réattu-Museum** (Y M⁴). — Der Bau aus dem 15. Jh., eine Komturei der Malteserritter, lag im Verlauf der Stadtmauer. Er gehörte später dem Maler Réattu (1760-1833) und wurde 1867 städtischer Besitz. Die Säle — mit schöner Sicht auf die majestätische Rhone — enthalten Gemälde italienischer (16., 17. Jh.), französischer (17. Jh.) und holländischer (18. Jh.) Meister sowie Werke provenzalischer Maler (18. Jh.). Réattu selbst sind drei Säle gewidmet.

In den anderen Räumen befindet sich eine bedeutende Sammlung moderner und zeitgenössischer Kunst: Aquarelle, Lithographien, Gemälde von Gauguin, Dufy, Prassinos, Léger, Marchand, Vlaminck, Vasarely, Singier, Sarthou, Marquet, Rousseau und Degottex; Skulpturen von César, G. Richier, Zadkine, Bury, Toni Grand.

In drei Sälen ist die **Stiftung Picasso**★ untergebracht: 57 Zeichnungen aus dem Jahr 1971 illustrieren die technische Vielseitigkeit des Künstlers (Feder, Bleistift, Kreide, Tusche).

Eine Ausstellung von Fotos zeigt im 2. Stock Arbeiten berühmter Fotografen.

Ein Raum enthält Erinnerungsstücke des Malteserordens.

★ **Thermen** (Palais Constantin) (Y F). — Näheres über die Thermen S. 34.

Die zur Zeit Konstantins (4. Jh.) gebauten Thermen (98 m × 45 m) gehörten zu dessen Palast. Es sind die größten noch erhaltenen Thermen der Provence. Heute sieht man noch den halbrunden Abschluß der „Piscina" (Schwimmbecken), die Grundmauern des „Tepidariums" (lauwarmes Bad) sowie die des „Caldariums" (Heißwasserbad) mit dem erhaltenen Heizungsraum. Im Gemäuer fällt die abwechselnde Verwendung von weißem Haustein und rotem Ziegel auf.

★ **GRÄBERFELD ALYSCAMPS** (X)

Besichtigung: 1 Std.

Das Gräberfeld „Alissii Campi" (Gefilde der Seligen) war schon bei den Römern ein Friedhof und lag an einer der großen Ausfallstraßen. Auch die frühe christliche Gemeinde ließ sich hier weiterhin bestatten, denn der in Arles enthauptete Hl. Genès war dort beerdigt worden und man hatte auf seinem Grabe eine Kirche errichtet. Man sprach von Wundern, die sich an diesem Ort ereigneten, und auch der hl. Trophimus sollte einer Legende nach dort begraben sein.

Im Mittelalter gehörten die Alyscamps zu den größten und begehrtesten Begräbnisstätten der Christenheit. Es heißt, daß die Toten von weither herangebracht wurden und viele sogar in ihren Särgen oder in Salzfässern die Rhone heruntergeschwommen sein sollen. In Arles wurden sie dann aufgefischt und beigesetzt — gegen Zahlung des Goldes, das ihnen ihre Angehörigen zwischen die Zähne gesteckt hatten...

Die Archäologen stellten drei Schichten von übereinanderliegenden Gräbern fest und datieren sie mit 4., 5., 9., 10. sowie 12. und 13. Jh.; im 13. Jh. gab es 19 Kirchen und Kapellen. In der Renaissancezeit begann der Niedergang der Alyscamps; nicht etwa durch Krieg oder Revolution, sondern einfach durch die Freigebigkeit der Stadtväter, die ihren Gästen von Rang die schönsten Sarkophage verehrten. Die Mönche, die den Friedhof betreuten, verwendeten Grabsteine zum Bau ihrer Kirchen, Klöster oder Gartenzäune. Glücklicherweise wurden einige hervorragende Exemplare in das Museum für christliche Kunst gerettet *(S. 64)*.

***ARLES

Allée der Sarkophage (X). — An Ort und Stelle verblieben nur noch kunstlose Sarkophage, die im Schatten dunkler Pappeln den Weg zur Ruine der romanischen Kirche St-Honorat säumen.
Viele der Steinsärge sind nach griechischem Muster dachförmig abgedeckt und der Deckel hat hochgebogene Ecken. Die Sarkophage des römischen Typs haben eine flache Steinplatte als Deckel.

Kirche St-Honorat (X). — Das Gotteshaus wurde im 12. Jh. durch die Mönche von St-Victor in Marseille, die die Aufsicht über die Nekropole führten, wiederaufgebaut. Von der heute verfallenen Märtyrerkirche sind nur der Chor, mehrere angefügte Kapellen, ein von doppelten Arkaden durchbrochener, zierlicher Turm (13. Jh.), der als Totenlaterne diente und ein skulptiertes Portal erhalten. In der Apsis befinden sich drei Sarkophage aus dem frühen Mittelalter; beim Eingang ein Marmorsarkophag aus dem 4. Jh.

Arles — Gräberfeld Alyscamps

WEITERE SEHENSWÜRDIGKEITEN

Stadtbefestigung (Remparts) (YZ). — Gegenüber vom Friedhof sieht man das Redoute- oder Augustus-Tor (Porte de la Redoute) sowie die Südostecke der Mauer, die das Castrum umgab und Reste einer frühchristlichen Kirche. Die Stadtmauer beim Stadtpark stammt aus der Barbarenzeit. Das Tor der Kavallerie (Porte de la Cavalerie, 16. Jh.) ist von mittelalterlichen Mauern eingefaßt.

Kirche Notre-Dame-de-la-Major (Z). — Die romanische Kirche (Mittelschiff) wurde an der Stelle eines römischen Tempels erbaut und im 14. (Seitenschiffe), 16. (Chor) und 17. Jh. (Fassade) erweitert.

Boulevard des Lices (Z). — Von Terrassencafés gesäumte Promenadenstraße der Arlesier, wo der Markt stattfindet.

Ausgrabungen an der Esplanade (Z K). — Beim Verkehrsverein wurden am Rande des Boulevard des Lices die Überreste eines gallo-römischen Viertels freigelegt: Häuser, Thermen und Läden; außerdem die südliche Verlängerung des sog. Cardo maximus, der zweiten Hauptstraße, die die Stadt durchquerte (heute Rue de l'Hôtel-de-Ville und Rue de la République).

Espace Van-Gogh (Z). — In dem ehemaligen Spital mit arkadengeschmücktem Hof wurde Van Gogh einst gepflegt; er malte dessen Garten. Heute wird hier ein Kulturzentrum eingerichtet.

AUBAGNE
38 571 Ew.

Michelin-Karte Nr. 84 Falte 13, 14 oder 245 Falte 45 oder 246 Falte L

Aubagne liegt im Huveaune-Tal, über dem im Nordwesten die Étoile-Bergkette aufragt. Überreste der alten Stadtbefestigung und eine Kirche aus dem 12. Jh., die im 17. Jh. umgebaut wurde, sind noch zu sehen.
Keramikhersteller und zahlreiche **Santon-Werkstätten** (S. 39) pflegen die kunsthandwerkliche Tradition; es gibt eine große **Weihnachtskrippe** sowie eine Ausstellung „**Die kleine Welt des Marcel Pagnol**". Marcel Pagnol (1895-1974), Schriftsteller, Dichter und Filmschaffender, wurde in Aubagne geboren.
Seit 1962 hat die **Fremdenlegion,** die früher in Algerien stationiert war, hier ihren Sitz. 1831 gründete König Louis-Philippe in Algerien ein Infanterie-Regiment, das Angehörige aller Nationalitäten aufnahm und daher „Fremdenlegion" genannt wurde. Diese Truppe unterstützte 1835 Isabella II. von Spanien gegen die Karlisten und nahm später an der Eroberung Algeriens teil. 1854 kämpfte sie auf der Krim bei Alma und Sebastopol, 1859 in Italien, 1863-67 in Mexiko. 1870 schließlich verteidigte sie

AUBAGNE

französisches Gebiet gegen die Preußen; danach war sie in Tonkin, Dahomey und auf Madagaskar. Parallel zur Einnahme und Befriedung Marokkos griff die Legion 1914 in den Krieg gegen Deutschland ein; spätere Kriegsschauplätze waren 1922 Syrien und 1926 Marokko.

Im letzten Weltkrieg wurde die Fremdenlegion an allen französischen Fronten eingesetzt: 1940 in Norwegen, der Bretagne, 1941 in Kambodscha, 1942 in Dakar, Eritrea, im Libanon, 1943 in Lybien, Syrien und 1943 in Italien. Während des Indochina-Krieges 1945-54 zeichnete sie sich in Dien-Bien-Phu aus und anschließend in Algerien bis zu dessen Unabhängigkeit im Jahre 1962.

★ **Museum der Fremdenlegion (Musée de la Légion Étrangère)**. — *Zufahrt auf der D 2 in Richtung Marseille, dann rechts auf der D 44ᴬ.*
Im Erdgeschoß gelangt man von der großen Halle in den **Ehrensaal**, an den sich die Krypta anschließt. Das **Museum** befindet sich in der 1. Etage; es zeigt zahlreiche historische Dokumente, Photographien, Waffen und Uniformen. Im Ehrenhof wurde der „heilige Weg" aus Sidi-Bel-Abbès (Algerien) nachgebaut, der zum Denkmal für die dort gefallenen Legionäre führt.

Camaron. — Am 30. April wird das Fest der Fremdenlegion gefeiert, in Erinnerung an den heroischen Kampf von Camaron in Mexiko, der im Jahre 1863 stattfand.
In diesem Dorf leisteten 64 Männer unter dem Befehl von Hauptmann Danjou 2 000 Mexikanern mehr als 9 Stunden aussichtslosen Widerstand.
Die Tradition will es, daß an diesem „Geburtstag" der jüngste Offizier seinen Kameraden und der Garde den Kampfablauf rezitiert.

AUSFLÜGE

★ **Vergnügungspark OK Corral (Parc d'attractions OK Corral)**. *16 km östlich auf der N 8.*
Der Park befindet sich unterhalb der N 8. Sensationshungrige kommen hier voll auf ihre Kosten und werden besonders die Looping-Bahn, die doppelte Acht und das Piratenschiff zu schätzen wissen.
Es gibt jedoch Vergnügungen für alle Altersstufen. Ein Sessellift und ein kleiner Zug führen durch den Park. Picknickplätze sowie Imbißstuben und Trinkhallen stehen dem Besucher zur Verfügung.

Kapelle St-Jean-de-Garguier. — *5,5 km nordöstl. auf der D 2, dann links auf der D 43ᶜ und rechts auf der D 43ᴰ.*
Die Kapelle wurde im 17. Jh. neu erbaut und Johannes dem Täufer geweiht; am 24. Juni ist sie das Ziel einer Wallfahrt. Etwa 300 auf Holz, Leinen oder Zink gemalte Votivtafeln schmücken die Wände. Einige stammen aus dem 15. Jh., die meisten jedoch aus dem 18. und 19. Jh.
Ein kleines Museum neben der Kapelle enthält Dokumente über die Geschichte des Priorats, Meßbücher aus dem 17. Jh., sakrale Kunstgegenstände des 18. Jh.s sowie zwei skulpturierte Flachreliefs.

AURIOLLES   166 Ew.

Michelin-Karte Nr. 80 Falte 8 oder 245 Falte 1 oder 246 Falte 22

Auf der Hochebene zwischen dem Unterlauf des Chassezac und der Beaume-Schlucht liegt das Dorf Auriolles, das mit Erinnerungen an den Dichter Alphonse Daudet verbunden ist.

Mas de la Vignasse. — *Von Ruoms aus kommend biegt man auf der Höhe der Kirche von Auriolles rechts ab; ein ansteigender Weg führt etwa 500 m hinauf zu einem Hof.*
Dieses Haus gehörte von 1642 bis 1937 der Familie Reynaud, Vorfahren der Mutter Daudets, die Seide herstellten und damit handelten. Es wurde restauriert und als Museum eingerichtet (**Lou Museon dou Bas-Vivarès**).
Im ehemaligen Gebäude der Seidenraupenzucht und im Hof zeigt das **Heimatmuseum** (Musée d'Arts et Tradtions populaires) viele verschiedene Werkzeuge und Geräte, wie sie früher in einem großen Bauernhof verwendet wurden: eine Ölmühle aus dem 17. Jh., einen Destillierapparat aus dem 18. Jh., eine Kelter, Pflüge von 1700 bis 1900, Kalkbrenn- und Backöfen, Geräte zur Kastanienverarbeitung, einen Webstuhl aus dem 16. Jh., Bauernspitze, eine Werkstatt zum Spinnen von Wolle, Hanf und Seide, Material für die Aufzucht von Seidenraupen und Schmetterlingen.
Die Wohnung des Seidenraupenzüchters (1714) enthält das **Museum Alphonse Daudet** (1840-97). Manuskripte, Schriftstücke, Zeitungsartikel und Familienporträts dokumentieren Leben und Werk des Dichters. Die Küche stammt vom Ende der Zeit Ludwig XIV.

★ **Spaziergang nach Labeaume.** — *1/2 Std. zu Fuß hin und zurück. Verläßt man den Mas de la Vignasse, biegt man rechts ab und parkt nach etwa 800 m bei einer Häusergruppe (Chantressac-Viertel). An der Hauptkreuzung geht man zunächst links und biegt nach etwa 500 m rechts in einen Weg ein, der in ein Tannen- und Akaziengehölz führt. Am Ende der Senke erreicht man Labeaume. Beschreibung S. 112.*

Die praktischen Angaben dieses Reiseführers entsprechen dem Stand zur Zeit der Redaktion. Preise, Öffnungszeiten, Zufahrtswege usw. unterliegen jedoch ständigen Änderungen - für eventuelle Unstimmigkeiten bitten wir daher um Verständnis.

★★★ AVIGNON   91 474 Ew.

Michelin-Karte Nr. 81 Falte 11, 12 oder 245 Falte 16 oder 246 Falte 25 — Kartenskizze S. 104 — Plan Avignon und Umgebung im Michelin-Hotelführer France

Die Stadt der Päpste liegt am linken Rhone-Ufer und wird vom Rocher des Doms überragt, an den sich der wehrhafte Gebäudekomplex des Papstpalastes lehnt.

Avignon, dessen Innenstadt noch von einer etwa 4,5 km langen Stadtmauer umgeben ist, wirkt am eindrucksvollsten vom gegenüberliegenden Villeneuve aus, und zwar gegen Abend, wenn das Licht der untergehenden Sonne Türme und Zinnen vergoldet. Das jährliche **Festival der dramatischen Kunst,** 1947 von Jean Vilar gegründet, zieht Interessierte aus ganz Europa an und verursachte eine regelrechte „kulturelle Explosion", die auch in anderen Städten der Provence Schule machte. Neben großen Theateraufführungen erinnern die verschiedensten Veranstaltungen teilweise an die Volksfeste des Mittelalters (S. 70): Tanz, Musik und Film, alles findet vor der zauberhaften Kulisse historischer Bauwerke statt.

Als Hauptstadt des Departements Vaucluse ist Avignon Verwaltungsmittelpunkt (Präfektur des Departements Vaucluse), weshalb der Dienstleistungssektor den Schwerpunkt bildet. Sein fruchtbares Hinterland, das sogenannte Comtat Venaissin hat die Stadt gleichzeitig zu einem bedeutenden Landwirtschaftszentrum werden lassen. In diesem von Rhone und Durance begrenzten Landstrich werden Frühgemüse, Obst, Qualitätsweine und Tafeltrauben angebaut. Ein dichtes Netz von Kanälen sichert die Bewässerung des landwirtschaftlichen Gebietes.

Auf dem kargen Kalkboden der sonnendurchglühten Hänge des Ventoux und Luberon wachsen Lavendel und die Gewürzkräuter des Mittelmeerraums (S. 15).

Die Industrie ist im wesentlichen auf die Verarbeitung der landwirtschaftlichen Produkte ausgerichtet, doch gibt es auch Papierfabriken und chemische Industrie, die sich die großen Elektrizitätsreserven der Durance und Rhone zunutze machen.

Spezialitäten der Gegend sind die *Papalines* (likörgefüllte Schokoladenkugeln), kandierte Früchte und Liköre.

Avignon im 19. Jh.

GESCHICHTLICHES

Avignon vor der Papstzeit. — Spuren menschlicher Besiedelung lassen sich auf dem Felsen Rocher des Doms und seiner Umgebung bis in die Jungsteinzeit (4. Jt. v. Chr.) nachweisen. Im 6. oder 5. Jh. v. Chr. gründeten die Bewohner von Massalia (Marseille) dort einen Flußhafen, der sich bald zur blühenden gallo-römischen Stadt entwickelte; aus dieser Epoche ist jedoch nur sehr wenig erhalten.

Weniges ist auch aus der Folgezeit bekannt: Die Stadt ergreift Partei für die islamischen Invasoren und wird dafür 737 von den Truppen Karl Martells verwüstet. Während des 11. und 12. Jh.s nutzt Avignon Rivalitäten zwischen den Fürstenhäusern Toulouse und Barcelona und wird nach italienischem Vorbild unabhängige Stadtrepublik, später aber der Oberhoheit des Hauses Anjou unterstellt.

Die „Babylonische Gefangenschaft der Kirche". — Bis zum Beginn des 14. Jh.s blieb Avignon recht unbedeutend. Dann rückte die Stadt für einige Jahrzehnte (1309-1377) in den Mittelpunkt der christlichen Welt, als sie während des Schismas der Kirche zum Sitz der Exilpäpste gewählt wurde. Wie war es dazu gekommen? Nachdem 1268 der jahrhundertelange Machtkampf zwischen dem deutschen Kaiser und dem Papst mit französischer Hilfe zugunsten des Nachfolgers Petri entschieden war, entbrannte bereits 1294 ein neuer Konflikt zwischen Bonifatius VIII. und der französischen Krone. Es ging um die Besteuerung des Klerus durch Philipp den Schönen. Die Bulle „Unam Sanctam", mit der der Papst auch die weltliche Oberhoheit beanspruchte, verschärfte die Feindseligkeiten, welche schließlich zur Gefangennahme des Kirchenfürsten durch den französischen Kanzler führten. Bonifatius starb bald nach seiner Befreiung aus der Haft. Sein Nachfolger, der Erzbischof von Bordeaux, kam 1305 als **Klemens V.** auf den Thron und nahm die Unsicherheit in Rom zum Vorwand, um ab 1309 in Avignon zu bleiben.

Von 1309-1377 erlebte Avignon sieben französische Päpste: Klemens V. (1305-1314), Johannes XXII. (1316-35), Benedikt XII. (1335-42), Klemens VI. (1342-52), Innozenz VI. (1352-62), Urban V. (1362-70), Gregor XI. (1370-78).

AVIGNON ★★★

Seit dem Kreuzzug gegen die Albigenser (1229) besaßen die Päpste bereits die nahe Grafschaft Venaissin. 1348 erwarb Klemens VI. von seiner Vasallin, der Königin Johanna von Neapel und Gräfin der Provence, das Gebiet um Avignon. Er zahlte dafür 80 000 Goldgulden und erteilte ihr außerdem Absolution von der Bezichtigung der Mitwisserschaft am Morde ihres Gatten. Im Jahre 1377 kehrte Papst **Gregor XI.** nach Rom zurück, doch residierten noch bis 1403 Gegenpäpste im Palast. Die Spaltung der Kirche wurde erst mit der Wahl Martins V. und der Absetzung der Gegenpäpste durch das Konzil von Konstanz (1414-1418) endgültig beseitigt.

Das Avignon der Päpste. — Der philosophierende Dichter **Petrarca**, der das Leben am päpstlichen Hofe kennengelernt hatte, schildert Avignon aus der Abgeschiedenheit seines Landsitzes im Vaucluse *(S. 107)* in recht dunklen Tönen: „Diese Stadt ist eine Abfallgrube, wo sich aller Unrat der Welt sammelt. Man verachtet Gott und betet das Geld an; man tritt die göttlichen und die menschlichen Gesetze mit Füßen. Alles atmet die Lüge: die Erde, die Häuser und vor allem die Schlafzimmer".
Weniger pessimistisch sieht der Schriftsteller Alphonse Daudet *(S. 132)* im 19. Jh. das Leben und Treiben der Stadt. Er schreibt von Prozessionen, Blumen und Teppichen auf den Straßen, päpstlichen Soldaten, die lateinisch auf den Plätzen sangen, und sammelnden Brüdern mit ihren Klapperbüchsen — darüber der Schall der Kirchenglocken und immer ein bißchen Geklingel der Tamburine von der Brücke her; Avignon war für ihn eine glückliche Stadt der Hellebarden, die nicht töteten, der Staatsgefängnisse, die als Weinkeller dienten; ohne Hungersnot und Krieg.

Im Schatten der Tiara. — Der päpstliche Hof zog eine Unzahl von Fremden, Mönchen, Künstlern, Pilgern und Händlern an. An der Universität (1303 von Bonifatius VIII. gegründet) waren Tausende von Studenten eingeschrieben. Die Stadt veränderte ihr Gesicht: überall entstehen Klöster Kirchen und Kapellen, nicht zu vergessen die prächtigen Kardinalsresidenzen *(S. 180)*, während der Papstpalast weiter ausgebaut wird. Avignon gleicht zu dieser Zeit einer einzigen Baustelle: der Papst soll als mächtigster der weltlichen Fürsten gelten. Gegen Neid und Plünderung — Frankreich befindet sich im Krieg — wird der Palast zur Festung, die Stadt mit einer Mauer umgeben. Die Bevölkerungszahl steigt von 5 000 auf 40 000 Einwohner. Das päpstliche Asylrecht gewährte Häretikern und Juden gegen eine geringe Abgabe Obdach und Schutz. Doch auch entflohene Häftlinge, Galeerensträflinge und Übeltäter aller Art gaben sich hier ein Stelldichein und lebten ungeschoren im Schutze der Papskrone. Schmuggel und Falschmünzerei waren an der Tagesordnung, das Glücksspiel blühte und die Freudenhäuser hatten volle Kassen...
Eine wirkliche Plage waren die Söldnerhorden, die — wenn sie nicht Krieg führten — als Räuberbanden durch die Lande zogen. Hatten Könige oder Fürsten sie aus ihrem Dienst entlassen, blieben die Truppen zusammen und lebten nur noch vom Raub. Sie belagerten auch Avignon und entfernten sich erst nach Empfang des päpstlichen Segens (!) und einer Geldsumme. 1365 betrug das Lösegeld z. B. 100 000 Écus (Goldmünzen) — doch die Stadt war reich.

Kunstzentrum Avignon. — Durch das Mäzenatentum der Päpste wurde Avignon zu einem bedeutenden Kunstzentrum, und so kennt die französische Malerei der Gotik die sogenannte Schule von Avignon, in der sich italienische und altniederländische Tendenzen harmonisch einen. Mit dem päpstlichen Hofmalern **Simone Martini** (von 1335 bis 1344 in Avignon) und dessen Schüler **Matteo Giovanetti da Viterbo** (1342-1353) war die von Giotto geprägte Kunstauffassung aus Siena hierher gebracht worden und kam in zarten Farben und illusionistischer Malerei (Scheinarchitekturen) zum Ausdruck. Nordischer Einfluß zeigte sich ab Anfang des 15. Jh.s in sinnlichstarken Farben und großer Detailfreudigkeit. So verbinden denn die beiden französischen Hauptvertreter der Schule von Avignon **Enguerrand Quarton** (um 1410-1466) und **Nicolas Froment** (um 1425-1486), deren Werke man im Petit Palais *(S. 73)*, in Villeneuve-lès-Avignon und Aix begegnet, das Liebliche mit dem Genauen. Sie fügen als typisch französische Elemente eine monumentale Aufteilung der Fläche hinzu sowie individuelle Gestaltung der Personen und eine liebevolle Darstellung der Natur.

Die Stadt der Legaten. — Nachdem die Päpste Avignon verlassen hatten, regierten Legaten (Gesandte) die Stadt und das Comtat Venaissin. Sie prägten das Leben, das ausschweifend und leicht war, und ließen zahlreiche Palais nach italienischem Vorbild errichten. Zu Beginn des 18. Jh.s gab es 80 000 Einwohner. Die Juden werden im allgemeinen weiter toleriert, wenn sich auch gewisse Schikanen verschärfen: Sie leben in einem eigenen Viertel, dessen Tore allabendlich verschlossen werden, müssen einen gelben Hut als Erkennungsmerkmal tragen, eine Gebühr entrichten und obligatorische Bekehrungspredigten anhören. Sie dürfen keine Christen besuchen und nur bestimmte Berufe ausüben: Schneider, Trödler, Wucherer, Händler; außerdem werden sie ständig überwacht. Während der Revolution (1791) wurde der päpstliche Besitz mit Frankreich vereint.

★★★ DER PAPSTPALAST (PALAIS DES PAPES) (BY) Besichtigung: 1 Std.

Durch hohe Spitzbogennischen vertikal gegliedert, erhebt sich die mittelalterliche Wohnburg am weiten Schloßplatz. Sie gehört mit 15 000 m² zu den flächenmäßig größten Anlagen dieser Zeit. Man kann sie in zwei Gebäudekomplexe gliedern, die sich um den Großen Hof (Grande Cour) und den Kreuzgang Benedikts XII. (Cloître) gruppieren. Dabei spiegelt der **Alte Palast** (1334-1342), links, den herben Zisterziensergeist Benedikts XII. wider; der **Neue Palast** (1342-1352), rechts, ist hingegen nach dem Geschmack des Pracht und Kunst liebenden Klemens VI. reicher ausgeschmückt. Die meisten Räume des weiten Anwesens sind leer, denn es wurde während der Revolution geplündert und diente dann als Gefängnis. Nachdem es 1810 in eine Kaserne umgewandelt worden war, verschwanden auch die meisten Fresken, die — falls nicht vom Verputz überdeckt — von den Soldaten abgetragen und verkauft wurden. 1906 begann die Restaurierung.

***AVIGNON

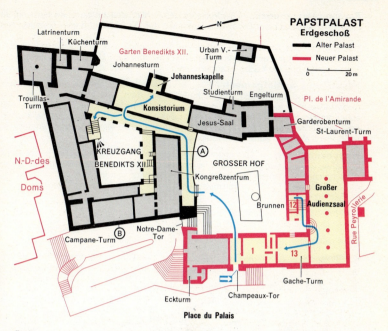

Äußeres. — Von außen wirkt der Palast mit seinen hohen Türmen (teilweise über 50 m), den Zinnen und Pechnasen überaus eindrucksvoll. Der Untergrund aus gewachsenem Fels machte ihn nahezu unangreifbar. Besonders reizvoll ist der Blick von der engen Rue Peyrollerie, die zwischen Felswänden an der Südwestecke des Palastes vorbei und unter dem mächtigen Strebebogen der Klementinischen Kapelle hindurchführt.

Eingang durch das Champeaux-Tor.

Erdgeschoß (Alter Palast)

Hat man das Champeaux-Tor mit dem Wappen Klemens VI. (die zwei Türmchen wurden 1933 wiederaufgebaut) durchquert, betritt man einen ehemaligen Wachsaal, dessen Wände Malereien aus dem 17. Jh. schmücken (1). Man geht den Konklave-Flügel (A) (heute Kongreßzentrum) entlang und gelangt in den Alten Palast.

Konsistorium. — Hier versammelte der Papst bei außerordentlichen Anlässen die Kardinäle und empfing hohe Würdenträger. Der Raum enthält **Fresken** aus der Vorhalle der Kathedrale Notre-Dame-des-Doms *(S. 73)* von Simone Martini, neben Giotto der bedeutendste italienische Maler des 14. Jh.s.

Johanneskapelle (Kapelle des Konsistoriums). — Guterhaltene, zwischen 1346 und 1348 ausgeführte Fresken von Matteo Giovanetti da Viterbo schmücken den Raum. Sie haben Johannes den Täufer und den Evangelisten gleichen Namens zum Thema. Unter dem angrenzenden Jesus-Saal befand sich einst die Schatzkammer. Dort sowie im Untergeschoß des Engelturms wurden die Säcke mit Gold- und Silbermünzen aufbewahrt. Der Reichtum der Päpste war beträchtlich: Nach 19 Jahren Amtsausführung hinterließ Papst Johannes XXII. 24 Mio. Dukaten.
Neben dem Engelturm, in dessen 4. Geschoß die Bibliothek eingerichtet war, erhebt sich der Garderobenturm (Neuer Palast): dort befanden sich im Erdgeschoß das Bad und darüber in zwei Etagen die päpstlichen Garderobenschränke.
An der Ostseite des Palastes ermöglichten terrassenförmig angelegte Gärten dem Papst spazieren zu gehen, ohne seinen Palast verlassen zu müssen.
Beim Verlassen des Konsistoriums, der unteren Galerie des Kreuzgangs Benedikts XII. folgen. Schöner Blick auf den Wohntrakt der Bediensteten (B), den Campane-Turm und die Kapelle Benedikts XII.

Erster Stock (Alter und Neuer Palast)

Eine Treppe führt zum Großen Tinel.

Großer Tinel (Festsaal). — Mit 48 m × 10,25 m gehört er zu den größten Palasträumen. **Gobelins** aus dem 18. Jh. schmücken die Wände. Die getäfelte, wie ein Schiffskiel wirkende Zimmerdecke, wurde restauriert.
In der Küche (2), die sich im letzten Stock des Küchenturms befindet, beeindruckt ein mächtiger offener Kamin. Der anschließende Latrinenturm besaß in jeder Etage Latrinen und eine 22 m tiefe Grube, wo sämtliche Abwässer gesammelt und durch einen Kanal in die Rhone geleitet wurden. Während einer Belagerung drangen einst feindliche Soldaten auf diesem Wege in den Palast ein — zum großen Erstaunen der Verteidiger!
Vom Großen Tinel, der über dem Konsistorium liegt, erreicht man die Kapelle St-Martial.

Kapelle St-Martial. — Tiefes, leuchtendes Blau und Farbkontraste kennzeichnen die 1344-1345 entstandenen **Fresken,** deren Schöpfer Matteo Giovanetti da Viterbo ist. Lateinische Inschriften erklären die einzelnen Szenen aus dem Leben des heiligen Martial (Apostel des Limousin, der Heimat Papst Klemens VI.).

AVIGNON ★★★

Paramentenkammer. — Im Vorraum des Schlafgemachs warteten einst die zu einer Privataudienz beim Papst Geladenen. An der Wand hängen zwei Gobelins aus dem 18. Jh.
Der angrenzende Studienturm enthält im 1. Geschoß das private Studienzimmer Benedikts XII. **(3)** mit einem wunderschönen Fliesenboden; 1810 wurden der private Speisesaal **(4)** und die Küche **(5)** abgerissen.

Päpstliches Schlafgemach (6). — Seine Wände sind hübsch mit Rankenwerk aus Wein- und Eichenlaub ausgeschmückt, auf dem sich Vögel zu kurzer Rast niedergelassen haben; Vogelkäfige sind in die Fensternischen gemalt. Es wird angenommen, daß die Dekoration aus der Zeit Klemens' VI. stammt. Bunter Kachelfußboden erfreut das Auge. Er wurde nach dem Vorbild eines im Palais entdeckten Fußbodens aus dem Mittelalter restauriert.

Hirschzimmer (7). — Das ehemalige Arbeitszimmer Klemens' VI. ist gänzlich mit höfischen Jagdszenen ausgemalt. Die genaue, detailfreudige Darstellung erinnert an Bildteppiche, die damals in Frankreich sehr geschätzt waren; man nimmt daher an, daß die **Malereien** (1343) von französischen Künstlern unter Aufsicht Matteo Giovanettis ausgeführt wurden.

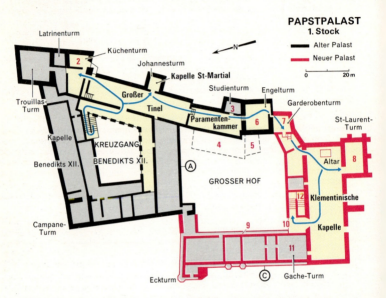

Klementinische Kapelle. — Sie ist von eindrucksvoller Größe (52 × 15 × 19 m). Um den Schub des Gewölbes aufzufangen, mußte an der Außenwand der Bogen über die Rue Peyrollerie gespannt werden. In der Süd-Sakristei **(8)** — sie befindet sich im St-Laurent-Turm — stehen Nachbildungen der Grabmäler der Päpste Klemens V., Klemens VI., Innozenz VI. und Urban V.
Die sog. Konklave-Galerie **(9)** mit elegantem Gewölbe führt zu dem Gebäudetrakt gleichen Namens **(A)**.
In der Klementinischen Kapelle pflegten sich 10 Tage nach dem Tod eines Papstes die Kardinäle zur Messe zu versammeln; um einen Nachfolger zu bestimmen, begaben sie sich danach in den Konklave-Flügel, dessen Türen und Fenster bis in 8 m Höhe zugemauert waren, um den Kirchenfürsten jeden weltlichen Einfluß fernzuhalten. Diese Sitte stammt aus dem 13. Jh.: Damals konnten sich die Kardinäle drei Jahre lang nicht auf einen Nachfolger für Klemens IV. einigen, bis endlich die Bevölkerung Roms sie einschloß (Konklave = verschließbares Gemach) und so die Einigung erzwang.
Gegenüber der Haupttür der Kapelle öffnet sich das hohe, erneuerte Maßwerkfenster (Fenêtre de l'Indulgence) **(10)**, von dem aus der Papst der im Hofe versammelten Menge seinen Segen spendete.
Links des Fensters erscheint der sog. Flügel der Hohen Würdenträger **(C)**, wo Schatzmeister und Kammerdiener **(11)** wohnten.

Erdgeschoß (Neuer Palast)

Über die Große Treppe **(12)** mit ihrem bemerkenswerten Kreuzgewölbe gelangt man zum Großen Audienzsaal im Erdgeschoß.

Großer Audienzsaal. — Er wird durch eine Reihe von Pfeilern geteilt, aus denen die Rippen eines mächtigen Kreuzgewölbes aufsteigen. Früher trat hier das Kirchengericht „Rota" zusammen, so genannt nach der runden Bank, auf der die Richter saßen (heute unter dem letzten östlichen Joch). An den Gewölbezwickeln sind einige farbkräftige Fresken sehenswert, die 1532 von Matteo Giovanetti ausgeführt wurden und die Propheten darstellen.

Kleiner Audienzsaal (13). — Er grenzt westlich an den großen Audienzsaal an. Hier konnte vor einem einzelnen Richter Berufung gegen die Entscheidung der Rota eingelegt werden. Die Grisaille-Malereien wurden im 17. Jh. angefügt, als der Raum als Arsenal diente.
Durch den Wachsaal und das Champeaux-Tor den Palast verlassen.

★★★ AVIGNON

PLACE DU PALAIS (BY 38) Besichtigung: 2 Std.

Alte Münze (Hôtel des Monnaies) (B). — Das im 17. Jh. errichtete Gebäude (heute Musikhochschule) zeigt an der **Fassade★** imposanten Schmuck durch Quaderung, Fruchtgirlanden und Wappentiere. Eine Inschrift und darüber das Wappen des Papstes Paul V., aus dem Hause Borghese, zeigen an, daß der Bau für einen Vizelegaten erbaut wurde.

Kathedrale Notre-Dame-des-Doms. — Das Gotteshaus stammt aus dem 12. Jh., wurde jedoch zwischen dem 14. und 17. Jh. mehrfach verändert: Im 15. Jh. stockte man den Turm ab der 1. Etage auf und krönte ihn im 19. Jh. mit einer mächtigen Marienstatue. Die Ende des 12. Jh. s angefügte Vorhalle ist der römischen Antike nachempfunden; ihre beiden übereinanderliegenden Bogenfelder zierten einst die Fresken Martinis, die sich heute im Papstpalast befinden.
Links vom Eingang enthält die Kapelle Johannes des Täufers (15. Jh.) eine schöne Christusfigur — Ecce Homo — aus bemaltem Stein (16. Jh.).
Das tonnengewölbte romanische Kirchenschiff wurde später in seiner Wirkung durch den Anbau von Seitenkapellen (14.-17. Jh.), die Rekonstruktion der Apsis sowie den Bau barocker Emporen (17. Jh.) verändert. Sehenswert ist die architektonisch meisterhafte romanische **Vierungskuppel★**. Links im Chor steht ein Bischofsstuhl aus weißem Marmor (12. Jh.), dessen Seiten die Symbolfiguren der Evangelisten zieren: der Löwe des Markus und der Stier des Lukas. In der Kapelle neben der Sakristei erhebt sich das spätgotische Grabmal des Papstes Johannes XXII., dessen Liegefigur während der Revolution verlorenging und durch die eines Bischofs ersetzt wurde.

★★ **Doms-Felsen (Rocher des Doms).** — Auf dem 58 m hohen Kalkfelsen wurde ein hübscher Park angelegt. Von seinen Terrassen bieten sich **Ausblicke★★** auf die Rhone mit der alten Brücke St-Bénézet, auf Villeneuve-lès-Avignon mit dem Philippe le Bel-Turm und dem Fort St-André und die Gebirge Dentelles de Montmirail, Ventoux, Plateau von Vaucluse, Luberon, Alpilles *(Orientierungstafel)*.

★★ **Museum Petit Palais.** — Die ältesten Teile des Palais entstanden im frühen 14. Jh. Es war Residenz der Bischöfe von Avignon und beherbergte gelegentlich Gäste von Rang (u. a. 1498 Cesare Borgia und 1533 Franz I.). Im 15. Jh. umgebaut, bewahrte es in Zinnenkranz und Ecktürmchen wehrhafte Elemente aus dem Mittelalter, während die großen, durch Steinmetzarbeit gerahmten Fenster im Stile der Renaissance gehalten sind.

Saal 1. — Der weite, tonnengewölbte Raum enthält **romanische und gotische Plastik** (Kapitelle, Statuen etc.); Kamin aus dem 15. Jh. Die **Freskenfragmente** an den Wänden stammen aus einer Kardinalsresidenz (14. Jh.).

Saal 2. — In der ehemaligen erzbischöflichen Kapelle mit Kreuzgewölbe sind Skulpturen vom **Grabmal des Kardinals von Lagrange** aus dem 14. Jh. ausgestellt. Interessant ist vor allem der Kadaver, der die realistisch-makabren Darstellungen des 15. Jh.s vorwegnimmt.
Die in den Sälen 3-16 ausgestellte bedeutende italienische Gemäldesammlung (13.-16. Jh.) stammt zum Teil aus der Sammlung des Marquis Campana di Cavelli, dessen Kunstliebe ihn ins Gefängnis und die Sammlung in den Besitz Napoleons III. brachte.

Saal 3. — Toskana, Rimini, Bologna, Venedig 1310-70. Die Werke italienischer Meister des 13. Jh.s verraten noch den vorherrschenden byzantinischen Einfluß (Fragment einer Kreuzigung von **Berlinghieri** und Abendmahl des **Meisters der Magdalena**). Das 14. Jh. ist außergewöhnlich reich an künstlerischer Begabung: Der **Meister von 1310** (große Thronende Madonna in der Saalmitte), **Meister von Figline** (Segnender Gottvater), **Taddeo Gaddi** (Jungfrau mit Kind) und **Paolo Veneziano** (Maria mit Kind). Alle diese Gemälde besaßen als Altarbilder einst vergoldete gotische Fassungen.

Saal 4. — Toskana (Siena, Pisa, Lucca) und Ligurien (Genua) 1350-1420. Die Schule von Siena (zu der auch S. Martini gehörte, der den Papstpalast ausschmückte) fällt durch reiche Ornamentik auf, sorgfältige Linienführung und die Schönheit ihrer Modelle; so z. B. bei **Taddeo di Bartolo** (Maria mit Kind). Auch die benachbarten Städte wurden beeinflußt, wie etwa in Pisa **Cecco di Pietro** (Petrus, Johannes der Täufer, die Hl. Nikolaus und Bartholomäus).

Säle 5 und 6. — Florenz 1370-1420. Hier wurde die Malerei vor allem von Giotto geprägt, wie man beim **Meister der hl. Verdiana** sieht (Triptychon der Jungfrau mit Kind zwischen mehreren Heiligen). Den internationalen gotischen Stil, den ein gewisser naturalistischer Realismus kennzeichnet, vertreten hier **Lorenzo Monaco** und **Gherardo Starnina** (Verkündigung).

Saal 7. — Venedig 1370-1470.

Saal 8. — Italien des 15. Jh.s: Bologna, Umbrien, Marken, Lombardei, Siena. Diese Gemälde zeigen verschiedene Nuancen des internationalen gotischen Stils außerhalb von Toskana und Venedig. Erwähnenswert sind: eine Gnadenmadonna von **Pietro di Domenico da Montepulciano**, eine Maria mit Kind zwischen der Hl. Domenicus und Magdalena von **Antonio Alberti** sowie das Triptychon der Geburt Christi von **Giovanni di Paolo**.

Saal 9. — Florenz und Toskana, Perugia 1420-90.

Saal 10. — In diesem Ruheraum illustrieren Dokumente die Geschichte des Petit Palais und der Campana-Sammlung.

Saal 11. — Florenz, Umbrien 1450-1500. In Florenz, der Hochburg der Renaissance, legt man noch immer Wert auf Form und ausgewogene Komposition, wobei die Perspektive eine wesentliche Rolle spielt; so z. B. bei **Bartolomeo della Gatta** (Verkündigung). Das Genie eines **Botticelli** eröffnet Ende des 15. Jh.s eine neue Dimension — gleichermaßen mystisch und lyrisch; die Madonna mit Kind ist ein frühes Meisterwerk.

AVIGNON

	Aubanel (R. Théodore)	BZ 2	Folco-Baroncelli (R.)	BY 17
	Balance (R. de la)	BY 4		
	Bertrand (R.)	CY 6	Four de la Terre (R. du)	CZ 22
Fourbisseurs (R. des) BCY 21	Campane (R.)	CY 7	Galante (R.)	BY 24
Jaurès (Cours J.) BZ	Collège du Roure (R. du)	BY 9	Jérusalem (Pl.)	CY 25
Marchands (R. des) BY 26	Corps-Saints (Pl. des)	BZ 10	Masse (R. de la)	CZ 29
République (R. de la) BYZ	David (R. F.)	BY 12	Molière (R.)	BY 30
St-Agricol (R.) BY 53	Dorée (R.)	BY 13	Ortolans (R. des)	BZ 35
Vernet (R. J.) BYZ	Eisenhower (Av.)	AZ 14	Palais (Pl. du)	BY 38
Vieux-Sextier (R. du) CY 76				

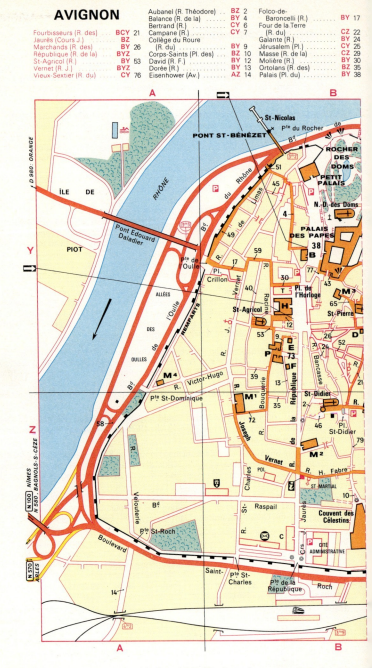

Saal 12. — Padua, Venedig, Marken 1440-90. Bemerkenswert sind eine höchst ausdrucksvolle Kreuzigungsgruppe, **Ludovico Urbani** zugeschrieben, und vier Heiligenfiguren von **Carlo Crivelli**.

Saal 13. — Italien Mitte 15. Jh. bis Anfang 16. Jh. Hier sind Werke verschiedener Stilrichtungen vereint, u. a. der Raub der Helena von **Liberale da Verona**, ein Altarbild von **Giovanni Massone** sowie Werke von **Louis Bréa** aus Nizza.

Saal 14. — Florenz und Lucca 1470-1500.

Saal 15. — Florenz und Umgebung, um 1500. Die Renaissance entdeckt die Antike wieder: vier Bilder des **Meisters von Cassoni Campana** zeigen Episoden der griechischen Mythologie.

Saal 16. — Italien des 15. und 16. Jh.s. Besondere Aufmerksamkeit verdienen ein großer Florentiner Altar, die Krönung der Jungfrau, von **Ridolfo Ghirlandaio**; eine Anbetung der Könige von „**Johannes Hispanicus**" mit interessantem Hintergrund, und eine Kreuzigungsgruppe mit dem hl. Hieronymus von **Marco Palmezzo**.

Säle 17-19. — Diese Räume sind den Gemälden und Skulpturen der Schule von Avignon gewidmet. Von **Enguerrand Quarton**, dessen Marienkrönung sich im Museum von Villeneuve-lès-Avignon befindet, das Altarbild Requin (1450-55). Vom Ende des 15. Jh.s stammen die Flügel des Marienaltars von **Josse Lieferinxe**. Aus dem früheren 16. Jh. datieren zwei anonyme Werke: eine Kreuzabnahme aus Barbentane sowie eine wunderschöne Anbetung des Kindes. Erwähnenswert sind schließlich die Heiligenfiguren (Lazarus, Martha) von **Jean de la Huerta** und die Engel von **Antoine le Moiturier**, daneben eine Pietà von 1457.

Petite Calade (R. de la)	BY 39	Rempart-St-Michel		St-Ruf (Av.)	CZ 66
Petite Fusterie		(R. du)	CZ 50	Ste-Catherine	
(R. de la)	BY 40	Rhône (Pte du)	BY 51	(R.)	CY 67
Pétramale (R.)	CZ 42	Rouge (R.)	BY 52	Sources (Av. des)	CZ 70
Peyrollerie (R.)	BY 43	St-Dominique (Bd)	AZ 58	Vernet (R. Horace)	BZ 72
Pont (R. du)	BY 45	St-Étienne (R.)	BY 59	Viala (R. Jean)	BY 73
Prévot (R.)	BZ 46	St-Jean-le-Vieux (Pl.)	CY 60	Vice-Légat (R. du)	CY 74
Roscas (R. de)	DY 47	St-Jean-le-Vieux (R.)	CY 62	Vilar (R. Jean)	BY 77
Rempart-du-Rhône		St-Michel (R.)	CZ 63	3-Faucons (R. des)	BZ 79
(R. du)	BY 49	St-Pierre (Pl.)	BY 65	3-Pilats (R. des)	CY 80

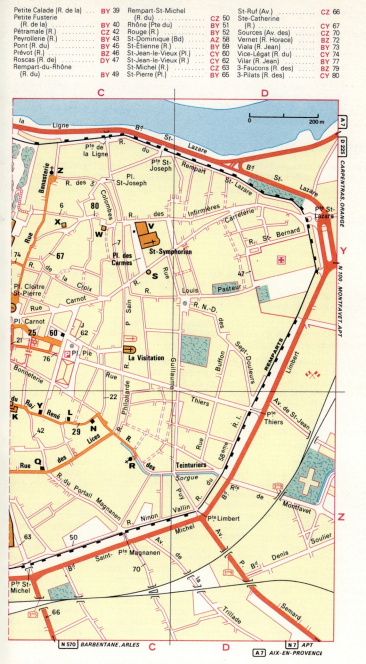

BALANCE-VIERTEL (BY) *Besichtigung: 3/4 Std.*

Dieses Stadtviertel, im 19. Jh. von Zigeunern bewohnt, wurde inzwischen vollständig restauriert. Es erstreckt sich bis zur Stadtmauer und zur Brücke von Avignon.

Vom Place du Palais (beim Hôtel des Monnaies) der Rue de la Balance folgen.

Rue de la Balance (4). — Alte Adelshäuser kontrastieren mit modernen Gebäuden, dazwischen elegante Geschäfte unter Arkaden, zuweilen ein hübscher Innenhof.

★★ Brücke St-Bénézet (Pont). — Die früher neunhundert Meter lange Brücke verband Avignon mit Villeneuve. Von ihren 22 Bögen stehen heute nur noch vier. Ihre Geschichte beginnt 1177 mit der Legende vom Hirten **Bénézet**, der von himmlischen Stimmen beauftragt wurde eine Brücke über die Rhone zu schlagen: ein Engel führte ihn dann zu der Stelle, wo sie errichtet werden sollte. Nachdem Bénézet bei der Obrigkeit kein Gehör gefunden hatte, konnte er sich beim Volk Ansehen verschaffen, indem er, wie durch Wunder gestärkt, riesige Steine aufhob. Er gründete die Brüdergemeinschaft der Brückenbauer und konnte so Mittel und Wege finden, den Bau in weniger als acht Jahren fertigzustellen.

Die starke Strömung der Rhone sowie Kriege zerstörten die Brücke oft, und so wurde sie schließlich, d. h. um die Mitte des 17. Jh.s, im heutigen Zustand belassen.

Auf einem der Brückenpfeiler erhebt sich die zweistöckige **Kapelle St-Nicolas**; eine Kapelle ist romanisch, die andere gotisch.

Übrigens tanzte man nicht, wie es im Lied « Sur le pont d'Avignon » heißt, *auf der* Brücke, sondern darunter, nämlich in den Schenken der Rhone-Insel.

AVIGNON ★★★

★ Stadtmauer (Remparts). — Die zinnenbekrönte Mauer mit den in regelmäßigen Abständen eingefügten und zur Stadt hin offenen Türmen wurde im 14. Jh. von den Päpsten errichtet und im vergangenen Jahrhundert restauriert. Sie hat eine Länge von 4,3 km. Die Gräben wurden im 19. Jh. zugeschüttet und sind zu einer Ringstraße geworden.
Den interessantesten Abschnitt sieht man, wenn man der Rue du Rempart-du-Rhône bis zum Place Crillon folgt.

Durch die Rue St-Etienne mit ihren alten Wohnhäusern, dann rechts die Rue Racine und links die Rue Molière erreicht man den Place de l'Horloge.

KIRCHEN, MUSEEN UND PALAIS Besichtigung: 3 Std.

Place de l'Horloge (BY). — Der Platz trägt seinen Namen nach dem alten **Uhrturm** (14.-15. Jh.) des **Rathauses** (19. Jh., BY H), auf dem Figuren zu sehen sind.

Durch die Rue Félicien-David und um das Chorhaupt der Kirche St-Agricol gehen.

Reste einer gallo-römischen Mauer.

Kirche St-Agricol (BY). — 14.-16 Jh. Eine breite Treppe führt zum Vorplatz, wo sich die schöne Fassade aus dem 15. Jh. erhebt. Im Bogenfeld des Portals ist die Verkündigung dargestellt: Die kniende Jungfrau empfängt den Engel, während Gottvater ihr den Hl. Geist in Gestalt einer Taube sendet. Am Mittelpfeiler eine Jungfrau aus dem 15. Jh.
Die Ausstattung enthält zahlreiche Kunstwerke: ein Weihwasserbecken aus weißem Marmor (Mitte 15. Jh.), Gemälde von Nicolas Mignard und Pierre Parrocel sowie im rechten Seitenschiff, nahe der Sakristeitür, einen Altar von Boachon (1525), ebenfalls mit der Verkündigungsszene.

Rue Viala (BY 73). — Vis-à-vis zwei Adelspalais aus dem 18. Jh., heute Präfektur (P) und Landtag; nördlich davon das Hôtel de Forbin de Ste-Croix, südlich das Hôtel Desmarez de Montdevergues.

Palais du Roure (ehemaliges Palais de Baroncelli-Javon) (BY E). — *Rue du Collège-du-Roure Nr. 3.* Gemeißeltes Rankenwerk kennzeichnet den Eingang. Das weitläufige Palais beherbergt heute die Fondation de Flandreysy-Espérandieu, eine reiche Präsenzbibliothek, die besonders auf gallo-römische Archäologie und die Kultur und Sprache der Provence spezialisiert ist.

Hôtel de Sade (BY F). — *Rue Dorée Nr. 5.* Das Haus wurde im 16. Jh. erbaut. Den Hof ziert ein hübsches fünfeckiges Treppentürmchen.

Die Rue Bouquerie und die Rue Horace-Vernet führen zum Calvet-Museum.

★ Calvet-Museum (BZ M^1). — Die private Bibliothek und Gemäldesammlung des Arztes und Stifters Esprit Calvet (1729-1810) bildeten den Ursprung des Museums, das in einem Bau aus dem 18. Jh. untergebracht ist. Einige Räume haben noch ihre Möbel und ursprüngliche Dekoration bewahrt.
Das Museum enthält Werke deutscher, spanischer, flämischer, holländischer und italienischer Meister. Die französische Malerei des 16.-19. Jh.s ist besonders durch einprägsame Porträts vertreten (Corneille de Lyon, Le Nain, Nicolas Mignard, Simon de Châlons, Pierre Parrocel, Manet). Außerdem mehrere Landschaften mit antiken Ruinen und Seestücke von dem in Avignon geborenen Joseph Vernet, dem wohl bedeutendsten Künstler dieser Malerfamilie und Gemälde, die häufig geschichtliche Ereignisse zum Thema haben (M. David, Th. Géricault). Daneben sei aber auch eine italienische Landschaft von Corot erwähnt. Von einer sich auf das Wesentliche beschränkenden Treffsicherheit sind die Zeichnungen Honoré Daumiers. Im Saal moderner Kunst Werke von Soutine, der besondere Stolz des Museums. Außerdem sind Toulouse-Lautrec, Utrillo, Vlaminck, Soutine, Modigliani, Dufy zu erwähnen.
Linkerhand sind in einem Saal **schmiedeeiserne Arbeiten** ausgestellt, die teilweise im 14. und 15. Jh. Avignons Häuser zierten. Der Nebenraum zeigt eine **Antikensammlung** griechischer, etruskischer und römischer Herkunft (Statuetten, Vasen, Reliefs, Grabstelen und -urnen).
Zwei Galerien im 1. Stock präsentieren eine **vorgeschichtliche Sammlung** aus der Umgebung von Avignon, nach Fundstellen geordnet; beachtenswert sind u. a. Werkzeug und tierische Fossilien aus Vallonet (1 Mio. Jahre) und die anthropomorphen Stelen der Kupferzeit.

Requien-Museum. — *Im Gebäude neben dem Calvet-Museum.* Der Stifter, ein Naturwissenschaftler aus Avignon, hinterließ der Stadt seine bedeutende Bibliothek und ein Herbarium, das über 200 000 Pflanzen aus aller Welt enthält. Die lokalen geologischen, zoologischen und botanischen Sammlungen sind sehenswert.

Rue Joseph-Vernet (BYZ). — Die lange Straße folgt dem Verlauf der Stadtmauer, die nach der Belagerung von 1226 geschleift worden war; sie wird von mehreren schönen Adelshäusern des 17. und 18. Jh.s gesäumt (Nr. 58, 83, 87). Im Süden führt sie zum Cours Jean-Jaurès, im Norden zur Rue de la République (gegenüber das Fremdenverkehrsamt, daneben der öffentliche Park).

Rue de la République (BYZ). — Hauptstraße mit zahlreichen Geschäften.

★ Lapidarium (Musée lapidaire) (BZ M^2). — In der ehemaligen Jesuitenkirche aus dem 17. Jh. sind zahlreiche Zeugnisse vergangener Zivilisationen ausgestellt, die in der Umgebung von Avignon gefunden wurden: Statuen, Mosaikfragmente, Reliefs etc.

Zurück zum Fremdenverkehrsamt (Office de tourisme); dort der Rue Henri-Fabre, dann der Rue des Lices folgen.

In der Rue Henri-Fabre liegt rechts die ehemalige Abtei St-Martial, die zwischen 1378 und 1388 errichtet wurde.

***AVIGNON

Rue des Lices (BCZ). — Auch diese Straße folgt der ehemaligen Stadtmauer aus dem 13. Jh. Links ein Gebäude aus dem 18. Jh. (CZ **Q**) mit mehrgeschossigen Galerien, in dem heute die Kunstschule untergebracht ist; nebenan die Kapelle des Fleischgewordenen Wortes (Verbe-Incarné), erbaut von J.B. Franque.

Rechts in die Rue des Teinturiers einbiegen.

Rue des Teinturiers (CDZ). — In der von Platanen gesäumten, reizvollen Straße, die an der Sorgue entlangführt, erinnern hohe Wasserräder an die Färbereien, die hier bis Ende des 19. Jh.s arbeiteten. Seit 1766 wurde die Färberröte in der Gegend von Avignon angebaut und zum Färben von Baumwollstoffen, den sogenannten Indiennes, benutzt.

Rechts erhebt sich ein Glockenturm, Rest eines Franziskanerklosters, in dem Petrarcas berühmte Laura bestattet worden sein soll.

Kapelle der Grauen Büßer (Chapelle des Pénitents Gris) (**R**). — *Nr. 8.* Die Kapelle aus dem 16. und 19. Jh. enthält Gemälde von Nicolas Mignard, Pierre Parrocel und Simon de Châlons; über dem Altar schöner Strahlenkranz von Péru (17. Jh.). Ein Haus aus dem 15. Jh. (Nr. 26) hat noch Zinnen und Ecktürmchen bewahrt.

Zurück zur Rue de la Masse.

Rue de la Masse (CZ 29). — Sehenswert sind die Gebäude Nr. 36, Hôtel de Salvan Isoard (**N**) mit schön gerahmten Fenstern aus dem 17. Jh., sowie Nr. 19, das Hôtel Salvador (**L**), ein weitläufiger Bau aus dem 18. Jh.

Rue du Roi-René (BCZ). — An der Ecke der Rue Grirolas steht noch das **Haus des Königs René** (CZ **Y**), wo der Fürst bei seinen Aufenthalten in Avignon wohnte, das jedoch seither stark verändert wurde.
Etwas weiter ergeben vier **Adelspalais**★ (**K**) aus dem 17. und 18. Jh. ein hübsches Bild.
Die Palais Hôtel d'Honorati (Nr. 10) und Hôtel de Jonquerettes (Nr. 12) haben schlichte, giebelgeschmückte Fassaden.
Das Hôtel Berton de Crillon (Nr. 7) zeigt reichen Fassadenschmuck: Masken, Medaillons, Blumengirlanden und einen zierlichen schmiedeeisernen Balkon. Im Hof schöne Treppe mit steinernem Geländer. Gegenüber (Nr. 8) erhebt sich das Hôtel Fortia de Montréal.

Kirche St-Didier (BZ). — In der einschiffigen, sehr schlichten gotischen Kirche (14. Jh.) ist besonders das **Retabel**★ (15. Jh.) von Francesco Laurana (1. südliche Seitenkapelle) sehenswert. Wie im Schmerz versteinert scheinen die Gesichter der Personen, die Christus auf seinem letzten schweren Gang begleiten. Die **Fresken**★ (2. Hälfte des 14. Jh.s) in der Taufkapelle (Nordseite) werden italienischen Künstlern der Sieneser Schule zugeschrieben.

Residenz (Livrée) Ceccano. — Der Südseite der Kirche St-Didier gegenüber erhebt sich der mächtige Turm der Residenz, die Kardinal von Ceccano im 14. Jh. errichten ließ und die später in das Jesuitenkolleg miteinbezogen wurde. Heute ist in dem restaurierten Gebäude die **Mediathek** untergebracht.

Durch die Rue des Fourbisseurs gehen, dann rechts durch die Rue du Vieux-Sextier.

Place St-Jean-le-Vieux (CY 60). — Der Viereckturm (14. Jh.) auf dem Platz ist Rest einer im 19. Jh. zerstörten Komturei der Johanniter. Der Place Jérusalem (**25**) war mit der Synagoge bis zum 19. Jh. Herz des bedeutenden Judenviertels von Avignon.

Hôtel de Rascas (BY **D**). — Ecke Rue des Marchands und Rue des Fourbisseurs. Stattliches Anwesen aus dem 15. Jh.

Kirche St-Pierre (BCY). — 14.-16. Jh. Die Fassade zeigt spätgotische Schmuckmotive. Die meisterlich von Antoine Valard gearbeiteten **Türflügel**★ sind durch die Gliederung in Nischen und Rankenwerk sowie die naturgetreue Modellierung der dargestellten Figuren in der Bewegung (hl. Hieronymus und Michael, linker, die Verkündigung rechter Türflügel) kennzeichnend für das Stilempfinden der Renaissance. Im Chor werden Tafelbilder von elegantem **Schnitzwerk** aus dem 17. Jh. gerahmt. In der 1. Kapelle rechts vom Chor eine „Grablegung" aus dem 15. Jh., und in der 1. Kapelle links des Chores ein Grabdenkmal, das im 16. Jh. von Imbert Boachon geschaffen wurde ; die 3. Kapelle enthält eine Dalmatika aus dem 14. Jh.

Théodore Aubanel-Museum (BY M³). — Die Familie Aubanel, seit 1744 Drucker und Verleger, bewohnt noch heute das Gebäude, in dem das Museum eingerichtet ist. Es enthält insbesondere einen Saal mit Druckereiwerkzeugen, seltenen Ausgaben und Dokumenten und Erinnerungsstücke von einem der Mitbegründer des Félibrige *(S. 24)*, Théodore Aubanel, sowie Bilder von Grivolas und Fromentin.

Rue Banasterie (CY). — Sie erhielt ihren Namen nach der Zunft der Korbflechter (provenzalisch = *banastiers*). Das Hôtel de Madon de Châteaublanc (17. Jh.), Nr. 13, hat an der Fassade eine steinerne Dekoration aus Girlanden, Früchten, Adlern und Masken.
Geht man ein wenig weiter, bietet sich ein Blick auf das Chorhaupt der Kathedrale und den Papstpalast.

Kapelle der Schwarzen Büßer (Chapelle des Pénitents Noirs) (CY **Z**). — Der Patron dieser Brüderschaft war Johannes der Täufer. Daher ist an der barocken Fassade sein von Putten getragenes Haupt zu sehen, welches von einem großen Strahlenkranz umgeben ist.
Der barocke Innenraum enthält Gemälde von Levieux, Nicolas Mignard, Pierre Parrocel. Das Deckengemälde im Chor stammt von P. Courtois (Verklärung Johannes des Täufers).

Zurückgehen; die Rue du Vice-Légat und die Rue Peyrollerie führen wieder zum Papstpalast.

AVIGNON★★★

WEITERE SEHENSWÜRDIGKEITEN

Louis Vouland-Museum (AY M⁴). — In Voulands ehemaligem Wohnhaus entstand aus dessen privater Kunstsammlung ein sehenswertes Museum, das vorwiegend französisches **Mobiliar** des 18. Jh.s enthält, so z. B. einen eingelegten Spieltisch, die Kasse eines Geldwechslers und ein Reisenecessaire mit dem Wappen der Gräfin Du Barry. Porzellan und **Fayencen**★ aus Moustiers und Marseille sind in zwei Sälen ausgestellt; zahlreiche flämische und französische Tapisserien schmücken die Wände. Unter den Gemälden stammt ein kleines Bild (Kirschen essendes Kind) von Jan Gossaert, genannt Mabuse; daneben gibt es eine bedeutende Sammlung aus Fernost mit chinesischen Vasen und Tellern sowie einer Reihe bemalter Elfenbeinfigürchen.

Zölestinerkloster (Couvent des Célestins) (BZ). — Der Bau wurde im 15. Jh. im Stil der nordfranzösischen Gotik errichtet und kürzlich restauriert. Sehenswert ist das schöne Chorhaupt der Kirche.

Mariä Heimsuchungs-Kirche (Église de la Visitation) (CY). — 17. Jh. Die Fassade der ehem. Klosterkirche hat feinen Skulpturenschmuck und einen Dreiecksgiebel.

Place des Carmes (CY). — Der Platz wurde nach dem alten Kloster der Barfüßigen Karmeliter benannt, von dem noch Kirche und Kreuzgang (CY V) aus dem 14. Jh. erhalten sind. Links neben der Kirche verschließt ein Gitter den Eingang zum Kreuzgang.

Kirche St-Symphorien (CY). — Fassade 15. Jh. In der ersten Kapelle links drei bemalte Schnitzfiguren aus dem 16. Jh.: Christus, Maria und Johannes. In den folgenden Kapellen Gemälde von Parrocel (hl. Familie), Nicolas Mignard (hl. Andreas) und Guillaume Grève (Anbetung der Könige).

Augustinerturm (CY S). — Der Turm südlich des Place des Carmes ist der einzige Überrest eines Klosters aus dem Jahr 1261. Er entstand 1372-77; der schmiedeiserne Glockenstuhl wurde im 16. Jh. aufgesetzt.

Rue des 3-Pilats (CY 80). — Nr. 16. Das Adelspalais aus dem 17. Jh. (CY W) ziert ein Dreiecksgiebel.

Rue Ste-Catherine (CY 67). — Nr. 17. Das Hôtel de Fonseca (CY X) von 1600 besitzt Kreuzstockfenster und einen Hof mit altem Brunnen.

AUSFLÜGE

★**Villeneuve-lès-Avignon.** — Auf dem rechten Rhone-Ufer. *Beschreibung S. 180.*

Montfavet. — *6 km auf der N 100* (DY) *und der N 7F, rechts.*
Der Ort besitzt eine eindrucksvolle **Kirche**, Rest eines Klosters aus dem 14. Jh., von dem noch zwei zinnenbekränzte Türme stehen. Ein durchbrochener Glockenturm überragt den Bau mit seinen massiven Strebebögen. Skulpturen schmücken den Portalsturz. Das schlichte Kirchenschiff wird von gotischen Gewölben überspannt und von Seitenkapellen flankiert.

Barbentane. — *9,5 km auf der N 570* (CZ), *dann rechts auf der D 35. Beschreibung S. 80.*

BAGNOLS-SUR-CÈZE

17 777 Ew.

Michelin-Karte Nr. 80 Falte 10, 20 oder 245 Falte 15 oder 246 Falte 24 — Ferienort

Neben dem alten Bagnols, dessen Ringstraße den Verlauf der ehemaligen Befestigung nachzeichnet, ist ein neues Wohnviertel, hauptsächlich für Beschäftigte des nahen Atomkraftwerks Marcoule *(S. 117),* entstanden.

★**Museum für moderne Kunst (Musée d'Art moderne)** (H). — Das Rathaus, ein nobler Bau aus dem 17. Jh., zeigt im 2. Stock zeitgenössische Malerei, Werke der Schule von Lyon (19. Jh.), Fayencen aus Moustier und Marseille und Erinnerungsmedaillen. Die ehemalige Privatsammlung George und Adèle Besson enthält signierte Arbeiten von Renoir, Valadon, Bonnard, Matisse, Marquet und Van Dongen.

BAGNOLS-SUR-CÈZE

André (R. A.)	2
Avignon (Rte d')	3
Boissin (Pl. Bertin)	5
Château (Pl. du)	6
Gentil (R.)	7
Horloge (R. de l')	9
Lacombe (Bd Th.)	10
Mallet (Pl. V.)	13
Mayre (Av. de la)	14
Pasterlon (Pl.)	15
Richard (Pl. U.)	17
Rivarol (R. A.-de)	18
Roc (R. du)	20
Verrerie (R. J.)	21

*Die Roten Hotelführer, Grünen Reiseführer und Karten von Michelin ergänzen sich.
Benutzen Sie sie zusammen.*

BAGNOLS-SUR-CÈZE

Archäologisches Museum (Musée d'Archéologie) (M). — Es enthält Fundstücke verschiedener Epochen aus dem Rhonetal. Zwei Säle sind der keltisch-ligurischen Zivilisation und dem Einfluß Griechenlands gewidmet (6.-1. Jh. v. Chr.): Tonwaren, Bronze, Kultgegenstände, Skulpturen (Widderkopf). In einer Galerie sind gallo-römische Objekte ausgestellt: Keramik, Amphoren, Glas, Gebrauchsgegenstände, Graburnen; interessant ist das Schild eines Steinmetzen mit Hammer und zwei Meißeln.

Die Exponate im nächsten Raum stammen aus dem Oppidum St-Vincent-de-Gaujac *(s. unten)*: die Nachbildung einer römischen Zentralheizung (Hypokaustum), Badebekken der Thermen, Tonwaren und Dokumente.

Alte Wohnhäuser. — In der **Rue Crémieux** links vom Rathaus (Hôtel de ville) sind vor allem mehrere klassizistische Portale (Nr. 10, 25 und 29) sehenswert sowie die Fassade von Nr. 15, die ein ausladendes Kranzgesims und dicke Wasserspeier zieren.

AUSFLÜGE

Rundfahrt von 153 km im südl. Vivarais. — *Dauer: 1 Tag. Bagnols-sur-Cèze auf der N 86 in nördl. Richtung verlassen, dann links abbiegen auf die D 980.*

★ **La Roque-sur-Cèze.** — *2 km auf der D 166. Beschreibung S. 147.*

Kartause von Valbonne (Chartreuse de Valbonne). — *5 km auf der D 23, dann links abbiegen. Beschreibung S. 176.*

Goudargues. — 680 Ew. Riesige Platanen umgeben den Ort, dessen ehemalige Abteikirche im 17. und 19. Jh. teilweise wiederaufgebaut wurde. Sehenswert ist ihre hohe romanische Apsis, die innen von einer doppelten Bogenreihe geziert wird.

Auf der D 980 weiterfahren.

Rechts liegt das Bergdorf Cornillon.

Montclus. — 139 Ew. Von der Kreuzung der D 980 mit der D 901 bietet sich eine hübsche **Aussicht**★ auf das alte Dorf mit seinem Turm.

Links auf die D 901, dann rechts abbiegen auf die D 712 und D 417.

★★★ **Orgnac-Höhle.** — Seite 142

Auf die D 901 zurückkehren, dann die D 980 nehmen und kurz vor St-André-de-Roquepertuis rechts auf die D 167 abbiegen.

Die Straße überquert eine rauhe, öde Hochebene. Rechts die D 979 nehmen: Während der Talfahrt sieht man unter sich die einsame **Cèze-Schlucht**★.

Links abbiegen in Richtung Rochegude und über die D 16 und D 7 nach Brouzet-lès-Alès fahren.

★★ **Guidon du Bouquet.** — Eine steile Straße führt durch Steineichengehölz und an der Ruine von Burg Bouquet vorbei zum höchsten Punkt des Bouquet-Kammes, dessen charakteristische Schnabelform weit über das Land ragt. Vom Gipfel umfaßt das **Panorama**★★ die Flüsse Gard oder Gardon (SW) und Ardèche (NO), den Übergang der Causses in die Cevennen und das Bergzüge des südl. Vivarais (NW), Mont Ventoux und die Alpilles (O). Bei der Madonnenstatue überblickt man die Garigue-Landschaft um Uzès, und hinter der Relaisstation erstreckt sich die Bouquet-Kette.

Denselben Weg zurückfahren und rechts auf die D 37 abbiegen.

Während der Bergfahrt sieht man die **Ruine**★ von Burg Allègre und später das Dorf **Lussan,** das auf einem Felsen hoch über der Strauchlandschaft der Garigue thront.

In Lussan auf die D 143 abbiegen, danach links auf die D 643.

★★ **Die Concluses.** — Seite 100

Zurück auf die D 143 und links abbiegen; über St-André-d'Olérargues zurück nach Bagnols.

Sabran. — 1 243 Ew. Das alte Städtchen liegt auf einer Bergkuppe: Von der kolossalen Marienstatue inmitten der Burgmauern hat man einen weitreichenden **Rundblick**★.

Rundfahrt von 50 km durch die Garigue und das Weinbaugebiet des Rhonebergslands. — *Dauer: 3 Std. Bagnols-sur-Cèze auf der N 86 in südl. Richtung nach Gaujac verlassen; rechts abbiegen auf die D 310, die unterhalb von Gaujac vorbeiführt; dann einem unbefestigten Weg (Pfeile) bergauf (schlechte Strecke) folgen.*

Oppidum St-Vincent de Gaujac. — Die bewaldete Anhöhe war mit Unterbrechungen vom 5. vorchristlichen Jh. bis zum 6. Jh. n Chr. und dann wieder zwischen dem 10. und 14. Jh. besiedelt. In gallo-römischer Zeit befand sich hier ein ländliches Heiligtum mit Tempeln und Thermen. Hinter dem befestigten Tor liegen die Überreste einer Stadtmauer; dann stößt man auf die Ruinen der mittelalterlichen Siedlung (Zisterne) sowie auf gallo-römische Funde (1.-3. Jh.). Oberhalb liegen die Trümmer eines kleinen, später romanisierten Tempels. Unterhalb lagen die **Thermen,** deren Anlage anhand der Reste von Hypokausten (zentrale Heißluftheizung) und Kanalisation erkennbar ist. Das Heiligtum wurde im 3. Jh. aus unbekannten Gründen verlassen.

Zurück zur N 86; nach 4 km südlich, hinter Pouzilhac, links abbiegen auf die D 101.

Die schmale, kurvenreiche Straße führt durch charakteristische Garigue- und Waldlandschaft. Kurz vor St-Victor-la-Coste bietet sich ein hübscher Blick auf die Ruine einer mittelalterlichen Burg, die während der Albigenserkriege geschleift wurde.

St-Victor-la-Coste. — 1 143 Ew. Dieses alte malerische Dorf *(wird z. Z. restauriert)* liegt an der Grenze zwischen Garigue und Weinbergen, zu Füßen seiner Burg.

Weiter auf der D 101.

Links führt ein Sträßchen zu einer abgelegenen Kapelle. Nun wird das Landschaftsbild von den Weinbergen der Rhone geprägt. Unter den ausgewählten Rebsorten aus begrenzten Anbaugebieten sind die „Lirac" und „Tavel" die bekanntesten *(S. 40)*.

St-Laurent-des-Arbres. — 1 403 Ew. In diesem alten Ort, der einst den Bischöfen von Avignon gehörte, gibt es noch sehenswerte Spuren des Mittelalters. Die romanische **Kirche** wurde im 14. Jh. befestigt: man erhöhte die Mauern und krönte sie mit einer

BAGNOLS-SUR-CÈZE

zinnenbesetzten Brustwehr. Im Inneren wird eine Trompenkuppel von den Symbolen der Evangelisten geziert. Der viereckige Wohnturm nahe der Kirche gehörte zur Burg der Herren von Sabran; sein unterer Teil soll aus dem 12. Jh. stammen. Im 14. Jh. wurde ein weiteres Geschoß mit Zinnenkranz über einer Bogenreihe, Ecktürmchen und einem kleinen viereckigen Wachturm aufgesetzt. Unweit erhebt sich oberhalb des Dorfes ein weiterer Viereckturm aus dem 12. Jh., der später ebenfalls verändert wurde.

Die D 26 führt nach Lirac und Tavel.
Nach diesen beiden Orten wurden zwei ausgezeichnete Weine benannt.
Nach St-Laurent zurückkehren und der N 580 nach Bagnols-sur-Cèze folgen.

★ La BARBEN (Schloß)

Michelin-Karte Nr. 84 Falte 2 oder 245 Falte 30 oder 246 S der Falte 12 — 10 km östl. von Salon-de-Provence

La Barben liegt auf einer steilen Anhöhe über dem Tal der Touloubre. Die Zufahrt bietet einen guten Überblick über den von Le Nôtre angelegten französischen Park.

★**Schloß.** — Die mittelalterliche Burg wurde im 14. und 17. Jh. verändert und ausgebaut, im 19. Jh. restauriert. Von der Terrasse (zweiläufige Treppe im Stil Henri IV) schöner Blick auf den französischen Park und das provenzalische Land zwischen der Trévaresse-Kette und dem Bergland der Alpilles. Bemerkenswerte Ausstattungsstücke sind die Zimmerdecken im französischen Stil und die Wandteppiche aus Flandern und Brüssel (16. und 17. Jh.). Den Großen Salon schmückt ein Wandteppich aus Aubusson. Der Große Saal ist mit einer spanischen **Ledertapete**★ ausgekleidet. Im 2. Stock befindet sich das Zimmer der Pauline Borghèse, Schwester Napoleons, im Empire-Stil mit einem Boudoir, dessen Tapete die Vier Jahreszeiten darstellt (von Granet).

Die Nebengebäude enthalten ein **Vivarium,** wo Fische und Reptilien der europäischen Flüsse und südlichen Meere zu sehen sind sowie Vögel aus fünf Kontinenten.

Auf der anderen Straßenseite ist ein **Zoologischer Garten** angelegt. Über eine Treppe *(112 Stufen)* gelangt man direkt in den Zoo. Ein Spaziergang durch südländische Flora führt zu den Gehegen mit Raubtieren und Raubvögeln (über 400 Tiere).

BARBENTANE

3 249 Ew.

Michelin-Karte Nr. 81 Falte 11 oder 245 Falte 29 oder 246 Falte 25 — Ferienort

Barbentane liegt am Nordhang der Montagnette-Kette *(S. 130)* und ist Zentrum eines Obst- und Gemüseanbaugebietes am Zusammenfluß von Rhone und Durance.

Schloß. — Ein eleganter Bau aus dem 17. Jh. Balluster, ein weit vorspringendes Gesims, die häufige Verwendung von Marmor und Stuck bei der Ausstattung der **Innenräume**★ und zahlreiche Kunstgegenstände verraten die Vorliebe des Erbauers, eines Marquis de Barbentane, für italien, wo er lange als Gesandter Ludwigs XV. gelebt hatte. Möbel im Louis-quinze- und Louis-seize-Stil, Porzellan und Fayencen verleihen den Räumen im Erdgeschoß einen gepflegt-wohnlichen Charakter.

Das alte Dorf. — Von der ehemaligen Befestigung stehen nur noch das Calendale-Tor am Cours und das Séquier-Tor oberhalb des Ortes.

Haus der Ritter (Maison des Chevaliers). — Renaissancebau mit Türmchen und zwei Korbbogen-Arkaden, darüber eine Säulengalerie. Die Kirche (12. Jh.) gegenüber wurde häufig baulich verändert; der beschädigte Turm stammt aus dem 15. Jh.

Anglica-Turm. — Der Wohnturm des alten Schlosses, das der Bruder Papst Urbans V. im 14. Jh. erbauen ließ, überragt den Ort. Von seiner Terrasse überblickt man Avignon, Châteaurenard und in der Ferne Mont Ventoux.

Ein kurzer Spaziergang durch ein Pinienwäldchen führt zu der gut erhaltenen **Windmühle** (moulin) **von Bretoul** (18. Jh.), wo man über das Rhonetal *(S. 130)* schaut. Beim Friedhof finden sich noch Spuren der alten Römerstraße, die Barbentane durchquerte.

Barbentane — Schloß

★★★ Les BAUX-DE-PROVENCE   433 Ew.

Michelin-Karte Nr. **83** Falte 10 oder **245** Falte 29 oder **246** Falte 26 — Kartenskizze S. 54 — Ferienort

Ein nackter Felsrücken, 900 m lang und 200 m breit, ragt steil aus der Hügelkette der Alpilles empor, darauf in einmaliger **Lage**★★★ das Dorf Les Baux: Burgruine und verlassene Häuser erinnern an die stolze mittelalterliche Festung.
Im Jahre 1822 wurde in dieser Gegend ein Mineral entdeckt, das nach seinem Fundort **Bauxit** *(S. 16)* genannt wurde und als wichtigster Rohstoff zur Aluminiumherstellung dient. Nördlich von Les Baux wird ein weicher, weißer Stein abgebaut, wobei weite Hallen mit glatten Wänden entstehen; er findet hauptsächlich in der Bildhauerei Verwendung.

GESCHICHTLICHES

Ein kriegerisches Geschlecht. — Die Herren von Stadt und Burg waren im Mittelalter ein mächtiges, weitverzweigtes Adelsgeschlecht, das seinen Stammbaum bis auf Balthasar, den König aus dem Morgenland, zurückführte, und dessen Wappen der Stern von Betlehem zierte. Stolz und Freiheitsliebe zeichneten die Herren von Baux aus, und der Dichter Mistral nennt sie poetisch eine „Adlerrasse, niemandem untertan". Im 11. Jh. besaß die Familie mehr als 79 Burgen und Dörfer. Der Herrensitz Les Baux war zwei Jahrhunderte später als **Liebeshof** bei den Troubadours *(S. 24)* Südfrankreichs sehr bekannt, und die Minnesänger kamen von weither, um die subtilen Fragen ritterlicher Minne vor einem Tribunal schöner Edelfräulein vorzutragen und für ihre Lieder zum Lohn den Kranz aus Pfauenfedern und einen Kuß zu erhalten.
1372 kam der ehrgeizige und grausame **Raimund von Turenne** als Vormund der letzten Erbin Alix hier an die Herrschaft. Er nutzte den Platz zu unzähligen Raubzügen und soll sich an der Angst seiner Gefangenen geweidet haben, die er beim Donjon den Felsen hinunterstürzen ließ. Schließlich zogen der Papst, der Graf von Provence und der König von Frankreich gegen diese Geißel des Landes zu Felde. Die Truppen Raimunds wurden eingekesselt, und ihr Anführer ertrank auf der Flucht bei Tarascon in der Rhone.

Protestantismus. — Nach dem Tod der Prinzessin Alix (1426) übernahm König René *(S. 46)* und in seiner Folge der König von Frankreich das Erbe der Herren von Les Baux, und es wurde von verdienten Adelsfamilien verwaltet. So kam in der Reformationszeit die Familie de Manville hierher, unter deren Einfluß der Ort zu einem Horte des Protestantismus wurde. Dies war dem um die Zentralgewalt Ludwigs XIII. besorgten Richelieu ein Dorn im Auge. Er ließ 1632 die Burg einnehmen und sie auf Kosten der Bewohner schleifen; diese mußten zusätzlich noch eine hohe Geldstrafe zahlen.
Heute ist die Burg im Besitz der Grimaldi von Monaco.

DAS DORF *Besichtigung: 1 Std.*

Als Anfahrtsstrecke wird die D 27 empfohlen.
Den Wagen an einem der Parkplätze am Eingang des Dorfes abstellen. Auf den gepflasterten Straßen und dem Ruinengelände des Schlosses empfiehlt sich rutschfestes, bequemes Schuhwerk. Dem grau auf dem Plan eingezeichneten Rundgang folgen. Wir geben nachstehend nur die Hauptsehenswürdigkeiten an. Beginn bei der Porte Mage.

Ehemaliges Rathaus (B). — Drei kreuzgewölbte Säle sind in dem Bau aus dem 17. Jh. erhalten. Provenzalische Krippen und Santon-Figuren.

Eyguières-Tor (D). — Früher der einzige Zugang zur Stadt.

Museum für zeitgenössische Kunst (Musée d'Art contemporain). — Das Museum ist im **Hôtel des Porcelets** (E), einem Stadtpalais aus dem 16. Jh., untergebracht; im Erdgeschoß zeigt ein Gewölbefresko (18. Jh.) die allegorische Darstellung der Vier Jahreszeiten.
Sieben Säle enthalten Werke von zeitgenössischen Künstlern wie Gleizes, Carzou und Buffet, wobei einige bevorzugt Motive aus den Alpilles oder Les Baux wählten (Brayer, Thuillier).

★ **Place St-Vincent.** — Der reizvolle, von alten Bäumen beschattete Platz bietet eine hübsche Aussicht auf die Täler Vallon de la Fontaine und Val d'Enfer (Höllental).

Kapelle der Weißen Büßer (Chapelle des Pénitents Blancs) (F). — Die im 17. Jh. errichtete Kapelle wurde 1936 restauriert. Im Inneren hängen Wandgemälde von dem zeitgenössischen Maler Yves Brayer.

Kirche St-Vincent (K). — An dem romanischen Bau aus dem 12. Jh. fällt die steinerne Totenleuchte an der Nordseite auf, in der einst ein Licht für die Sterbenden brannte. Das spitztonnenüberwölbte Hauptschiff wird von einem Seitenschiff mit Rundtonne flankiert; zu beiden Seiten schließen sich je drei Kapellen (16. Jh.) an. Die Ausstattung enthält ein in den Fels gehauenes Taufbecken, eine Grabplatte mit der Darstellung eines betenden Ritters (15. Jh.) und Fenster von Max Ingrand. Das hölzerne Wägelchen im Seitenschiff befördert bei der nach 400jähriger Tradition gefeierten **Christmette**★★ ein lebendes Lamm, von einem Widder gezogen.

Ehemalige evang. Kirche (L). — Rest eines zum Hause der Manville gehörenden Gebäudes mit der lateinischen Inschrift am Fenstersturz: *post tenebras lux* (nach dem Dunkel das Licht) und der Jahreszahl 1571.

Hôtel de Manville (H). — Renaissancefassade (16. Jh.) mit schönen Kreuzstockfenstern. Das Palais beherbergt heute das Rathaus.

Ehemalige Gemeinde-Backöfen (Q). — Sie standen zur Verfügung der Dorfbewohner.

★ **Rue du Trencat.** — Typische Straße, wo einige Wohnungen in den Felsen gebaut sind. Rechts haben Wind und Regen Vertiefungen in die Felswand gegraben.

Les BAUX-DE-PROVENCE ★★★

DIE TOTE STADT *Besichtigung: 1/2 Std.*

Archäologisches Museum (Musée lapidaire) (**M**). — Es befindet sich im sogenannten Hôtel de la Tour-de-Brau (14. Jh.) und zeigt u. a. Architekturfragmente und Keramiken, die bei Ausgrabungen in der Umgebung freigelegt wurden.

*Am Ende der Rue du Trencat dem Pfad folgen, der an den Ruinen der Kapelle St-Claude-et-St-Blaise (**R**) (14. Jh.) vorbeiführt. Man geht über das Plateau zu einem Kreuz und dem Denkmal für Charloun Rieu.*

Die plattenbelegten Flächen, rechts, leiten das Regenwasser zu einer Zisterne *(citerne)* im Fels mit einem Fassungsvermögen von 1 000 m³.

Denkmal Charloun Rieu (**S**). — Beim Denkmal für den provenzalischen Dichter Charloun Rieu (1846-1924) bietet sich ein herrlich weiter **Blick**★★ über die Abtei Montmajour, Arles, die Crau und die Camargue. Er reicht bei klarem Wetter bis Stes-Maries-de-la-Mer und Aigues-Mortes.

*Man geht dann in Richtung der Burgruine und am Fuße des Sarazenen-Turmes (**V**) vorbei, der rechts auf dem Steilhang thront. 100 m nach dem Turm den Pfad links nehmen. Rechts führt ein anderer Pfad zu einer schwer begehbaren Treppe, die auf den Gipfel des Felsens und zum Sarazenen-Turm führt, wo sich ein guter Überblick über das Dorf und die Burgruine bietet.*

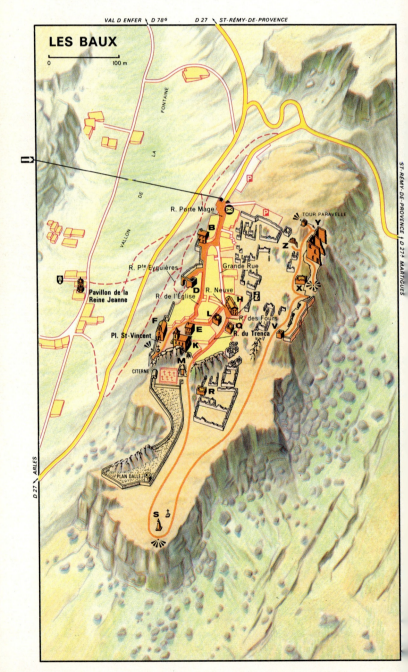

★★★ Les BAUX-DE-PROVENCE

Nachdem man an der im 16. Jh. restaurierten Kapelle Ste-Catherine (**X**) vorbeigegangen ist, wird der Paravelle-Turm erreicht: reizvoller **Blick**★ auf Les Baux und das Val d'Enfer, sowie auf die Burgruine.

Burg (**Y**). — Vom Felsen, den die Ruine des Bergfrieds (13. Jh.) krönt, bietet sich ein herrlicher **Rundblick**★★, der mit dem beim Charloun Rieu-Denkmal vergleichbar ist.

Hat man sich das Kolumbarium (**Z**) angesehen (Stätte zur Aufbewahrung von Urnen), zum Archäologischen Museum zurückkehren.

WEITERE SEHENSWÜRDIGKEITEN

★ **"Kathedrale der Bilder"** (**Cathédrale d'Images**). — An der D 27, 500 m nördlich des Ortes.
Die Steinbrüche beeindrucken durch ungewöhnliche Größe und Geradlinigkeit. In einem solchen, seit über 100 Jahren stillgelegten Steinbruch richtete Albert Plécy (1914-77) die sog. Kathedrale ein — auf der Suche nach dem "totalen Bild": In den hohen, halbdunklen Räumen dienen die glatten Flächen der Kalksteinwände und -pfeiler als dreidimensionale Riesenleinwand; bei der **audio-visuellen Vorführung**★ werden Lichtbilder von einem Synthesizer lautlich untermalt (jährlich wechselndes Programm).

Aussichtspunkt. — *Der D 27 folgen und nach etwa 1 km rechts abbiegen.*
Von einem Felsvorsprung bietet sich ein umfassender **Rundblick**★★★ *(Orientierungstafel, Parkplatz)* über Arles und die Camargue, das Rhone-Tal und die Cévennen, Aix, den Luberon und Mont Ventoux. Hier genießt der Besucher die beste Aussicht auf Les Baux inmitten einer eigentümlichen, steinernen Landschaft.

Höllental (**Val d'Enfer**). — *Zu erreichen auf der D 27 und D 78 G.*
Ein Fußweg *(1/4 Std. zu Fuß hin und zurück)* durchläuft das enge, von zerklüfteten Felsen und karger Vegetation gekennzeichnete "Höllental", das zahlreiche Legenden mit Fabelwesen bevölkert haben. Der Rückweg führt an den hallenartigen sogenannten Portalets vorbei, die zeitweilig bewohnt waren.

Pavillon der Königin Johanna (**Pavillon de la Reine Jeanne**). — *Zu erreichen über die D 78 G oder auf einem Fußweg durch das Eyguières-Tor.*
Der reizvolle Renaissance-Pavillon wurde um 1581 von Jeanne des Baux errichtet. Mistral ließ sich ein Mausoleum nach dem Vorbild des Pavillons in Maillane *(S. 117)* errichten.

★ # BEAUCAIRE   13 015 Ew.

Michelin-Karte Nr. 🗾 Falte 10 oder 245 Falte 28 oder 246 Falte 26

Der hohe Bergfried, der weißgrau aus dem hellen Stein des Felsens in den Himmel ragt, bildet das kühne Gegenstück zur Burg des Königs René auf der anderen Seite der Rhone.
Beaucaire, das vom 13. bis ins 19. Jh. als Messestadt weit über Frankreich hinaus bekannt war, ist heute eine kleine Industriestadt (Zement, Glas, Spirituosen), deren Handel sich auf den Hafen am Rhone-Sète-Kanal beschränkt, wo Wein umgeschlagen wird.
Im Stadtkern sind etliche schöne Fassaden geblieben, die — trotz aller Vernachlässigung — an die alte große Zeit erinnern, in der die geschmückte Stadt überfloß von Waren und Besuchern. Bis zu 300 000 Fremde kamen damals hierher, und viele waren gezwungen, in Booten auf der Rhone zu übernachten. Der Fluß umspülte zu jener Zeit übrigens auch den Fuß des "Schönen Felsens" *(Beau Caïre)* und wurde erst durch den Bau des **Kraftwerks** (Centrale de Beaucaire, über ⑥), das eine durchschnittliche Jahresproduktion von 1,3 Milliarden kWh erreicht, weiter nach Osten verlegt.

BEAUCAIRE

Ledru-Rollin (R.) ...... Z 17
Nationale (R.) .... Z

Barbès (R.) .... Z 2
Bijoutiers
 (R. des) .... YZ
Charlier (R.) .... Y 4
Château (R. du) .... Y 5
Clemenceau
 (Pl. Georges) ..... Z 6
Danton (R.) .... YZ 7
Denfert-
 Rochereau (R.) .... Z 8
Écluse (R. de l') ...... Z 9
Foch
 (Bd Maréchal) .... YZ
Gambetta
 (Cours) .... Z 13
Hôtel-de-Ville
 (R. de l') .... Z 14
Jaurès (Pl. Jean) ...... Y 15
Jean-Jacques-
 Rousseau (R.) ..... Y 16
N.-D.-des-
 Pommiers (Égl.) ... Y
Pascal (R. Roger) ..... Z 21
République (Pl. de la) . Y 22
République (R. de la) . Y 23
St-Paul (Égl.) .... Z
Victor-Hugo (R.) ...... Y 25

83

BEAUCAIRE★

★ DIE BURG (Y) *Besichtigung: 1 Std.*

Vom Place du Château führt eine Treppe zum Park. Dort darf nicht geraucht werden.

Ein pinienduftender, leicht verwilderter Park umrahmt die weitläufige Ruine. Die Burg stammt aus dem 11. und 13. Jh. und wurde 1632 auf Anordnung Richelieus geschleift, nachdem die protestantischen Burgherren oft und hartnäckig gegen Stadt und König Krieg geführt hatten.

Kapelle (Y B). — Die romanische Burgkapelle wurde im 19. Jh. restauriert.

Bergfried (Y D). — *104 Stufen.* Der eindrucksvolle Bergfried hat einen vieleckigen Grundriß, erscheint dem Auge jedoch dreieckig und ähnelt von unten gesehen einem Schiffsbug. Von seiner Plattform bietet sich ein wunderschöner **Rundblick★★** auf die Berge der Montagnette und Alpilles, das Rhonetal, Beaucaire, Tarascon.

Befestigungsanlagen. — Von ihnen sieht man noch einen runden Eckturm (Y E) sowie Reste des Walls und des Außenwerks.

Museum La Vignasse. — Es wurde in Räumen neben der Burg eingerichtet und enthält zahlreiche Dokumente über die ehemalige Messestadt Beaucaire, von denen das älteste aus dem Jahre 1651 stammt sowie Kostüme, provenzalische Möbel und Gerätschaften, gallo-römische Keramik, Münzen, Statuen und Graburnen, die auf dem Gebiet der Gemeinde von Beaucaire freigelegt wurden.

WEITERE SEHENSWÜRDIGKEITEN

Rathaus (Z H). — Es ist nicht nachgewiesen, daß die Pläne wirklich von dem großen Architekten Jules Hardouin-Mansart stammen, doch wäre der noble U-förmige Bau (1679-83) mit dem offenen Treppenhaus im Mittelteil durchaus seiner würdig.

Kirche Notre-Dame-des-Pommiers (Y). — Die zwischen 1734 und 1744 wiederaufgebaute Kirche im Jesuitenstil hat eine schöne geschweifte barocke Fassade. Ein romanischer Fries ist, ziemlich hoch oben, in die östliche Seitenmauer eingelassen *(man sieht ihn von der Rue Charlier aus)*. Das Innere beeindruckt durch die Ausmaße und eine Hängekuppel über der Vierung.

Haus der Karyatiden (Y K). — *Rue de la République Nr. 23.* Schönes Wohnhaus aus dem 17. Jh.

Betkapelle Croix couverte. — *1,5 km südwestl.; an der Kreuzung von D 15* (Z) *und der ersten Seitenstraße rechts.* Die kleine dreieckige Betkapelle stammt aus dem frühen 15. Jh. Sie ist mit einer zierlichen Balustrade geschmückt.

AUSFLUG

Abtei St-Roman (Abbaye de St-Roman). — *4,5 km auf der D 999,* ⑤ *des Plans, dann rechts abbiegen; zusätzlich 1/2 Std. zu Fuß hin und zurück. Den Wagen auf dem Parkplatz abstellen und dem Weg durch Kermeseichen und Zistrosen folgen.*
Auf einem Kalkfelsen liegt die Ruine des Klosters, das im 12. Jh. der Abtei von Psalmody (bei Aigues-Mortes) unterstand. Im 16. Jh. wurde es von den Mönchen verlassen und zur Festung ausgebaut, wobei man Steine der Klostergebäude verwendete; auf der obersten Terrasse entstand eine Burg, die 1850 zerstört wurde. Heute sind nur noch wenige Überreste der Befestigungsanlagen zu sehen.
Die Kapelle ist in den Fels gebaut und enthält in der Vierung das Grabmal des hl. Roman; rechts ein Abtsstuhl aus dem 12. Jh. Über den Gräbern auf der linken Seite eine Totenleuchte mit zahlreichen Nischen für Öllampen.
Von der Terrasse aus erstreckt sich der **Blick★** über die Rhone, den Stausee von Vallabrègues, Avignon, den Ventoux und Luberon, die Alpilles-Kette sowie Tarascon mit der Burg im Vordergrund. Außerdem sind in den Stein geschlagene Gräber zu sehen, die beim Bau der Burg entweiht wurden, ein Klärbecken, das einst eine mächtige Zisterne speiste, die Mönchszellen sowie ein großer Saal, der früher in 3 Etagen aufgeteilt war.

★ See von BERRE

Michelin-Karte Nr. 84 Falte 1, 2, 11, 12 oder 245 Falte 30, 43 oder 246 Falte 13, 14

Die 15 530 ha große Wasserfläche mit einem Umfang von 75 km und einer maximalen Tiefe von 9 m wird von verschiedenen kleineren Höhenzügen aus Kalkstein umgeben (Lançon, Vitrolles, Estaque, St-Mitre) und ist nur nach Nordwesten, zur Crau-Ebene hin, offen. Die Kanäle Canal de Caronte und Canal de Marseille au Rhône verbinden sie mit dem Mittelmeer, während ihr die Flüsse Arc und Touloubre sowie der EDF-Kanal aus dem Durance-Gebiet zufließen und Süßwasser bringen.
Schon früh waren die Ufer des Sees von Berre besiedelt, was die Funde von St-Blaise und die Römerbrücke Pont Flavien bezeugen.
Heute ist hier eine eindrucksvolle Industrielandschaft entstanden, die von hohen Destillierkolonnen, Fabrikschloten, Abgasfackeln und den silbrigen oder weißen Aluminiumtanks der Mineralölindustrie bestimmt wird. Außerdem haben sich am See von Berre Flugzeug- und Schiffbau angesiedelt.

Das Erdöl. — Mit noch wenig besiedelten Randzonen, der Nähe des Mittelmeeres und seiner leichten Zugänglichkeit für Tankschiffe vom Golf von Fos aus bot sich der See von Berre nach dem Ersten Weltkrieg als Standort für die entstehende Mineralölindustrie an. Diese errichtete in den Jahren 1922-1934 Raffinerien in Lavéra, Berre und La Mède, doch schon 1938 waren die Löschanlagen bei Port-de-Bouc zu klein geworden.

★See von BERRE

Lavéra. — Die 1952 in Betrieb genommenen Hafenbecken sind durch den Kanal von Caronte mit dem See von Berre verbunden. Mit 12-13,50 m Tiefe können sie an den Kais Tankschiffe bis zu 80 000 t und an Dalben (sog. *sea-line*) bis zu 100 000 t aufnehmen. Lavéra ist insbesondere auf die Einfuhr und Lagerung von Erdöl und auf den Umschlag der Raffinerieprodukte (verflüssigte Gase) sowie fester und flüssiger chemischer Produkte spezialisiert.

Die **Südeuropa-Pipeline** leitet seit 1962 Rohöl von Fos in ein Dutzend Raffinerien, auch in die Schweiz, nach Baden und Bayern. Sie kann 2 260 000 m^3 aufnehmen und pro Jahr 65,2 Mio. t transportieren.

In Caronte, gegenüber von Lavéra, wird Massengut umgeschlagen. Das Verwaltungszentrum für den Komplex Lavéra-Caronte-Fos und Port-St-Louis befindet sich in Port-de-Bouc.

Raffinerien und Petrochemie. — Seit 1973 wurde die Kapazität der vier Raffinerien (zusammen 40 Mio. t) dem merklich gesunkenen Verbrauch angepaßt. Die Lagerkapazität beträgt 8 Mio. m^3 Rohöl.

Die Petrochemie erlebte in den letzten 10 Jahren einen erheblichen Aufschwung; es werden vor allem Kautschuk und Kunststoffe hergestellt.

Die Flughäfen. — Die unbesiedelte Crau-Ebene und die weite Wasserfläche des Sees sind ideale Gebiete für die Luftfahrt.

Istres wurde schon vor 1914 als erster Militärflughafen gebaut und erlebte die Anfänge der Fliegerei. 1917 wurden die Fliegerschule und ein 70 ha großer Flugplatz angelegt. Zwischen den beiden Weltkriegen befand sich hier eine Versuchsstation. Heute ist der Flugplatz mit allem zugehörigen Gelände 2 031 ha groß.

Berre war mit Biserta (Tunesien) bis 1940 die bedeutendste französische Basis für Wasser-Land-Flugzeuge.

Marseille-Provence, in Marignane, ist der internationale Verkehrsflughafen von Marseille (S. 86).

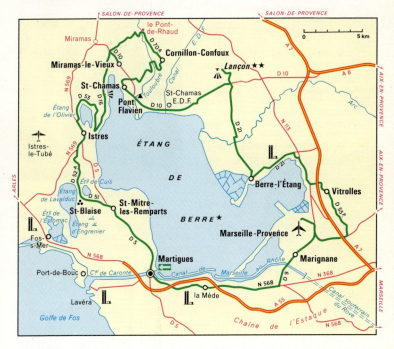

RUNDFAHRT AB MARTIGUES

113 km — etwa 1 Tag — Kartenskizze s. oben

Martigues. — *Seite 128*

Ausfahrt aus Martigues auf der D 5, ① des Plans.

Die Straße führt durch Hügelland, in dem Wein, Obstbäume und Pinien wachsen.

St-Mitre-les-Remparts. — 4 299 Ew. Der Ort hat noch eine im 15. Jh. errichtete Stadtmauer mit zwei Toren. Durch ein Netz kleiner Sträßchen gelangt man zur Kirche, von wo man einen schönen Blick auf den See von Engrenier hat.

Von St-Mitre geradeaus auf die D 51 fahren.

Rechts Ausblick auf den See von Berre, dann taucht rechterhand der kleine See von Citis auf, während links auf einer Hügelkuppe zwischen Pinien das Chorhaupt der Kapelle St-Blaise zu erkennen ist.

Ausgrabungsort St-Blaise. — *Seite 148*

Istres. — 30 360 Ew. Die Stadt ist vor allem wegen ihres großen Militärflughafens (*s. oben*) bekannt.

Ein **Heimatmuseum** (Musée du Vieil-Istres) enthält auch gallo-römische Funde. Nördlich von Istres liegen, auf einer felsigen Anhöhe mit reizvollem Blick, die Reste des griechisch-ligurischen Oppidums Le Castellan.

See von BERRE★

Die D 53 umrundet den See L'Olivier; danach links die D 16 nehmen.

Dieser Streckenabschnitt am Seeufer entlang ist landschaftlich besonders schön.

Miramas-le-Vieux. — Eine Stadtmauer umringt noch das hübsche Dorf mit der alten Burg (13. Jh.). Die Kirche wurde im 15. Jh. erbaut, während die Friedhofskapelle aus dem 12. Jh. stammt. Schöner Blick auf den See von Berre.

Zurück zur D 10, dann gegenüber auf die D 16 und die D 70^D.

Das Weideland wird in dieser Gegend vorwiegend zur Schafzucht genutzt.

In Pont-du-Raud rechts abbiegen auf die D 70^A.

Die Straße führt oberhalb des Touloubre-Tals entlang.

Cornillon-Confoux. — 980 Ew. In der Mitte des auf einer Anhöhe gelegenen Dörfchens steht die kleine romanische Kirche mit Glockenwand, die im Inneren moderne Glasfenster von Frédérique Duran aufweist.
Vom Kirchplatz aus führt ein Spazierweg um die Ortschaft herum und bietet schöne **Ausblicke★** auf den See von Berre, St-Mitre, St-Chamas, den Luberon und Ventoux sowie das Bergland der Alpilles.

Der D 70 folgen, dann rechts abbiegen nach St-Chamas.

St-Chamas. — 5 045 Ew. In der **Kirche** (17. Jh.) mit schöner Barockfassade kann man sich den marmornen Hochaltar und den Sankt Annen-Altar (3. Kapelle rechts, 16. Jh.) ansehen.

Pont Flavien

Pont Flavien. — Die Römerbrücke, die in einem Bogen den Touloubre überquert, entstand im 1. Jh. n. Chr. Man beachte die Triumphbögen an seinen Enden.

Die D 10 führt am See entlang und am **Kraftwerk von St-Chamas** vorbei, das am Canal E.D.F. *(S. 103)* liegt. Die jährliche Kapazität beträgt 610 Mio. kWh.

Nach links auf die D 21 abbiegen; nach 1,7 km links dem unbefestigten Weg folgen.

★★**Aussichtspunkt Lançon.** — 1/4 Std. zu Fuß hin und zurück. 48 Stufen führen auf den Gipfel eines Felsens, der einen schönen **Überblick★★** über den See von Berre bietet.

Die D 21 führt nach Berre-l'Étang.

Berre-l'Étang. — 12 562 Ew. Die Stadt lebt vom Fischfang und hauptsächlich von der Herstellung chemischer Produkte. Sehenswert ist im Inneren der Kapelle Notre-Dame-de-Caderot der Aufsatz des Hochaltars aus bemaltem Holz (16. Jh.). In einer kleinen Nische dem Eingangsportal gegenüber steht die Kristallvase von Caderot, die eine Locke der Jungfrau enthalten haben soll. Auf dem Boden erkennt man noch die Siegel von Monseigneur de Grignan und Monseigneur de Forbin, Erzbischof von Arles im 17. Jh.

Weiter auf der D 21, dann rechts auf die N 113, danach links in Richtung Vitrolles fahren.

Vitrolles. — Seite 183

Vitrolles auf der D 55^F verlassen. Bei der Kreuzung mit der N 113, gegenüber die D 9 nehmen, dann rechts die D 20.

Flughafen Marseille-Provence. — Dies ist der internationale Verkehrsflughafen von Marseille und nach Paris der zweitgrößte Frankreichs; er kann auch von Wasser-Land-Flugzeugen angeflogen werden. Das 550 ha große Gelände hat zwei Startbahnen von 3,5 und 2,4 km Länge sowie einen 50 m hohen Kontrollturm.

Marignane. — 31 213 Ew. Der Ort besitzt zwei interessante Bauwerke: das sog. Schloß Mirabeaus und die Kirche. In einem Teil des Schlosses befindet sich das **Bürgermeisteramt** *(mairie)*. Gut erhalten sind die blumenverzierten Decken im französischen Stil im Badezimmer, im Trauungssaal (Chambre du Marquis) und im Bürgermeisterzimmer (Boudoir de la Marquise).
Das fensterlose Kirchenschiff aus dem späten 11. Jh. wird von einer Spitzbogentonne mit engen Gurtbögen überwölbt; die Seitenschiffe (16. Jh.) haben Spitzbogengewölbe. Bemerkenswert ist der Hochaltar aus dem 16. Jh.

Der D 9 folgen, dann rechts weiter auf der N 568.

Die Straße überquert den Marseille-Rhone-Kanal und führt durch ein Gemüseanbaugebiet. Aussicht auf den See und den Ort **La Mède,** wo zwei bizarre Felsen die Hafeneinfahrt markieren.

Auf der N 568 nach Martigues (S. 128) zurückkehren.

Wenn Sie ein angenehmes und ruhiges Hotel in guter Lage suchen, finden Sie es bestimmt im Roten Michelin-Führer des laufenden Jahres.

BOLLÈNE

12 690 Ew.

Michelin-Karte Nr. 80 Falte 10 oder 245 Falte 16 oder 246 Falte 23 — Ferienort

Die Stadt war einst eine der reichsten Besitzungen der Päpste von Avignon — alte Häuser und einige schöne Portale zeugen von geschichtlicher Bedeutung. Heute ist der Ort ein wichtiger Markt für Frühobst und -gemüse. Mit den Sträßchen und platanenbestandenen Ringstraßen hat er sich seinen provenzalischen Charakter bewahrt.

Von den zahlreichen Terrassen oberhalb des Rhonetals erkennt man den Kanal von Donzère-Mondragon, das Wasserkraftwerk von Bollène und den großen Atomreaktor von Tricastin; in der Ferne das Bergland der Ardèche und des Bas-Vivarais.

BOLLÈNE

Chabrières (R. des)	5
Cimetière (Rue Gd)	6
Fabre (R. Henri)	7
Gambetta (Bd)	9
Giono (A. Jean)	10
Louis (R. Auguste)	12
Paroisse (Montée de la)	13
Puy (R. du)	15
Récollets (Pl. des)	16
République (Cours de la)	17
Réservoirs (Montée des)	19
Reynaud-de-la-Gardette (Pl.)	20
Tour (R. de la)	21
Zola (R. Émile)	22

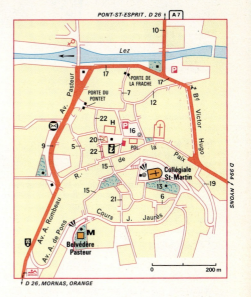

Wenn Sie ein angenehmes und ruhiges Hotel in guter Lage suchen, finden Sie es bestimmt in Roten Michelin-Führer des laufenden Jahres.

Belvedere Pasteur. — Um die ehemalige romanische Drei-Kreuzkapelle (Trois-Croix, heute Museum) wurde ein kleiner Park angelegt. Von dort reicht der Blick über die Ebene von Pierrelatte, den Kanal von Donzère-Mondragon, das Kraftwerk von Bollène und die ersten Anhöhen des Bas-Vivarais. Eine Büste von Pasteur erinnert daran, daß der Wissenschaftler 1882 in Bollène einen Impfstoff gegen Rotlauf, eine Infektionskrankheit der Schweine, entwickelt hat.

Museum (M). — Es enthält Zeichnungen von Picasso und Chagall, Malerei und Skulptur lokaler Künstler und gallo-römische Münzen.

Stiftskirche St-Martin (B). — Die frühere Pfarrkirche (heute Ausstellungsraum) aus dem 12.-16. Jh. steht auf einem Hügel im Osten der Stadt. Sie besitzt einen wuchtigen Glockenturm und ein Renaissance-Portal; innen ist vor allem das Gebälk des Satteldaches sehenswert. Auch vom Chorhaupt aus sieht man weit über die Landschaft.

AUSFLUG

Mornas. — 1 737 Ew. Ferienort. *11 km südl. auf der D 26 und der N 7.*
Die D 26 durchquert Mondragon, das von seinem Schloß überragt wird, und stößt auf die N 7. Das Dorf liegt unterhalb einer steilen Felswand (137 m), die von der Ruine einer mächtigen Festung gekrönt wird; Stadttore und alte Häuser ergeben eine fast mittelalterliche Atmosphäre. *Zugang über eine steile Gasse (Parkplatz) und einen Fußweg.* Neben dem Friedhof steht die alte romanische Kirche Notre-Dame du Val-Romigier.
Die **Burg** besitzt eine 2 km lange, von halbrunden oder viereckigen Türmen flankierte Mauer; am höchsten Punkt stehen Reste des Wohnturms und einer Kapelle. Sie gehörte einst den Bischöfen von Arles, wurde 1197 Lehen des Grafen von Toulouse und durch diesen vollständig neu erbaut.
Während der Religionskriege fiel der Ort in die Hände des Feindes, der sämtliche Einwohner vom Felsen stürzen ließ.

★ BONNIEUX

1 385 Ew.

Michelin-Karte Nr. 81 Falte 13 oder 245 Falte 31 oder 246 Falte 11 — Kartenskizze S. 114 — Ferienort

Dieses malerische Bergdorf liegt auf einer der ersten Anhöhen des Luberon.

Alter Ortsteil. — *Vom Place de la Liberté kommend die steile Passage Rue de la Mairie nehmen und bis zur Terrasse unterhalb der Alten Kirche gehen. Oder mit dem Auto der Route de Cadenet, dann einem befestigten Weg (links) bergauf folgen.*

Terrasse. — Von dort umfaßt der **Blick**★ das Luberon-Bergdorf Lacoste (links); man erkennt rechts Gordes und Roussillon, deren ockerfarbene Häuser von der Umgebung kaum zu unterscheiden sind; dahinter erscheint die Silhouette des Ventoux.

BONNIEUX

Ancien-Presbytère (R. de l')	2
Aurard (R. J.-B.)	3
Carnot (Pl.)	4
Gare (Av. de la)	5
Hugues (Av. Clovis)	7
Liberté (Pl. de la)	8
Mairie (R. de la)	9
République (R. de la)	12
Victor-Hugo (R.)	13
Voltaire (R.)	14
4-Septembre (Pl. du)	16

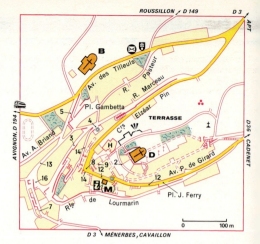

Auf den Stadtplänen der Michelin-Führer sind die Durchgangs- und Zufahrtsstraßen farblich besonders hervorgehoben.

Alte Kirche (D). — Von der Terrasse gelangt man über eine Treppe zur ehemaligen Pfarrkirche aus dem 12. Jh., die von herrlichen Zedern umgeben ist.

Neue Kirche (B). — In dem Ende des 19. Jh.s errichteten Gotteshaus befinden sich hinter dem Hochaltar vier **Tafelbilder★** (15. Jh.) eines deutschen Meisters, die die hl. Veronika, den Schmerzensmann, die Dornenkrönung und die Geißelung darstellen.

Bäckereimuseum (Musée de la Boulangerie) (M). — Die im Fremdenverkehrsamt (Syndicat d'initiative) ausgestellten Geräte und Werkzeuge illustrieren das Bäckerhandwerk und die verschiedenen Brotsorten.

CADENET   2 640 Ew.

Michelin-Karte Nr. **84** Falte 3 oder **245** Falte 31 oder **246** Falte 12 — Kartenskizze S. 105 — Ferienort

Hübscher kleiner Ort am Felshang, den eine Burgruine aus dem 11. Jh. krönt.

Der Trommler von Arcole. — Auf dem Marktplatz steht die bekannte Statue von André Estienne, der 1777 in Cadenet geboren wurde. Im November 1796 zeichnete sich der junge Mann in der Schlacht um die Brücke von Arcole besonders aus: Schwimmend durchquerte er den Fluß und schlug einen solchen Trommelwirbel, daß die Österreicher sich eingekreist glaubten und den Kampf aufgaben.

Kirche. — Sehenswerter Bau aus dem 14. Jh., der im 16. und 17. Jh. verändert wurde. Ein schöner Viereckturm trägt den Glockenstuhl. Im linken Seitenschiff dient ein römischer Sarkophag aus dem 3. Jh. als **Taufbecken★**; seine Reliefs zeigen den Triumph der Ariane.

Der Trommler von Arcole

Höhlenwohnungen von CALÈS

Michelin-Karte Nr. **84** Falte 1, 2 oder **245** Falte 30 oder **246** Falte 12 — 10 km nördl. von Salon-de-Provence

Die Höhlen befinden sich am Hang des Défends-Gebirges, unter der schützenden Obhut einer Marienstatue (Notre-Dame-de-la-Garde).

Zugang. — *3/4 Std. zu Fuß hin und zurück. Rechts von der Kirche führt eine Straße bergauf und geht dann in einen Pfad bzw. gepflasterten Weg über. Nach etwa 400 m zweigt rechts eine beschotterte Allee ab.*

Höhlenwohnungen (Grottes). — Die Höhlen sollen von den Ligurern stammen, später von den Sarazenen eingenommen und bis ins Mittelalter bewohnt gewesen sein.
Bei einem kurzen Rundgang sind die Einrichtungen wie Trennwände, Treppen, Verteidigungsanlagen und in den Fels gehauene Vorratskammern zu sehen.
Ein Weg führt um den Hügel herum auf die Anhöhe zu der Marienstatue Notre-Dame de la Garde.

Der **Blick** umfaßt im Norden die Durance-Ebene und den Luberon, im Osten die Höhlenwohnungen, im Süden den Lamanon-Engpaß, das alte Flußbett der Durance, die Ebene um Salon, die Estaque-Gebirgskette, die Crau sowie den See von Berre.
Beim Abstieg sich links halten, um auf den gepflasterten Weg zurückzukehren.

*Die **Michelin-Karten** werden stets auf dem neusten Stand gehalten.
Benutzen Sie nicht heute eine Karte von gestern.*

★★ Die CAMARGUE

Michelin-Karte Nr. 83 Falte 8-10, 18-20 oder 245 Falte 40-42 oder 246 Falte 26-28

Die Ebene der Camargue ist zweifellos die eigenartigste unter den provenzalischen Landschaften. Sie ist zum Teil geschüzt und hat daher ihre Ursprünglichkeit noch nicht verloren. Frühling und Herbst sind die besten Reisezeiten; dann finden auch die berühmten Wallfahrten nach Stes-Maries-de-la-Mer statt *(S. 159)*.

Naturpark Camargue (Parc naturel régional de Camargue). — Der 85 000 ha umfassende Naturpark hat verschiedene Funktionen: Bewahrung des Lebensraums für die Bewohner und Gewährleistung der Landwirtschaft, Überwachung der Bewässerungssituation und Naturschutz, aber auch Kontrolle des ständig wachsenden Fremdenverkehrs.

Schutzgebiet Camargue (Réserve nationale de Camargue). — In dem 13 500 ha großen Gebiet des Vaccarès-Sees sind Tiere und Pflanzen streng geschützt.

LANDESKUNDE

Das Rhone-Delta. — Diese riesige Schwemmlandebene umfaßt 95 000 ha, die „Insel" zwischen den beiden Rhone-Armen 75 000 ha.

Vor etwa 10 000 Jahren reichte das Meer bis zum Nordufer des Vaccarès-Sees, doch veränderte sich die Landschaft ständig durch die gegenläufigen Kräfte von Fluß und Meer. Jahrhundertelang wechselte der Verlauf des mächtigen Stromes (erst seit dem 15. Jh. entstand das heutige Flußbett), der durch mitgeführtes Material Wälle zwischen den Sümpfen aufschob, während Küstenströmungen durch Anschwemmung Lagunen verschlossen. Alljährlich trägt die „Große Rhone" (9/10 der gesamten Wassermenge) etwa 20 Mio. m³ von seinen Ufern losgerissenes Geröll, Sand und Lehm ins Mittelmeer. Ein Teil davon landet an der Küste des Bas-Languedoc und beginnt dort den Zugang zum Berre-See im Golf von Fos zu erschweren. Während des Zweiten Kaiserreiches gelang es durch den Bau eines großen **Deichs** (Digue à la mer) und mehrerer Rhone-Dämme, diese Naturkräfte in gewissem Maß unter Kontrolle zu bringen. Indessen schiebt sich die Küstenlinie an verschiedenen Punkten jährlich um 10-50 m ins Meer vor (Pointe de l'Espiguette, Pointe du Sablon); so liegt Aigues-Mortes, wo Ludwig der Heilige sich im 13. Jh. zum Kreuzzug einschiffte, heute 5 km von der Küste entfernt ! An anderen Orten wiederum holt sich das Wasser seinen Tribut: Der **Leuchtturm Faraman,** 1840 noch 700 m weit im Landesinneren errichtet, wurde zum Beispiel schon 1917 vom Meer erreicht und versank. Der Ort Les Saintes-Maries-de-la-Mer lag früher mehrere Kilometer von der Küste entfernt, jetzt mußte man Deiche zu seinem Schutze errichten.

Die Landschaft. — Die Camargue wirkt recht einheitlich, läßt sich jedoch in drei verschiedene Zonen unterteilen.

Die landwirtschaftlich genutzte Zone. — Im Norden des Deltas und an ihren beiden Mündungsarmen hat die Rhone feines Schwemmland abgelagert, auf dem sich das beste Ackerland und die Höfe befinden. Diese sog. Obere Camargue wurde bereits im Mittelalter urbar gemacht, was einen ständigen Kampf gegen Wasser und Salz bedeutete.

Nach Trockenlegung der Salzsümpfe und Drainage des Wassers, das vor allem im Vaccarès-See gesammelt wird, muß der Boden durch Heranpumpen von Süßwasser entsalzt und landwirtschaftlich nutzbar gemacht werden. So durchziehen denn eine Unzahl von Kanälen das Gebiet, und Pumpstationen erheben sich aus dem flachen Land. Heute werden befriedigende Ergebnisse erzielt, doch darf die Bewässerung nicht unkontrolliert erfolgen, da hierdurch möglicherweise der Grundwasserspiegel steigt, was wiederum erhöhte Verdunstung und stärkere Versalzung zur Folge hat.

Die ausschließlich extensiv genutzte Fläche hat beträchtlich zugenommen; es werden Weizen, Wein, Obst, Gemüse, Mais, Raps und Futterpflanzen angebaut.

Der **Reisanbau** sollte zunächst nur dem Boden Salz entziehen, um ihn für andere Nutzpflanzen vorzubereiten. Seit 1942 wurde die Produktion intensiviert, sank dann jedoch aufgrund der ausländischen Konkurrenz (4-5 000 ha). Zur Entwicklung braucht die Pflanze 6 Monate lang eine Wasserschicht von 10-15 cm. Süßwasser wird in Kanälen aus der Rhone herausgepumpt und drängt — als günstige Nebenwirkung — das Salz in tiefere Bodenschichten zurück. Be- und Entwässerungsdämme fassen die Felder ein.

Früher wurde der Reis zuerst im Saatbeet gezogen und nach einem Monat in das überschwemmte Feld umgesetzt. Wegen der teuren Arbeitskräfte wird er heute sofort ins Feld ausgesät. Dabei muß das Unkraut später chemisch vernichtet werden. Die Ernte findet Ende September/Anfang Oktober statt und wird in den genossenschaftlichen Reismühlen aufbereitet, d.h. enthülst, geschält, und poliert.

Die CAMARGUE★★

Die Salinen. — Zwei große Salinen sind in der Camargue in Betrieb: eine im Süden von Aigues-Mortes, die andere südlich von Salin-de-Giraud (10 000 bzw. 11 000 ha), wo bereits im 13. Jh. von Mönchen Salz gewonnen wurde. Der Abbau erreichte im 19. Jh. einen Höhepunkt, um dann erneut nachzulassen; augenblicklich liegt die gesamte jährliche Fördermenge bei 1 023 000 t.
Zwischen März und September wird Meerwasser, das hier 36 g Salz/l enthält (davon 29 g Kochsalz) durch große, sehr flache Becken gepumpt, bis nach einer Strecke von etwa 50 km der Sättigungsgrad erreicht ist und Chlornatrium ausfällt. Dies geschieht in 12 cm tiefen „Pfannen", die sich über 9 ha erstrecken. Von Ende August bis Anfang Oktober, vor der Regenzeit, findet die Ernte statt. Das gewaschene Salz wird in 21 m hohen Bergen gelagert, bis es in Fabriken weiter veredelt wird bzw. zur Herstellung von Brom und Magnesiumsalzen dient.

Die Naturlandschaft. — Im Süden des Deltas liegt die unfruchtbare Ebene der Seen, Lagunen und Sümpfe, durch zahllose Wasserrinnen (sog. graus) mit dem Meer verbunden und an der Küste von kleinen Dünen gesäumt.

Die traditionelle Camargue. — Diese Naturlandschaft bildet ein eigenes Ökosystem, das vor willkürlichen Eingriffen geschützt wird und wo die traditionelle Weidewirtschaft mit ihrer Hirtenkultur erhalten werden soll.
Der Besucher sollte die geschützten Gebiete respektieren und sich an die Straßen und vorgeschlagenen Rundwege halten, die diese eigentümliche Landschaft erschließen.

Die Pflanzen- und Tierwelt. — Der Boden dieser ausgedehnten Ebene ist rissig vor Trockenheit, weiß durch das ausblühende Salz und nur mit einer kargen Vegetation bedeckt — im Frühling grün, im Sommer grau und im Winter rot. Es sind Pflanzen, die auch salzhaltige Erde vertragen, vor allem die kugeligen Büschel des Quellers *(salicornia)*, die den wilden Rinderherden als Nahrung dienen. Weiden und Stechginster liefern das Material für Körbe, Stühle oder die Dächer der sog. Cabanes *(S. 27)*; Tamarisken sind die einzigen Sträucher. Die Sümpfe sind das typischste Gebiet der Camargue und reich an Vögeln und Pflanzen. Daher sollen nachstehend einige der häufigsten Arten, nach ihrem Lebensraum geordnet, genannt werden:
An den **Brackwasserseen**, die im Frühjahr von gelbblühenden Binsen gesäumt sind, nisten die verschiedensten Entenarten (Pfeif-, Knäk-, Stockenten); sie bleiben nicht alle dauernd in der Camargue, doch werden im Winter am Vaccarès bis zu 100 000 Enten gezählt... Außerdem haben hier Schnepfen und Wasserläufer, verschiedene Stelzvögel wie Wasserrallen, Rohrdommeln, Silber- und Purpurreiher ihren Lebensraum. Die **Salzseen** beheimaten noch heute große Flamingoschwärme, die hier in reicher Fülle das Salzkrebschen *(artemia salina)* als Nahrung finden. Außerdem gibt es u. a. Säbelschnäbler und Rotschenkel-Wasserläufer.
Die Ablagerungen an den Rändern ehemaliger Flußläufe der Rhone haben höherliegende Gebiete entstehen lassen, in denen zum Teil **Süßwasser** vorhanden ist. Fischotter und Biber sind heute nur noch selten zu sehen. Grasmücken, Bachstelzen, Kiebitze und Lerchen sind häufig; manchmal kann man auch Bienenfresser antreffen. Zander, Karpfen, Brassen und vor allem Aale gibt es reichlich in den Süßwasserkanälen; man fängt sie in Reusen. Früher lebten die Menschen hier ausschließlich vom Fischfang. Auch Sumpfschildkröten und Nattern kommen in den Feuchtgebieten vor. Tamarisken, Ulmen, Eschen und Silberpappeln bilden kleine Wäldchen mit zum Teil hohen Bäumen, in denen Falke, Weihe, Bussard und Schwarzer Milan ihre Nester bauen.
Der vom Wind geformte **Dünenrand** wird im Süden von Pinien gekrönt. Man kann den seltenen phönizischen Wacholder finden sowie die sehr feuerempfindlichen Steinlinden *(phillyrea)* und Pistazien- bzw. Mastix-Sträucher. Seeschwalben, Lach- und Silbermöwen, Kormorane sowie Austernfischer sind hier häufig. Überall sieht man die schwarzweiße Elster.
An Blumen kommen Narzissen, Affodillarten, Zistrosen und sogar Orchideen vor.

Weiße Pferde und schwarze Stiere. — Das **Camargue-Pferd** ist eine uralte Rasse, dessen Abbild man in den Höhlenmalereien von Solutré erkannt haben will.

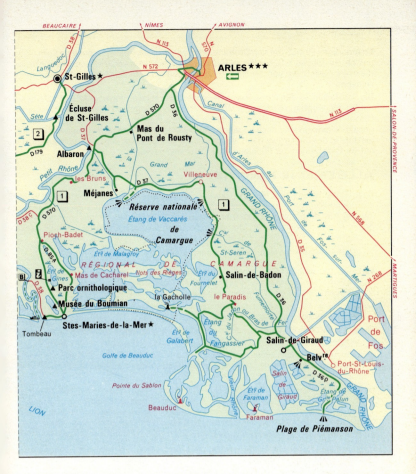

Es wird schwarzgrau oder braun geboren und bekommt erst im 5. oder 6. Lebensjahr sein weißes Fell. Äußere Merkmale sind eine gewisse stämmige Gedrungenheit (es erreicht ausgewachsen nur 1,30 bis 1,45 m), ein eckiger Kopf und eine dichte Mähne. Das Pferd zeichnet sich durch große Ausdauer und Zähigkeit aus und ist den Hirten ein unentbehrlicher Helfer, da es mit sicherem Instinkt gefährliche Stellen im Sumpfland vermeidet und beim Zusammentreiben der Stiere Hörnerstößen geschickt aus dem Wege geht. Es gilt in Freiheit als unberechenbar, ist aber, wenn es in dauerndem Kontakt mit dem Menschen aufgezogen wird, sehr gut als Reittier geeignet. Zahlreiche Pferdeverleiher bieten organisierte, von einem Hirten begleitete **Ausritte** in die Sümpfe, an die Strände oder zu den Herden an (s. Kapitel Praktische Hinweise, S. 187).
Die schwarzen **Stiere** der Camargue sind durch ihre lyraförmigen Hörner gekennzeichnet. Sie werden aus Leidenschaft gezüchtet und haben keinen anderen Zweck als den, beim unblutigen südfranzösischen Stierkampf mutige, angriffslustige Partner zu sein.
Die **Herden** (manades) sind häufig aus Stieren und Pferden gemischt und vereinen im allgemeinen etwa 200 Rinder und 10 Pferde.
Der sog. **Gardian** sammelt täglich seine Herde, um die kranken Tiere zu überwachen und zu pflegen und Stiere für den Kampf auszuwählen... Seinen traditionellen

Vaccarès-See bei Méjanes

Die CAMARGUE★★

breitrandigen Filzhut und den Dreizack sieht man allerdings fast nur noch an Feiertagen und bei Festen; so z. B. bei der im Frühjahr stattfindenden sog. Ferrade: Dann werden die einjährigen Stiere von der Herde getrennt und mit dem Brandzeichen des Züchters versehen.

Die Schafzucht. — Sie ist zwar weniger augenfällig als die Pferdezucht, doch bleibt sie mit 80 000 Köpfen ein wichtiger Wirtschaftsfaktor, der jedoch ebenfalls rückläufig ist. Die im 18. Jh. aus Spanien eingeführten Merinos werden nicht nur wegen der Wolle gehalten, sondern sind auch begehrte Fleischlieferanten. Man trifft sie nur von Oktober bis Juni in der Camargue, dann werden sie für den Sommer per LKW oder Eisenbahn auf die Bergweiden der Südalpen oder Cevennen gebracht.

ALLGEMEINE HINWEISE

Beste Reisemonate sind Mai und Oktober. Es empfiehlt sich immer, einen Feldstecher mitzunehmen. Fotofreunden seien ein Filter gegen den Dunstschleier und das Teleobjektiv empfohlen sowie sehr lichtempfindliche Filme, da die meisten Vögel gegen Abend oder am frühen Morgen erscheinen, wenn die Konturen undeutlich sind.

Kleines Wörterverzeichnis für die Camargue

abrivado: Vier oder fünf Stiere werden vor der Corrida von den Gardians ins Dorf getrieben, und die Einwohner versuchen, die Reihe der Gardians zu durchbrechen und die Stiere in eine andere Richtung zu lenken. Es ist heute nur noch selten.

corrida: Stierkampf mit Todesstoß. Die Stiere sind ausgewachsen, mindestens vier Jahre alt und wiegen 400-600 kg. Drei Matadore treten an.

course libre: Die in der Camargue übliche Art des Stierkampfes ohne Todesstoß. Dabei befindet sich der Stier *(cocardier)* 15 Minuten in der Arena. Sechts Stiere folgen nacheinander.

encierro: Vier oder fünf Stiere werden gemeinsam in der Dorfstraße oder einem Stadtviertel losgelassen, dessen Durch- oder Ausgänge vorher verbarrikadiert worden sind. Die Bevölkerung treibt die Stiere vor sich her.

ferrade: Markierung der Jährlinge (Stiere und Pferde) mit dem Brenneisen. Dabei wird die Herde von den Reitern zusammengetrieben, ein Tier ausgesondert und den jungen Leuten zugetrieben, die mit dem Brenneisen warten. Dem am Boden liegenden Tier werden dabei manchmal auch die Ohren eingekerbt. Nach der *Ferrade* folgt häufig ein fröhliches gemeinsames Essen.

gardian: Berittener Hirte in der Camargue.

manade: Pferde- oder Stierherde. Außerdem wird der gesamte Zuchtbetrieb mit Gebäuden und Viehbestand so genannt.

novillada: Stierkampf mit Todesstoß. Die Stiere sind nur drei Jahre alt und die Toreros keine geübten Kämpfer.

tienta: Hierbei handelt es sich um eine Prüfung und Auslese der Kühe, die als Muttertiere zur Zucht dienen sollen. Sie werden in der Arena von einem mit einer Lanze bewaffneten Reiter geneckt und müssen ihre Kampfbereitschaft unter Beweis stellen.

★★ 1 DAS RHONE-DELTA

Rundfahrt ab Arles

160 km — 1 Tag, ohne Besichtigung von Arles — Kartenskizze S. 90 und 91

★★★ **Arles.** — *Besichtigung: 1/2 Tag. Beschreibung S. 61*

Ausfahrt aus Arles auf der D 570, ④ des Plans.

Mas du Pont de Rousty. — Im geräumigen Bau der ehemaligen Schäferei ist ein **Heimatmuseum der Camargue** untergebracht. Durch Modelle, Filme und Fotos bereitet es auf den Besuch der Camargue vor und führt durch deren Geschichte, wobei der besondere Schwerpunkt auf dem 19. Jh. liegt. Ein Lehrpfad *(sentier; Dauer: 1 1/2 Std.)* ermöglicht das Kennenlernen der verschiedenen Gebiete, die zu einem Mas (Bauernhof) gehören.

Die D 570 durchquert ein großes, landwirtschaftlich genutztes Gebiet.

Albaron. — Die ehemalige Festung, von der noch ein stolzer Turm aus dem 13.- 16. Jh. existiert, ist heute eine wichtige Pumpstation zur Entsalzung des Bodens.

Weiter auf der D 570 über Les Bruns nach Pioch-Badet.

Ginès. — Das **Informationszentrum** (Centre d'information et d'animation) liegt am Ufer des gleichnamigen Teiches und erläutert in Dokumenten, Fotos und Diavorführungen die Fauna und Flora der Camargue-Landschaft. Von den großen Fenstern aus kann man die Wasservögel gut beobachten.

Vogelpark (Parc ornithologique du Pont de Gau). — In dem 12 ha umfassenden Park kann man zahlreiche Vogelarten der Camargue sehen, wobei nur die scheuen Exemplare in Volieren gehalten werden.

Wachsfigurenkabinett (Musée du Boumian). — Szenen aus dem Leben der Camargue zeigen u. a. eine *Ferrade*, eine Entenjagd, die Wallfahrt der Ziguener. Die Gesichter der Personen sind dabei sehr lebensnah. Eine Gewehrsammlung enthält zahlreiche Exemplare mit kunstvoller Perlmutt-Einlegearbeit am Schaft. Interessante vogelkundliche Sammlung.

★ **Stes-Maries-de-la-Mer** — *Seite 159*

Auf der D 38 weiterfahren und nach 1 km links abbiegen auf einen befestigten Weg.

Linkerhand erhebt sich das Grabmal von Folco de Baroncelli-Javon *(S. 160)* am Standort seines ehemaligen Gutshofes (Mas du Simbèu).

**Die CAMARGUE

★ Ausflugsfahrt auf der Kleinen Rhone. — Der — trotz seines Namens — majestätisch breit dahinströmende Rhone-Arm durchfließt flaches Weideland mit friedlich grasenden Rinder- und Pferdeherden, die manchmal bis ans Wasser kommen; außerdem kann man an den tamariskenbewachsenen Ufern Raubvögel beobachten, verschiedene Reiherarten, zuweilen auch die berühmten rosa Flamingos.

Nach Stes-Maries-de-la-Mer zurückkehren und dort die D 85ᴬ nehmen.

Die Straße durchquert die Couvin-Sümpfe, eine eigenartige Landschaft von Salzwasserteichen, kümmerlicher Vegetation und überschwemmter Erde. Hübsch ist der Blick zurück auf Stes-Maries.

In Pioch-Badet rechts die D 570 nehmen; vor Albaron zweigt rechts die D 37 ab und führt durch Reisfelder.

Nach 4,5 km rechts abbiegen nach Méjanes.

Kreuz der Gardians

Méjanes. — Bei dem Gehöft gleichen Namens kann man in einem Bähnchen 3,5 km am Vaccarès-See entlangfahren. Außerdem gibt es hier verschiedene Einrichtungen für den Fremdenverkehr, u. a. eine Stierkampfarena.

Weiterhin der D 37 folgen.

Sie durchquert flaches Land mit wenigen Baumgruppen, Schilf und einzelnen Gehöften.

Blick auf den Vaccarès. — *3/4 Std. zu Fuß hin und zurück.* Rechts in einen Feldweg einbiegen und den Wagen abstellen. Der Weg führt an einem Bewässerungskanal entlang zu einem kleinen Aussichtspunkt: Blick auf den Vaccarès und die Inseln des Vogelschutzgebietes Ilots-des-Rièges.

Zur D 37 zurück und rechts abbiegen. In Villeneuve rechts in Richtung „Étang de Vaccarès" fahren.

Rechts der Straße bieten sich nun schöne Ausblicke auf den Vaccarès. Links liegt das Sumpfgebiet von St-Seren, wo das Häuschen eines Gardians *(Abb. S. 27)* ins Blickfeld kommt. Die Straße führt dann am Fournelet-See entlang.

Salin-de-Badon. — Hier befinden sich Dienststellen der Verwaltung des Naturparks. Von Le Paradis aus kann man bei schönem Wetter zwei Ausflüge unternehmen, die besonders gut mit der Vogelwelt der Camargue bekannt machen:
— Fahrt *(schlechte Strecke, ab Pertuis de la Comtesse 1 km zu Fuß weitergehen)* zum **Gacholle-Leuchtturm** (Phare), wo in einer Schutzhütte ein Fernrohr zum Beobachten der Vögel aufgestellt ist.
— Fahrt über den Deich, der die Seen von **Fangassier** und **Galabert** trennt.

Die D 36ᶜ, dann rechts die D 36 nehmen.

Salin-de-Giraud. — Die Bevölkerung des kleinen Ortes hat in chemischen Fabriken (Salzherstellung u. ä.) Arbeit gefunden, nach denen sich die rechtwinklig schneidenden Straßen benannt sind, die Platanen, Akazien und Trompetenbäume säumen. Außerdem werden Reis und Spargel angebaut.

Am Rhone-Mündungsarm Grand Rhône entlangfahren.

Aussichtspunkt. — Er liegt rechts der Straße und bietet einen interessanten Blick auf die von kleinen Dämmen durchschnittenen, glitzernden Flächen der Salzteiche sowie auf die eindrucksvollen Salzberge an ihrem Rande (Salzgewinnung S. 16 und 90).

In Richtung Strand von Piémanson weiterfahren.

Die letzte Wegstrecke verläuft auf einem Damm, der an seinen Rändern und auf der Straßendecke weiß ist von den durch den Wind herbeigetragenen Salzablagerungen.

Strand von Piémanson (Plage de Piémanson). — Dünen, weite Flächen feinen Sandstrandes, der kleine Leuchtturm und ein schöner Blick auf die Kette der Estaque-Berge sind Endpunkt dieser Fahrt.

Über Salin-de-Giraud, die D 36 und die D 570 (rechts) nach Arles zurückfahren.

** 2 DIE EBENE VON AIGUES-MORTES

Von St-Gilles nach Port-Camargue

43 km — etwa 5 Std. — Kartenskizze S. 90 und 91

★ St-Gilles. — *Seite 149*

Ausfahrt aus St-Gilles in südöstl. Richtung auf der N 572, dann rechts abbiegen auf die D 179.

Man fährt durch Weinbaugebiet, an Kiefernwäldern und Feldern entlang.

Schleuse von St-Gilles (Écluse de St-Gilles). — Sie liegt an dem Kanal, der die Kleine Rhone mit dem Rhone-Sète-Kanal verbindet. Von der Brücke hübscher Blick.

Weiter auf der D 179.

Hinter Reisfeldern zeichnet sich eine Hügelkette ab, links erhebt sich ein alter Wachtturm.

Die Straße wendet sich nach links und führt am Capettes-Kanal entlang.

Vor der Abzweigung der D 58 *(rechts abbiegen)* stehen die Überreste von Schloß Montcalm (frühes 18. Jh.); rechts zwischen Weinfeldern eine Kapelle derselben Zeit.

Auf der D 58 den Rhone-Sète-Kanal überqueren und rechts abbiegen auf die D 46.

Die CAMARGUE★★

Carbonnière-Turm (Tour Carbonnière). — 14. Jh. Er war ein Vorposten auf der Salzstraße nach Aigues-Mortes und bot im ersten Stock Raum für die Wachsoldaten. Außer dem offenen Kamin sieht man noch den Backofen. Von der Plattform *(66 Stufen)* schöner **Blick**★ auf Aigues-Mortes und die Salzteiche im Süden.

Rechts abbiegen auf die D 58.

★★ **Aigues-Mortes.** — *Seite 44*

Südwestlich führt die D 979 an den Salzgärten der Salins du Midi vorbei.

Le Grau-du-Roi. — 4 204 Ew. Ferienort. Der malerische kleine Fischerhafen liegt an der Mündung des Chenal Maritime, der das Wasser aus den Salzpfannen ableitet. Vom Ende der Mole erkennt man die pyramidenförmigen Apartmenthäuser von La Grande Motte und den neuen Jachthafen Port-Camargue.

Zum Ortseingang zurückkehren und rechts der D 62B in Richtung Port-Camargue folgen.

★ **Port-Camargue.** — *Seite 147*

★ CARPENTRAS 25 886 Ew.

Michelin-Karte Nr. 𝟴𝟭 Falte 12, 13 oder 𝟮𝟰𝟱 Falte 17 oder 𝟮𝟰𝟲 Falte 10 — Ferienort

Die Stadt, die in Frankreich für ihre Bonbons, die gestreiften *Berlingots,* bekannt ist, liegt in einer durch den Kanal von Carpentras bewässerten und fruchtbar gemachten Ebene. Carpentras war von 1320 bis zur Revolution Hauptstadt der zum päpstlichen Besitz gehörenden Grafschaft Venaissin und als solche recht bedeutend. Unter Papst Innozenz VI. umgab sich Carpentras mit einer mächtigen Mauer, die 32 Türme und 4 Tore besaß; sie wurde im 19. Jh. geschleift. Wie in Avignon, Cavaillon und l'Isle-sur-la-Sorgue gab es ein Judenviertel, das jeden Abend verschlossen wurde.
Bischof Malachie d'Inguimbert war die große Persönlichkeit des 18. Jh.s in Carpentras. Er gründete das Spital und die berühmte Bibliothek Inguimbertine (1745), die bis heute im Westen der Stadt besteht.
Aus Carpentras stammt auch Edouard Daladier (1884-1970), der 1938 als französischer Ministerpräsident das Münchner Abkommen unterzeichnete.
Alljährlich veranstaltet die Stadt ein **Festival** (Theater, Lyrik, Tanz, Folklore, *S. 189).*

VIERTEL DER EHEMALIGEN KATHEDRALE ST-SIFFREIN *Besichtigung: 3/4 Std.*

★ **Ehemalige Kathedrale St-Siffrein** (Z). — Der Bau wurde 1404 durch den Erzbischof von Arles begonnen und zu Beginn des 16. Jh.s abgeschlossen; er ist ein gutes Beispiel für die südfranzösische Gotik. Seine Fassade erhielt im 17. Jh. ein klassizistisches Portal; der Glockenturm stammt aus neuerer Zeit.
Man betritt die Kirche durch das spätgotische Südportal, die sog. Judenpforte, die bekehrte Juden benutzten, wenn sie die Taufe empfingen. Die Empore (hintere Wand des Hauptschiffes) führte zum Gemach des Bischofs, der dem Gottesdienst von der kleinen Loggia oberhalb der ersten Jochbogens beiwohnte. Die linken Seitenkapellen enthalten Bilder von Parrocel und Mignard; im Chor befinden sich mehrere Werke des bekannten provenzalischen Bildhauers Bernus aus Mazan *(S. 95),* u. a. eine Strahlenglorie aus vergoldetem Holz. Links zeigt ein Gemälde (15. Jh.) Maria, umgeben von der Hl. Dreifaltigkeit und den Heiligen Siffrein und Michael.

★ **Kirchenschatz.** — Er ist in einer Kapelle links vom Chor ausgestellt und enthält insbesondere Holzstatuen aus dem 14.-16. Jh., kirchliche Gewänder, einen Bischofsstab, der mit schöner Emailarbeit geschmückt ist sowie Skulpturen von Bernus.

Justizpalast (Z J). — Das Bischofspalais stammt aus dem 17. Jh. Die Säle sind mit Malerei im Stile dieser Zeit geschmückt.

Triumphbogen (Z D). — *In der Nähe des Justizpalastes.* Er ist ein Stadtgründungsmonument und entstand etwa gleichzeitig mit dem Triumphbogen von Orange *(S. 141).* Die besonders interessante Dekoration der Ostfassade zeigt zwei Gefangene.
Beim Chorhaupt der Kirche findet man noch Reste der alten romanischen Kathedrale mit einer reich verzierten Kuppel.

WEITERE SEHENSWÜRDIGKEITEN

Rundfahrt. — Empfehlenswert ist eine Rundfahrt auf den Ringstraßen (Boulevards Albin-Durand, Gambetta, Maréchal-Leclerc, du Nord, Alfred-Rogier und Avenue Jean-Jaurès, die zum Place Aristide-Briand zurückführt): schöne **Ausblicke** auf die Dentelles de Montmirail und den Ventoux. Die beste Aussicht hat man von der Terrasse des Place du 8-Mai.

Stadttor (Porte d'Orange) (Y). — Einziger Überrest der ehem. Stadtmauer (14. Jh.).

Museen. — Vier Museen zeigen Sammlungen vorwiegend regionaler Bedeutung.

Heimatmuseum (Musée Comtadin) (Z M[1]). — *Im Erdgeschoß.* Es besitzt u. a. eine Kollektion von Viehglocken aus Carpentras.

Museum Duplessis (Z M[1]). — *1. Stock.* Es enthält Gemälde verschiedener Epochen und Schulen, u. a. von Parrocel, Rigaud sowie Duplessis und J. Laurens aus Carpentras.

Museum Sobirats (Z M[2]). — Das Museum enthält Möbel und kunstgewerbliche Gegenstände aus dem 18. Jh.

Archäologisches Museum (Musée lapidaire) (Y M[3]). — Es ist in der Kapelle der Grauen Büßer (ehemaliges Kloster Mariä Heimsuchung) untergebracht, die 1717 geweiht wurde. Beachtenswerte Säulen und Kapitelle des romanischen Kreuzgangs der Kathedrale befinden sich in der 2. rechten Seitenkapelle.

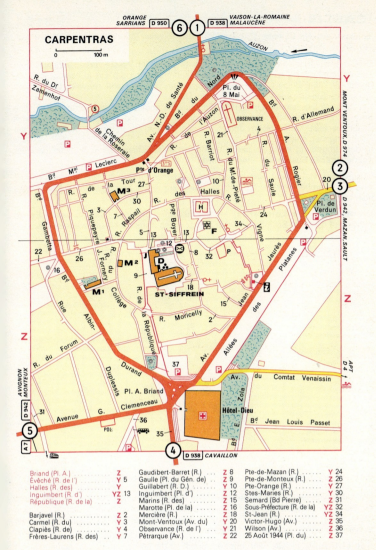

Briand (Pl. A.) . . . . Z	Gaudibert-Barret (R.) . . . . . . Z 8	Pte-de-Mazan (R.) . . . . . . Y 24
Évêché (R. de l') . . . . Y 5	Gaulle (Pl. du Gén. de) . . . . Z 9	Pte-de-Monteux (R.) . . . . . Z 26
Halles (R. des) . . . . Y	Guillabert (R. D.) . . . . Y 10	Pte-Orange (R.) . . . . Y 27
Inguimbert (R. d') . . . . YZ 13	Inguimbert (Pl. d') . . . . Z 12	Stes-Maries (R.) . . . . Y 30
République (R. de la) . . . . . Z	Marins (R. des) . . . . Z 15	Semard (Bd Pierre) . . . . . . Z 31
	Marotte (Pl. de la) . . . . Y 16	Sous-Préfecture (R. de la) . YZ 32
Barjavel (R.) . . . . Z 2	Mercière (R.) . . . . Z 18	St-Jean (R.) . . . . YZ 34
Carmel (R. du) . . . . Y 3	Mont-Ventoux (Av. du) . . . . Y 20	Victor-Hugo (R.) . . . . Z 35
Clapiès (R. de) . . . . Y 4	Observance (R. de l') . . . . . Y 21	Wilson (Av.) . . . . Z 36
Frères-Laurens (R. des) . . . Y 7	Pétrarque (Av.) . . . . Z 22	25 Août 1944 (Pl. du) . . . . . Z 37

◉ **Spital (Hôtel-Dieu)** (Z). — Das Krankenhaus wurde im 18. Jh. von Bischof d'Inguimbert gestiftet. Man besichtigt die Apotheke, deren Schränke mit Landschaftsmotiven und drolligen Figuren bemalt sind; sie enthalten eine bedeutende Sammlung von Moustiers-Fayencen. Die Kapelle ist mit Gemälden von Mignard und Parrocel sowie mit einem schönen Altargitter ausgestattet; links vom Chor befindet sich das Grab des Bischofs. Sehenswert ist auch das elegante schmiedeeiserne Geländer der Ehrentreppe.

◉ **Synagoge** (Y F). — Die älteste Synagoge Frankreichs wurde im 15. Jh. errichtet; der heutige Bau stammt aus dem 18. Jh. (Restaurierungen 1929 und 1958). An einer Seite des saalartigen Innenraums (1. Stock) erblickt man eine Empore mit schmiedeeisernem Geländer und siebenarmigen Leuchtern. Holztäfelung und Stuck schmücken den Raum. Im Erdgeschoß befinden sich ein Backofen zur Herstellung von Matze sowie verschiedene Räume. Im Untergeschoß Becken für rituelle Bäder.

AUSFLÜGE

Mazan. — 3 729 Ew. *7 km auf der D 942,* ③ *des Plans.* Der kleine Ort im Auzon-Tal liegt in der Nähe von Mormoiron, dem größten Gipsvorkommen Europas. Mazan ist der Geburtsort des Bildhauers Jacques Bernus (1650-1728). Im Norden und Nordwesten des **Friedhofs** stehen 62 gallo-römische Sarkophage, die früher die Römerstraße von Carpentras nach Sault säumten. Die halb unterirdische Kirche Notre-Dame-de-Pareloup datiert vom 12. Jh. Schöner **Blick★** auf die Dentelles de Montmirail, den Ventoux und das Lure-Gebirge. In der nahen Kapelle der Weißen Büßer (17. Jh.) ◉ befindet sich das **Heimatmuseum**. Die Sammlungen umfassen Urkunden, Kostüme, Möbel, Ackergeräte, steinzeitliche Funde vom Südhang des Ventoux, eine Skulptur von Jacques Bernus sowie einen Backofen aus dem 14. Jh.

Sarrians. — 5 030 Ew. *8 km auf der D 950,* ⑥ *des Plans.* Die **Kirche,** teilweise durch Wohnhäuser verdeckt, gehörte zu einem ehemaligen Benediktinerpriorat. Sie besitzt noch ihren schönen Chor und eine Trompenkuppel aus dem 11. Jh.

Monteux. — 7 552 Ew. *4,5 km auf der D 942,* ⑤ *des Plans.* Kleiner, überwiegend vom Gemüseanbau lebender Ort. Aus dem 14. Jh. stammen der Klementinische Turm, Rest einer Burg, in der Papst Klemens V. einst weilte, sowie zwei Tore der alten Stadtmauer. Der hl. Gens, Schutzpatron der provenzalischen Bauern, der Regen bewirken kann, wurde in Monteux geboren.

★ CASSIS

6 318 Ew.

Michelin-Karte Nr. 84 Falte 13 oder 245 Falte 45 oder 246 Falte M — Kartenskizze s. unten — Ferienort

Eingerahmt von den kahlen Höhen des Puget-Massivs im Westen und den bewaldeten Zackengipfeln des Kap Canaille im Osten, schmiegt sich der Ort in eine geschützte Bucht mit drei kleinen abschüssigen Stränden. Er hat eine reizvolle **Lage**★ und inspirierte Künstler wie Vlaminck, Matisse, Dufy.

Der belebte Fischereihafen ist für die Qualität seiner Meeresfrüchte und Fische bekannt. Eine Spezialität sind die Seeigel, die man roh mit dem leichten Weißwein von Cassis genießt. Mehrmals im Jahre, insbesondere zu St. Peter (29. Juni), findet ein Fischerstechen statt.

In der Umgebung wird ein harter weißer Stein abgebaut, der u. a. beim Bau der Kaimauern des Suezkanals benutzt wurde.

Museum (H). — Im 1. Stock des Hauses „Maison de Cassis". Das Museum enthält eine kleine archäologische Sammlung, Manuskripte zur Stadtgeschichte und Werke heimischer Künstler.

Promenade des Lombards. — Der hübsche Uferweg führt an einem Felsen vorbei, auf dem das **Schloß** steht, das François des Baux im 14. Jh. erbauen ließ.

CASSIS

Abbé-Mouton (R.)	2
Arène (R. de l')	4
Autheman (R. V.)	5
Baragnon (Pl.)	6
Barthélémy (Bd)	7
Barthélémy (Quai J.-J.)	8
Baux (Quai des)	9
Ciotat (R. de la)	10
Clemenceau (Pl.)	12
Jaurès (Av. J.)	16
Leriche (Av. Professeur)	17
Mirabeau (Pl.)	22
Moulins (Q. des)	23
République (Pl.)	25
Revestel (Av. du)	26
St-Michel (Pl.)	27
Thiers (R. Adolphe)	29
Victor-Hugo (Av.)	32

Die Stadtpläne sind eingenordet (Norden = oben)

★★ DIE CALANQUES

Die Kalksteinmassive von Marseilleveyre und Puget, westlich von Cassis, sind durch die Erosion stark zerklüftet. Sie fallen in weißen, bis zu 500 m hohen Klippen steil zum Meer ab. Dieses hat tiefe, fjordartige Buchten in den Stein gegraben, welche sich als Schluchten im Gebirge fortsetzen.

Besichtigung. — Die Fahrt mit dem Schiff ist die angenehmste und einfachste Art der Besichtigung. Dabei fährt man bis En-Vau, besichtigt aber auch Port-Miou und Port-Pin.

Man kann auch mit dem Wagen bis zur Calanque Port-Miou fahren (1,5 km); es wird aber geraten, den Ausflug zu Fuß zu machen und den Wagen am oberen Ende der Auffahrt, etwa 1 km vor dem Hafen, abzustellen. Von dort führen markierte Fußwege nach Port-Pin (1 Std. hin und zurück) bzw. nach En-Vau (2 1/2 Std. hin und zurück).

Als Zufahrtsstraße gibt es noch folgende Möglichkeit: Cassis in nördlicher Richtung verlassen und nach 1 km links auf die D 559 fahren. Nach 5 km links in eine enge Straße einbiegen und in südlicher Richtung weiterfahren.

3,2 km nach der Abzweigung von der D 559 erreicht man beim Col de la Gardiole einen Parkplatz. Von hier sind es noch 2 Std. zu Fuß (hin und zurück) nach En-Vau und 3 Std. (hin und zurück) nach Port-Pin.

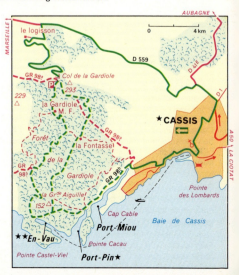

Port-Miou. — Die Bucht, mit dem Hafen gleichen Namens, hat eine Länge von etwa 1 km.

★ Port-Pin. — Im Grunde der Felsbucht gibt es einen kleinen schattigen Strand.

★★ En-Vau. — In der schönsten dieser Buchten spiegeln sich Klippen und Felszacken im stillen Wasser; es gibt auch einen Kieselstrand.

Sormiou, Sugiton. — Beschreibung S. 128

CAVAILLON

20 830 Ew.

Michelin-Karte Nr. 81 Falte 12 oder 245 Falte 30 oder 246 Falte 11 — Kartenskizzen S. 104 und 114 — Ferienort

Rund 800 000 t Obst und Gemüse, vor allem Melonen, kommen hier jährlich auf den Großmarkt und machen diesen zum bedeutendsten in Frankreich und einem der wichtigsten in Europa. Der Ort war ein keltisches Oppidum und lag auf dem St-Jacques-Hügel im Westen der Stadt.

CAVAILLON

Bournissac (Cours)	3
Castil-Blaze (Pl.)	5
Clos (Pl. du)	7
République (R. de la)	37
Victor-Hugo (Cours)	43
Berthelot (Av.)	2
Clemenceau (Av. G.)	6
Coty (Av. R.)	9
Crillon (Bd)	10
Diderot (R.)	12
Donné (Chemin)	13
Doumer (Av. P.)	14
Dublé (Av. Véran)	15
Durance (R. de la)	17
Gambetta (Cours L.)	18
Gambetta (Pl. L.)	19
Gaulle (Av. Gén. de)	22
Grand-Rue	23
Jaurès (Av. Jean)	24
Joffre (Av. Mar.)	26
Kennedy (Av. J. F.)	27
Lattre de Tassigny (R.P.J. de)	29
Pasteur (R.)	30
Péri (Av. Gabriel)	31
Pertuis (Rte de)	32
Raspail (R.)	34
Renan (Cours E.)	35
Sarnette (Av. Abel)	38
Saunerie (R.)	40
Semard (Av. Pierre)	41
Tourel (Pl. F.)	42

SEHENSWÜRDIGKEITEN

Kapelle St-Jacques. — *3/4 Std. zu Fuß hin und zurück ab Place François-Tourel.*
Auf diesem Platz sind noch Reste eines 1880 wiederaufgebauten römischen **Triumphbogens** zu sehen.

Am Ende des Platzes führt links vom Bogen ein Pfad bergauf.

Vom Gipfel des Hügels bietet sich ein schöner **Rundblick★** *(Orientierungstafel)* auf die Stadt, den Ventoux, das Coulon-Tal, das Plateau von Vaucluse, den Luberon, das Tal der Durance und die Alpilles.
Die **Kapelle St-Jacques** aus dem 12. Jh. wurde im 16. und 17. Jh. umgebaut. Sie liegt in einem hübschen Park mit kleiner Einsiedelei.
Der Ausflug kann auch mit dem Wagen unternommen werden *(5,5 km):* man folgt der D 938 nördlich von Cavaillon; 50 m hinter einer großen Kreuzung links bergauf fahren. Blick auf das Bergland der Montagnettes und die Rhone.

Ehemalige Kathedrale Notre-Dame-et-St-Véran. — Das romanische Bauwerk wurde im 14. und 18. Jh. durch Seitenkapellen vergrößert, die Fassade im 18. Jh. fast vollständig erneuert; unverändert blieb die fünfeckige Apsis und der kleine **Kreuzgang** an der Südseite.

Den Kreuzgang durchqueren; Eingang durch das Südportal.

Der dunkle Innenraum enthält, in Chor und Seitenkapellen, vergoldete Schnitzereien (17. Jh.), die Gemälde von Pierre und Nicolas Mignard, Parrocel und Daret einrahmen; das Chorgestühl stammt von 1585.

Synagoge. — Die kleine Synagoge wurde 1772 errichtet. Ein schönes schmiedeeisernes Gitter schließt die Empore ab, in deren Hintergrund sich die Halbrundnische für die Thora-Rollen befindet. Zur Ausstattung der Synagoge gehören Schnitzereien (Louis XV) und der „Stuhl des Moses". Im Erdgeschoß ist in der ehemaligen Bäckerei, wo das ungesäuerte Brot gebacken wurde, ein **israelitisches Museum** eingerichtet.

Museum (M). — Es befindet sich in der Kapelle des ehemaligen Hospitals und hat vor allem Dinge aus der gallo-römischen Zeit aufgenommen. Im Erdgeschoß: Vorgeschichte des Luberon. Im 1. Stock ist die **archäologische Sammlung★** mit interessanten Funden vom St-Jacques-Hügel ausgestellt. Sie reichen vom 2. und 1. vorchristlichen Jahrhundert bis zum 6. Jh. unserer Zeitrechnung und lassen auf ausgedehnte Handelsbeziehungen des Ortes schließen. Im 2. Stock ist ein Saal dem früheren Spital gewidmet. Man sieht Rezept- und Kassenbücher aus dem 17. und 18. Jh., Moustiers-Fayencen etc.

Mit den stets aktualisierten **Michelin-Karten** *im Maßstab 1: 200 000 sind Sie immer auf dem laufenden*

Golfplätze, Stadien, Pferderennbahnen, Strände, Schwimmbäder, Flugplätze im Gebirge, Wanderwege, Rundblicke, malerische Strecken, Wälder, interessante Baudenkmäler...

Sie sind eine Ergänzung zu den entsprechenden **Grünen Michelin-Reiseführern.**
Immer griffbereit in Ihrem Wagen: die neusten Ausgaben der **Michelin-Karten.**

CHÂTEAU-BAS

Michelin-Karte Nr. 84 Falte 2 oder 245 Falte 30 oder 246 Falte 12 — 8 km nordwestl. von Lambesc

Im Park von Château-Bas (16.-18. Jh.) erheben sich in schöner Lage die Ruinen eines römischen Tempels und einer Kapelle.

Die ausgeschilderte Zufahrt zu einem Parkplatz zweigt von der D 22 ab, 1 km südwestl. von Cazan in Richtung Pélissanne.

Römischer Tempel. — Wahrscheinlich datieren die Ruinen vom 1. vorchristlichen Jahrhundert. Ein Teil der Grundmauern und der linken Seitenwand sind noch vorhanden. Den Wandpfeiler, der die Mauer zum Eingang hin abschließt, krönt ein schönes korinthisches Kapitell; im Vordergrund erhebt sich eine 7 m hohe kannelierte Säule. Im Umkreis stehen Reste eines weiteren Tempels und einer halbrunden römischen Einfriedung, die wohl von einem Heiligtum herrührt.

Kapelle St-Césaire. — Die Kapelle (12. Jh.) ist mit der linken Tempelseite verbunden und besitzt ein Tonnengewölbe und eine Apsis mit Halbkuppel. Die Tür und die darüberliegende Nische sind aus dem 16. Jh.

CHÂTEAUNEUF-DU-PAPE 2 060 Ew.

Michelin-Karte Nr. 81 Falte 12 oder 245 Falte 16 oder 246 Falte 24 — Ferienort

Nach diesem Ort wurde einer der gehaltvollsten Weine des Rhonetals benannt. Die Päpste, die hier ihre Zweitresidenz hatten, ließen die Weinberge anlegen. Lange brachte man den Wein zur Veredelung in die Bourgogne; nach 1880 mußten die Weinberge aufgrund der Zerstörung durch Reblausbefall neu aufgebaut werden. Seit 1923 regeln strenge Bestimmungen die Begrenzung der Anbaugebiete, Kontrolle der Bepflanzung, Lese, Auswahl der Trauben, Rebsorten (13) und die Weinherstellung.

Päpstliche Burg (Château des Papes). — Von der Festung der Päpste von Avignon, die während der Religionskriege niedergebrannt wurde, steht heute nur noch der Wohnturm und eine Mauer des Hauptgebäudes. Von dort erstreckt sich der **Blick**★★ über das breite Rhonetal, Roquemaure und die Schloßruine von Hers; Avignon mit Kathedrale und Papstpalast zeichnet sich klar vor dem Hintergrund der Alpilles ab; man erkennt den Luberon, die Hochebene von Vaucluse, den Ventoux, die Dentelles de Montmirail, die Baronnies und die La Lance-Berge.

Winzermuseum (Musée des outils de vignerons). — Caveau du Père Anselme. Es illustriert anschaulich die Arbeit des Winzers: Pflege der Reben (Pflüge, Spaten, Schneidgerät, Spritzen), Lese (Körbe, Kiepen) und die Arbeit des Kellermeisters (Bottiche, Kelter aus dem 16. Jh., Trog aus dem 14. Jh.). Ein Raum informiert über den heutigen Weinbau (3 300 ha, 300 Winzer); im Hof sind verschiedene Pflüge zu sehen.

AUSFLUG

Roquemaure. — 4 054 Ew. *10 km auf der D 17 und der D 976.*
Die Straße durchquert sorgfältig gepflegte Weinberge. Nach etwa 2 km erhebt sich linkerhand die Schloßruine von Hers, deren zinnenbewehrter Turm über die kostbaren Reben zu wachen scheint. Gegenüber, auf dem anderen Rhoneufer, liegt Schloß Roquemaure, wo 1314 Papst Klemens V. starb.
Man überquert die Rhone und erreicht nach wenigen Kilometern Roquemaure, wo noch einige alte Häuser erhalten sind, so das des Kardinals Bertrand bei der Kirche. Diese stammt aus dem 13. Jh. und besitzt eine schöne Orgel (17. Jh.).

CHÂTEAURENARD 11 072 Ew.

Michelin-Karte Nr. 81 Falte 12 oder 245 Falte 29 oder 246 Falte 25 — Kartenskizze S. 104 — Ferienort

Das Städtchen liegt am Fuß einer ruinenbekrönten Anhöhe und ist Zentrum eines bedeutenden Landbaugebietes, das sich auf Obst und Frühgemüse spezialisiert hat (jährlich 350-400 000 t).

Burg (Château féodal). — *Zugang: zu Fuß über eine Treppe rechts von der Kirche; mit dem Auto: 1 km auf der Avenue Marx-Dormoy, danach rechts abbiegen (Hinweis).* Von der während der Revolution zerstörten mittelalterlichen Burg stehen nur noch zwei Türme. Vom sog. Griffon-Turm bietet sich ein schöner **Rundblick**★ auf den Ort, das Montagnette-Bergland, Avignon und Villeneuve-lès-Avignon, die Dentelles de Montmirail, Mont Ventoux und die Alpilles.

La CIOTAT 31 727 Ew.

Michelin-Karte Nr. 84 Falte 14 oder 245 Falte 45 oder 246 Falte M — Ferienort — Plan La Ciotat und Umgebung im Michelin-Hotelführer France

Der an der gleichnamigen Bucht gelegene Ort war einst unter dem Namen Citharista eine Siedlung der Griechen von Marseille. Von den Römern besetzt und durch Überfälle zugrunde gerichtet, gelangte die Stadt im Mittelalter zu Ansehen und besaß vom 16. Jh. ab eine Handelsflotte, die orientalische Mittelmeerhäfen anlief.
Ein Trockendock von 360 × 60 m kann Schiffe bis zu 300 000 t aufnehmen. In La Ciotat veranstalteten die Brüder Lumière am 21. September 1895 in ihrem Haus die erste (private) Filmvorführung.

SEHENSWÜRDIGKEITEN

Alter Hafen (Vieux port). — Trotz der Werftanlagen hat er nichts vom Charme eines kleinen Fischerhafens verloren.

Kirche Notre-Dame-de-l'Assomption (B). — Die Kirche wurde im 17. Jh. erbaut und enthält im rechten Seitenschiff eine Kreuzabnahme des Malers André Gaudion von 1616. Im linken Seitenschiff zeigt ein moderner 12 m langer Fries von Ganteaume Szenen aus dem Evangelium. Hinten im Mittelschiff Gemälde von Tony Roux: Mann und Frau.

Stadtmuseum (Musée ciotaden) (M). — Es enthält Erinnerungsstücke und Dokumente zur Geschichte der Stadt und der Marine.

La Ciotat-Plage. — Jenseits des neuen Jachthafens erstreckt sich der Badeort mit zahlreichen Hotels und Villen. In einem Zentrum für Meerwassertherapie werden Asthenie und Rheumatismus behandelt.
Ein Denkmal auf einem kleinen Platz am Ufer erinnert an die Brüder Lumière, Pioniere der Photographie.

Le Mugel-Park. — *Zufahrt über den Quai Stalingrad im Süden des Plans.* Der Park liegt geschützt hinter dem Bec de l'Aigle (Adlerschnabel)-Massiv. Ein Lehrpfad führt durch die abwechslungsreiche Vegetation: Eichen, Mimosen, Lorbeer, Erdbeerbäume, Pinien, Kräuter, wilde Blumen, Myrten etc., die auf einem Untergrund von Kies und Sand gedeihen.
Vom Gipfel *(steiler Anstieg)* in 155 m Höhe überblickt man La Ciotat und seine Umgebung.

★ **Ile Verte.** — *Schiffsausflug: 1/2 Std. hin und zurück.* Das alte Fort im Zentrum der „grünen Insel" bietet einen guten Blick auf das Cap de l'Aigle und seinen Felsen in Form eines Adlerkopfes.

Die Calanques. — *1,5 km. Ciotat über den Quai Stalingrad und die Avenue des Calanques verlassen, dann links in die Avenue du Mugel einbiegen.*

Bucht von Mugel. — Der Felsen vom Cap de l'Aigle überragt die kleine Bucht. Schöne Sicht auf die Ile Verte.

Der Avenue des Calanques folgen und dann links in die Avenue de Figuerolles einbiegen.

★ **Bucht von Figuerolles.** — *1/4 Std. zu Fuß hin und zurück.* Durch eine grüne Talmulde kommt man zu einer kleinen Bucht mit klarem Wasser, die von gezackten, durchlöcherten Felsen eingerahmt ist.

Kapelle Notre-Dame-de-la-Garde. — *2,5 km, zusätzlich 1/4 Std. zu Fuß hin und zurück. Ausfahrt aus La Ciotat über die Boulevards Bertolucci, de Narvik, Rue du Cardinal-Maurin und den Chemin de la Garde (rechts). Nach 500 m links in Richtung auf eine weiße Siedlung abbiegen.*
Zur Kapelle gehen und rechts einen Weg zur Aussichtsplattform nehmen *(85 in den Fels gehauene Stufen).* Der **Blick**★★ umfängt die ganze Bucht von La Ciotat.

★ COCALIÈRE-Höhle (Grotte de la COCALIÈRE)

Michelin-Karte Nr. 80 Falte 8

Die Höhle im Gard-Plateau nordwestlich von St-Ambroix besteht aus einem System von Gängen, die insgesamt über 46 km lang sind und in denen eine konstante Temperatur von 14 °C herrscht.

Zufahrt von Les Vans: auf der D 901, D 104 und D 904; 300 m hinter der Abzweigung nach Courry links abbiegen.

BESICHTIGUNG 1 1/4 Std.

Ein Stollen verbindet die verschiedenen Räume miteinander. Zu beiden Seiten des Weges (etwa 1,2 km) spiegeln sich die vielfältigsten Tropfsteingebilde in kleinen Seen oder Wasserbecken: Zahlreiche Scheiben von enormen Ausmaßen — Formen, deren Entstehen bis heute noch ungeklärt ist — hängen von der Decke, wachsen aus der Wand, oder ganz ungewöhnlich von unten nach oben. Manches Gewölbe weist ein geometrisches Muster aus dünnen Stalaktiten auf: weiß, wenn es sich um reines Kalzit handelt, farbig, wenn Metalloxide beigemischt sind. Hinter dem Lager der Höhlenforscher gelangt man in den „Saal des Chaos", dessen Decke durch Erosion zu kunstvollem Faltenwurf und bizarren Formationen zerfurcht wurde. Unter sich sieht der Besucher einen riesigen glitzernden **Wasserfall**; Schächte führen zu tieferliegenden Wasserläufen. Schließlich durchquert man eine prähistorische Lagerstätte, bevor man mit einer kleinen Bahn zum Ausgangspunkt zurückkehrt.
In unmittelbarer Umgebung der Höhle sind ein Dolmen zu sehen, sog. Tumuli (Erd- bzw. Steinhaufen über Gräbern), Kapitelle, kleine Bauten aus Feldstein ähnlich den Bories der Provence *(S. 114),* prähistorische Behausungen sowie verschiedene Erscheinungen der Karstlandschaft (Spalten, Klüfte etc.).

Das COMTAT VENAISSIN

Michelin-Karte Nr. 81 Falte 2, 3, 12, 13 oder 245 Falte 16-18, 30, 31 oder 246 Falte 9-11

Das Gebiet zwischen Rhone, Durance und Mont Ventoux wurde 1274 unter der Bezeichnung „Comtat Venaissin" (nach seiner damaligen Hauptstadt Venasque) von Philipp III. dem Kühnen an Papst Gregor X. abgetreten und blieb bis zur Revolution 1791 unter päpstlicher Herrschaft. Nach Pernes-les-Fontaines war seit 1320 Carpentras Sitz von Verwaltung und Rechtsprechung.
Die ehemalige Grafschaft umfaßt die fruchtbare Vaucluse-Ebene, die südlichste und größte Niederung des Rhonetals. Auf ihrem bewässerten Kalkboden gedeihen Frühobst und -gemüse, mit denen von Orange, Avignon, Cavaillon und Carpentras aus der nationale Markt beliefert wird.

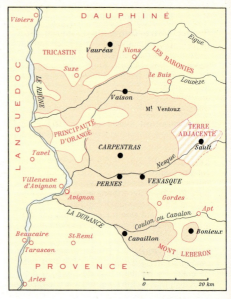

Nach einer Karte vom Juli 1745

★★ Die CONCLUSES

Michelin-Karte Nr. 80 S der Falte 9 oder 245 Falte 14 oder 246 Falte 24 — 8 km nordöstl. von Lussan

Die D 643 führt durch Garigue-Landschaft zu der „Les Concluses" genannten Schlucht des Aiguillon. Der Bergbach, der im Sommer völlig versiegt, hat in das Kalksteinplateau eine etwa 1 km lange Klamm gegraben, die sich stromauf mit dem sog. Portail öffnet.

BESICHTIGUNG 1 Std. zu Fuß hin und zurück

Den Wagen am Ende der Straße parken, vorzugsweise auf dem 2. Parkplatz, der zugleich als **Aussichtspunkt★** dient: Im oberen Teil der Schlucht sind deutlich riesige ausgewaschene Mulden enkennbar. *Rechts dem markierten Weg zum „Portail" folgen.* Beim Abstieg entdeckt man am gegenüberliegenden Ufer verschiedene Höhlen, u. a. die sog. Rindergrotte; dann weitet sich das Tal zum Beauquier-Becken: Die breite Wasserfläche ist hier von Bäumen und großartigen Felsformationen umgeben. Der Weg endet am „Portail", wo die Felsüberhänge einen regelrechten Torbogen bilden. Im Sommer ist es möglich, etwa 200 m weiter in die **Schlucht** hineinzugehen. Auf dem Rückweg können geübte Wanderer im Bachbett bis zur Rindergrotte und von dort auf sehr steilem Weg zum Parkplatz aufsteigen *(1/4 Std. länger).*

★★ CORNICHE DES CRÊTES (HÖHENSTRASSE)

Michelin-Karte Nr. 246 Falte M

Die Strecke verbindet Cassis mit La Ciotat und führt an einer eindrucksvollen Steilküste entlang, wobei Cap Canaille (362 m) und Grande Tête (399 m) die höchsten Klippen Frankreichs sind. Allerdings entdeckt man nur von den angelegten Aussichtspunkten die schwindelregenden Abgründe.

VON CASSIS NACH La CIOTAT 19 km — etwa 4 Std.

★ **Cassis.** — *Seite 96*

Ausfahrt aus Cassis auf ② des Plans in Richtung Toulon; in einer Steigung rechts, beim Pas de la Colle links abbiegen.

Aussichtspunkt Mont de la Saoupe. — Von der Plattform mit Fernseh-Relaisstation bietet sich ein weiter **Rundblick★★**: im Westen auf Cassis, die Insel Riou, das Marseilleveyre-Massiv und die St-Cyr-Kette, im Norden auf die Étoile-Berge und das Ste-Baume-Massiv, im Südosten auf La Ciotat und die Kaps Aigle und Sicié.

Zum Pas de la Colle zurückkehren und der ansteigenden Straße folgen.

★★★ **Cap Canaille.** — Beim Geländer bietet sich ein atemberaubender **Blick★★★** in die Tiefe, auf das Puget-Massiv mit den Buchten, das Marseilleveyre-Gebirge und die Inseln.

Man umfährt das Grande-Tête-Massiv und biegt dann rechts ab.

Aussichtspunkt Sémaphore (Signalmast). — In der Nähe des Signalmastes kann man nochmals den herrlichen **Blick★★★** auf La Ciotat und die Küste genießen *(Fernrohr).*

Zurück zur Küstenstraße und rechts abbiegen in Richtung La Ciotat.

Die Talfahrt führt an großen Steinbrüchen, aufgeforsteten Hängen und an einem natürlichen „Brückenbogen" aus Kalk auf einem Puddingstein-Sockel vorbei.

La Ciotat. — *Seite 98*

Die CRAU-EBENE

Michelin-Karte Nr. 83 Falte 10 und 84 Falte 1 oder 245 Falte 29, 42 oder 246 Falte 12, 13, 26, 27

Die Crau erstreckt sich über 50 000 ha zwischen Rhone, Alpilles, den Höhen von St-Mitre und dem Meer: eine Steinwüste, deren Geröllschicht stellenweise bis zu 15 m stark ist. Lange war hier nur Weidewirtschaft möglich. Heute unterscheidet man die immer noch wüstenhafte „Grande Crau" und die nördliche „Petite Crau", die inzwischen landwirtschaftlich nutzbar gemacht wurde.

Die Steine der Crau. — Eine griechische Legende erklärt den Ursprung der Crau poetisch wie folgt: Herakles traf bei seinem Weg nach Spanien hier auf feindliche Ligurer. Nachdem er alle seine Pfeile verschossen hatte, flehte er Zeus um Hilfe an — und dieser ließ einen Steinregen auf die Gegner niedergehen... Es handelt sich jedoch um Ablagerungen im Delta der Durance, die früher kein Nebenfluß der Rhone war, sondern sich durch die Engstelle bei Lamanon direkt ins Meer ergoß (s. Karte S. 13).

Nutzbarmachung. — Durch den Craponne-Kanal, der seit 1554 Wasser der Durance in ihr ehemaliges Delta leitet, und durch zahllose Bewässerungsgräben (S. 103) verwandelte sich die nördliche Crau allmählich in eine große fruchtbare Ebene. Heute wird nahezu die Hälfte der Gesamtfläche landwirtschaftlich genutzt: zum Anbau von Obst, Gemüse und vor allem von Futterpflanzen. Drei Ernten ergeben jährlich etwa 100 000 t hochwertiges Heu, der „4. Schnitt" wird direkt an die Schafzüchter verkauft. Die Umleitung der Durance zum See von Berre wird dieses Bewässerungssystem und die dadurch erzielten Erträge weiter verbessern.

Schafzucht. — Die sog. Große Crau gleicht eher einer Steppe, wo zwischen den Steinen Grasbüschel wachsen, die traditionsgemäß als Schafweide dienen. Die Züchter der etwa 100 000 Tiere (eine Kreuzung zwischen dem einheimischen Schaf und dem Anfang des 19. Jh.s importierten Merino) mieten alljährlich von Mitte Oktober bis Anfang Juni Weideland, zu dem jeweils ein Schafstall und ein Brunnen gehören. Diese Ställe (es gibt etwa 40) entstanden alle zwischen 1830 und 1880 nach gleichem Schema: aus Steinen wurde im Fischgrätmuster ein 40 × 10 m großer, nach zwei Seiten offener Bau errichtet. Teilweise wohnt der Schäfer in der Nähe in einer aus einem Raum bestehenden Hütte; der steinerne Brunnen ist aus einem Stück gefertigt. Im Herbst weidet die Herde die Grasbüschel des Steppenlandes und den „4. Schnitt" der bewässerten Wiesen ab; gegen Winterende muß der Schäfer zufüttern (Luzerne, Klee etc.). Ab Mitte April reicht die Steppenweide erneut aus, bis Anfang Juni das Gras vertrocknet und das Wasser knapp wird. Früher zogen dann die Herden — Schafe, Ziegen, Hunde und Esel — innerhalb von etwa 12 Tagen zu den Hochweiden der Alpen von Savoyen und Briançon. Obwohl die Tiere heute in Viehwagen transportiert werden, ist die Zucht der Merinos von Arles nicht mehr rentabel.

Den besten Eindruck von der Großen Crau gewinnt man von der N 568 aus. Ab St-Hippolyte (12 km südöstlich von Arles auf der N 453) wird die Landschaft allmählich immer wüstenhafter. Man sieht weder Ort noch Hof noch Äcker; nur hie und da ist in der Ferne einer der typischen niedrigen Schafställe zu erkennen. Doch Landwirtschaft und Flugplätze verwandeln langsam das Gesicht dieser „provenzalischen Wüste".

★ Die DENTELLES DE MONTMIRAIL

Michelin-Karte Nr. 81 Falte 2, 3, 12 oder 245 Falte 17 oder 246 Falte 9, 10

Der pinien- und eichenbewachsene Höhenzug aus Kalkstein ist der letzte westliche Ausläufer des Ventoux-Massivs. Seine oberste, vertikal aufgefaltete Zone ist von der Erosion so stark abgeschliffen und gezackt, daß er seinen bildhaften Namen „Klöppelspitze" durchaus verdient. Die Bergkette ist mit 734 m (Mont St-Amand) sehr viel niedriger als der imposante Nachbar Ventoux (1909 m), hat aber dennoch einen stärker ausgeprägten alpinen Charakter. Die schönsten Monate für einen Besuch sind Mai und Juni, wenn der Ginster blüht. Es gibt zahlreiche Wandermöglichkeiten verschiedener Längen und Schwierigkeitsgrade.

Die Dentelles de Montmirail

Die DENTELLES DE MONTMIRAIL★

RUNDFAHRT AB VAISON-LA-ROMAINE
60 km — etwa 1/2 Tag — Kartenskizze s. unten

★★**Vaison-la-Romaine.** — *Seite 172*

Vaison auf der D 977 verlassen und nach 5,5 km die D 88, links, nehmen.

Die Straße steigt in das Bergmassiv der Dentelles de Montmirail auf und bietet schöne Ausblicke auf das Tal des Ouvèze.

Séguret. — 714 Ew. Das Dorf schmiegt sich an eine zerklüftete Anhöhe. Auf der Hauptstraße kommt man — an einem hübschen Brunnen (15. Jh.) und einem Wehrturm (14. Jh.) vorbei — zur Kirche St-Denis (12. Jh.), wo sich ein **Blick** *(Orientierungstafel)* auf den Bergstock und die Ebene des Comtat Venaissin bietet. Eine Burgruine, enge steile Gassen, die von alten Häusern gesäumt werden, vervollständigen das malerische Ortsbild *(Abb. S. 43)*.

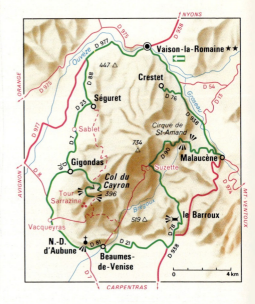

Ab Séguret führen links die D 23 nach Sablet, dann die D 7 und D 79 nach Gigondas.

Gigondas. — 648 Ew. Der Ferienort ist für seinen köstlichen Rotwein bekannt.

Über Les Florets zum Cayron-Paß fahren.

Cayron-Paß (Col du Cayron). — 396 m. Er liegt im Herzen des Massivs, dessen steile Felswände Bergsteigern alle Schwierigkeitsgrade bieten.

Den Wagen parken und rechts einer unbefestigten Straße folgen (1 Std. zu Fuß hin und zurück).

Der Weg windet sich weiter durch das Gebirge und bietet viele schöne **Ausblicke**★ auf die Rhone-Ebene mit den Hügeln der Cevennen im Hintergrund, auf den Ventoux, das Plateau von Vaucluse sowie die Ruine eines gegen die Sarazenen errichteten Wachturmes.

Zum Auto zurückkehren, die D 7 nehmen und links abbiegen in Richtung Vacqueyras.

Kapelle Notre-Dame d'Aubune. — *Beim Bauernhof Ferme Fontenouilles.* Die romanische Kapelle liegt auf einer Bergterrasse mit reizvollem Blick. Sie besitzt einen eleganten, durch Rundbogenöffnungen und gerillte Wandpfeiler gegliederten **Glockenturm**★, an dem besonders die nach antiken Vorbildern gestalteten Säulenkapitelle auffallen.

Auf der D 81 nach links weiterfahren.

Beaumes-de-Venise. — 1 721 Ew. Hübsche Lage in den Ausläufern der Dentelles de Montmirail.

Beaumes in östl. Richtung auf der D 21 verlassen; danach links auf die D 938, dann wieder links auf die D 78.

Le Barroux. — 437 Ew. Oberhalb des Ortes zeichnet sich die Silhouette des restaurierten **Renaissance-Schlosses** ab. Von seiner **Terrasse** reicht die **Sicht**★ bis zu den Dentelles de Montmirail, der Ebene um Carpentras, dem Vaucluse-Plateau und dem Ventoux.

Le Barroux nördl. in Richtung Suzette verlassen und dort die D 90 nehmen.

Die Straße steigt dann zu einer Paßhöhe auf: **Blick**★ auf die Dentelles de Montmirail einerseits, den Ventoux, das Ouvèze-Tal und die Baronnies andererseits.

Malaucène. — 2 096 Ew. Ferienort. Der Ort ist fast ganz von mächtigen Platanen umgeben. Die Kirche wurde Anfang des 14. Jh.s am Standort eines romanischen Bauwerks errichtet; an der zinnenbewehrten Fassade kann man erkennen, daß das Gotteshaus einst ein Teil der Stadtbefestigung war. Das spitztonnengewölbte Schiff entspricht noch der romanischen Bautradition der Provence; die Kapellen des rechten Seitenschiffes haben Kreuzgratgewölbe, eine Rundkuppel mit flachen Rippen deckt die Apsis. Sehenswert sind der Orgelprospekt aus dem 18. Jh. und die geschnitzte Eichenholzkanzel. Durch das Soubeyran-Tor neben der Kirche gelangt man in das Gassengewirr der Altstadt, wo man beim Umherschweifen alte Häuser, Brunnen, Waschplätze, Betkapellen und im Zentrum einen alten Wachturm entdeckt. Links der Kirche führt ein Weg zu einem Bildstock, wo der Blick über die Berge schweift.

Die D 938 folgt dem Groseau-Tal in nordwestlicher Richtung.

Links auf die D 76.

Crestet. — 326 Ew. *Den Wagen auf dem Parkplatz bei der Burg abstellen.* Typisches Vaucluse-Dorf mit brunnengeschmücktem Dorfplatz und Häusern im Renaissance-Stil; hoch oben thront die **Burg** aus dem 12. Jh. Von der Terrasse reizvoller Blick.

Zur D 938 zurückkehren und links abbiegen nach Vaison-la-Romaine.

Unterlauf der DURANCE

Michelin-Karte Nr. 84 Falte 1-4 oder 245 Falte 29-32 oder 246 Falte 11, 12, 25

Der 324 km lange Südalpenfluß entspringt bei Briançon auf dem Mont Genèvre. Er durchschneidet in raschem Lauf die Gebirge der Oberen Provence, fließ dann langsamer zwischen den lieblicheren Landschaften des Luberon und der Alpilles hindurch und mündet südlich von Avignon in die Rhone. Unregelmäßige Wasserführung ließ die launische Durance sprichwörtlich zur Geißel der Provence werden (große Überschwemmungen werden vor allem aus den Jahren 1843 und 1856 berichtet), doch konnte die Widerspenstige in den letzten Jahrzehnten gezähmt und in eine bedeutende Energiequelle verwandelt werden. Die Wasserkraftwerke an ihren Ufern produzieren jährlich rd. 6 Milliarden kWh. Wildheit und herbe Unberührtheit sind kennzeichnend für das **Durance-Tal,** das sich dadurch stark von der südöstlich anschließenden Côte d'Azur mit ihrer fast tropischen Fülle unterscheidet. Inseln ruhen träge im breiten Flußett, von Schiff und Weidengesträuch begrünt. Wie gestrandet liegen große Felsblöcke im Sande und erinnern daran, daß die Durance zu Zeiten ein reißender Fluß werden kann, dessen starke Strömung sie hierher getragen hat.

Oberlauf. — Die Durance hat bis Sisteron den Charakter eines schnellfließenden Gebirgsflusses mit großem Gefälle und niedrigem Wasserstand im Winter. Zur Regulierung der sehr unregelmäßigen Wasserführung baute man 1955-1961 in der Nähe von Gap die Talsperre von Serre-Ponçon. Diese gehört zu den bedeutendsten Frankreichs. Bei einer nutzbaren Staumenge von 1 030 Millionen m^3 können, im Falle einer Dürre im Tale der Unteren Durance, 200 Millionen m^3 Wasser zur Bewässerung abgezweigt werden.

Die mittlere Durance. — Bei Sisteron hat die Durance einen eindrucksvollen Durchbruch gegraben und tritt nun in die Provence ein. Auf der Strecke bis Cadarache ist das Gefälle etwas schwächer, erreicht jedoch trotzdem zwischen Les Mées und Manosque noch 0,3 %; dabei erweitert sich aber das Flußbett stark und ist selbst bei Hochwasser nicht gefüllt. In Cadarache fließt die Durance noch in einer Höhe von 256 m ü. M., was bis zur Mündung große Energiereserven bedeutet, die durch Kraftwerke zahlreich genutzt werden. In der Nähe von Cadarache befindet sich ein Atomforschungszentrum.

Unterlauf. — Die Durance folgt in ihrem Unterlauf in etwa 175 km Entfernung fast parallel der Mittelmeerküste. Dies war jedoch nicht immer so. In der jüngsten Eiszeit floß die Durance, von Schmelzwasser geschwellt, durch die Engstelle Perthuis de Lamanon nach Süden und dann in einem Delta ins Meer. Die Geröllmassen, die der Fluß damals mit sich trug, wurden in der heutigen Crau abgelagert *(S. 101)*.
Die heftigen Niederschläge verursachten Überschwemmungen, die in keinem Verhältnis zu der durchschnittlichen Wasserführung der Durance standen. Während bei Pont de Mirabeau, unterhalb des Zusammenflusses mit ihrem letzten großen Nebenfluß, dem Verdon, die Wassermenge im August häufig auf weniger als 45 m^3 pro Sekunde sinkt, stieg sie z. B. im November 1886 auf 6 000 m^3 pro Sekunde an ! Die Durance selbst ist relativ seicht: sie breitet sich in einem flachen Kiesbett aus, das die Fließgeschwindigkeit vermindert.

Die Kanäle der Unteren Durance. — Sie dienen, außer der Bewässerung landwirtschaftlicher Gebiete, der Trinkwasserversorgung der Städte sowie der Energiegewinnung.

Canal de Craponne. — Der im 16. Jh. von Adam de Craponne geschaffene Kanal ist einer der ältesten Kanäle in diesem Gebiet. Er hat wesentlich zur Fruchtbarmachung der Crau *(S. 101)* beigetragen.

Canal de Marseille und Canal du Verdon. — Die beiden Wasserwege wurden im 19. Jh. geschaffen und sind heute unzureichend geworden. Im Verlauf des Kanals von Marseille liegt der 1842-1847 errichete Aquädukt von Roquefavour *(S. 52)*. Der Verdon-Kanal dient, zusammen mit dem Provence-Kanal *(s. unten)*, zur Bewässerung und Trinkwasserversorgung der Städte Aix, Marseille und Toulon.

Canal E.D.F. — Er ist 85 km lang und nutzt den Höhenunterschied von 256 m zwischen Cadarache und dem Meeresspiegel. Er wurde von der staatlichen französischen Elektrizitätsgesellschaft E.D.F. gebaut und verläuft im alten Flußbett der Durance bis zum See von Berre. An seinen Ufern sind fünf Krafwerke in Betrieb. Bewässerungskanäle zweigen von ihm ab und machen ein 75 000 ha großes Gebiet zu einer bedeutenden Landbauzone.

Canal de Provence. — Seit dem Bau der Talsperre von Serre-Ponçon und des Canal E.D.F. ist das Wasser des Verdon nicht mehr nötig, um die unregelmäßige Wasserführrung der Durance auszugleichen. Durch den Canal de Provence wird es zur Versorgung der Städte Aix, Marseille und Toulon verwendet, zur Bewässerung von etwa 60 000 ha Land in der Unteren Provence und füllt außerdem den Stausee von Bimont. Jährlich werden so 700 Mio. m^3 Wasser durch ein 3 000 km langes Kanalnetz geleitet.

VON MANOSQUE NACH AVIGNON

45 km — 1/2 Tag ohne Besichtigung von Avignon — Kartenskizze S. 104, 105

★**Manosque.** — *Beschreibung im Michelin-Reiseführer Alpes du Sud (nur französische Ausgabe).*

Ausfahrt aus Manosque auf der Avenue Jean Giono, D 907, südl. des Plans.

Die Strecke führt über Ste-Tulle, wo zwei Kraftwerke eine jährliche Produktionskapazität von 370 Millionen kWh besitzen, und nähert sich der Durance an der Stelle, wo sie sich mit ihrem Nebenfluß vereint.

Cadarache-Staudamm (Barrage de Cadarache). — Er liegt an der Mündung des Verdons in die Durance. Die gestauten Wasser versorgen über den E.D.F.-Kanal das einige Kilometer südlich liegende Kraftwerk Jouques.

Unterlauf der DURANCE

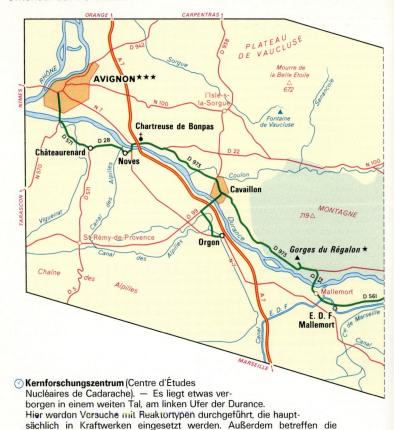

○ **Kernforschungszentrum** (Centre d'Études Nucléaires de Cadarache). — Es liegt etwas verborgen in einem weiten Tal, am linken Ufer der Durance. Hier werden Versuche mit Reaktortypen durchgeführt, die hauptsächlich in Kraftwerken eingesetzt werden. Außerdem betreffen die Untersuchungen die Radioökologie, Biotechnologie, Sonnenenergie u. a.

Défilé de Mirabeau. — Die Durance biegt hier scharf nach Westen ab und durchquert eine Engstelle. Diese gilt als die Grenze zwischen der Oberen und der Niederen Provence und wird auf einer Brücke (**Pont-de-Mirabeau**) überquert.

Kraftwerk Jouques. — Es ist an eine Felswand gebaut und wird durch den E.D.F.-Kanal versorgt, der ab Défilé de Mirabeau unterirdisch fließt. Jährliche Produktionskapazität: 385 Millionen kWh.

Die N 96 führt am E.D.F.-Kanal entlang.

Peyrolles-en-Provence. — *Seite 144*

Meyrargues. — 2 406 Ew. Ferienort. Das Schloß (17. Jh.) ist heute Hotel. Ein Spazierweg führt an den Ruinen des römischen Aquädukts vorbei, das Aix-en-Provence mit Wasser versorgte, und dann weiter zur wilden Schlucht des Étroit.

Am Ortsausgang die D 561 nehmen und nach 3 km rechts auf die D 556 abbiegen.

Pertuis. — 12 430 Ew. Ferienort. Das Städtchen besitzt im St-Jacques-Turm (14. Jh.) und dem Uhrturm (13. Jh.) Zeugen aus der Vergangenheit. Die im 16. Jh. wiederaufgebaute St-Nicolas-Kirche enthält einen Flügelaltar (16. Jh.) und zwei schöne Marmorstatuen (17. Jh.).

La Tour-d'Aigues. — 2 479 Ew. *6 km ab Pertuis auf der D 956.* Beschreibung S. 169.

Auf der D 956 und der D 973, die am Canal de Cadenet entlangführt, nach Cadenet fahren.

Cadenet. — *Seite 88*

Weiterfahrt auf der D 943 in südl. Richtung. Man überquert die Durance und biegt dann links auf die D 561 ab; nach 2,7 km rechts.

Kraftwerk St-Estève-Janson. — Unterhalb des Kraftwerkes wurde eine Aussichtsplattform angelegt *(Tafel mit technischen Daten).* Die jährliche Produktion beträgt 635 Mio. kWh.

○ **Stausee St-Christophe** (Bassin de St-Christophe). — Der 22 ha große See, Reservoir der Durance und des E.D.F.-Seitenkanals *(S. 103),* liegt in reizvoller Berglandschaft mit Kiefernbestand. Er dient der Trinkwasserversorgung von Marseille.

Rognes. — 2 216 Ew. Der Ort ist bekannt für den unweit gewonnenen Bau- und
○ Dekorationsstein. Die **Dorfkirche** aus dem frühen 17. Jh. besitzt 10 sehenswerte **Retabel**★ (17. und 18. Jh.), insbesondere am Hauptaltar und links vom Chor.

Zurück zum See, davor links abbiegen, dann links auf die D 561.

★★ **Abtei Silvacane** (Abbaye de Silvacane). — *Seite 166*

La Roque-d'Anthéron. — 3 759 Ew. In der Ortsmitte erhebt sich Schloß Florans aus dem 17. Jh., ein mächtiges Anwesen mit runden Ecktürmen, das heute ein Rehabilitationszentrum beherbergt.

Auf der D 561 weiterfahren und rechts die D 23c nehmen.

Kraftwerk Mallemort. — Seine Produktionskapazität liegt bei jährlich 420 Mio. kWh.

Unterlauf der DURANCE

Hinter Mallemort führt die D 32 über die Durance und zur D 973, wo man links abbiegt. nach 2 km zweigt kurz vor einer Brücke rechts eine Straße ab, die an einem Steinbruch entlangführt.

★ Régalon-Schlucht (Gorges du Régalon). — 1 1/4 Std. zu Fuß hin und zurück. 200 m weiter rechts abbiegen und auf dem großen Platz parken; geradeaus folgt man einem Pfad oberhalb des Bachbetts. Man durchquert dann, links, einen Oliven-

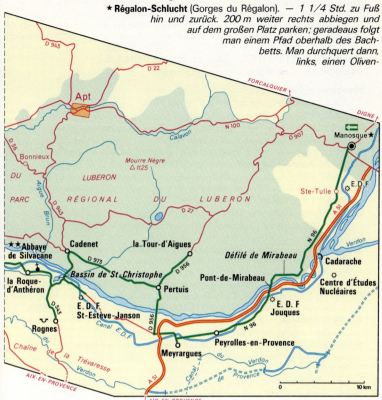

hain und kommt zum Eingang der Schlucht. Der Ausflug durch das ausgetrocknete Bachbett des Régalon ist bei starkem Regen und an gewittrigen Tagen nicht durchführbar; in der Schlucht kann es auch bei Hitze empfindlich kühl sein. Nach kurzem Marsch im Bachbett geht man unter einem zwischen engen Felswänden eingeklemmten Felsblock hindurch, klettert Felsen hinauf und kommt zum Eingang einer tunnelartigen Grotte, die in einen 100 m langen, 30 m hohen und stellenweise nur 80 cm breiten Gang übergeht. Dies ist der eindrucksvollste Teil der Schlucht, Am Ende des Gangs umkehren und zum Wagen zurückgehen.

Die D 973 führt an den Hängen des Luberons (S. 113) entlang.

Cavaillon. — Seite 97

Orgon. — Seite 143

Cavaillon auf der D 938, ① des Plans, verlassen, dann links die D 973 nehmen.

Kartause Bonpas (Chartreuse de Bonpas). — Eingang durch das Tor — Pförtnerloge rechts. Kirche und Klostergebäude wurden im 13. Jh. von den Tempelrittern errichtet und erlebten im 17. Jh. ihre Blütezeit; damals entstand der Kapitelsaal. Während der Revolution im 18. Jh. verfiel das Kloster und wurde erst kürzlich restauriert und zu Wohnhäusern umgestaltet; die Gärten sind im französischen Stil angelegt. Von der Terrasse reicht der Blick über die Durance mit einer 500 m langen Brücke und die Alpilles im Hintergrund.

Unter der Autobahn hindurchfahren, dann rechts die N 7 und nochmals rechts die D 28 nehmen.

Noves. — 3 693 Ew. Das alte Städtchen besitzt noch Reste seines Mauergürtels mit zwei Stadttoren und enge, winklige Gassen. Eine romanische **Kirche** (12. Jh.) mit späteren Anbauten ist wegen ihrer Halbrundapsis mit Blendbogenfries und einer Trompenkuppel bemerkenswert. Steinplatten dienten zur Dachdeckung, teilweise ist noch der alte Firstkamm erhalten.

Châteaurenard. — Seite 98

Die D 571 und die N 570 führen nach Avignon.

Von der Brücke bietet sich ein hübscher Blick auf die Durance mit ihren bewaldeten Ufern.

★★★ Avignon. — Besichtigung: 1 Tag. Beschreibung S. 69

Sie helfen, diesen Reiseführer weiter zu verbessern, wenn Sie uns Ihre Erfahrungen und Anregungen mitteilen.
Michelin Reifenwerke KGaA - Touristikabteilung
Postfach 210951
7500 KARLSRUHE 21

★ ESTAQUE-Massiv

Michelin-Karte Nr. 246 Falte P, Q

Die eigenartige, wenig besiedelte Kalksteinkette schiebt sich zwischen den See von Berre und das Mittelmeer. Auf ihrer Südseite, wo die Küste durch die fjordartigen Einschnitte der Calanques gegliedert ist, liegen mehrere Fischerstädtchen. Allerdings ist die Fischerei längst nicht mehr Haupterwerbsquelle der Bevölkerung, da sich die Hafenindustrie des nahen Marseilles auch hier ausbreitet und die Landschaft verändert.

VON MARTIGUES NACH MARSEILLE

74 km — 4 Std., ohne Besichtigung von Marseille

Martigues. — *Seite 128*

Ausfahrt aus Martigues auf der D 5, ③ des Plans.
Blick auf den See von Berre und die Stadt.

Hinter Les Ventrons weiterfahren auf der D 5 bis St-Julien.
St-Julien. — Am Ortsausgang führt links ein Weg zu einer Kapelle. Auf ihrer linken Seite ist ein gallo-römisches Relief mit acht Figuren in die Mauer eingelassen.

Von St-Julien zurück nach Les Ventrons und links auf die D 49 abbiegen.
Die Strecke führt durch eine südlich anmutende Landschaft. Bei einem Turm (120 m Höhe) reicht der Blick über die Hafenanlagen von Lavéra, Port-de-Bouc und Fos.

Nach 4 km rechts abbiegen nach Carro.
Carro. — Netter kleiner Fischer- und Jachthafen, geschützt in einer Felsenbucht.

Der D 49^B nach La Couronne folgen; vor der Kirche rechts abbiegen zum Cap Couronne.
Cap Couronne. — Vom Kap mit dem Leuchtturm blickt man weit über die Estaque-, Étoile- und Marseilleveyre-Berge und die Stadt Marseille.

Hinter La Couronne rechts auf die D 49.
Die Straße steig in Serpentinen an, bevor sie das Ufer erreicht. Sie verbindet drei Ferienorte: **Sausset-les-Pins, Carry-le-Rouet** und **Le Rouet-Plage,** und führt danach durch das von Pinien und immergrünen Eichen bewachsene Tal **Vallon de l'Aigle.**
Ensuès-la-Redonne. — 2 204 Ew. In geschützter Lage gedeihen Wein und Oliven.

Am Ortsausgang rechts auf die D 48^D.
Madrague-de-Gignac. — Schöner Blick auf Marseille und das offene Meer.

Auf die D 5 zurückfahren und rechts abbiegen; später zweigt die D 48 rechts ab nach Niolon.
In dieser einsamen Gegend wachsen vereinzelt Pinien an windgeschützten Stellen.
Niolon. — Kleines Dorf am Felshang der gleichnamigen Bucht. Der Ort ist besonders für Freunde des Tauchsports interessant.
Von der D 5 sieht man das Étoile- und Estaque-Massiv.

Rechts auf die N 568.
Nach dem Tunnel öffnet sich der Blick auf die Marseiller Bucht, und hinter der Eisenbahnbrücke führt die Straße über die Mündung des unterirdischen Rove-Kanals.

★ **Unterirdischer Rove-Kanal.** — *Zuerst einen Weg in Richtung des Steinbruchs Carrière Chagnaud nehmen, dann unter der Bahnlinie hindurch und eine Rampe hinuntergehen, die zum Eingang des Tunnels führt.* Der Kanal, der Schiffe mit einem Tiefgang von 4,50 m (1 200 t) aufnehmen konnte, verbindet unterirdisch den Hafen von Marseille mit dem See von Berre. Der Tunnel, in dem er fließt, ist über 7 km lang und durchsticht in gerader Linie das Estaque-Gebirge. Mit 15,40 m Höhe und 22 m Breite ist sein Querschnitt zehnmal so groß wie der eines zweigleisigen Eisenbahntunnels. Infolge eines Einsturzes ist der Kanal seit 1963 gesperrt.

L'Estaque. — War der Ort zur Zeit Cézannes noch ein nettes Fischerstädtchen, wo auch Braque, Dufy und Derain malten, so ist er heute zum Industrievorort von Marseille geworden. Im Hafen liegt die Flottille kleinerer Fischereischiffe, die früher den Alten Hafen von Marseille bevölkerte.

Die Straße führt dann an weitläufigen Hafenanlagen vorbei und durch den Tunnel unter dem Alten Hafen hindurch direkt bis ins Zentrum von Marseille.

★★★ **Marseille.** — *Besichtigung: 1 Tag. Beschreibung S. 118.*

★ ÉTOILE-Massiv

Michelin-Karte Nr. 246 Falte K, L

Diese Bergkette trennt die nördliche Senke des Arc und das östliche Becken der Huveaune und setzt das Estaque-Massiv *(s. oben)* nach Osten fort. Beide gehören zu den sog. Kleinen Provenzalischen Alpen, die in ihrem Verlauf den Pyrenäen entsprechen. Trotz ihrer relativ bescheidenen Höhe überragen sie eindrucksvoll die Marseiller Ebene; ihr höchster Gipfel, Tête du Grand Puech, erreicht 781 m.

VON GARDANNE NACH AUBAGNE

61 km — etwa 3 1/2 Std., ohne Besteigung des Étoile-Gipfels

Gardanne. — 15 374 Ew. In der Ebene zwischen Étoile- und Ste-Victoire-Gebirge hat sich eine bedeutende Industriestadt entwickelt (Bauxit, Zement, Kohle).

In südl. Richtung auf der D 58 und der D 8 weiterfahren. Nach 7 km rechts abbiegen.
Mimet. — 2 531 Ew. Dorf am Berghang. Von der Terrasse im alten Ortsteil erstreckt sich der **Blick**★ über das Luynes-Tal bis zu den Hochöfen von Gardanne.

★ÉTOILE-Massiv

Zurück auf die D 8 und rechts abbiegen.
Die malerischen Straßen D 7 und D 908 führen um die Etoile-Kette.
In Logis-Neuf links nach Allauch fahren.
Allauch. — *Seite 52*
Nordwestlich von Allauch der D 44F folgen.
Château-Gombert. — *Seite 128*
Château-Gombert in Richtung Marseille verlassen und rechts abbiegen auf die Traverse de la Beaume Loubière.
Loubière-Höhle (Grottes). — *Seite 128*
Den Wagen bei der Höhle lassen und einem Fußpfad bergauf folgen (4 Std. hin und zurück). Vor der Kreuzung mit den Fahrstraßen rechts abbiegen.
Der Weg windet sich durch felsiges Gelände bis zum **Grande Étoile** (590 m), wo ein Fernmeldeturm steht; danach erreicht man den **Étoile-Gipfel** (651 m). Zwischen diesen beiden Gipfeln öffnet sich ein **Rundblick**★★ über das Becken von Gardanne im Norden und den Südhang der Étoile-Kette.
Auf demselben Weg nach Allauch zurückkehren, dann weiter in südl. Richtung auf der D 4A; bei 4-Saisons links abbiegen, dann nochmals links halten.
Camoins-les-Bains. — Hübscher kleiner Kurort im Grünen.
La Treille. — Auf dem Friedhof am Ortseingang befindet sich das Grab von Marcel Pagnol *(S. 67)*.
Zurück nach Camoins und auf der D 44A nach Aubagne.
Aubagne. — *Seite 67*

FONTAINE-DE-VAUCLUSE   606 Ew.

Michelin-Karte Nr. 81 Falte 13 oder 245 S der Falte 17 oder 246 Falte 11 — Ferienort

Der kleine Ort am Fuße des Plateaus von Vaucluse ist in Frankreich besonders wegen seiner Quelle bekannt, die eines der beliebtesten Naturdenkmäler der Provence ist.

★★★ QUELLE VON VAUCLUSE 1/2 Std. zu Fuß hin und zurück

*Den Wagen auf einem der Parkplätze abstellen und zum Place de la Colonne gehen, wo eine Säule an den 500. Geburtstag (1304-1804) des Dichters Petrarca erinnert. Dann den Chemin de la Fontaine nehmen.
Eine Ton- und Lichtschau (Son et Lumière) findet im Sommer statt.*

Die Sorgue tritt in einer Grotte am Fuße eines mächtigen kahlen Felsens zutage, der eine tiefe, von Bäumen und Sträuchern begrünte Schlucht abschließt. Bei Hochwasser überschwemmen ihre schäumenden Strudel das Geröll bis weit in die Schlucht hinein und steigen bis in Höhe der an den Felsen geklammerten Feigenbäume, über der Grotte. Es werden dann bis zu 150 m³ Wasser pro Sekunde gemessen, während die Mindestmenge bei niedrigem Wasserstand nur 4,5 m³ durchschnittlich beträgt.
Dieser große Unterschied weckte die Neugier der Fachwelt, die herausfand, daß es sich um eine der größten Karstquellen der Welt handelt: hier tritt ein großer unterirdischer Fluß zutage, der von den Schmelz- und Regenwassern gespeist wird, die auf dem zerklüfteten Kalksteinplateau von Vaucluse versickern. Bisher haben die Höhlenforscher jedoch vergeblich nach dieser unterirdischen Sorgue gesucht: 1878 war ein Taucher bis in 23 m Tiefe vorgedrungen; der letzte Rekord lag 1985 bei 315 m, mit Hilfe eines ferngelenkten, mit Videogeräten ausgerüsteten U-Bootes.

WEITERE SEHENSWÜRDIGKEITEN

Höhlenkundliche Ausstellung (Le Monde souterrain de Norbert Casteret). — *Am Chemin de la Fontaine.* Als Resultat dreißigjähriger Forschertätigkeit enthält die **Sammlung Casteret**★ besonders schöne Fundstücke aus Kalkspat, Gips und Aragonit; außerdem zeigen verschiedene Landschaftsnachbildungen Formationen wie Tropfsteinhöhlen, Karstschlünde, vom Wind geformte Felsen oder Höhlen mit menschlichen Spuren. Eine graphische Dokumentation informiert über die regionale Höhlenforschung, eine Dauerausstellung über den aktuellen Forschungsstand.

Vallis Clausa. — *Neben dem Museum Casteret.*
In einer von der Sorgue angetriebenen **Papiermühle** kann der Besucher zusehen, wie Papier nach traditionellem Verfahren von Hand hergestellt wird.

Museum. — Der italienische Dichter Petrarca, der sich aus dem höfischen Leben an der Kurie in Avignon hierher zurückgezogen hatte, lebte 16 Jahre in Fontaine-de-Vaucluse, wo er in Erinnerung an seine unerfüllte Liebe zu Laura den „Canzoniere" schrieb. Die Existenz Lauras ist historisch nicht nachgewiesen. Vielleicht handelte es sich um Laure de Sade, die Petrarca am 6. April 1327 zum ersten Male in einer Kirche in Avignon erblickt hatte.
Das Museum befindet sich am vermeintlichen Orte des Hauses Patrarcas und enthält im 1. Stock einige alte Ausgaben der Werke des Dichters und Humanisten, insbesondere die Basler Erstausgabe aus dem Jahre 1496.

Kirche St-Véran. — Das von einem Tonnengewölbe überspannte Schiff des kleinen romanischen Baus endet in einem halbrunden Chor, der von antiken kannelierten Säulen flankiert wird. In der Krypta steht der Sarkophag des hl. Véran, eines Bischofs von Cavaillon (6. Jh.), der die Gegend von dem Coulobre-Untier befreit haben soll.

Burgruine. — *1/2 Std. zu Fuß hin und zurück.* Diese Burg gehörte dem Bischof von Cavaillon, einem Freund Petrarcas. Sie bietet einen reizvollen Ausblick auf den Ort.

107

★ Industriehafen FOS

Michelin-Karte Nr. **84** Falte 11 oder **245** Falte 42, 43 oder **246** Falte 13, 14, 27, 28

Die neue Anlage, die den Marseiller Hafen ergänzt, entwickelte sich seit 1965 rund um die Bucht gleichen Namens. Denkbar günstige Bedingungen dafür sind ein tiefer Kanal als Zufahrtsweg, fehlende Gezeiten und die umgebende Crau-Ebene *(S. 101)*, die den erforderlichen Platz für die Ansiedlung von Industrie bietet.

Der Hafen. — Mit einem jährlichen Umschlag von fast 90 Mio. t ist Marseille-Fos der wichtigste französische Hafen und liegt im europäischen Vergleich hinter Rotterdam an 2. Stelle. Industrielle Massengüter und Energieträger (Minerale, Erdöl, Gas...) werden in Becken 1 (darse 1) und an den beiden Molen umgeschlagen, wo Schiffe bis zu 400 000 BRT anlegen können; für den Handel bestimmte Güter (Container, großes Stückgut, Autos, Holz...) werden in Becken 2 und 3 (bassin du Gloria) verladen. Das südliche Becken (darse Sud) bleibt den Stahl- und Erdölexporten vorbehalten. Ein Kanal (für Schiffe bis 4 400 t) verbindet Becken 1 mit der Rhone und dem See von Berre. 2/3 des Gesamtumschlags von Marseille werden in Fos abgewickelt.

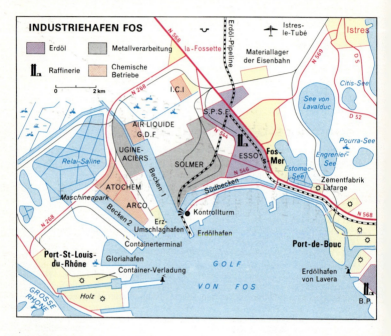

Besichtigung. — Die Besichtigung nimmt ihren Ausgang beim Kontrollturm *(tourvigie)*, wo man sich — auch wenn man nicht an der Führung teilnimmt — einen guten Überblick verschaffen kann. Man geht dann zu den bedeutendsten Kais und Umschlaganlagen.

Industrieanlagen. — Über die Hälfte der verfügbaren Fläche wird heute von Fabriken eingenommen, die z. T. ihre eigenen Kaianlagen besitzen; dies sind vor allem stahl- und metallverarbeitende Werke, Erdölraffinerien, chemische Fabriken und petrochemische Betriebe. Die Südeuropa-Pipeline *(S. 85)* leitet Rohöl bis nach Ingolstadt, während ein ganzes Leitungsnetz Südfrankreich, die Schweiz und Deutschland mit Mineralöl, Erdgas und Äthylen versorgt.

Informationszentrum Centre de vie. — Im Weiler La Fossette wurde ein Informationszentrum eingerichtet, das mit Modellen und Filmvorführungen über den Industriehafen unterrichtet.
In der Nachbarschaft kann man sich die verschiedenen Pflanzen- und Baumarten ansehen, die als Grünanlagen auf dem Gebiet von Fos angepflanzt wurden.

Fos-sur-Mer. — 9 446 Ew. *Nordöstlich*. Der Ort trägt seinen Namen nach einem im Auftrage des Feldherren Marius 102 v. Chr. gebauten Kanal. Dieser wurde *Fossae Marianae* genannt und verband Arles mit dem Mittelmeer. Er endete bei dem heutigen Fos.
Das alte Dorf liegt auf einem Felsplateau. Es besitzt Reste einer Burg (14. Jh.) und einer Stadtmauer. Eine Terrasse und verschiedene Aussichtspunkte bieten einen **Blick** auf den gleichnamigen Golf und die Höhen von St-Blaise.

AUSFLÜGE

Port-St-Louis-du-Rhône. — 10 378 Ew. *15 km südwestlich*. Im Mündungsgebiet der Großen Rhone hat sich dieser Hafen angesiedelt (1863), der dem Marseiller Komplex angeschlossen ist und sowohl Flußschiffe als auch Hochseetanker aufnimmt. Hier werden chemische Produkte, Holz, Wein u. a. m. umgeschlagen.

Port-de-Bouc. — *Seite 129*.

Die Michelin-Karte Nr. **980** *GRIECHENLAND (1 cm = 7 km):*
Viele nützliche Informationen für Ihre Reise.

Die GARIGUE

Michelin-Karte Nr. 80 Falte 19 oder 245 Falte 14, 15 oder 246 Falte 25

Die Garigue, eine vergleichsweise junge Formation von 200-300 m Höhe, erstreckt sich am Südrand des erdgeschichtlich alten Zentralmassivs. Durch Kahlschlag verschwand der ursprüngliche Eichen- und Kiefernwald; Wind und Wetter trugen in der Folge die dünne Erdschicht ab. Heute wachsen in diesem trockenen, öden Landstrich zwischen nacktem Fels Kermeseichen, Zistrosen, Stechginster, Affodill und Gewürzkräuter; Flüsse ließen z. T. malerische Schluchten entstehen.

VON UZÈS NACH REMOULINS 51 km — etwa 6 Std.

★ **Uzès.** — Seite 170

Ausfahrt aus Uzès auf der D 979, ② des Plans.

Von der Straße bieten sich Blicke auf Uzès und die Umgebung.

Pont St-Nicolas. — Die Brücke über den Gard (oder Gardon) wurde im 13. Jh. von der Gemeinschaft der Brückenbauer *(Frères Pontifes)* errichtet, die auch die Brücke von Avignon gebaut hat.

Die Straße steigt an und gibt den Blick auf den Gardon frei. In einer Rechtskurve *(Parkmöglichkeit)* bietet sich eine herrliche **Aussicht★** auf die Schlucht.

Links in die D 135 einbiegen und vor Poulx links auf die D 127.

★ **Gardon-Schlucht** (Gorges du Gardon). — Schlechte Fahrbahn und enge, kurvenreiche Strecke. Kreuzen ist nur an einigen Ausweichstellen möglich. Hinter der letzten Kurve den Wagen parken.
Ein Weg *(1 Std. zu Fuß hin und zurück)* führt zu einem reizvollen Flecken im Grund der Gardon-Schlucht. Auf dem gegenüberliegenden Ufer sieht man den Eingang der Baume-Grotte.

Poulx. — 725 Ew. Die einschiffige Dorfkirche ist romanisch.

Der D 427 folgen.

An der Strecke werden Wein und Obst angebaut.

In Cabrières links auf die D 3 abbiegen.

Von der Hochebene ergibt sich ein schöner Ausblick auf das Rhonetal und die Alpilles; danach führt die Straße ins Tal des Gardon zurück.

Vor Collias rechts auf die D 3, die in das Alzon-Tal führt, dann nochmals rechts auf die D 981 abbiegen.

ⓥ **Schloß Castille** (Château de Castille). — Eine romanische Kapelle und eine säulenumgebene Grabkapelle erheben sich neben einer Eibenallee, die zum Schloß (16. Jh.) führt. Dieses wurde im 18. Jh. vom Baron de Castille umgebaut und ist mit Säulen und Balustraden geschmückt.

Auf der D 981 weiterfahren.

★★★ **Pont du Gard.** — Seite 145

Remoulins. — 1 866 Ew. Ferienort. Der Ort, der für seine Kirschen bekannt ist, besitzt Reste der Stadtmauer und eine romanische Kirche (heute Bürgermeisterei).

★ GORDES 1 607 Ew.

Michelin-Karte Nr. 81 Falte 13 oder 245 S der Falte 17 oder 246 Falte 11 — Ferienort

Gordes liegt an einem Steilhang am Rande des Plateaus von Vaucluse über dem Imergue-Tal. Reizvoll ist ein Bummel durch die gepflasterten Gassen mit doppeltem, zuweilen treppenförmigem Rinnstein, überwölbten Durchgängen, Arkaden hoher alter Häuser und Resten der Stadtmauer; Geschäfte, Verkaufsstände von Kunsthandwerkern und der Markt beleben die äußerst malerische Kulisse.

Aussichtspunkt. — Neben der D 15 (Richtung Cavaillon) wurde etwa 1 km vor Gordes eine Aussichtsterrasse (kein Geländer) angelegt, die den besten Blick auf die **Lage★** des Ortes bietet.

ⓥ **Schloß (Château).** — Das Schloß wurde im 16. Jh. errichtet. Es erhebt sich an der Stelle einer Burg (12. Jh.) und hat eine besonders strenge, von zwei Rundtürmen abgeschlossene Nordfassade. Die eindrucksvolle Südfassade wird von Kreuzstockfenstern aufgelockert und von Ecktürmchen flankiert. Im Hof beachte man das schöne Renaissance-Portal, dessen Steinmetzarbeit aus weichem Kalkstein von der Erosion schon recht angegriffen ist.
Giebel, Muscheln, Blumendekor und Pilaster schmücken den **Kamin★** (1541) des großen Saals in der 1. Etage. 5 Räume und die Treppe sind modernisiert und dienen als Rahmen für das **Vasarely-Museum★**: Geometrische Formen, die durch Farbe und Perspektive plastisch, teilweise sogar bewegt wirken, sind charakteristisch für den gebürtigen Ungarn *(S. 51).*

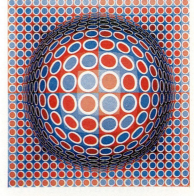

Heet, von Vasarely

GORDES★

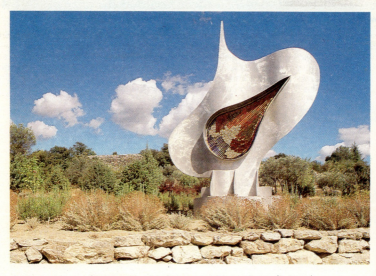

Glasmuseum — Wetterfahne und Buntglasfenster (F. Duran)

AUSFLUG

Rundfahrt von 12 km. — *Etwa 2 Std. Gordes auf der D 15 in Richtung Cavaillon verlassen. Kurz hinter der Abzweigung der D 2 rechts auf einen asphaltierten Weg abbiegen und den Wagen auf dem Parkplatz abstellen.*

Dorf der Bories. — Ein Weg *(1/4 Std. zu Fuß hin und zurück)* führt zu dem Dorf, wo sich zwanzig restaurierte Bories — sie sollen zwischen 200 und 500 Jahre alt sein — um einen Backofen gruppieren. Die Anlage bildet ein Freilichtmuseum. Die größeren dienten als Behausung, die übrigen als Schafställe, Schuppen etc.; sie waren bis ins frühe 19. Jh. in Gebrauch, doch ist über ihre Entstehung nichts bekannt.

Zur D 2 zurück und rechts abbiegen; danach links auf die D 103 nach Beaumettes, und wieder links auf die D 148 in Richtung St-Pantaléon, bis „Moulin des Bouillons".

Glasmuseum (Musée du Vitrail). — Das moderne, der Landschaft angepaßte Gebäude enthält Gläser und Öfen des Mittleren Orients, moderne Kirchenfenster, Buntglasfenster und Skulpturen von Frédérique Duran sowie Werkzeug und eine reiche Dokumentation zur Geschichte der Glasmalerei.

Ölmühlen-Museum (Musée des Moulins à huile). — In demselben Park wie das Glasmuseum liegt auch das kleine Landhaus „Moulin des Bouillons" aus dem 16.-18. Jh., das als Museum eingerichtet wurde. Glanzstück der Sammlung ist die mächtige antike **Olivenmühle★** aus einem 7 t schweren Eichenstamm, das älteste und als einziges unversehrt erhaltene Exemplar dieser Art.
Außerdem werden Öllampen gezeigt, Gerät für den Anbau der Olivenbäume, Gefäße und Gewichte; auch die Verwendung des Olivenöls im Wandel der Zeiten wird illustriert.

Der D 148 weiterhin folgen.

St-Pantaléon. — 91 Ew. Das Dorf besitzt ein sehenswertes romanisches **Kirchlein**, direkt auf den Stein gebaut; die dreischiffige Anlage, deren Mittelteil aus dem 5 Jh. stammt, ist von einer Felsnekropole umgeben. Da die Grabkammern überwiegend der Größe Neugeborener entsprechen, kann man annehmen, daß es sich um eine jener Begräbnisstätten handelt, wie man sie verschiedentlich in der Provence antrifft: Für Säuglinge, die vor der Taufe gestorben waren, hielt man hier eine Messe ab. Während dieses Gottesdienstes wurden die wiederauferstandenen Kinder getauft, bevor sie erneut starben und an Ort und Stelle begraben wurden.

St-Pantaléon in nördlicher Richtung verlassen; die D 104ᴬ und die D 2 führen zurück nach Gordes.

★ GRIGNAN   1 147 Ew.

Michelin-Karte Nr. **81** Falte 2 oder **246** Falte 3 oder **246** Falte 8, 22 — Ferienort

Auf einem Felsen erhebt sich das imposante Schloß — eine Art literarischer Wallfahrtsort, da Mme. de Sévigné sich hier häufig zu Besuch bei ihrer Tochter aufhielt. Die **Marquise de Sévigné** (1626-96) wurde durch die Briefe an ihre Tochter bekannt, die mit dem letzten Nachkommen der Adhémar, Graf von Grignan, verheiratet war. Diese Korrespondenz gibt in ihrem natürlichen Stil einen guten Einblick in die Sitten der damaligen Zeit.

SEHENSWÜRDIGKEITEN

★★ **Schloss** (Château). — Schloß Grignan wurde 1545-58 von Louis Adhémar, Galeerengeneral und Gouverneur der Provence, errichtet.
Nacheinander besichtigt man die große südliche Renaissancefassade mit Blick auf den Ventoux, dann den Ehrenhof, der sich zu einer Terrasse öffnet. Diese wird links von einem spätgotischen Pavillon, rechts und im Hintergrund von Wohngebäuden im Renaissancestil umgeben. Im Rundgang folgen die Ehrentreppe, die Wohnzimmer, der

★GRIGNAN

Audienzsaal, das gotische Treppenhaus, die getäfelte Galerie der Adhémar, die Gemächer des Grafen von Grignan, das Zimmer der Marquise und der große Prunksaal. Alle Räume sind mit alten **Möbeln**★ ausgestattet: Sehenswert sind im einzelnen das Mobiliar im Louis-treize-Stil und der italienische Sekretär (Audienzsaal) sowie die Régence- und Louis-quinze-Einrichtung der gräflichen Räume, mit außergewöhnlich schönen Parkettböden und **Wandteppichen** aus Aubusson (mythologische Szene, 17. Jh.).

Vom Schloß aus erreicht man direkt die Terrasse der Kirche St-Sauveur, von wo sich ein weites **Panorama**★ bietet: die Gebirge von Rachas und La Lance im Nordosten, Ventoux und Dentelles de Montmirail im Südosten, die Rhone-Ebene und das Alpilles-Bergland, Suze-la-Rousse und der Turm von Chamaret im Südwesten, der Wald von Grignan und die Berge des Vivarais im Nordwesten.

Madame de Sévigné, von C. Lefebvre
(Carnavalet-Museum, Paris)

Kirche St-Sauveur (B). — 16. Jh. Eine Rosette mit spätgotischem Maßwerk schmückt die Fassade von 1554.
Innen befindet sich auf der linken Seite des Kirchenschiffes eine kleine Empore, die vom Schloß aus direkt erreichbar war; diese Tür wurde während der Revolution zugemauert. Bemerkenswert sind der **Orgelprospekt** aus dem 17. Jh. und die schöne Holzvertäfelung im Chor.
Links vom Hauptaltar (Aufsatz aus dem 17. Jh.) der Grabstein von Mme. de Sévigné, die 1696 in Grignan starb.

Wachtturm (Beffroi). — 12. Jh. Das ehemalige Stadttor, das im 17. Jh. aufgestockt wurde, dient heute als Uhrturm.

Rochecourbière-Grotte. — *1 km. Bei der Südausfahrt aus Grignan auf der Höhe eines Kreuzes von der D 541 abbiegen. Nach etwa 1 km parken, zur Steintreppe (rechts) zurückgehen.* Diese Treppe führt zu der Grotte, in der sich Mme. de Sévigné häufig aufhielt, um auszuruhen oder zu schreiben.

AUSFLUG

Taulignan. — 1 446 Ew. *7 km nordöstl. auf der D 14 und D 24.* Das alte Wehrdorf liegt an der Grenze zwischen Dauphiné und Provence. Seine mittelalterliche Befestigung ist fast ganz erhalten: der runde Mauerring besitzt 11 Türme (9 rund, 2 viereckig), die durch einen Zwischenwall verbunden sind (teilweise noch mit Zinnen), in den sich die Wohnhäuser einfügen. Beim Umherstreifen durch die Gassen entdeckt man alte Fassaden mit verzierten Türen und Kreuzstockfenstern (Rue des Fontaines); im Nordosten erhebt sich das einzige erhaltene Stadttor mit zwei Türmen. Die romanische Kirche wurde im 19. Jh. verändert.
Am Ortsende steht an der D 14 eine kleine protestantische Kirche von 1868.

Artaudes (Ch. des)	2
Château (R. du)	3
Commune (R. de la)	4
Glacière (Pl. de la)	6
Grand-Faubourg (R. du)	7
Hôpital (R. de l')	8
La Planette	9
Montant-au-Chât. (R.)	12
Or (R. d')	13
Petit-Faubourg (R. du)	14
St-Jean (R.)	15
St-Sauveur (R.)	16
Salle-Verte (R. de la)	17
Tranchat (Pl. du)	20

Im Roten Michelin-Führer France

finden Sie jedes Jahr in handlichem Format eine

Fülle aktueller Informationen.

Benutzen Sie ihn auf Geschäftsreisen, im Urlaub

oder am Wochenende.

Der Rote Michelin-Führer des laufenden Jahres macht sich immer bezahlt.

L'ISLE-SUR-LA-SORGUE

13 205 Ew.

Michelin-Karte Nr. **81** Falte 12 oder **245** Falte 17, 30 oder **246** Falte 11 — Kartenskizze S. 104 — Ferienort

Das Städtchen mit seinen breiten Platanenalleen liegt auf einer Sorgue-Insel am Fuße des Plateaus von Vaucluse *(S. 13)*. Lange nutzten hier zahlreiche Handwerksbetriebe (Webereien, Färbereien, Gerbereien, Papier-, Getreide- und Ölmühlen) das Wasser der Sorgue.
In L'Isle-sur-la-Sorgue wurde der Dichter René Char (1907-88) geboren.

Kirche (B). — Sie wurde im 17. Jh. neu erbaut. Zwei Säulenreihen gliedern die Fassade: dorisch im Erdgeschoß, ionisch im 1. Stock.
Das Innere besitzt eine ungewöhnlich reiche **Ausstattung**★ aus dem 17. Jh., die an italienische Barockkirchen erinnert. Eine große geschnitzte und vergoldete Glorie schmückt die Innenseite der Westwand; wie die Figuren der Tugenden unter der Balustrade wird sie Jean Péru zugeschrieben. In den Seitenkapellen schöne Holztäfelung und Gemälde von Mignard, Sauvan, Simon Vouet und Parrocel. Das Altarblatt im Chor, eine Arbeit von Levieux, stellt die Himmelfahrt dar. Die Orgel stammt aus dem 17. Jh.

Anatole-France (Cours)	2	Égalité (Av. de l')	8	Monition (R. Paul)	18
Briand (Av. Aristide)	3	Gaulle (Av. du Gén. de)	12	Reboutade (R.)	20
Chalier (Pl. Marcel)	4	Goudard (Pl. Rose)	13	République (R. de la)	22
Char (Pl. Émile)	5	Guigne (Av. Julien)	15	Rouget-de-l'Isle (Quai)	24
Charmasson (Av. Jean)	6	Liberté (Pl. de la)	16	Théophile (R. Jean)	25
Dr.-Tallet (R. du)	7	Lices Berthelot	17	Victor-Hugo (Pl.)	26

Spital (Hôpital). — *Eingang in der Rue Jean-Théophile, am Sorgue-Ufer.* In der Halle steht eine Marienstatue aus vergoldetem Holz; die große Treppe weist ein schönes schmiedeeisernes Geländer aus dem 18. Jh. auf. Ebenfalls aus dieser Zeit stammen die Holztäfelungen der Kapelle.
Die Apotheke enthält Gefäße aus Moustiers-Fayence und einen enormen Mörser (17. Jh.). Auch der Brunnen im Garten datiert vom 18. Jh.

Wasserräder. — Beim Place Gambetta, an der Ecke des Parks (Jardin de la Caisse d'Épargne) ist ein altes **Wasserrad (D)** zu sehen, ähnlich den Rädern, die einst Seidenfabriken und Ölmühlen antrieben. Es gibt noch fünf weitere, eines **(E)** am Place Émile-Char, zwei **(F)** am Boulevard Victor-Hugo und die beiden anderen in der Rue Jean-Théophile.

★ LABEAUME

405 Ew.

Michelin-Karte Nr. **80** O der Falte 8 oder **245** S der Falte 1

Das alte Dorf liegt an der Beaume-Schlucht: Seine Häuser aus Naturstein scheinen mit den Felsen verwachsen. Am Fuß des Ortes ergänzt eine Brücke auf mächtigen, durch Vorköpfe verstärkten Pfeilern aber ohne Brüstung, das hübsche Landschaftsbild.
Parkmöglichkeit auf einem großen Platz am Ortseingang.

Kirche. — Die hohe Vorhalle mit zwei dicken Säulen stammt aus dem 19. Jh.
Links neben der Kirche führt eine Gasse am Fluß entlang zu einer schattigen Esplanade. Überquert man die Brücke und folgt einige Meter dem Weg am gegenüberliegenden Ufer, genießt man den besten Überblick über den Ort.

★ **Beaume-Schlucht.** — Ein schöner Spaziergang führt auf dem linken Ufer stromauf zu den ausgewaschenen Kalksteinwänden der Schlucht.

Das Dorf. — Auf dem Rückweg zum Auto kann man durch die abschüssigen Gassen des Ortes bummeln. Besonders reizvoll sind die überwölbten Durchgänge und Häuser mit Galerien, die teilweise von Künstlern restauriert wurden.

★LABEAUME

AUSFLÜGE

★ **Ruoms-Klamm (Défilé).** — *5 km. Labeaume auf der D 245 verlassen und links abbiegen auf die D 4. Auf dieser Strecke wechseln Tunnelpassagen mit freien Ausblicken auf das klare grüne Wasser im Talgrund. Nach der Ruoms-Klamm folgt die Ligne-Schlucht. Am Zusammenfluß beider Flüsse, den 100 m hohe Felsen überragen, öffnet sich ein hübscher Ausblick oberhalb auf die Ardèche. Interessant ist die Regelmäßigkeit der Gesteinsschichten. Bei der Rückfahrt erhebt sich hinter dem Tunnel in der Verlängerung des Tals die Silhouette des Sampzon-Felsens (s. unten).*

★ **Sampzon-Felsen (Rocher) über Ruoms.** — *8 km. Man verläßt Labeaume und überquert die Ardèche in Richtung Ruoms.*

Ruoms. — 1 839 Ew. Ferienort. In dem Handelsstädtchen lohnt sich ein Bummel durch das alte, von einer viereckigen Mauer und sieben Rundtürmen umgebene Viertel, in dessen Mittelpunkt die romanische Kirche mit durchbrochenem Glockenturm und Verzierungen aus Vulkangestein steht *(am besten sichtbar von der Ruelle St-Roch aus, die vom Kirchplatz abgeht)*.

Ruoms auf der D 579 in Richtung Vallon verlassen.

★ **Sampzon-Felsen** (Rocher). — *Auf dem rechten Ardèche-Ufer, auf schmaler, steiler und kurvenreicher Straße zu erreichen. Unterhalb der Kirche des alten Dorfes parken; ein befestigter Weg und später ein Pfad, der auf der Höhe des Wendeplatzes abzweigt, führen zum Gipfel.* Bei der Fernsehrelaisstation umfaßt der **Rundblick**★★ die Niederung von Vallon, das Orgnac-Plateau und die Windungen der Ardèche.

LOURMARIN   858 Ew.

Michelin-Karte Nr. 84 Falte 3 oder 245 Falte 31 oder 246 Falte 12 — Kartenskizze S. 115

Der Ort liegt am Südende des Engtals von Lourmarin, das Großen und Kleinen Luberon trennt, und wird von seinem Schloß überragt. Auf dem Friedhof ruht der Schriftsteller und Nobelpreisträger **Albert Camus** (1913-60). Er stammte aus Algerien und hatte in dem Luberondorf eine neue Heimat gefunden.

★ **Schloß.** — Das Schloß besteht aus dem sog. Château Vieux (15. Jh.) und dem Château Neuf aus der Renaissance. In dem restaurierten Bau wohnen heute Stipendiaten der Akademie der Künste und Wissenschaften von Aix.
Der Renaissance-Trakt wirkt sehr einheitlich und harmonisch: Schöne Kamine mit Karyatiden oder korinthischen Säulen schmücken zahlreiche Räume. Besonders interessant ist die große Treppe: als Abschluß trägt eine schlanke Säule die steinerne Kuppel. Der ältere Gebäudeteil enthält die Bibliothek und die Zimmer der Stipendiaten, an hübschen Stein- oder Holzgalerien gelegen.
Von der Plattform des sechseckigen Turms *(56 Stufen)* bietet sich ein reizvoller **Blick** auf das Tal, den Luberon, die Durance-Ebene und das Ste-Victoire-Massiv.

★ Der LUBERON

Michelin-Karte Nr. 81 Falte 12-15 oder 245 Falte 30-32

Auf halbem Weg zwischen Alpen und Mittelmeer erstreckt sich die Bergkette des Luberon. Diese reizvolle Gegend bietet einsame Wälder und felsiges Land, in das sich Bergdörfer oder Steinhütten harmonisch einfügen.

Naturpark Luberon (Parc naturel régional du Luberon). — Er wurde 1977 gegründet und umfaßt etwa 50 Gemeinden auf 120 000 ha zwischen Manosque und Cavaillon und den Tälern von Coulon (oder Calavon) und Durance. Durch diese Einrichtung sollen die Lebensbedingungen der Dorfbewohner verbessert und die Landwirtschaft durch Bewässerung, Mechanisierung und Neuverteilung des Bodens gestärkt werden. Für den Fremdenverkehr wurden Informationszentren und Museen (in Apt und La Tour d'Aigues) eingerichtet, Lehrpfade angelegt (im Zedernwald von Bonnieux und bei den Felsen von Roussillon) sowie Radwege markiert (Cavaillon-Apt: 40 km und Apt-La Bégude: 12 km).

Naturlandschaft und Mensch. — Die im Tertiär entstandene Kalksteinkette verläuft, wie die anderen Gebirge der Provence, in Ost-Westrichtung; durch das Engtal Combe de Lourmarin wird sie zweigeteilt: Der sog. Petit Luberon im Westen ist etwa 700 m hoch, während der östliche Grand Luberon im Mourre Nègre mit 1 125 m gipfelt.
Die vielfältige Vegetation wird den Naturfreund begeistern. Außer Eichenwäldern gedeihen zahlreiche andere Arten: Atlaszedern (1862 gepflanzt) auf den Gipfeln des Petit Luberon, Buchen, Kiefern... Heide mit Ginster und Buchsbaum und die typische Garigue-Vegetation; die zahllosen Kräuter (Herbes de Provence) wachsen fast überall an steinigen Hängen.
Auch die Fauna ist reich: es gibt sieben verschiedene Arten von Nattern, Eidechsen, Grasmücken, Blaumerlen, Eulen, Adler etc.
Der Luberon war von jeher besiedelt, und in Zeiten der Unsicherheit, der politischen oder religiösen Verfolgung diente er als Zufluchtsort *(s. Waldenser, S. 23)*.
Im Mittelalter entstehen Dörfer, die sich meist an einem Felshang um eine Wasserstelle bilden. Eng drängen sich die hohen Häuser mit dicken Mauern zu Füßen einer Schutzburg oder einer Kirche; fast alle besitzen Räume, die direkt aus dem Fels geschlagen sind. Die Menschen bestellten das umliegende Land oder hausten für

113

Der LUBERON ★

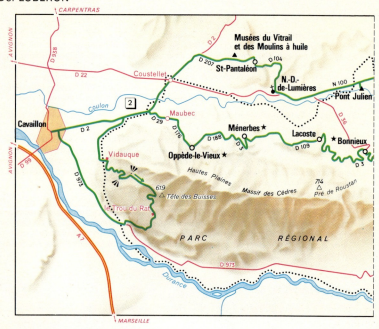

einige Zeit in den Bories, wenn es ihre Arbeit erforderte. Hauptsächlich lebte man von Schafzucht, dem Anbau von Olivenbäumen, Getreide und Wein; später auch von Lavendelanbau und Seidenraupenzucht. Jedes Stück Land wurde sorgsam von Steinen befreit, die man zu Mäuerchen aufschichtete, damit das Regenwasser nicht den Ackerboden fortschwemmte. Auch die Tierpferche bestanden aus niedrigen Steinmauern, die noch in der Landschaft zu sehen sind. Diese traditionelle Landwirtschaft verschwand durch die tiefgreifenden Änderungen des 19. und 20. Jh.s: die Dörfer entvölkerten sich und verfielen, so daß sie heute eher Freilichtmuseen ähneln. Die Orte am Südhang dagegen, die schon immer aufgrund des guten Bodens begünstigt waren, haben sich den Erfordernissen der modernen Landwirtschaft angepaßt: hier lebt die alteingesessene Bevölkerung heute vom Obst-, Gemüse- und Weinbau.

Die Bories. — An den Hängen des Luberon und auf der Hochebene von Vaucluse finden sich die eigenartigen ein- oder zweistöckigen Steinhütten, die sog. Bories. Sie stehen entweder einzeln oder in malerischen Gruppen; insgesamt gibt es etwa 3 000. Manche dienten lediglich als Geräteschuppen oder Schafstall, viele waren jedoch zu verschiedenen Zeiten bewohnt — seit der Eisenzeit bis ins 18. Jh. — wobei die jüngeren auch sorgfältiger gebaut sind.

Als Baumaterial dienten Platten, die sich vom Kalksteinfels gelöst hatten, oder Feldsteine. Diese etwa 10 cm dicken Steine wurden ohne Mörtel aufeinandergesetzt. Die Mauerstärke variierte zwischen 0,80 und 1,60 m, wobei die Basis immer breiter ist; das Mauerwerk wirkt erstaunlich regelmäßig. Nach oben schließen die Bauten mit einem sog. Falschen Gewölbe: beim Errichten der Mauern ragte jede Steinschicht ein wenig nach innen über die untere hinaus, so daß in 3 oder 4 m Höhe nur noch eine kleine Öffnung blieb, die mit einer Platte verschlossen wurde. Außerdem war jede Lage leicht nach außen geneigt, damit kein Regenwasser eindringen konnte. Von innen wirkte das Gewölbe wie eine Rundkuppel auf Trompen (Gewölbezwickel), mit deren Hilfe man vom viereckigen Grundriß zum Kreis oder zum Kegel übergehen kann.

Die Bories von Gordes

★ Der LUBERON

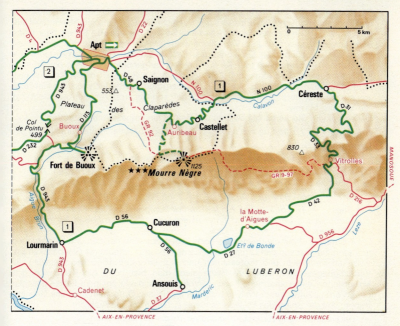

Die Bories haben ganz verschiedene Formen: die einfachsten — rund, oval oder viereckig — bestehen aus nur einem Raum (1-8 m Durchmesser) und einer Öffnung nach Osten oder Südosten. Die einzige Einrichtung im Inneren besteht aus Mauernischen, die zum Aufbewahren von Gegenständen dienten. In diesen Bauten herrscht das ganze Jahr über eine konstante Temperatur. Größere Bories gibt es vor allem bei Gordes *(S. 110):* sie sind rechteckig, haben mehrere schmale Öffnungen, und ihre Dächer mit doppelter oder vierfacher Neigung sind als Rund-, Spitzbogengewölbe oder wie ein Schiffsrumpf geformt. Die Innenaufteilung gleicht der eines traditionellen Bauernhofs: in einem von einer hohen Mauer umgebenen Hof findet man neben dem Wohnraum (mit gepflastertem Boden, Sitzbänken und Kamin in den komfortableren Bories) einen Backofen und die verschiedenen Wirtschaftsräume.

Diese Borie-Dörfer werfen zahlreiche Fragen auf. Handelte es sich um Unterkünfte, in die man sich in Krisenzeiten flüchtete, und waren sie dann ständig bewohnt? Wenn ja, weshalb findet sich keinerlei Friedhof oder Kultstätte in der Nähe? Hielt man sich hier also eher vorübergehend auf, je nach Jahreszeit? Bisher gibt es darauf keine schlüssigen Antworten.

★★ 1 DER GROSSE LUBERON
Rundfahrt ab Apt

119 km — 1/2 Tag, ohne Ersteigung des Mourre Nègre — Kartenskizze s. oben

Apt. — Seite 56

Ausfahrt aus Apt in südöstl. Richtung auf der D 48, Avenue de Saignon.

Bei der Bergfahrt blickt man auf das hochgelegene Saignon, Apt in der Niederung, das Plateau von Vaucluse und den Mont Ventoux.

Saignon. — 967 Ew. Das Bergdorf besitzt eine romanische Kirche, deren Fassade mit Blendarkaden im 16. Jh. verändert wurde.

Weiter auf der D 48.

Auf der Hochebene von Claparèdes (rechts) stehen mehrere Bories.

Den Wagen in Auribeau parken. Den Ort in nördlicher Richtung verlassen und links der unbefestigten Forststraße zum Mourre Nègre folgen; diese trifft auf den Wanderweg GR 92, der zum Gipfel führt.

★★★ **Mourre Nègre.** — *1/2 Tag zu Fuß hin und zurück.* Mit 1 125 m ist der von einer Relaisstation bekrönte Mourre Nègre die höchste Erhebung im Luberon. Der **Rundblick**★★★ umfaßt das Lure-Gebirge und die Voralpen von Digne im Nordosten, das Durance-Tal und das Ste-Victoire-Massiv im Südosten, den See von Berre und die Alpilles-Kette im Südwesten, und schließlich die Beckenlandschaft von Apt, das Plateau von Vaucluse und die typische Silhouette des Ventoux im Nordwesten.

Auf die D 48 zurückkehren und Auribeau durchqueren.

Castellet. — 72 Ew. In dem kleinen Weiler gibt es zwei Lavendel-Destillerien.

Nun erreicht man das Calavon-Tal.

Rechts abbiegen auf die N 100.

Céreste. — 862 Ew. *Beschreibung im Michelin-Reiseführer Alpes du Sud (nur französische Ausgabe).*

Südöstlich von Céreste der D 31 folgen.

Die Straße führt am Nordhang des Großen Luberon entlang: Ausblick auf das Calavon-Tal und das Plateau von Vaucluse.

Man fährt den Südhang hinunter in Richtung Vitrolles und erreicht die Ebene auf der D 42 und D 27, die an dem kleinen La-Bonde-See vorbeiführt.

Der LUBERON★

Cucuron. — 1 409 Ew. Die **Kirche** besitzt ein romanisches Hauptschiff; Seitenschiffe und Chor sind gotisch. Man erblickt, auf dem Hochaltar, einen marmornen Retabel aus dem frühen 18. Jh.; in der Taufkapelle befindet sich die bemalte Schnitzfigur eines Schmerzensmannes (16. Jh.). Verschiedenfarbiger Marmor wurde für die Kanzel verwendet. Gegenüber der Kirche hat das Hôtel de Bouliers (17. Jh.) im ersten Stock ein kleines **Heimatmuseum** (musée du Luberon) aufgenommen. Es ist der Frühgeschichte und der gallo-römischen Zeit gewidmet. Ein Raum ist der Volkskunst und dem Brauchtum vorbehalten. Am Fuße des Bergfrieds bietet sich von der Plattform aus ein schöner Blick auf die Beckenlandschaft von Cucuron. Am Horizont steht das Ste-Victoire-Massiv.
Der von einem Glockenstuhl bekrönte alte Bau ist ein umgestaltetes Stadttor.

Ansouis. — *4,5 km ab Cucuron auf der D 56 in südöstl. Richtung. Beschreibung S. 55.*
Lourmarin. — *Seite 113*

Die D 943 folgt nordwestl. dem Engtal von Lourmarin.

Der Aigue Brun hat diese enge Schlucht mit steilen Felswänden geschaffen.
Nun führt die Straße an einer Feriensiedlung vorbei und über eine Brücke.

Kurz vor einer Häusergruppe zweigt rechts ein Weg zum Parkplatz ab.

Fort Buoux. — *1/2 Std. zu Fuß hin und zurück zuzüglich 3/4 Std. Besichtigung. Das Tor durchqueren. Der Weg führt unter einem vorspringenden Felsen hin zum Haus des Pförtners.*
Die Felsnase, auf der die Ruinen des Forts liegen, hat schon seit eh und je Festungen getragen. Sie war von den Ligurern und Römern besetzt, erlebte die Glaubenskämpfe zwischen Katholiken und Protestanten und erst im Jahre 1660 ließ Richelieu die Verteidigungsanlagen schleifen. Heute sieht man hier noch die Reste von drei Mauerringen, eine romanische Kapelle, Wohnbauten, direkt aus dem Felsen geschlagene Vorratsräume, einen Wehrturm, einen ligurischen Opferstein und eine Geheimtreppe; von der Spitze des Felssporns bietet sich eine schöne Aussicht.

Zur Feriensiedlung zurückkehren und rechts die D 113 nehmen.

Die Straße führt über Buoux zum Ausgangspunkt Apt zurück.

★ 2 DER KLEINE LUBERON
Rundfahrt ab Apt
101 km — etwa 6 Std. — Kartenskizze S. 114 und 115

Apt. — *Seite 56*

Apt auf der D 943, ② des Plans, verlassen. Nach dem Col de Pointu rechts auf die D 232 abbiegen.

Die Straße führt durch das Plateau von Claparèdes, wo am Rande von Trüffelgebieten *(S. 15)* noch einige Bories stehen.

Rechts die D 36 nehmen.

★**Bonnieux.** — *Seite 87*

Bonnieux in südl. Richtung auf der D 3 verlassen, dann rechts abbiegen auf die D 109.

Ein Blick zurück zeigt nochmals die malerische Ansicht des Ortes.

Lacoste. — 309 Ew. Über dem Dorf mit einem eleganten kleinen Wachtturm aus dem 17. Jh. ragt die mächtige Ruine (teilweise restauriert) einer Burg auf, die dem **Marquis de Sade** (1740-1814) gehörte. Dessen literarisches Werk war aufgrund seiner perversen Tendenzen stark umstritten, gilt heute jedoch als Ausdruck der Auflehnung gegen göttliche und menschliche Gebote. De Sade wurde mehrfach verurteilt, entkam jedoch und verbarg sich in seiner Burg, bis ihm 1778 die Anzeige seiner Schwiegermutter eine Haftstrafe in der Bastille einbrachte. Seine Burg wurde während der Revolution verwüstet.

Die D 109 führt in Richtung Ménerbes an zahlreichen Steinbrüchen vorbei.

★**Ménerbes.** — *Seite 130*

Auf der D 3 in südl. Richtung und der D 188 weiterfahren.

Die Strecke bietet schöne Ausblicke auf das Plateau von Vaucluse und den Mont Ventoux.

★**Oppède-le-Vieux.** — 1 015 Ew. Altes Bergdorf, das in malerischer **Lage**★ terrassenartig an einen Felsen gebaut ist. Nachdem es lange Zeit unbewohnt war und verfiel, erfüllt es sich dank der Initiative einiger Künstler heute langsam wieder mit Leben.

Den Wagen auf dem neuen Parkplatz abstellen.

Den ehemaligen Dorfplatz umstehen restaurierte Häuser. Durch ein altes Stadttor zur Kirche und der Burgruine hinaufgehen. Schöne **Blicke**★ bieten sich sowohl von der Terrasse vor der Kirche aus dem 11. und 13. Jh. als auch hinter der Burgruine.

Die D 176 und D 29 durchqueren das Weinbaugebiet von Maubec; links abbiegen auf die D 2.
Bei der Ausfahrt aus Robion links auf die D 31 bis zur Kreuzung mit der Straße von Vidauque, dort nach links.

Die sehr steile und kurvenreiche Straße *(Einbahnstraße, 30 km Geschwindigkeitsbegrenzung)* führt an der wilden Vidauque-Schlucht entlang und bietet herrliche **Ausblicke**★ über die umliegende Landschaft: im Norden die Spitze der Hochebene von Vaucluse und das Coulon-Tal, im Süden und Westen die Alpilles, das Durance-Tal und gegenüber die Cavaillon-Ebene mit ihren Gemüsefeldern, eingefaßt von Zypressen- und Schilfreihen.

Bei der Relaisstation führt rechts die Abfahrt „Trou-du-Rat" zur D 973, auf die man nach rechts einbiegt.

★Der LUBERON

Cavaillon. — *Seite 97*

Ausfahrt aus Cavaillon auf der D 2, ② des Plans; 3 km hinter Coustellet zweigt rechts die D 207 nach Moulin de Bouillons ab.

Glasmuseum und Ölmühlenmuseum (Musée du Vitrail et musée des Moulins à huile). — *Seite 110*

St-Pantaléon. — *Seite 110*

Auf der D 104 und D 60 (rechts) gelangt man zur Notre-Dame-de-Lumières.

Ⓥ **Notre-Dame-de-Lumières.** — Das Gotteshaus aus dem 17. Jh. ist eine bekannte provenzalische Wallfahrtskirche und liegt in einem Park. In der Krypta steht auf dem Altar das Gnadenbild; eine Pietà (17. Jh.) aus vergoldetem Holz ziert den 3. Seitenaltar rechts (bedeutende Sammlung von Votivgaben).
Die N 100 führt ins Coulon-Tal. Linkerhand erstreckt sich das Gebiet der Ockervorkommen *(S. 16)*.

Pont Julien. — *Seite 57*

Die N 100 führt nach Apt zurück.

★ MADELEINE-Höhle

Michelin-Karte Nr. 80 Falte 9 oder 245 N der Falte 15 oder 246 Falte 23 — Kartenskizze S. 59

Diese 1887 entdeckte Höhle öffnet sich in der Nordflanke der Ardèche-Schlucht.

Zufahrt von der D 290 (Parkplatz beim Eingang).

Ⓥ BESICHTIGUNG

Auf dem Plateau von Gras sammelten sich die versickerten Niederschläge in einem unterirdischen Wasserlauf, der diese Höhle schuf. Durch die „Dunkle Grotte" und einen Tunnel (steile Treppe) gelangt man in den „Saal des Chaos", der durch einen Haufen von der Decke gebrochener Säulen in zwei Teile geteilt wird. Dahinter erstreckt sich ein breiter Gang mit vielfältigen Tropfsteinformen: Vorhänge, 30 m hohe Orgelpfeifen, hörnerartige Auswüchse, „Sandrosen" und eine herrliche, schneeweiße Kaskade zwischen zwei rötlichen Faltenbildungen; kleine „Korallen" bedecken die Wände.

MAILLANE 1 430 Ew.

Michelin-Karte Nr. 81 Falte 11, 12 oder 245 Falte 29 oder 246 Falte 25 — 16 km südl. von Avignon

Das Provinzstädtchen mit seinen platanengesäumten Plätzen liegt in der sog. Kleinen Crau von St-Remy.
Hier wurde der Dichter **Frédéric Mistral** *(s. auch S. 24)* 1830 als Sohn eines Landadligen
Ⓥ geboren und verbrachte seine Jugend im **Mas du Juge** (1 km von Maillane entfernt, an der Straße von Graveson). Er besuchte die Schule von Maillane, das Internat von St-Michel-de-Frigolet und studierte später am königlichen Kolleg von Avignon, wo er Roumanille kennenlernte, und an der Juristischen Fakultät in Aix. Danach kehrte er in sein Elternhaus zurück, da ihm der Reiz der provenzalischen Sprache anziehender erschien als die Spitzfindigkeiten des Code Napoléon. Nach dem Tod seines Vaters bewohnte er mit seiner Mutter ein kleines Haus am Ortseingang, das Maison du Lézard *(dem Museum gegenüber)*, wo er sein Volksstück „Mirèio" beendete. 1876 heiratete er und bezog ein neues Haus *(s. unten)*. Auf dem Friedhof erhebt sich an der Hauptallee, in der Nähe des Totenmals, Mistrals Mausoleum, das er zu Lebzeiten nach dem Vorbild des Pavillons der Königin Johanna bei Les Baux *(S. 83)* erbauen ließ.

Ⓥ **Museon Mistral.** — Das Museum wurde in dem Haus eingerichtet, das sich der Dichter erbauen ließ und ab 1876 bewohnte. Die verschiedenen Räume — Büro, Salon, Eß- und Schlafzimmer — blieben seit seinem Tod im Jahre 1914 unverändert.

★ MARCOULE

Michelin-Karte Nr. 80 N der Falte 20 oder 246 Falte 24

Hohe Schornsteine (80 und 100 m) kündigen zwischen Gebüsch und Weinreben das **Zentrum für Kernenergie** von Marcoule an.
Hier gibt es zwei Institutionen: eine Wiederaufbereitungsanlage für radioaktive Spaltprodukte von Gas-Graphit-Reaktoren, die mit Natururan arbeiten — seit 1978 wird für hochradioaktives Material ein besonderes französisches Verfahren angewandt — und eine Forschungsstelle, die sich speziell mit der Wiederaufbereitung von Brennelementen schneller Brutreaktoren befaßt.
Seit 1973 arbeitet nördlich von Marcoule, zwischen Rhone und D 138, „Phönix", ein Reaktor vom Typ Schneller Brüter mit einer Leistung von 250 Megawatt.

★★ **Aussichtsplattform (Belvédère).** — *Zufahrt auf der D 138 östl. von Chusclan.* Auf der **Terrasse** zwischen den beiden Ausstellungsräumen gibt eine Orientierungstafel Erklärungen zu den einzelnen Anlagen. Der Blick erstreckt sich weit über das Land und umfaßt die Rhone, die Ebene des Comtat, Orange mit seinem antiken Theater, den Mont Ventoux, die Alpilles, die Stahlwerke von Ardoise, den Unterlauf des Gard.
Ⓥ Der 1. Saal der **Ausstellung** gibt eine Einführung in die Bereiche von Kernenergie und nuklearem Brennstoff. Im 2. Raum ist die Funktion von Marcoule dargestellt.

★★★ MARSEILLE

878 689 Ew.

Michelin-Karte Nr. 84 Falte 13 oder 245 Falte 44 oder 246 Falte K, L, M

Marseille kann auf eine 2 500jährige Geschichte zurückblicken und ist damit die älteste der großen französischen Städte. In Bezug auf die Einwohnerzahl steht sie nach Paris an zweiter Stelle.

Die Anfang des 6. vorchristlichen Jahrhunderts aus Kleinasien gekommenen griechischen Phokäer nutzten die weite, von den Kalksteinhängen des Estaque und Étoile eingerahmte Bucht zur Gründung eines Hafens. Dieser blieb immer das pulsierende Herz der Stadt und ist heute, zusammen mit den Anlagen bei Fos *(S. 108)*, der bedeutendste Seehafen Frankreichs. In der Rangliste der europäischen Häfen steht Marseille-Fos, in Bezug auf den Warenumschlag, nach Rotterdam an zweiter Stelle.

Ein gutes Straßennetz verbindet die Stadt mit dem übrigen Frankreich und den Nachbarländern. Der Flughafen Marseille-Provence verzeichnet stetig steigenden Güter- und Personenverkehr.

Von den traditionell etablierten Industriezweigen gibt es heute noch Öl-, Seifen-, Mehl- und Grießfabrikation sowie Metallverarbeitung. Lange war Marseille Frankreichs wichtigster Hersteller von Erdnußöl, Kokos-, Palmöl und deren Endprodukten wie Stearin etc., doch liegt der Schwerpunkt heute im Norden und in der Pariser Region, da diese Gebiete über die besseren Verbindungswege verfügen. Etwa 20 % des französischen Waschmittelkonsums entfällt zur Zeit auf die Marseiller Haushaltsseife (Savon de Marseille).

Alljährlich finden im Park **Amable-Chanot** (BCZ), wo der Kongreßpalast steht, Ende März bis Anfang April eine Frühjahrsmesse statt (Foire de Printemps-Marseille), und in der 2. Hälfte September die Große Internationale Marseiller Messe. Am Rande des Parks erhebt sich das Rundfunk- und Fernsehgebäude.

Die Bevölkerung, der ein gewisser Hang zur Übertreibung nachgesagt wird, aber auch die Gastfreundschaft und kommerzielle Wendigkeit der griechischen Urahnen, ist ein besonderer Menschenschlag, leicht erkennbar am singenden Akzent und den betonten Endsilben. Man wird mit der Atmosphäre der kosmopolitischen Großstadt schnell vertraut, wenn man über ihre berühmteste Straße, die Canebière *(S. 121)*, bummelt, an deren einem Ende die Alte Hafen liegt.

Am schönsten erlebt man Marseille und das Mittelmeer von Notre-Dame-de-la-Garde aus, im Licht der untergehenden Sonne.

Marcel Pagnol, der aus Aubagne bei Marseille stammte *(S. 67)* — seine Volksstücke wurden auch in Deutschland veröffentlicht — hat die Wesensart der Menschen dieser Stadt treffend dargestellt.

GESCHICHTLICHES

Der Ursprung der Stadt. — Etwa 600 v. Chr. landeten mehrere Galeeren der Phokäer (Griechen aus Kleinasien) in der Bucht des heutigen Alten Hafens. Die Legende berichtet in recht poetischer Weise von der unkriegerischen Inbesitznahme Marseilles: Der König des hier ansässigen ligurischen Stammes der Saluvier gab den Freiern seiner Tochter Gyptis ein Fest, bei dem diese dem Auserwählten ihres Herzens einen gefüllten Becher zum Zeichen ihrer Liebe reichen sollte. Protis, Anführer der Phokäer, war auch eingeladen, und auf ihn fiel die Wahl des jungen Mädchens. Die Hochzeit wurde gefeiert und bald darauf entstand, auf der Anhöhe von Accoules, wo sich heute Notre-Dame-de-la-Garde erhebt, der Ort *Massalia*.

Die griechische Republik. — Von Massalia aus gründeten die Phokäer Handelsniederlassungen in Arles, Nizza, Agde, Antibes, La Ciotat und auf den Hyerischen Inseln; im Hinterland Glanon, Cavaillon, Avignon. Sie brachten den Ölbaum mit und ihre Gesetze, das Geldwesen sowie die Technik und Kunst ihrer kulturell bereits hochstehenden Heimat. Kühne Seefahrer erkunden im 4. Jh. ferne Gestade und gelangen bis Senegal bzw. Island. Massalia ist als Stadtrepublik organisiert, mit deren Verfassung sich Platon auseinandersetzte.

Ausgrabungen am Alten Hafen und im Börsen-Viertel *(S. 120)* ergeben ein genaueres Bild dieser Stadt: sie erstreckte sich über 50 ha auf den Hügeln am Nordufer des Lacydon, durch dessen Verlauf sie damals eine Halbinsel ergab. Es gab einen Artemis- und einen Apollon-Tempel, ein Theater und einen schützenden Mauerring.

Die Römer in der Provence. — Der Reichtum der Eingewanderten erweckte bald den Neid der ligurisch-keltischen Urbevölkerung, und vor dieser Bedrohung erbaten die Griechen, die im 2. Punischen Krieg mit Rom verbündet waren, römische Militärhilfe. Die Römer befreiten Massalia und unterwarfen, in harten Kämpfen gegen die Einheimischen, auch die übrige Provence. Sie errichteten 122 v. Chr. die Provinz *Gallia narbonensis*, womit sie eine Landverbindung zum bereits kolonisierten Spanien herstellten. Die Liguerer wurden tief ins Landesinnere gedrängt, während Massalia weiterhin eine mit den Römern verbündete Republik blieb und entlang der Küste, von der Rhone bis zum Felsen von Monaco, einen Landstreifen von 1,5 bis 2,5 km Breite behielt. Die im Museum der römischen Lagerhäuser *(S. 121)* ausgestellten Funde sind ein beredtes Zeugnis aus der römischen Zeit.

Schwierigkeiten mit den Römern ergaben sich erst im 1. Jh. v. Chr., als die Stadt für Pompeius Partei nahm und dessen Gegner Cäsar siegte. Sechs Monate dauerte die Belagerung, im Jahre 49 v. Chr., dann hatte Massalia seine Flotte und all seinen Reichtum verloren. Es wurde wirtschaftlich von Arles überflügelt, und nur die Universität blieb noch, bis ins 3. Jh. hinein, als Pflegestätte griechischen Geistesgutes berühmt.

Im 3. Jh. verliert Marseille seinen Sonderstatus als unabhängige Republik. Die Wirren der Völkerwanderung brachten West- und Ostgoten sowie Franken hierher. Im 7. Jh. schließlich führten die Plünderungen durch Sarazenen und Franken zum vorläufigen Niedergang Marseilles.

Die Stadt wurde, wie Arles, eine zeitlang Teil des Burgundischen Reichs und von Vizegrafen *(Vicomtes)* regiert. Ihre Bedeutung war stark zurückgegangen, und erst die Kreuzzugsbewegung brachte eine Wende.

★★★ MARSEILLE

Der Aufschwung der Seefahrt. — Im 12. Jh. erlebte die Hafenstadt einen starken Aufschwung, indem sie für die Ausrüstung und Verschiffung der Kreuzritter aufkam. Von hier aus segelte z. B. das Ritterheer unter Richard Löwenherz gen Jerusalem. Was den Seehandel anbetraf, so waren Marseiller Schiffe in allen Häfen rund um das Mittelmeer anzutreffen, und sie machten Genua und Pisa starke Konkurrenz.
Es gab in dieser Zeit eine Periode der Selbstregierung durch Konsuln. Dann fiel die Stadt nach einer Belagerung (1252) an Karl von Anjou. 1481 wurde sie, wie die übrige Provence, Besitz des französischen Königs, und es gab bis zur Revolution kaum eine Regierung, die nicht gegen einen Aufstand der turbulenten und auf ihre Freiheit bedachten Marseiller hätte vorgehen müssen.
Die Entdeckung Amerikas führte zur Verlagerung des Welthandels in die Atlantikhäfen und damit zum erneuten Niedergang Marseilles.

Die große Pest. — Zu Beginn des 18. Jh.s zählte Marseille etwa 90 000 Einwohner. 1720 ereignete sich dann die in allen Chroniken der Zeit erwähnte Katastrophe der Pest, die aus Syrien eingeschleppt worden war. Zwar hatte der Kapitän des betreffenden Schiffes die Fälle gemeldet, doch da die Ladung für die Messe von Beaucaire bestimmt war und die Kaufleute von Marseille diese finanzielle Einbuße nicht tragen wollten, wurde die Quarantäne aufgehoben... und die Krankheit verbreitete sich schnell. Bald waren die Hospitäler voll; die Kranken, oft von der eigenen Familie vor die Tür gesetzt, starben auf der Straße und die Galeerensklaven reichten nicht aus, um die Körper in die Massengräber zu schaffen. Der Schwarze Tod erreichte auch Aix, Arles und Toulon und forderte insgesamt 100 000 Opfer, davon allein 50 000 in Marseille.
Doch die Stadt erholt sich schnell: bereits 1765 gibt es wieder etwa 90 000 Einwohner. Der Handel findet in Lateinamerika und auf den Antillen neue Märkte, importierte Zucker, Kaffee und Kakao. Industriebetriebe stellen Seife, Glas, Raffineriezucker, Fayencen und Textilien her; enorme Vermögen entstehen. Claude Vernet hat in seinen Gemälden die besondere Atmosphäre dieser Hafenstadt Mitte des 18. Jh.s in unnachahmlicher Weise eingefangen.

Die Marseillaise. — Am Ende des gleichen Jahrhunderts brach die Französische Revolution aus, deren Hymne den Namen der Stadt trägt. Die heutige Nationalhymne, ein Lieblingslied der Revolutionsheere, begann in Marseille ihren Siegeszug. Als „Lied der Rheinarmee" 1792 von Rouget de Lisle in Straßburg komponiert, wurde sie von einem Marseiller Freiwilligenkorps in Paris bekanntgemacht und dort unter dem Namen Marseillaise populär.
Auf den begeisterten, prorevolutionären Anfang folgte Ernüchterung, und die freiheitsliebende Bevölkerung lehnte sich gegen das Terrorregime des Nationalkonvents auf. Mit der Unterdrückung der Revolte hielt die Guillotine ihren Einzug auf der Canebière; Marseille wurde als „Stadt ohne Namen" gebrandmarkt. Auch Napoleon war nicht gerade beliebt: Als er von Elba zurückkam, wäre er hier beinahe festgenommen worden. Der Triumphbogen **Porte d'Aix** (**ES** V) wurde 1833 zur Erinnerung an die Revolution und das Erste Kaiserreich errichtet.

Marseille — Alter Hafen und Notre-Dame-de-la-Garde

19. und 20. Jh. — Die Schaffung des französischen Kolonialreiches, insbesondere der Handel mit Algerien und die Eröffnung des Suezkanals (1869), gaben der Stadt neue wirtschaftliche Bedeutung. Napoleon III. ließ damals im Rahmen seiner großen Bauprogramme neue Straßenzüge anlegen, Hafenbecken bauen und Monumente errichten, welche noch heute das Stadtbild prägen. Der Wiederaufbau nach dem 2. Weltkrieg erfolgte nach Plänen Auguste Perrets (1874-1954). Umstrittener als dessen nun schon als „klassisch" zu bezeichnende Betonbauten ist die „Cité Radieuse", die Le Corbusier am Bd. Michelet errichtete. Sie gilt als eines der Schulbeispiele moderner Architektur.
Seit 1977 verbindet eine Metrolinie (Untergrundbahn) den nordöstl. Marseiller Vorort La Rose mit der Innenstadt. Eine 2. Linie in NW-SO-Richtung wurde 1987 in Betrieb genommen.

MARSEILLE ★★★

DIE FAYENCEN VON MARSEILLE

Die Kunst der Herstellung von glasierten Tonwaren war in der Renaissance von Mallorca nach Italien (Faenza) und von dort aus nach Frankreich gekommen, wo sich besonders im 17. und 18. Jh. mehrere Zentren ausbildeten.
Im Süden waren Moustiers und Marseille besonders für ihre zarte Glasur und die feinen Dekors bekannt. Die Mode des Fayencegeschirrs kam auf, als Ludwig XIV. 1709 zur Aufbesserung der Staatsfinanzen ein Dekret erließ, demgemäß sich der Adel von seinem Gold- und Silbergeschirr zu trennen hatte. Nun bestellten die noblen Familien Fayencegeschirr und ließen es mit ihren Wappen zieren.

Marseiller Fayence. — Terrine (Wwe. Perrin)

Technik. — Bis Mitte des 18. Jh.s wurde für die Bemalung nur die hoch hitzebeständigen, sogenannten Scharffeuer- oder Unterglasurfarben benutzt, die bei Temperaturen von 1 100 - 1 400 °C beständig sind (Blautöne, Grün, Braun, Violett, Gelb, Rot). Sie sinken während des zweiten Brandes leicht schmelzend in die Glasur ein. Dann gab die Technik der Muffel- oder Aufglasurfarben (Brenntemperaturen um 700-800 °C) die Möglichkeit, die Farben auch bei geringerer Temperatur zu fixieren und damit die Palette auf die zartesten Nuancen auszudehnen, womit die Marseiller Fayence ihren Höhepunkt erreichte.

Ateliers. — In den verschiedenen Werkstätten, wo man die geheimen Herstellungsrezepte von Generation zu Generation weitergab, arbeiteten Künstler ihres Fachs. Sie schufen den Dekor der zierlichen Blütenkompositionen, Landschaftsbilder im Stile Vernets, die Fisch- und Obstmotive, die mit den Porzellanmanufakturen wetteifern konnten und noch heute der Stolz der Sammler sind.
Die erste Marseiller Manufaktur wurde 1679 von **Joseph Clérissy** gegründet. Seine Dekors — in den Scharffeuerfarben Blau und Mangan — waren, wie die seines Verwandten Pierre Clérissy aus Moustiers, durch eine gewisse symmetrische Anordnung und Strenge gekennzeichnet, welche bei seinem Sohn und Nachfolger Antoine (1733) größerer Phantasie Platz machten. Polychrome Motive (Blumen, Landschaften, Personen, Jagdszenen) machten **Joseph Fauchier** zu Beginn des 18. Jh.s bekannt. Louis Leroy, der bei Clérissy in die Lehre gegangen war, brachte 1731 als erster ein Rot als Scharffeuerfarbe. Er fügte auch das Gelb und Grün zur Palette Clérissys. Streublumen, Landschaften und Rokokomotive waren besonders schön in der sehr beliebten Produktion der **Wwe. Perrin,** doch standen ihnen die Schöpfungen der Künstler Bonnefoy, Robert und Savy nicht nach. Die wirtschaftlichen Schwierigkeiten der Revolution brachten die Schließung der Werkstätten.
Eine schöne Sammlung von Fayencen befindet sich im Cantini-Museum (S. 122).

★★ ALTER HAFEN (DETU) *Besichtigung: 2 1/2 Std.*

Die Einfahrt im Westen wird von den Forts St-Jean und St-Nicolas bewacht, die man zu Fuß erreicht und von wo sich schöne Ausblicke bieten. Der etwa 6 m tiefe Schlupfhafen, in dem Griechen 600 v. Chr. landeten, genügte bis zum 19. Jh. für den gesamten Schiffsverkehr. Im Mittelalter wurden die Sümpfe am Hafen in Hanfäcker verwandelt (s. Canebière); die Seile für das Takelwerk wurden an Ort und Stelle gedreht.
Im 19. Jh. baute man zwei neue Hafenbecken, da die Tiefe von 6 m nicht mehr ausreichte. Nach dem Zweiten Weltkrieg wurden die Gebäude um den Alten Hafen nach Plänen von F. Pouillon (1912-86) wiederaufgebaut.
Heute ist der Alte Hafen nur noch für Segelschiffe, Motor- und Fischerboote und kleinere Fahrgastschiffe befahrbar. Mit seinem Mastenwald bietet er, besonders vom Nordufer aus, ein malerisches Bild. Am Quai des Belges (ET 5) findet jeden Morgen der **Fischmarkt** statt (marché aux poissons) — ein buntes, lebhaftes Schauspiel, das sich der Besucher nicht entgehen lassen sollte.

Zu Fuß dem im Plan eingezeichneten Rundweg folgen, der weitgehend dem ausgeschilderten Weg entspricht.

Archäologischer Garten (Jardin des Vestiges) (ET K). — Hinter der Börse wurden die Stadtmauer, Kaianlagen und Straßen des griechischen Massalia freigelegt.
Zur Zeit der Phokäer lag dieses Viertel am Rande eines Sumpfes (das Meer reichte damals weiter ins Land), der im 3. und 2. vorchristlichen Jahrhundert durch die Anlage von Abflußrohren allmählich trockengelegt wurde.
In der 2. Hälfte des 2. Jh.s v. Chr. errichtete man einen neuen Mauerring, von dem noch interessante Spuren zeugen: Vierecktürme, Bastionen und Zwischenwälle aus großen Blöcken des rosa Kalksteins von Kap Couronne.
Vom Hafen, der eine Spitze bildete, führte eine Straße durch ein von zwei dicken Türmen flankiertes Tor in der konvexen Stadtmauer. Ein unterirdischer Aquädukt versorgte das Gemeinwesen mit Quellwasser aus dem Osten, ein anderes Kanalnetz füllte ein viereckiges Becken (außerhalb der Mauern). Am Ende der Römerstraße, vor dem Stadtgeschichtlichen Museum, erkennt man gut die Anlage der antiken Stadt.

Stadtgeschichtliches Museum (Musée d'Histoire de Marseille) (**M**[1]). — Im Erdgeschoß des Geschäftszentrums Centre-Bourse (hinter dem Archäologischen Garten) wurde ein modernes Museum eingerichtet, das mit Hilfe archäologischer Fundstücke, Dokumente und historischer Stadtmodelle die Entwicklung Marseilles von der Vorgeschichte bis zur gallo-römischen Epoche illustriert.

***MARSEILLE

Ausgehend von einem **römischen Handelsschiff** (19 m lang, 8 m breit), das 1974 entdeckt und gefriergetrocknet wurde, werden verschiedene archäologische Themen informativ dargestellt: kelto-ligurische Sitten (Wiederherstellung der Säulenhalle von Roquepertuse) — Bestattung der Toten, Lagerung von Lebensmitteln (großer Tonkrug), Metallverarbeitung, Schiffsbau etc. Ein Panoramablick und ein Modell veranschaulichen die Art der Befestigungsanlage.

* **Heimatmuseum (Musée du Vieux Marseille)** (DET M²). — Im Maison Diamantée, einem Hause mit Diamantquadern an der Fassade (16. Jh.), hat eine Sammlung zur Geschichte der Stadt und der Provence Platz gefunden. Ein Saal im Erdgeschoß enthält provenzalische Möbel aus dem 18. Jh. sowie Gebrauchsgegenstände aus Kupfer oder Fayence. Eine schöne Treppe — man beachte die geschnitzte Unterseite — führt in den 1. Stock, wo zahlreiche Krippen (18. Jh.) und eine umfangreiche Sammlung von Krippenfiguren *(santons, S. 39)* (1830-Anfang 20. Jh.) ausgestellt sind; ein Raum ist Alt Marseille gewidmet (Modell der Stadt von 1848), ein anderer der Pest um 1720 *(S. 119)*. Im 2. Stock veranschaulichen Trachten, Gravuren und Gemälde das Leben in Marseille im 19. Jh.

Bemerkenswert ist ebenfalls die Stiftung Camoin, die über die Spielkartenherstellung Auskunft gibt.

* **Museum der römischen Lagerhäuser (Musée des Docks romains)** (DT M³). — Beim Wiederaufbau alter Viertel entdeckte man römische Lagerhäuser aus der 2. Hälfte des 1. Jh.s n. Chr. Der Gesamtkomplex bestand aus einem Erdgeschoß, das sich zum Hafenkai hin öffnete, und einem Geschoß, das wohl durch einen Säulengang mit der Hauptstraße der damaligen Stadt (Decumanus, heute Rue Caisserie) in Verbindung stand. Das Erdgeschoß enthielt große Tonbehälter (dolia) für Getreide, Wein und Öl. Dokumente über Schiffsbau und Seefahrt veranschaulichen die Geschichte des Marseiller Handels.

Außerdem sind zahlreiche Amphoren, Anker und kleinere Gegenstände sowie die Holzreste eines Schiffsrumpfes zu sehen.

Glockenturm (Clocher des Accoules) (DT). — Einziger Überrest einer der ältesten Kirchen von Marseille (12. Jh.).

Über die Treppe Montée des Accoules, Rue des Mouettes, Rue du Refuge und Rue Rodillat erreicht man das Kulturzentrum.

Kulturzentrum (Centre de la Vieille Charité) (DS R). — 1671-1749 entstand der schöne Bau nach Plänen von Pierre und Jean Puget. Die einzelnen Gebäude, die ursprünglich als Armenhaus dienen sollten, umgeben die Barockkapelle, ein Werk von P. Puget. Besonders harmonisch wirken die von dreigeschossigen Arkaden gegliederten Hoffassaden aus rosa und gelblichem Sandstein.

In dem Kulturzentrum finden die großen Ausstellungen statt; außerdem sollen die Sammlungen aus Schloß Borély dort untergebracht werden.

Kathedrale La Major (DS). — Das Bauwerk (1852-1893) aus grünem und weißem Stein zeichnet sich durch beachtliche Ausmaße aus. Bei einer Länge von 140 m ist es unter der höchsten Kuppel 70 m hoch.

* **Alte Kathedrale La Major** (DS N). — Von dem schönen romanischen Bauwerk aus der Mitte des 11. Jh.s sind, seitdem im 19. Jh die neue Kathedrale errichtet wurde, nur noch Chor, Querschiff und ein Joch der mehrschiffigen Anlage erhalten. Sie besitzt sehenswerte Kunstwerke, u. a. einen Reliquienaltar von 1073, ein Fayence-Relief mit der Kreuzabnahme von Luca Della Robbia und einen Lazarus-Altar (15. Jh.) von F. Laurana.

Über die Esplanade de la Tourette zum Vorplatz der Kirche St-Laurent gehen.

* **Aussichtspunkt (Belvédère) St-Laurent** (DT E). — *92 Stufen*. Der Aussichtspunkt ist über dem Autobahntunnel auf dem Vorplatz der Kirche St-Laurent (12. Jh.) angelegt und bietet einen reizvollen **Blick*** auf den Alten Hafen mit dem Beginn der Canebière. Als Rahmen erscheinen die Étoile-Bergkette sowie Notre-Dame-de-la-Garde, das Wahrzeichen Marseilles, und die Forts St-Nicolas und St-Jean.

Der Rue St-Laurent folgen.

Rechts unterhalb sind Reste des antiken Theaters zu sehen.
Über den Place de Lenche, wo sich früher wahrscheinlich die Agora (Marktplatz) befand, und die Rue Henri-Tasso erreicht man den Hafenkai.

Rathaus (Hôtel de ville) (ET H). — Sehenswerte Fassade aus dem 17. Jh. Das Medaillon mit dem königlichen Wappen über dem Haupteingang ist der Abguß eines Werks von Pierre Puget *(Original im Palais Longchamp, S. 126).*

Kirche St-Ferréol (ET). — Sie wird auch Augustiner-Kirche genannt und besitzt eine 1804 wiederaufgebaute Renaissancefassade. Im Inneren gotisches Schiff und Marmoraltar aus dem 18. Jh.

DIE CANEBIÈRE (EFT) *Besichtigung: 2 Std.*

Was für Paris die Champs-Élysées sind, ist für Marseille die Canebière. Den unvoreingenommenen Besucher mag die Straße allerdings enttäuschen, wenn er sich nicht von der mittelmeerischen Sonne, dem Akzent und der Hafenatmosphäre einfangen läßt... Der eigenartige Name soll von dem Wort *chènevières* (Hanffelder) herrühren und ist somit auch dem Wort Cannabis für Haschisch verwandt. Die Felder lagen beim Alten Hafen und lieferten den Seilereien den Rohstoff.

Place Général-de-Gaulle (ET 31). — Die Grünanlage Square Alexandre-1er mit dem Denkmal des Bildhauers Pierre Puget (1620-94) ist ein beliebter Treffpunkt der Marseiller. Am Nordrand erhebt sich die ehemalige Börse mit dem Marine-Museum.

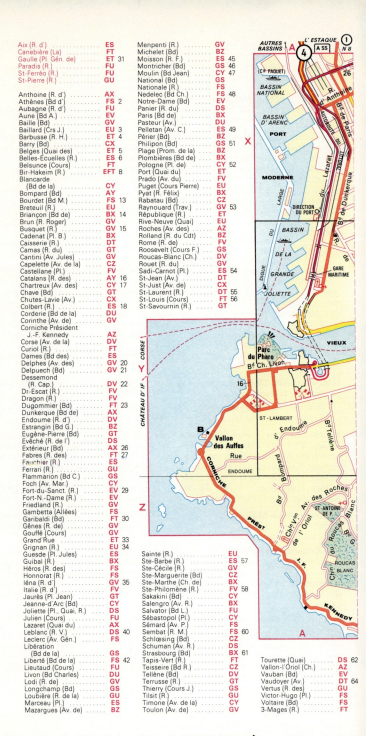

Aix (R. d')	ES
Canebière (La)	FT
Gaulle (Pl. Gén. de)	ET 31
Paradis (R.)	FU
St-Ferréol (R.)	FU
St-Pierre (R.)	GU
Anthoine (R. d')	AX
Athènes (Bd d')	FS 2
Aubagne (R. d')	FU
Aune (Bd A.)	EV
Baille (Bd)	GV
Baillard (Crs J.)	EU 3
Barbusse (R. H.)	ET 4
Barry (Bd)	CX
Belges (Quai des)	ET 5
Belles-Ecuelles (R.)	ES 6
Belsunce (Cours)	FT
Bir-Hakeim (R.)	EFT 8
Blancarde (Bd de la)	CY
Bompard (Bd)	AY
Bourdet (Bd M.)	FS 13
Breteuil (R.)	EU
Briançon (Bd de)	BX 14
Brun (R. Roger)	GV
Busquet (R.)	GV 15
Cadenat (Pl. B.)	BX
Caisserie (R.)	DT
Camas (R. du)	GT
Cantini (Av. Jules)	GV
Capelette (Av. de la)	CZ
Castellane (Pl.)	FV
Catalans (R. des)	AY 16
Chartreux (Av. des)	CY 17
Chave (Bd)	GT
Chutes-Lavie (Av.)	CX
Colbert (R.)	ES 18
Corderie (Bd de la)	DU
Corinthe (Av. de)	GV
Corniche Président J.-F. Kennedy	AZ
Corse (Av. de la)	DV
Curiol (R.)	FT
Dames (Bd des)	ES
Delphes (Av. des)	GV 20
Delpuech (Bd)	GV 21
Dessemond (R. Cap.)	DV 22
Dr-Escat (R.)	FV
Dragon (R.)	FV
Dugommier (Bd)	FT 23
Dunkerque (Bd de)	AX
Endoume (R. d')	DV
Estrangin (Bd G.)	BZ
Eugène-Pierre (Bd)	GT
Evêché (R. de l')	DS
Extérieur (Bd)	AX 26
Fabres (R. des)	FT 27
Fauchier (R.)	ES
Ferrari (R.)	GU
Flammarion (Bd C.)	GS
Foch (Av. Mar.)	CY
Fort-du-Sanct. (R.)	EV
Fort-N.-Dame (R.)	EV
Friedland (R.)	GV
Gambetta (Allées)	FS
Garibaldi (Bd)	FT 30
Gênes (R. de)	GV
Gouffé (Cours)	GV
Grand'Rue	ET 33
Grignan (R.)	EU 34
Guesde (Pl. Jules)	ES
Guibal (R.)	BX
Héros (R. des)	FS
Honnorat (R.)	FS
Iéna (R. d')	GV 35
Italie (R. d')	FV
Jaurès (Pl. Jean)	GT
Jeanne-d'Arc (Bd)	CY
Joliette (Pl., Quai, R.)	DS
Julien (Cours)	FU
Lazaret (Quai du)	AX
Leblanc (R. V.)	DS 40
Leclerc (Av. Gén.)	FS
Libération (Bd de la)	GS
Liberté (Bd de la)	FS 42
Lieutaud (Cours)	FU
Livon (Bd Charles)	DU
Lodi (R. de)	GV
Longchamp (Bd)	GS
Loubière (R. de la)	GU
Marceau (Pl.)	ES
Mazargues (Av. de)	BZ
Menpenti (R.)	GV
Michelet (Bd)	BZ
Moisson (R. F.)	ES 45
Montricher (Bd)	GS 46
Moulin (Bd Jean)	CY 47
National (Bd)	GS
Nationale (R.)	FS
Nedelec (Bd Ch.)	ES 48
Notre-Dame (Bd)	EV
Panier (R. du)	DS
Paris (Bd de)	BX
Pasteur (Av.)	DU
Pelletan (Av. C.)	ES 49
Périer (Bd)	BZ
Philipon (Bd)	GS 51
Plage (Prom. de la)	BZ
Plombières (Bd de)	BX
Pologne (Pl. de)	CY 52
Port (Quai du)	ET
Prado (Av. du)	FV
Puget (Cours Pierre)	EU
Pyat (R. Félix)	BX
Rabatau (Bd)	CZ
Raynouard (Trav.)	GV 53
République (R.)	ET
Rive-Neuve (Quai)	EU
Roches (Av. des)	AZ
Rolland (R. du Cdt)	BZ
Rome (R. de)	FV
Roosevelt (Cours F.)	GS
Roucas-Blanc (Ch.)	DV
Rouet (R. du)	GV
Sadi-Carnot (Pl.)	ES 54
St-Jean (Av.)	DT
St-Just (Av. de)	CX
St-Laurent (R.)	DT 55
St-Louis (Cours)	FT 56
St-Savournin (R.)	GT
Sainte (R.)	EU
Ste-Barbe (R.)	ES 57
Ste-Cécile (R.)	GV
Ste-Marguerite (Bd)	CZ
Ste-Marthe (Ch. de)	BX
Ste-Philomène (R.)	FV 58
Sakakini (Bd)	CY
Salengro (Av. R.)	BX
Salvator (Bd L.)	FU
Sébastopol (Pl.)	CY
Sémard (Av. P.)	FS
Sembat (R. M.)	FS 60
Schlœsing (Bd)	CZ
Schuman (Av. R.)	DS
Strasbourg (Bd)	BX 61
Tapis-Vert (R.)	FT
Teisseire (Bd R.)	CZ
Tellène (Bd)	DV
Terrusse (R.)	GT
Thierry (Cours J.)	GS
Tilsit (R.)	GU
Timone (Av. de la)	CY
Toulon (Av. de)	GV
Tourette (Quai)	DS 62
Vallon-l'Oriol (Ch.)	AZ
Vauban (Bd)	EV
Vaudoyer (Av.)	DT 64
Vertus (R. des)	GU
Victor-Hugo (Pl.)	FS
Voltaire (Bd)	FS
3-Mages (R.)	FT

○ **Marinemuseum (Musée de la Marine de Marseille)** (ET M⁴). — Im Erdgeschoß des Palais de la Bourse (heute Handelskammer). Schiffsmodelle, Aquarelle und Stiche illustrieren die Geschichte der Marine und des Marseiller Hafens seit dem 17. Jh.

Durch die Geschäftsstraßen Rue Paradis und Rue St-Ferreol, südlich der Canebière, gelangt man zum Cantini-Museum.

★ **Cantini-Museum (Musée Cantini)** (FU M⁵). — Das Hôtel de Montgrand aus dem
○ 17. Jh. vermachte der Bildhauer Jules Cantini ebenso wie seine Kunstsammlung der Stadt. Hauptsächlich enthält das Museum den **Regionalen Fonds zeitgenössischer Kunst,** der über 400 Werke umfaßt, die abwechselnd ausgestellt werden.

Die **Galerie von Fayencen aus Marseille und Moustiers**★★ besteht aus nahezu 600 Objekten, darunter seltene Stücke des 17. und 18. Jh.s aus der Produktion der provenzalischen Manufakturen Leroy, Robert, Veuve Perrin.

Geht man die Canebière hinauf, kommt man rechts an den belebten Straßen Rue St-Ferreol und Rue de Rome vorbei.

Kirche St-Vincent-de-Paul (GST). — Die neugotische Kirche wurde an der Stelle einer Klosterkapelle der reformierten Augustiner errichtet. Zwischen der Kirche und dem Boulevard Dugommier findet alljährlich am letzten Sonntag im November die Santons-Messe statt.

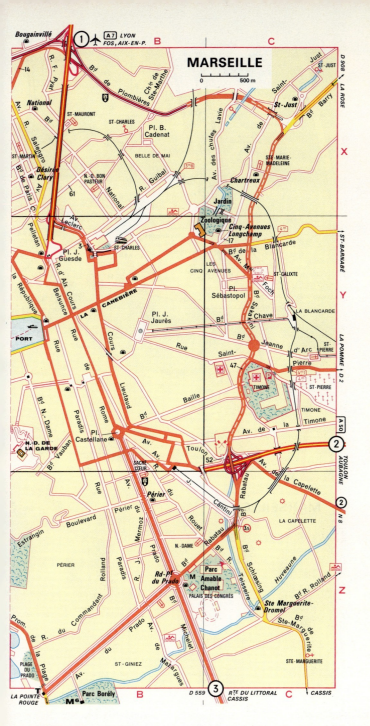

NOTRE-DAME-DE-LA-GARDE (EV) Besichtigung: 2 Std.

Basilika Notre-Dame-de-la-Garde. — Die Zufahrtsrampe hat eine Steigung von 10-12 %, streckenweise 15 %. Bei Nässe Rutschgefahr. Von der Rue de Rome links abbiegen in die Rue Dragon. Dann links die Rue Breteuil nehmen, von der rechts der Boulevard Vauban abbiegt; schließlich nochmals rechts die Rue du Fort-du-Sanctuaire, die zum Plateau de la Croix führt, wo Parkplätze angelegt sind.

Die neubyzantinische Kirche mit der vergoldeten Marienfigur auf dem Glokenturm ist das Wahrzeichen der Stadt. Sie wurde von Espérandieu um die Mitte des 19. Jh.s an der Stelle einer alten Wallfahrtskapelle errichtet.

Der mächtige Bau ist im Inneren mit Marmor verkleidet und mit goldglänzenden Mosaiken geschmückt; unzählige Votivtafeln bedecken die Wände. In der Krypta steht eine schöne Mater Dolorosa aus Marmor von Carpeaux.

Am lohnendsten ist der **Rundblick**★★★ vom Vorplatz (162 m Höhe) aus: Linkerhand erkennt man die Inseln Pomègues und Ratonneau, Château d'If und in der Ferne das Marseilleveyre-Massiv; geradeaus den Hafen, im Vordergrund Fort St-Jean und den Pharo-Park; weiter rechts die von Hügeln gerahmte Stadt und dahinter die Estaque-Bergkette; im Hintergrund das Étoile-Gebirge.

Am 15. August ist Notre-Dame Ziel einer Wallfahrt; doch kommen das ganze Jahr über Pilger aus Frankreich und dem Ausland.

MARSEILLE

Aix (R. d')	ES
Canebière (La)	FT
Gaulle (Pl. Gén.-de)	ET 31
Paradis (R.)	FUV
St-Ferréol (R.)	FU
St-Pierre (R.)	GU
Athènes (Bd d')	FS 2
Ballard (Crs Jean)	EU 3
Barbusse (R. Henri)	ET 4
Belges (Quai des)	ES 5
Belles-Écuelles (R.)	ES 6
Bir-Hakeim (R.)	EFT 8
Bourdet (Bd Maurice)	FS 13
Busquet (R.)	GV 15
Colbert (R.)	ES 18
Delphes (Av. de)	GV 20
Delpuech (Bd)	GV 21
Dessemond (R. Capitaine)	DV 22
Dugommier (Bd)	FT 23
Fabres (R. des)	FT 27
Fort-du-Sanctuaire (R. du)	EV 29
Garibaldi (Bd)	FT 30
Grand'Rue	ET 33
Grignan (R.)	EU 34
Iéna (R. d')	GV 35
Leblanc (R. V.)	DS 40
Liberté (Bd de la)	FS 42
Moisson (R. F.)	ES 45
Montricher (Bd)	GS 46

★ **Basilika St-Victor (DU)**. — Die zinnenbekrönte Wehrkirche ist der letzte Rest eines berühmten, schon Anfang des 5. Jh.s von Cassianus gegründeten und während der Revolution zerstörten Klosters. Sie ist dem hl. Victor geweiht, einem Märtyrer, der im 3. Jh. in Marseille zwischen zwei Mühlsteinen zermalmt wurde und daher als Schutzheiliger der Müller und Seeleute gilt.

Nach einem Sarazeneneinfall wurde die Kirche im 11. Jh. neu gebaut und stark befestigt. Ein Rest aus dieser Zeit ist der zinnenbekrönte Isarn-Turm.

Die bedeutendsten Veränderungen erfuhr sie im 13. Jh., als über der zur Unterkirche ausgebauten frühchristlichen Basilika (heute Krypta) die Oberkirche errichtet wurde. Die gotische Bauweise war damals gerade erst in den Süden Frankreichs gedrungen, und es mag sein, daß der Architekt es noch nicht wagte, das breite Hauptschiff mit Rippengewölben zu überspannen. So sind denn nur die Seitenschiffe gotisch abgeschlossen. Chor und Querschiff stammen aus dem 14. Jh. Der moderne Altar in Bronze und Stein wurde 1966 geweiht.

★★ **Krypta.** — Neben der Grotte des hl. Victor befindet sich der Eingang zu den Katakomben, wo seit dem Mittelalter der in Saintes-Maries-de-la-Mer gestrandete Lazarus verehrt wird. Dieser soll hier — gemäß dem Volksglauben — eine Zeitlang gelebt haben, ebenso wie seine Schwester Maria-Magdalena. Die Katakomben sind der älteste Teil der sehr hohen Krypta, die eigentlich eine unterirdische Kirche ist. Verschiedene Sarkophage und Skulpturenfragmente aus frühchristlicher Zeit sind in den benachbarten Krypten aufgestellt.

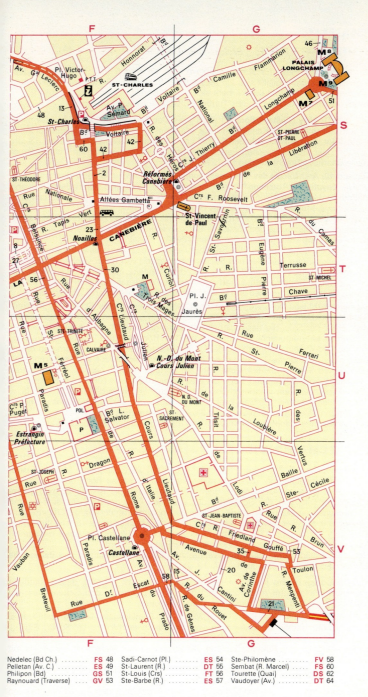

Nedelec (Bd Ch.)	FS 48	Sadi-Carnot (Pl.)	ES 54	Ste-Philomène	FV 58
Pelletan (Av. C.)	ES 49	St-Laurent (R.)	DT 55	Sembat (R. Marcel)	FS 60
Philipon (Bd)	GS 51	St-Louis (Crs)	FT 56	Tourette (Quai)	DS 62
Raynouard (Traverse)	GV 53	Ste-Barbe (R.)	ES 57	Vaudoyer (Av.)	DT 64

In der mittleren Kapelle, beim „Sarkophag des hl. Cassianus", entdeckte man 1965 das Grab (3. Jh.) zweier Märtyrer, über dem die Abtei einst erbaut worden war. Alljährlich erlebt eine große Menschenmenge (vor allem die Fischverkäuferinnen) am 2. Februar hier die Prozession Mariä Lichtmeß, und überall in der Stadt werden kleine Kuchen in Schiffsform verkauft, zur Erinnerung an die Landung des hl. Lazarus und der hl. Marien auf provenzalischem Boden, vor fast 20 Jahrhunderten.

Pharo-Park (DU). — Aus der Höhe des Parks bietet sich eine schöne **Sicht★** auf den Alten Hafen (Münzfernrohre).

Das in der Nähe liegende Schloß war einst die Residenz der Kaiserin Eugenie, der Gattin Napoleons III.

★★**Corniche Président John-F.-Kennedy** (Küstenstraße) (AZY). — Siehe Plan S. 122. Die 5 km lange Straße führt am **Denkmal** für die im Orient gefallenen Soldaten (AY B) vorbei und bietet herrliche Ausblicke auf die Inseln und die Küste mit dem Marseilleveyre-Massiv (S. 128). Man überquert dann eine Brücke und hat einen Blick auf den malerischen kleinen Fischereihafen **Vallon des Auffes** (AY).

Die Strandpromenade führt als Verlängerung der Corniche am weiten Prado-Strand entlang. Wo sich früher das Meer erstreckte, wurden bereits 21 ha angelegt: drei kleine, durch Wellenbrecher geschützte Strände und im Norden Hafenbecken der Segelschule. Insgesamt sollen die Fläche verdoppelt und weitere vier Badestrände angelegt werden. Auf dem Rondell, wo die Avenue du Prado auf das Meer stößt, erhebt sich eine Davidstatue, 1951 (BZ T).

MARSEILLE★★★

BORÉLY-PARK (BZ) *Besichtigung: 1 1/2 Std.*

Der weitläufige Park *(für Autos gesperrt)* liegt im Süden der Stadt. Hinter dem Englischen Garten schließt sich ein reichhaltiger **Botanischer Garten** an; westlich liegt die Pferderennbahn. Im Süden erhebt sich Schloß Borély.
Jedes Jahr findet hier ein Boules-Turnier lebhaftes Interesse.

Schloß Borély (Château Borély) (BZ M⁶). — Der Bau wurde 1767-1778 für einen reichen Kaufmann und Kunstfreund aus Marseille errichtet, dessen Namen er noch heute trägt. Einige Räume haben Möbel und Dekorationselemente aus dem 18. Jh. bewahrt. Die archäologischen Funde und Steinskulpturen sollen ins Kulturzentrum Vieille Charité gebracht werden *(S. 121).*

★ **Museum für Archäologie des Mittelmeerraums** (Musée d'Archéologie méditerranéene). — Die **ägyptische Abteilung**★★ im Erdgeschoß zeichnet sich durch Seltenheit und Vielfalt der kleinformatigen Holzfiguren und Amulette aus. Außerdem seien erwähnt: Sarkophage, Mumien und Statuen aus Granit.
Im 1. Stock sind griechische und römische Keramik verschiedener Epochen ausgestellt; etruskische, griechische und römische Bronzen sowie schöne antike Gläser; weitere antike Exponate stammen aus dem Orient (Zypern, Susa).
Im 2. Stock befindet sich die Stiftung Feuillet de Borsat, eine Sammlung von Bleistiftzeichnungen, Pastellen und Stichen (vorwiegend von französischen Malern des 18. Jh.s): Boucher, Fragonard, Ingres, Lemoine, Vincent, etc.; Rötelzeichnungen von Greuze, Hubert Robert, Watteau und verschiedene Werke italienischer (Pannini, Tiepolo, Tizian), flämischer (Brueghel) und holländischer Meister (Moucheron, Willem Mieris).

Lapidarium (Musée lapidaire). — In den Nebengebäuden des Schlosses. Mehrere Räume umgeben einen kleinen Garten, in dem Funde aus der antiken Stadt ausgestellt sind. Einer der Säle, der regionalen Archäologie gewidmet sind, enthält bemerkenswerte kelto-ligurische Skulpturen, die bei Roquepertuse (Gemeinde Velaux/Bouches-du-Rhône) gefunden wurden: z. B. ein eigenartiges, aus Pfeilern und einem Querbalken gebildetes Tor mit Mulden, die wahrscheinlich zur Aufbewahrung von präparierten Köpfen dienten; außerdem die Statuen zweier kniender Helden, deren Gewänder ein Schulterband ziert; ein steinerner Vogel, ein Türsturz mit stilisierten Pferdeköpfen und ein wunderschöner zweigesichtiger **„Hermes"**★ aus dem 3. Jh. v. Chr. (dessen verschiedene Gesichter ohrenlos sind und ursprünglich bemalt waren).
Die übrigen Säle enthalten griechische Skulpturen (ionisches Kapitell aus dem 6. Jh. v. Chr., vielleicht aus dem Apollo-Tempel) und römische Büsten, Sarkophage etc.

LONGCHAMP-VIERTEL (GS) *Besichtigung: 2 Std.*

★★ **Grobet-Labadié-Museum** (GS M⁷). — Das mit wertvollen alten Möbeln ausgestattete Stadtpalais von 1873 gibt den Eindruck, als sei es noch bewohnt — so angenehm ist seine Atmosphäre. Beim Wandern durch die Räume ist man immer wieder entzückt von der Schönheit der einzelnen Gegenstände, die sich — mit Kennerschaft und Liebe ausgewählt — zu einem harmonischen Ganzen fügen. Louis Grobet war Musiker. Deshalb seien als erstes die Musikinstrumente erwähnt; doch sind die Wandteppiche (16.-18. Jh.), Fayencen (18. Jh.), Skulpturen sowie die Sammlung schmiedeeiserner Gegenstände nicht weniger interessant.
Schöne Gemälde schmücken die Wände: Alte flämische, deutsche und italienische Meister, Französische Schule des 17.-19. Jh.s.

★ **Palais Longchamp** (GS). — Das imposante Bauwerk (19. Jh.), dessen mittlerer Trakt ein Wasserturm mit Brunnenanlage ist, beherbergt in den Seitenflügeln ein Museum für Kunst und ein naturhistorisches Museum.

★ **Kunstmuseum** (Musée des Beaux-Arts) (M⁸). — Die **Gemäldegalerie des 16. und 17. Jh.s** (1. Geschoß) enthält u. a. Arbeiten von französischen (Vouet, Le Sueur, Rigaud, Largillière), italienischen (Perugino, Cariani, Carracci, Guercino) und flämischen Meistern (Brueghel, Jordaens, Rubens, Teniers). Die provenzalische Malerei ist besonders mit Werken von Michel Serre und Jean Daret vertreten. Ein Saal zeigt **afrikanische Kunst:** Skulpturen aus den französisch-sprachigen Ländern; Gemälde von Dufy und Gleizes. Ein großer Saal ist dem Marseiller **Pierre Puget** *(S. 37)* gewidmet, der zu den bedeutendsten französischen Bildhauern gehört. In der Mitte des Raums Abgüsse von Monumentalskulpturen (Originale im Louvre in Paris oder in Genua) und rechts und links **Originalwerke**★ des Künstlers: Zeichnungen, Gemälde, Skulpturen, Reliefs.
Im Treppenaufgang befinden sich Wandbilder von Puvis de Chavannes, die Marseille als griechische Kolonie und als Tor zum Orient darstellen.
Im 2. Geschoß ist eine Reihe von Sälen ausschließlich der **französischen Malerei vom 18. bis 20. Jh.** gewidmet. Links: Courbet, Millet, Corot; Girodet, Gros, Gérard, Ingres, David; rechts: Provenzalen (Gingou, Casile), Skulpturen von **Daumier** (berühmter Karikaturist des 19. Jh.s, in Marseille geboren); Courbet, Verdilhon, Lombard, Camoin, Marquet, Ziem, Signac, Dufy.
Das Zwischengeschoß enthält Werke von Nattier, Verdussen, Watteau de Lille, Carle van Loo, Françoise Duparc, Greuze, Joseph Vernet, Mme Vigée-Lebrun sowie eine Skulptur von Chastel.

★ **Naturhistorisches Museum** (Muséum d'histoire naturelle) (M⁹). — Sammlungen für Liebhaber von Vor- und Frühgeschichte, Geologie und Zoologie. Ein Saal zeigt die provenzalische Pfanzen- und Tierwelt. Im Kellergeschoß liegen **Aquarien.** Bunte, schillernde Fische aus den Meeren der Tropen und dezenter gefärbte Arten des Mittelmeeres sind gut zur Geltung gebracht; daneben findet man Flußfische aller Kontinente.

Zoologischer Garten (Jardin zoologique) (CXY). — *Plan S. 123.* Der Zoo liegt hinter dem Palais Longchamp am Rande des öffentlichen Parks. Er besitzt zahlreiche Raubtiere, aber auch exotische und europäische Tierarten.

★★ DER HAFEN (AXY)

Der moderne Hafen von Marseille, dem verwaltungsmäßig der Erdöl- und Industriehafen Fos sowie die Anlagen von Lavéra, Caronte und Port-Saint-Louis am See von Berre unterstehen, ist mit einem Warenumschlag von 98 200 000 t (1986) der größte französische Hafen.

Die Becken des Stadthafens von Marseille wurden zwischen 1845 und 1950 nördlich des Alten Hafens im Schutz einer Mole angelegt. An den Kais von insgesamt 19 km Länge gibt es 140 Liegeplätze mit einer Wassertiefe bis zu 15 m. Hier wird hauptsächlich der Umschlag von Massen- und Stückgütern abgewickelt; zur Abfertigung der Schiffe stehen je nach Güterart die verschiedensten Verlade- und Lagervorrichtungen zur Verfügung (Greiferbrücken, Förderbänder, Sauganlagen etc.).

Wirtschaft und Verkehr. — Marseille gilt tradionsgemäß als das Tor zum Orient. Seine geographische Lage gab ihm — besonders seit dem Bau des Suezkanals — eine Vorrangstellung für den Linienverkehr mit Nah- und Fernost. Bevorzugte Handelspartner sind außerdem Korsika, (das ehemals französische) Nord- und Westafrika sowie die Häfen des Roten Meeres. Eingeführt werden: Produkte der Schwerindustrie, Erze (Aluminium, Eisen, feste Brennstoffe) und Altmetall, Nahrungs- und Futtermittel (Getreide, Wein, Südfrüchte, Zucker, Kaffee), Maschinen und chemische Produkte. Der Export umfaßt Maschinen, Fahrzeuge und Fertigwaren, chemische Produkte und Papier, Nahrungsmittel (Wein, Gemüse, Mehl), Erze (verhüttet und unverhüttet) und Metallwaren. Mehr als 1 Mio. Passagiere verlassen Marseille jährlich in Richtung Korsika, Nordafrika bzw. in den gesamten Mittelmeerraum.

Eine bedeutende Einkommensquelle sind die Schiffsreparaturen. 55 % aller in Frankreich durchgeführten Reparaturen werden in Marseiller Werften vorgenommen. Es stehen dazu 10 Trockendocks und 1 Schwimmdock zur Verfügung. Das zuletzt in Betrieb genommene Trockendock (465 m × 85 m) kann auch größte Einheiten aufnehmen.

⊙ BESICHTIGUNG

Man erreicht den Hauptdamm Digue du Large über die Traverse und die Brücke Pont d'Arenc.
Von dem Fahrweg auf den oberen Teil des Dammes wechseln, der mit Platten belegt und von Bänken gesäumt ist: Guter Blick auf den Hafen und die Bucht mit ihren Inseln.
Der äußere Teil, der einige Meter über den Wellenbrechern liegt, wird vor allem von zahlreichen Hobby-Anglern besucht.

AUSFLÜGE

★★ **Festung If (Château d'If).** — *Dauer: 1 1/2 Std. einschließlich Besichtigung der* ⊙ *Festung. Abfahrt der Schiffe: Quai des Belges.*

Die Festung wurde 1524-28 als Vorposten zum Schutz der Marseiller Bucht erbaut. Ende des 16. Jhs. errichtete man auch den Felsen am Wasser einen mit Bastionen verstärkten Mauergürtel. Später diente die Zitadelle dann als Staatsgefängnis, wo Hugenotten, die geheimnisvolle „Eiserne Maske" und Oppositionelle des Staatsstreichs von 1851 ihre Strafen verbüßten.

Bei der Führung besichtigt man die Zellen zahlreicher politischer Gefangener. Alexandre Dumas machte die Festung dadurch in der Literatur bekannt, daß er den Grafen von Monte-Christo und den Abbé Faria hier einkerkern ließ.

DER MARSEILLER HAFEN
Die Molen sind mit roten Buchstaben gekennzeichnet

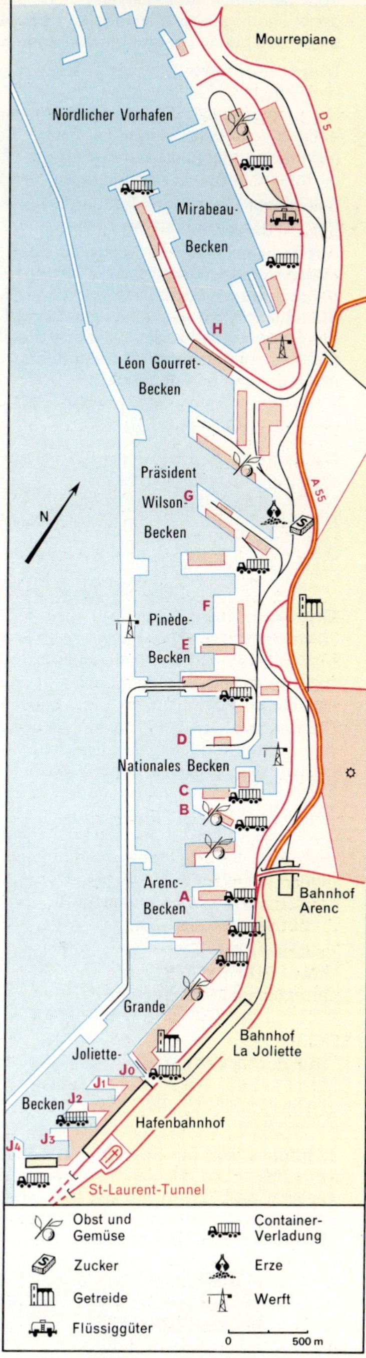

Mourrepiane
Nördlicher Vorhafen
Mirabeau-Becken
Léon Gourret-Becken
Präsident Wilson Becken
Pinède-Becken
Nationales Becken
Arenc-Becken
Bahnhof Arenc
Grande Joliette-Becken
Bahnhof La Joliette
Hafenbahnhof
St-Laurent-Tunnel

Obst und Gemüse — Container-Verladung
Zucker — Erze
Getreide — Werft
Flüssigüter

0   500 m

MARSEILLE★★★

Von der Höhe des Felsens herrlicher **Blick**★★★ auf die befestigte Insel, das gegenüberliegende Marseille und die Nachbarinseln Ratonneau und Pomègues, die durch den neuen Jachthafen von Frioul verbunden sind.

Marseilleveyre-Massiv. — *13 km südl. Ausfahrt aus Marseille auf der Promenade de la Plage.*
Die eindrucksvolle **Strecke**★★ führt zuerst am Hang oberhalb des Prado-Strandes entlang und dann durch La Pointe Rouge (kleiner Jachthafen). In Madrague-de-Montredon steigt die Straße an ins Marseilleveyre-Massiv (rechts der Mont Rosé, 81 m) und bietet schöne Blicke auf das Cap Croisette und die Insel Maire.

Callelongue. — Kleines Fischerdorf in reizvoller **Lage,** an einem Calanque genannten fjordartigen Einschnitt der Küste.

Aussichtspunkt (Ancien poste de vigie). — *3/4 Std. zu Fuß hin und zurück.* Bei der Weggabelung zwischen zwei Häusern rechts gehen, geradeaus bis zu einer Stützmauer, danach weiter rechts halten. Von der Plattform eines verlassenen Postens der Küstenwacht hat man eine weite **Sicht**★: im Nordwesten auf die Insel Pomègues und das Estaque-Massiv, im Westen auf die Insel Maire, Les Goudes und Callelongue, im Südosten auf die Inseln Jarre und Riou sowie im Osten auf die typische Silhouette des adlerköpfigen Cap de l'Aigle.

Es gibt noch andere markierte Wege im Marseilleveyre-Massiv, doch verlangen sie teilweise ein gewisses Maß an Übung und Kondition.

ⓥ**Calanques Sormiou und Sugiton.** — *8 km. Ausfahrt aus dem Stadtzentrum über ③. Ausgangspunkt für Sormiou (1/2 Std. zu Fuß) ist Les Beaumettes, für Sugiton (1 Std. zu Fuß) der Universitätskomplex, Domaine de Luminy.*
Diese beiden Felsbuchten in der Nähe Marseilles sind besonders für geübte Wanderer und Kletterfreunde interessant, wobei allerdings im Sommer Hitze und fehlendes Trinkwasser den Marsch erschweren. Die Calanques Port-Miou, Port-Pin und En-Vau, weiter östlich gelegen, sind auf S. 96 beschrieben.

Château-Gombert; Loubière-Höhle. — *11 km nordöstl. Ausfahrt auf der Avenue de St-Just* (CX), *dann Avenue de Château-Gombert.*
Château-Gombert und die Loubière-Höhle liegen nordöstlich, im Großraum Marseille.

Château-Gombert. — An einem Ende des großen platanenbestandenen Platzes erhebt sich die Kirche, am anderen das Museum.

ⓥDie **Kirche** aus dem 17. Jh. enthält verschiedene Kunstwerke, u. a. eine Auferstehung des Lazarus von Finsonius, einem flämischen Maler des *17. Jh.s (S. 63).*

ⓥDas **Museum provenzalischer Volkskunst** (Musée des Arts et Traditions populaires du Terroir marseillais) zeigt eine eingerichtete provenzalische Wohnung, Fayencen aus Marseille, Moustiers und Montpellier, Zinn- und Glaswaren, ein sog. radassié (großes Sofa, das früher in die „Bastide", das provenzalische Haus, gehörte), Trachten aus Marseille und Arles sowie Pferdegeschirr für den St-Eligius-Festzug, außerdem landwirtschaftliche Geräte.

Ausfahrt in Richtung Marseille. Dann rechts den Weg Traverse de la Baume Loubière einschlagen.

ⓥ**Loubière-Höhle** (Grottes). — Die Höhle wurde 1829 entdeckt. Auf einer Strecke von etwa 1 500 m durchquert man fünf Räume mit säulen- und vorhangartigen Tropfsteinformationen in den verschiedensten Färbungen.

MARTIGUES
42 039 Ew.

Michelin-Karte Nr. **84** Falte 11, 12 oder **245** Falte 43 oder **246** Falte 13, 14 — Kartenskizze S. 85 — Ferienort

Martigues liegt am See von Berre und ist durch den Caronte-Kanal mit dem Meer verbunden. Um die Jahrhundertwende zog das kleine Fischerort Schriftsteller und Maler (Corot, Ziem) an, die versuchten, Licht und Atmosphäre dieses idyllischen Fleckens einzufangen. Heute hat die Entwicklung des Erdölhafens von Lavéra den Charakter der Stadt verändert.

Martigues — „Der Spiegel der Vögel"

MARTIGUES

SEHENSWÜRDIGKEITEN

Brücke St-Sébastien (Pont St-Sébastien) (Z B). — *Auf der Insel Brescon.* Von der Brücke bietet sich ein hübscher **Blick**★ auf den beliebten Malerwinkel, den „Spiegel der Vögel" (Abb. S. 128).

Kirche Ste-Madeleine-de-l'Ile (YZ D). — *Auf der Insel Brescon.* Die am Kanal St-Sébastien errichtete Kirche (17. Jh.) besitzt eine Fassade im korinthischen Stil. Das Innere ist mit Pilastern, Kranzgesims und einem Orgelprospekt ausgestattet.

Ziem-Museum (Y M¹). — Der Landschaftsmaler Félix Ziem (1821-1911) vermachte der Stadt einen großen Teil seiner Werke, die zusammen mit Bildern von provenzalischen Künstlern des 19. und 20. Jh.s ausgestellt sind.
Das Museum besitzt ebenfalls archäologische und ethnologische Abteilungen sowie eine Sammlung zeitgenössischer Kunst.

★ **Autobahnbrücke über den Caronte-Kanal** (Viaduc autoroutier de Caronte). — *Über die Av. Félix Ziem* (Z 26). Seit 1972 wird der Kanal von einer 300 m langen Brücke überspannt, deren Stahldeck in 50 m Höhe von zwei geneigten Betonstützen getragen wird. Schöne **Aussicht**.

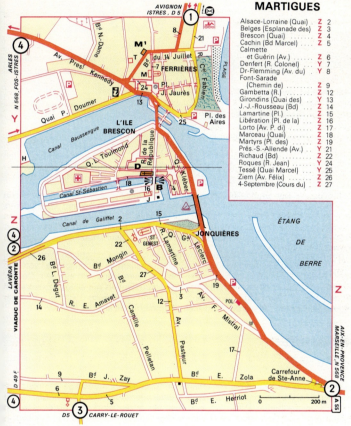

AUSFLÜGE

★ **See von Berre**. — *Rundfahrt von 113 km. Ausfahrt aus Martigues auf der D 5, ① des Plans. Beschreibung S. 85.*

Kapelle Notre-Dame-des-Marins. — *3,5 km nördl. Ausfahrt aus Martigues auf der N 568, ④ des Plans. Bei einer großen Kreuzung, 1,5 km vom Zentrum, die D 50ᶜ in Richtung Krankenhaus (hôpital) nehmen; 1,2 km weiter, rechts in einen Weg abbiegen, der zur Kapelle führt (Parkplatz).*
Bei der Kapelle bietet sich ein schöner **Blick**★ auf Port-de-Bouc, den Golf von Fos mit den Häfen Fos und Lavéra, Port-St-Louis, die Eisenbahn- und Autobahnbrücke von Caronte, das Estaque-Massiv, Martigues, den See von Berre, das Étoile-, Vitrolles- und Ste-Victoire-Massiv, den Mont Ventoux (bei klarem Wetter), den Flughafen Marseille-Provence sowie die Orte Berre und St-Mitre-les-Remparts.

★ **Industriehafen Fos**. — *9 km auf der N 568, ④ des Plans.*

Port-de-Bouc. — 20 106 Ew. Der geschützte Hafen — die Befestigungsanlagen wurden 1664 von Vauban errichtet und der Turm aus dem 12. Jh. als Leuchtturm umgebaut — liegt im Süden der Fahrrinne. Aufgrund der industriellen Neuorientierung hat sich die Stadt jetzt maritimen Aktivitäten zugewendet: 1985 wurde ein neuer Hafen für Fischerboote, Fahrgastschiffe und Jachten (450 Plätze) angelegt.
Der N 568 folgen.

★ **Industriehafen Fos**. — *Seite 108*

★★ MARZAL-Höhle (AVEN DE MARZAL)

Michelin-Karte Nr. 80 Falte 9 oder 245 Falte 2, 15 oder 246 Falte 23 — Kartenskizze S. 59

Die Tropfsteinhöhle liegt in der Hochebene von Gras und enthält die verschiedensten, schneeweiß bis (durch Oxide) ockerbraun gefärbten Kalzitformationen *(Abb. S. 19)*.

Die Entdeckung. — Um 1810 wurde Marzal, der Forstaufseher von St-Remèze, von einem Gemeindemitglied erschlagen. Die Leichen des Försters und seines Hundes warf der Mörder in einen tiefen Schacht, der seither „Marzal-Schacht" genannt wurde. 1892 entdeckte der Speläologe Martel die Höhle, deren genaue Lage jedoch wieder in Vergessenheit geriet. Erst 1949 wurde der Eingang erneut entdeckt. Bei Grabungen in der Nähe fand man zahlreiche Pferde-, Rentier- und Bärenknochen aus der Eiszeit.

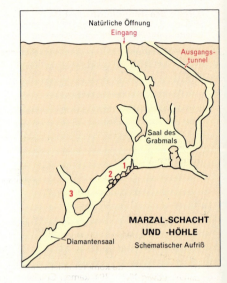

Höhlenkundliches Museum (Musée du Monde Souterrain). — Es zeigt Ausrüstungsgegenstände und Dokumente von Martel und anderen Forschern.

Der Schacht (Aven). — *Temperatur im Inneren: 14°C; 743 Stufen.* Auf einer Metalleiter steigt man in der natürlichen Öffnung hinunter, durch die auch der Forscher Ageron 1949 in die Höhle gelangte. Faszinierend sind die großen, verschieden gefärbten Kalzit-Draperien, die in der Form an Medusen oder auch an römische Säulen erinnern. Der Schacht mündet in den Großen Saal, auch Saal des Grabmals genannt. Ganz in der Nähe sind die Knochen von Tieren ausgestellt, die in die Höhlenöffnung gestürzt waren (Bären, Hirsche, Bisons).

Die Höhle. — Der „Hundesaal" (1), über dessen Eingang ein weißer Faltenvorhang fließt, enthält die verschiedensten Tropfsteine in Form von bunten Orgelpfeifen, Scheiben und Trauben. Der „Saal des Tannenzapfens" (2) beeindruckt vor allem durch seine Farbenpracht. Der „Säulensaal" (3) war einst ein Flußbett. Im „Diamantensaal" (in 130 m Tiefe) glitzern Tausende von Kristallen in märchenhaften Farben.

Vorgeschichtlicher Zoo (Zoo préhistorique). — An dem schattigen Weg (800 m) entdeckt der Besucher Nachbildungen von Dinosauriern in Lebensgröße: von den ersten Riesenechsen aus dem Mesozoikum bis hin zum Mammuth aus dem Quartär — Zeitgenosse des prähistorischen Menschen, der ebenfalls mit einigen Exemplaren vertreten ist. Daneben sind versteinerte Dinosauriereier ausgestellt, die in einer Mergelschicht gefunden wurden, sowie ein Mammuthzahn aus der Nordsee.

★ MÉNERBES

1 027 Ew.

Michelin-Karte Nr. 81 Falte 13 oder 245 Falte 30 oder 246 Falte 11 — Kartenskizze S. 114

In fast uneinnehmbarer und nur von einer Seite zugänglicher Höhenlage klammert sich das malerische Dorf an einen Felsvorsprung des Luberon-Nordhangs *(S. 114)*.
In den Religionskriegen (1562-98) war hier ein letzter Hort der Waldenser und Hugenotten, die sich erst nach einer harten, über fünfjährigen Belagerung ergaben.

Place de l'Horloge. — Den Platz überragt der Rathausturm mit schmiedeeisernem Glockenstuhl. An einer Ecke erhebt sich ein Renaissancebau mit Rundbogenportal.

Kirche. — Die Kirche am Ortsende stammt aus dem 14. Jh.; damals gehörte sie als Priorat zu St-Agricol von Avignon. Hinter dem Chorhaupt bietet sich ein eindrucksvoller **Blick★** auf das Coulontal, Gordes und das Ockerdorf Roussillon; in der Ferne sieht man den Mont Ventoux, das Plateau von Vaucluse und den Luberon.

Zitadelle. — Die Festung aus dem 13. Jh. (im 16. und 19. Jh. wiederaufgebaut) spielte aufgrund ihrer strategischen Lage eine wichtige Rolle in den Religionskriegen. Ein Teil der Befestigungsanlage mit Ecktürmen und Zinnen blieb erhalten.

Die MONTAGNETTE

Michelin-Karte Nr. 81 Falte 11 oder 245 Falte 28, 29 oder 246 Falte 25, 26

Die Kalksteinhöhenzüge, die sich zwischen Durance und Tarascon auf dem linken Rhone-Ufer hinziehen, erreichen nicht einmal 200 m. Ihre kahlen, durch die Erosion zerklüfteten Gipfel sind jedoch sehr eindrucksvoll. In den stillen Tälern wachsen Mandel- und Aprikosenbäume; Pinien und Zypressen ragen dunkel in den von großer Helligkeit erfüllten Himmel. Duftende Kräuter (Thymian, Lavendel, Rosmarin) und eine karge Grasnarbe bedecken die Hänge - eine sehr provenzalische Landschaft.

Barbentane. — *Seite 80.*

Die MONTAGNETTE

★ **Beaucaire.** — *Seite 83*

Boulbon. — 1 042 Ew. Eine Burgruine überragt den Ort, der am 1. Juni Schauplatz einer Prozession ist, bei der der Wein gesegnet wird *(S. 188)*. Die Zeremonie findet in der romanischen **Kapelle St-Marcellin** statt, die schöne Skulpturen enthält (Grabmal aus dem 14. Jh.).

Graveson. — 2 276 Ew. Die romanische Apsis der Kirche besitzt feine Arkaden.

Mühle von Bretoul (Moulin de Bretoul). — In einem Pinienwald südlich von Barbentane steht die letzte der vielen Windmühlen dieser Gegend.

St-Michel-de-Frigolet (Abtei). — *Seite 153*

★ **Tarascon.** — *Seite 167*

★ Abtei MONTMAJOUR

Michelin-Karte Nr. 83 Falte 10 oder 245 Falte 28 oder 246 Falte 26

Die felsige Anhöhe, auf der die Abtei liegt, war ursprünglich von Sümpfen umgeben. Sie diente als christlicher Friedhof, der von Einsiedlern versorgt wurde. Im 10. Jh. gründeten Mönche hier eine Benediktinerabtei und machten sich die Trockenlegung der Sümpfe zur Aufgabe. Zur Finanzierung der bedeutenden Arbeiten trug ab dem 11. Jh. der sogenannte Pardon von Montmajour bei, eine Wallfahrt, die bis zu 150 000 Pilger in das Kloster brachte. Im 17. Jh. hatten sich die Ordensregeln so stark gelockert, daß der Abt und der Erzbischof von Arles eine Reform beschlossen und Benediktiner der Kongregation von St-Maure entsandten. Die alten Klosterinsassen widersetzten sich, wurden durch Militär vertrieben und legten aus Rache einen Brand. Da die Gebäude in Verfall geraten waren, ließ die neue Mönchsgemeinschaft 1703 mit dem Bau großzügiger Anlagen beginnen. Diese waren um die Mitte des 18. Jh.s fertiggestellt, doch führte die Verwicklung des Abtes in die skandalöse Halsbandaffäre, die Marie-Antoinette kompromittierte, 1786 zur endgültigen Schließung des Klosters durch Ludwig XVI. 1791 kamen Gebäude und Einrichtung als öffentliches Gut zur Versteigerung und wurden von einer Trödlerin erworben. Diese verkaufte Möbel und Dekorationselemente des Anwesens, konnte jedoch ihre Schulden nicht decken, und so gelangte Montmajour in Besitz eines Maklers, der den schönen Haustein verkaufte und die älteren Trakte in Wohnungen aufteilte. Im 19. Jh. begann die Stadt Arles das Kloster zurückzukaufen, die alten Teile zu restaurieren und die Ruinen aus dem 18. Jh. zu sichern. Heute ist Montmajour Staatsbesitz.

★ ABTEI

Besichtigung: 3/4 Std.

★ **Kirche Notre-Dame.** — Der Bau stammt im wesentlichen aus dem 12. Jh. und besteht aus einer Oberkirche und einer Unterkirche oder Krypta.

Oberkirche. — Sie wurde niemals vollendet und besitzt nur den Chor, ein Querschiff und ein Hauptschiff mit zwei Jochen; die Vierung erhielt im 13. Jh. ein Kreuzgewölbe.

★ **Krypta.** — Um die Hanglage auszugleichen, wurde die geräumige Krypta teilweise in den Fels gebaut, teils erhöht. Anders als bei der Oberkirche ist der Grundriß kreuzförmig: es gibt eine Mittelkapelle und je eine Kapelle an den Enden des Querschiffs. Bemerkenswert sind die Spannweite der Gewölbe und die schöne Kuppel über dem Chor. Fünf Chorkapellen liegen am Umgang.

★ **Kreuzgang.** — Er entstand Ende des 12. Jh.s, doch wurden drei Flügel später verändert: der Nordflügel wurde im 19. Jh. restauriert, der Westflügel im 18. Jh.; der Südflügel stammt aus dem 14. Jh., und nur der Ostflügel ist noch original romanisch. Man beachte die Figurenkapitelle und die Konsolen, die einfallsreich mit Tierköpfen und Masken verziert sind. Diese Skulpturen erinnern an die des Kreuzgangs St-Trophime in Arles. In den Säulengängen befinden sich gotische Grabnischen; den Hof schmücken Lorbeerbüsche und ein alter Brunnen.

Wohnräume. — Der Kapitelsaal besitzt ein Tonnengewölbe mit Gurtbögen; über dem Refektorium mit ausgefallenem Korbbogengewölbe *(Zugang von außen)* befand sich früher der Schlafsaal.

Turm des Abtes (Tour de l'Abbé). — Von der oberen Plattform *(124 Stufen)* des Wehrturmes, dessen Zinnenkranz wiederhergestellt wurde, reicht der **Rundblick**★ über die Alpilles, die Crau-Ebene, Arles, die Cevennen, Beaucaire und Tarascon.

Abtei MONTMAJOUR★

★ **Peterskapelle (Chapelle St-Pierre).** — Die teilweise in den Felsen gebaute Kapelle war wohl Keimzelle des Klosters, denn sie bietet Zugang zu den Höhlen der ehemaligen Einsiedelei.

★ **Heiligkreuzkapelle (Chapelle Ste-Croix).** — *200 m rechts in Richtung Fontvieille.*
Die kleine Kapelle (12. Jh.) liegt außerhalb der Klosteranlage inmitten der in den Felsboden gehauenen Gräber. Vier halbrunde Apsiden umgeben den quadratischen Mittelbau, der von einer Kuppel mit Dreiecksgiebeln gekrönt wird; im Laternentürmchen (erneuert) brannte eine Öllampe als Totenleuchte.

Die MÜHLE VON DAUDET (MOULIN DE DAUDET)

Michelin-Karte Nr. 🟦🟦 Falte 10 oder 🟦🟦🟦 Falte 29 oder 🟦🟦🟦 Falte 26 — Kartenskizze S. 54

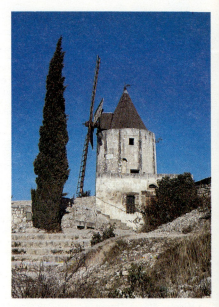

Daudets Mühle

Zwischen Arles und Les Baux können Literaturfreunde eine Art Wallfahrt unternehmen: Eine von herrlichen Pinien gesäumte Straße führt von Fontvieille zu der **Mühle**, in der **Alphonse Daudet** (1840-97) angeblich seine berühmten „Briefe aus meiner Mühle" schrieb. Tatsächlich hielt sich Daudet bei Freunden auf Schloß Montauban am Fuß des Hügels auf, und seine Erzählungen entstanden in Paris. Doch ging er gerne in dieser Gegend spazieren, lauschte den Geschichten des Müllers und genoß den **Ausblick**★ von der Mühle über die provenzalische Landschaft: die Alpilles, die Schlösser von Beaucaire und Tarascon, das breite Rhonetal und die Abtei Montmajour.

Besichtigung. — Der Raum im 1. Stock zeigt das Prinzip einer Getreidemühle. In Höhe des Daches sind die lokalen Winde und ihre Herkunft verzeichnet. Im Untergeschoß bewahrt ein kleines **Museum** die Erinnerung an den Schriftsteller: Manuskripte, Porträts, Fotografien und seltene Ausgaben.

NAGES (Oppidum)

Michelin-Karte Nr. 🟦🟦 Falte 8 oder 🟦🟦🟦 Falte 27 — 10 km südöstl. von Nîmes

Das **Oppidum** von Nages und Solorgues auf einem Hügel über der Ebene von Vaunage ist eine interessante archäologische Stätte. Ein steiniger Weg *(Markierung)* führt zu den Ausgrabungen.
Nages war eine der fünf eisenzeitlichen Siedlungen in der Vaunage-Ebene (800-50 v. Chr.). Die Häusergruppen lagen am Hang (also in Fließrichtung), durch parallele, 5 m breite Straßen getrennt — dies läßt bereits an eine städtische Anlage denken und nimmt den Typ der gallischen Siedlung vorweg.
Deutlich erkennt man die Reihen kleiner, gleichartiger Häuser mit zum Teil sehr hohen Mauern aus Feldstein. Alle besaßen Dächer aus Astwerk und gestampfter Erde, von Balken und Pfeilern gestützt. Jedes Haus bestand aus einer Feuerstelle und ursprünglich aus nur einem Raum; im 2. Jh. wird dieser größer und unterteilt, wobei der Komfort weiterhin äußerst begrenzt bleibt. Die Siedlung war von einer Mauer (zwischen 300 und 150 v. Chr. gab es deren vier) mit Rundtürmen und Toren umgeben (der größte Turm aus dem 3. Jh. hatte 11 m Durchmesser). Ein Teil dieser Befestigungsanlage wurde freigelegt.
Außer einem kleinen Tempel der Ureinwohner aus dem Jahr 70 v. Chr. fand sich keinerlei öffentliches Bauwerk. Die römische Besatzung beendete die Entwicklung der Siedlung nicht, die zwischen 70 und 30 v. Chr. ihre größte Ausdehnung erlebte; zu dieser Zeit gab es wohl auch eine erste Form der wirtschaftlichen Spezialisierung (z. B. eine Schmiede).
Bei der Rückkehr gelangt man am Ortseingang durch die 1. Straße links zum römischen Brunnen, der noch heute mehrere Brunnen des Ortes mit Wasser versorgt.

Archäologisches Museum (Musée archéologique). — Im 1. Stock des Bürgermeisteramtes (mairie) illustrieren Keramiken und andere Fundstücke den Alltag der Bewohner des Oppidums: Beschaffung des Lebensunterhaltes (Ackerbau, Viehzucht, Jagd), Handwerk (Metallverarbeitung, Keramik, Weberei), Waffen, Gegenstände der Körperpflege und des Totenkults.

Um Ihren Grünen Michelin-Reiseführer voll ausnutzen zu können, sollten Sie sich mit der Zeichenerklärung S. 42 vertraut machen.

★★★ NÎMES   129 924 Ew.

Michelin-Karte Nr. 83 Falte 9 oder 245 Falte 27 oder 246 Falte 25, 26

Die Stadt Nîmes, am Rande der kargen Garigue-Heidelandschaft, besitzt herrliche Baudenkmäler aus römischer Zeit. Sie sind gut erhalten und dienen zum Teil als Rahmen für Theateraufführungen und Stierkampf.
Zahlreiche Industriebetriebe (Konfektion, Schuhe, Maschinen, Elektrogeräte, Nahrungsmittel) haben sich in der Umgebung der Stadt angesiedelt.
Als gastronomische Spezialitäten findet der Besucher z. B. Brandade de Morue (ein Stockfischgericht), eingemachte Oliven und die Süßigkeiten Caladon (Mandelplätzchen) und Croquant Villaret, die seit 200 Jahren in demselben Ofen gebacken werden.
Nîmes wurde im Oktober 1988 von einem verheerenden Unwetter heimgesucht, bei dem das Wasser in manchen Straßen bis zu 2 m anstieg und großen Schaden anrichtete. Infolgedessen können einige Sehenswürdigkeiten geschlossen sein.

GESCHICHTLICHES

Colonia Augusta Nemausus. — Eine keltische Siedlung (4. Jh. v. Chr.) ist der Keim zur heutigen Stadt. Sie lag an einer Quelle, deren Gott unter dem Namen *Nemausus* verehrt wurde.
Römische Veteranen erhielten nach Octavians Sieg über Antonius und Kleopatra hier Land. Das Stadtwappen, ein an eine Palme gekettetes Krokodil, erinnert an die Bezwingung des Nils. Der mit Privilegien ausgestattete Ort war ein bedeutender Verkehrsknotenpunkt, wo verschiedene Römerstraßen im Forum, d. h. bei dem von Säulenhallen umgebenen Maison Carrée, zusammenliefen. Das sogenannte Arler- oder Augustus-Tor bildete den Eintritt der Domitianischen Straße in die Stadt.
Besonders im 2. Jh. n. Chr. schmückte sich *Colonia Augusta Nemausus* mit prächtigen Bauten (Amphitheater, Maison Carrée); es besaß etwa 20-25 000 Einwohner. Vielleicht war es Kaiser Antonius Pius, der sie für seine Heimatstadt errichten ließ? Er lenkte von 138-161 die Geschicke Roms und ist als besonders milder Herrscher in die Geschichte eingegangen. Wandalen, Westgoten und Franken zerstörten Nîmes in der Völkerwanderungszeit; die Mauren suchten es im 8. Jh. heim.

Religionskriege. — Neben der römischen Kultur prägten Glaubenskämpfe die Stadtgeschichte von Nîmes. Diese begannen bereits im 5. Jh. mit dem Arianismus (diese Bewegung anerkannte nicht die Wesensgleichheit von Christus mit Gott) der Westgoten, welche von Toulouse aus auch Nîmes beherrschten. Im 13. Jh. schloß sich die Stadt, als Besitz des Grafen von Toulouse, der Albigenserbewegung an, gegen die Papst Innozenz III. und König Ludwig VIII. zum Kreuzzug (1209-1229) aufgerufen hatte. Beim Erscheinen der nordfranzösischen Ritter unter Führung von Simon de Montfort ergab sich die Stadt und wurde 1229 mit den französischen Krongütern vereint. 14. kam es zur Vertreibung der Juden, die in Nîmes freies Niederlassungsrecht genossen hatten und in Handel und Wissenschaft eine Rolle spielten. Im 16. Jh. wurde Nîmes zu einer der Hauptfestungen der Calvinisten und folglich auch in den Religionskriegen (1562-1598) stark heimgesucht. Die Periode der religiösen Wirren endete erst mit der Revolution von 1789.

Wirtschaftlicher Aufschwung. — Seit Ende des 15. Jh.s erholte sich die Stadt wirtschaftlich langsam wieder; es gab Holzverarbeitung, Leder-, Seiden- und Glasherstellung. Im 18. und 19. Jh. florierte die Stadt endlich wieder. Zuerst durch die Herstellung der Indiennes-Stoffe, dann durch den Anschluß an das Eisenbahnnetz. Heute ist Nîmes ein wichtiger Knotenpunkt für den Versand landwirtschaftlicher Erzeugnisse und ein bedeutendes Zentrum des Weinbaus und -handels, allerdings stagniert das Wachstum aufgrund veralteter Industrieanlagen; Montpellier nimmt nun die Position Nîmes' ein. Im Département Gard, dessen Hauptstadt Nîmes ist, wachsen die Qualitätsweine Côte du Rhône, Tavel, Lirac, Clairette de Bellegarde, Costières, Galician und Vauvert.

Die Indiennes-Stoffe. — Leichte Baumwollstoffe mit Blumenmustern und Vögeln in leuchtenden Farben wurden seit dem 17. Jh. aus Ostindien eingeführt und daher *Indiennes* genannt. Sie hatten so großen Erfolg, daß auch in Frankreich (1648 in Marseille, 1746 im elsässischen Mülhausen) Manufakturen gegründet wurden, die diese Stoffe herstellten und im Handdruck mit den traditionellen Mustern (Blumen, Füllhörner) schmückten. Ab 1759 entstanden Fabriken auch in Nîmes, Tarascon, Orange, die diese im Vergleich zu Seide und Wolle billigen Textilien herstellten. In Nîmes arbeiteten etwa 10 000 Personen an über 300 Webstühlen. Die Produktion, die in der Hand protestantischer Bürger lag, wurde nach Spanien, Portugal und Indien exportiert. Gegen Ende des 18. Jh.s machte das Walzendruckverfahren die Stoffe noch erschwinglicher und sie kamen allgemein in Gebrauch.

ⓥ DIE RÖMISCHEN BAUDENKMÄLER *Besichtigung: etwa 3 Std.*

★★★ **Amphitheater (Arènes)** (CV). — *Siehe auch S. 33.* Das Amphitheater von Nîmes, ⓥ aus der gleichen Zeit und ähnlich angelegt wie das von Arles, gehört zu den besterhaltenen römischen Theatern, wenn es auch in Bezug auf die Größe (133 × 101 m; Fassungsvermögen: 24 000 Plätze) unter den 20 erhaltenen Theatern, die in Gallien freigelegt wurden, nur an 9. Stelle steht. Von dem Arler Bau unterscheidet es sich nur durch architektonische Details; so wurde das römische Tonnengewölbe durch eine griechische Flachdecke ersetzt. An seinem oberen Rand sind stellenweise noch Konsolen mit Löchern zu sehen, welche die Masten für das Sonnensegel aufnahmen. Außen ist das Gebäude in zwei Reihen zu je 60 Arkaden gegliedert (Gesamthöhe 21 m), die ein Attikageschoß krönt. Schlicht wirkt das Mauerwerk aus großen Kalksteinblöcken; den einzigen Schmuck bilden Pilaster in der unteren Reihe, darüber dorische Wandsäulen. Es gibt vier Eingänge; das Haupttor im Norden besitzt noch seinen mit Stieren verzierten Giebel. Vor dem Gebäude sind noch Spuren (Turm und Zwischenwall) der augustäischen Mauer erkennbar.

NÎMES ★★★

Innen umgab eine Mauer die Arena als Schutz der Zuschauer vor den wilden Tieren. Sitze bzw. Ränge waren streng nach System reserviert — unten, d.h. der Arena am nächsten saßen die höchsten Würdenträger. Die Arkaden, die drei Kreisgalerien sowie hunderte von Treppen und Gängen ermöglichten reibungslosen Betrieb: In Nîmes konnten 20 000 Besucher das Theater in weniger als fünf Minuten verlassen.
Unter der eigentlichen Arena (68 × 37 m) dienten zwei breite Galerien als Kulissen.

Die Vorführungen. — Man ließ Tiere gegeneinander, Tiere gegen Menschen und Menschen untereinander kämpfen. Bei den Gladiatoren handelte es sich meist um Sklaven oder Gefangene, ausnahmsweise auch um Berufskämpfer. Sie waren in einer eigenen Kaserne untergebracht, bildeten Mannschaften, wurden trainiert und von einem Veranstalter an reiche Männer vermietet, häufig zu politischen Zwecken.
Theoretisch endeten alle Kämpfe immer mit dem Tod des Verlierers; gab er sich jedoch durch Handzeichen geschlagen, konnte der Leiter der Spiele ihn — durch erhobenen Daumen — begnadigen, falls er sich tapfer behauptet hatte; senkte er den Daumen, so schnitt der Sieger seinem Gegner die Kehle durch. Die Prämie bestand in einem Geldpreis, Dispens vom Kampf bzw. der Freilassung.
Für die Tierkämpfe wählte man Stiere, Bären, Eber und Bullenbeißer; wo man die Arena fluten konnte (z. B. Nîmes), auch Krokodile und Seelöwen. Sklaven mit eisenbewehrten Peitschen trieben die Kämpfer an, eine dicke rote Staubschicht überdeckte die Blutflecken im Sand, gegen schlechten Geruch benutzte man Räucherpfannen. Ein Orchester untermalte das Geschehen mit herzhaften Klängen. Während der Pausen traf man Freunde in den Gängen oder stärkte sich unter den Arkaden.
Auch Hinrichtungen fanden im Amphitheater statt: die nicht-römischen Todeskandidaten wurden den wilden Tieren oder dem Henker überantwortet, und mehrfach befanden sich auch Christen unter den unglücklichen Opfern. Übrigens waren die Gladiatorenkämpfe unter dem Einfluß des Christentums seit dem Jahr 404 verboten.

Das Amphitheater im Wandel der Zeit. — Nachdem das Amphitheater seine eigentliche Funktion verloren hatte, wurde es von den Westgoten in eine Festung verwandelt: man vermauerte die Arkaden, fügte Türme hinzu, umgab das Oval mit einem tiefen Graben und möglicherweise mit einer kleinen Mauer (im Untergeschoß des Justizpalastes sind noch Spuren zu sehen). Im Ostteil des Bauwerks erhob sich später das Schloß der Vizegrafen von Nîmes (zwei vermauerte Arkaden mit kleinen romanischen Fensteröffnungen blieben erhalten). Eine adlige Rittermiliz bewachte die Anlage. Diese „Ritter von der Arena" verschwanden, als Nîmes im 13. Jh. dem französischen König unterstellt wurde. Danach füllten Häuser, Straßen und zwei Kapellen das Bauwerk, das im 18. Jh. 700 Einwohner beherbergte. Im 19. Jh. schließlich brachte man das Theater wieder in seinen ursprünglichen Zustand, wobei man eine 6-7 m hohe Schicht von Bauschutt abtragen mußte. Der erste Stierkampf fand 1853 statt.

★★★ **Maison Carrée** (CU). — Dieser außerordentlich gut erhaltene römische Tempel aus dem 1. Jh. v. Chr. ist in Proportionen (26 m Länge, 15 m Breite, 17 m Höhe), schmückenden Details (Kapitele, Friese) und Architektur (man beachte den unterschiedlichen Säulenabstand zur Vermeidung der Monotonie) den besten griechischen Vorbildern durchaus ebenbürtig. 15 Stufen führen zum Tempel hinauf (eine ungerade Zahl, damit man mit dem rechten Fuß beginnen und ankommen konnte). Wie alle klassischen Tempel besteht er aus einer von Säulen begrenzten Vorhalle und einer „Cella", dem Raum der Gottheit. Er diente dem Kaiserkult und war den Enkeln des Augustus — den Prinzen der Jugend — geweiht, lag am Forum und war von einem schön verzierten Säulengang umgeben.

Nîmes — Maison Carrée

Die reinen Linien und die sorgfältige Ausführung des Bauwerks, seine harmonischen Proportionen und die eleganten kannelierten Säulen weisen auf griechischen Einfluß hin, der sich auch in der Dekoration findet: korinthische Kapitelle, der durch eine Perlenreihe gegliederte Architrav, ein Rankenfries, ein Kranzgesims mit Kragsteinen, Rosetten und Löwenköpfen... Die Hauptfassade und die gegenüberliegende Seite ziert jeweils ein Dreiecksgiebel. Unter dem Sockel befanden sich das Archiv des Heiligtums, die Schatzkammer und Räume für verschiedene Gerätschaften.
Der Bau erlebte ein wechselhaftes Schicksal, wobei er erstaunlich gut erhalten blieb. Im hohen Mittelalter war er öffentliches Monument, gehörte im 11. Jh. einem Domherrn, diente danach als Sitz der Konsuln, bis er 1546 an Privat verkauft wurde. Ende des 16. Jhs, erneut verkauft, wurde der Tempel als Pferdestall genutzt. 1670 richteten Augustinermönche ihre Kirche in der „Cella" ein, ohne die Mauern zu verändern. Während der Revolution erwarb das Departement das Baudenkmal und ließ es seit 1816 restaurieren.

★ **Antikenmuseum** (Musée des Antiques). — In der „Cella" sind ausgesuchte Skulpturen aus der Entstehungszeit des Tempels zu sehen: u. a. ein bronzenes Apollohaupt, eine Kolossalstatue Apolls, ein Venuskopf aus weißem Marmor (aus dem Quellheiligtum); daneben finden sich Mosaiken, eine wiederhergestellte Venusstatue, eine Jupiterbüste, der Adlerfries von der Plotinsbasilika, ein Nymphenfries, Grab- und Votivstelen.

***NÎMES

★★ Park Jardin de la Fontaine (AX). — Überraschenderweise war ein Festungsbaumeister Schöpfer des herrlichen Parks aus dem 18. Jh. Dieser liegt am Fuße des Mont Cavalier bei der römischen Fassung der Nemaususquelle, deren Wasser heute noch die Brunnen des Parks und einen Kanal speist. Er ist im französischen Gartenstil gehalten, aber durch Baumgruppen, Treppenanlagen und Balustraden phantasievoll aufgelockert, so daß jede Wegbiegung eine neue Perspektive ergibt.

In der Antike umfaßte dieser hl. Bezirk außer der Quelle ein Theater, einen Tempel und Thermen. Kürzlich wurden bei Ausgrabungen ein Teil der Umgebung des Heiligtums freigelegt: im Osten (Rue Pasteur) ein wohlhabendes Haus aus dem 2. Jh.; im Westen, hinter dem Diana-Tempel, ein Wohnviertel der einheimischen Bevölkerung (in der Mitte des 2. Jh.s zerstört, wohl weil es den architektonischen Glanz der Stadt störte); im Süden (Kreuzung Boulevard Jaurès und Rue de Sauve) ein prächtiges öffentliches Gebäude noch unbekannter Funktion (2. Jh.). Es wurden u. a. schöne Mosaiken gefunden, Fragmente von Wandmalereien, der Marmorkopf eines Mannes usw.

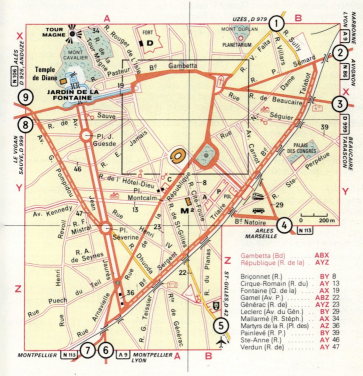

Diana-Tempel (AX). — Dieser Bau aus der 1. Hälfte des 2. Jh.s wird zwar Diana-Tempel genannt, doch ist seine wirkliche Funktion unbekannt. Zweifellos gehörte er zu einem wesentlich größeren Gebäudekomplex, der noch nicht freigelegt ist, und bestand aus mehreren Geschossen (Reste einer Treppe). Im Mittelalter benutzten Benediktinernonnen ihn als Kirche, ohne Wesentliches zu ändern, und während der Religionskriege wurde er zerstört (1577). Man erkennt einen großen Saal („Cella" ?), von zwei Seitenschiffen flankiert und von einem Tonnengewölbe mit Gurtbögen überdacht. Die seitlichen Wandnischen mit Giebeln (abwechselnd eckig und gerundet) enthielten wahrscheinlich Statuen.

★ Magne-Turm (Tour Magne) (AX). — Auf dem Mont Cavalier, dem höchsten Punkt von Nîmes, erhebt sich der bedeutendste Überrest der mächtigen, im Jahr 15 v. Chr. erbauten Stadtmauer, deren Anlage mit 30 Türmen man in neuerer Zeit entdeckte. Ursprünglich gehörte der Magne-Turm zu einer vor-römischen Befestigung und wurde unter Augustus lediglich erhöht und verstärkt. Der polygonale Turm ist dreigeschossig und seit der Schatzsuche Traucats im 16. Jh. nur noch 34 m hoch. Eine Innentreppe (140 Stufen) führt zu einer kleinen Plattform, wo ein weiter **Blick**★ den Ventoux, die Alpillen, Nîmes, die Vistre-Ebene und die Garigue umfaßt.
Von der Rue Stéphane-Mallarmé genießt man einen schönen Blick auf den Turm.

Castellum (AX D). — Dieser ehemalige römische Wasserturm ist einzig in seiner Art: es handelt sich um den Endpunkt des Aquädukts (Pont du Gard), der das Wasser von Uzès in ein Rundbecken leitete, von wo 10 Bleirohre mit 40 cm Durchmesser es in die verschiedenen Stadtviertel verteilten.
Darüber erhebt sich die Zitadelle von 1687, die das protestantische Nîmes überwachen sollte.

Augustus-Tor (Porte d'Auguste) (DU F). — Dieses Tor gehörte zur Mauer des Augustus. Es war ursprünglich von zwei halbrunden Türmen flankiert, dazwischen lag ein Innenhof — eine wirksame Verteidigungsanlage, ähnlich der Porta Nigra in Trier. Die beiden mittleren Passagen dienten den beiden Richtungen des Wagenverkehrs, die kleineren Durchgänge an der Seite waren für Fußgänger gedacht. Im Hintergrund die Bronze-Kopie einer Augustusstatue.

NÎMES ★★★

WEITERE SEHENSWÜRDIGKEITEN

★ **Archäologisches Museum** (Musée d'Archéologie) (DU M¹). — Im ehemaligen Jesuitenkolleg sind im Erdgeschoß zahlreiche Skulpturen aus vorrömischer Zeit zu sehen: Büsten gallischer Krieger, Stelen, Friese. Im 1. Stock zeigt der 1. Saal: Gebrauchsgegenstände aus gallo-römischer Zeit (Utensilien zur Körperpflege, Schmuck, Küchengerät, Werkzeug), Grabstelen, Öllampen; im 2. Saal: Gläser, Urnen, Objekte aus Knochen und Bronze; im 3. Saal: frühe griechische Keramik, schwarzfigurige, orientalische und etruskische Keramik, rotfigurige und punische Keramik. Der letzte Raum enthält die große **Münzsammlung** des Maison Carrée mit griechischem, römischem, gallo-römischem und mittelalterlichem Geld.
In der **Jesuitenkapelle** (1673-78) finden Wechselausstellungen statt.

Naturgeschichtliches Museum (Muséum d'histoire naturelle). — *Im gleichen Bau wie das Archäologische Museum.* Völkerkundliche Sammlungen mit besonders interessanten Sälen zur Ethnologie: Gegenstände der Magie, Masken, Waffen und Schmuck aus Afrika, Asien, Ozeanien und Madagaskar. Die naturkundliche Abteilung zeigt prähistorische Funde, Vögel und Muscheln.

★ **Kunstmuseum** (Musée des Beaux-Arts) (ABY M²). — Im Erdgeschoß finden bedeutende Wechselausstellungen statt.
Der 1. Stock ist der französischen, italienischen, flämischen, holländischen, spanischen und deutschen Malerei gewidmet (16.-19. Jh.). Sehenswert sind u. a.: Coecke, Bassano (Susanna im Bade), Ribera (Apostel Paulus), Brueghel (Spielleute), Rubens (Mönchsbildnis), Cornelis de Heem (Stilleben); erwähnt seien außerdem Porträts von Largillière, Mignard, Seestücke von Claude Lorrain und Vernet, Landschaften von Poussin, ein Gemälde von Janin sowie Skulpturen von Rodin, Bourdelle, Dalou.

Geburtshaus von Alphonse Daudet (Maison natale d'Alphonse Daudet) (CU E). — *Boulevard Gambetta Nr. 20.* In dem großbürgerlich-behäbigen Gebäude — der Eingang wird von Säulen eingefaßt — wurde der Dichter Daudet geboren.

Pradier-Brunnen (Fontaine Pradier) (DV). — Er wurde 1848 errichtet; die Frauenfigur verkörpert die Stadt Nîmes.

Altstadt. — Ihre alten Gassen umgeben die Kathedrale; malerische Passagen.

Kathedrale Notre-Dame et St-Castor (CDU K). — Das Gotteshaus wurde im 19. Jh. fast gänzlich wiederaufgebaut. Nur Teile des romanischen Frieses mit direkter Inspiration vom Maison Carrée (unter dem Dreiecksgiebel) blieben aus der Zeit der Stiftung, Anfang des 11. Jh.s, erhalten. Man erkennt Adam und Eva, Kain und Abel und den Brudermord. Innen enthält die 3. Kapelle rechts einen christlichen Sarkophag.

★ **Heimatmuseum** (Musée du Vieux Nîmes) (CU M³). — Das ehemalige Bischofspalais (17. Jh.) im Herzen der Altstadt wurde restauriert und zeigt im Erdgeschoß eine sehenswerte Sammlung.
Sommer-Vorzimmer: schöne geschnitzte **Schränke** (mit den Motiven Susanna, Jakob, Genesis), ein bemalter Schrank aus Uzès; Zinngeschirr aus Nîmes und dem Languedoc, eine Kollektion Pfeifen und Feuerzeuge.
Sommer-Zimmer: Möbel aus der Zeit des Direktoriums (Ende 18. Jh.) und des Kaiserreichs, ein Hochzeitsschrank, Porträts und frühere Stadtansichten.

NÎMES

Aspic (R. de l') ... AXY	Guizot (R.) ... AX 26	Bouquerie (Sq. de la) ... AX 7
Courbet (Bd Amiral) ... BXY 14	Madeleine (R.) ... AX 32	Chapitre (R. du) ... AX 12
Crémieux (Rue) ... BX 16	Nationale (R.) ... ABX	Fontaine (Q. de la) ... AX 19
Curaterie (R.) ... BX 17	Perrier (R. Gén.) ... AX	Halles (R. des) ... AX 27
Daudet (Bd A.) ... AX 18	République (R. de la) ... AY 43	Horloge (R. de l') ... AX 28
Gambetta (Bd) ... ABX	Victor-Hugo (Bd) ... AXY	Libération (Bd de la) ... BY 30
Grand'Rue ... BX 24	Arènes (Bd des) ... AY 2	Maison Carrée (Pl. de la) ... AX 33
	Auguste (R.) ... AX 4	Marchands (R. des) ... AX 35
	Bernis (R. de) ... AY 6	Prague (Bd de) ... BY 42
		Saintenac (Bd E.) ... BX 45

***NÎMES

Winter-Vorzimmer: Möbel aus dem 18. Jh., ein geschnitztes Buffet aus dem 17. Jh., der sog. Moses-Schrank; eine der Schrift gewidmete Vitrine und Gemälde. Winter-Zimmer: Fayencen und regionale Goldschmiedekunst, Möbel im Régence- und Louisseize-Stil und solche aus der Umgebung von Nîmes (Hochzeitsschrank aus Nußbaum, 18. Jh.), Gemälde und Pastellzeichnungen, astronomische Geräte.
Garderobe: **Billardtisch Charles X.** mit Intarsien (von Bernassau aus Nîmes), Ständer für die Queues, ein Empire-Salon, verschiedene Möbel und Porträts.
Großer Salon: Möbel (Régence und Louis-quinze), ein kleiner Kindersessel, großer Tisch von Gaboret (18. Jh.), Fayencen aus Moustiers und Alcora, Möbel aus der Zeit des Direktoriums, Porträts.
Speisesaal: Fayencen aus Uzès, St-Quentin-la-Poterie und Vauvert.

Rue du Chapitre (CU 12). — *Nr. 14* (**L**). Das Hôtel de Régis besitzt eine Fassade aus dem 18. Jh. und einen schönen gepflasterten Hof aus dem 16. Jh.

Rue de la Madeleine (CU 32). — *Nr. 1* (**N**). Die romanische Fassade ist durch feinen Skulpturenschmuck aufgelockert.

Rue de l'Aspic (CUV). — *Nr. 8* (**S**). Drei frühchristliche Sarkophage und ein eiförmiger Stein (Zippus) sind in der Mauer des Tordurchganges zu sehen. Schöne Renaissance-Tür.
Nr. 14 (**V**) besitzt eine elegante Treppe aus dem 17. Jh.

Rue de Bernis (CV 6). — *Nr. 3* (**Z**). Elegante Fassade aus dem 15. Jh. mit Kreuzstockfenstern. Der Innenhof mit Brunnen ist von der Antike inspiriert.

AUSFLÜGE

Die Garigue. — *11 km auf der D 979,* ① *des Plans, bis zu der auf S. 109 beschriebenen Strecke.*

Rundfahrt von 44 km. — *Etwa 2 1/2 Std. Ausfahrt aus Nîmes auf der Rue Arnavielle* (**AZ**) *und deren Verlängerung, der Route de Sommières, D 40.*

Caveirac. — 1 879 Ew. Das Schloß, ein U-förmiger Bau aus dem 17. Jh. mit Ecktürmchen und glasierten Ziegeln, Kreuzfenstern, Wasserspeiern und einer Freitreppe (schmiedeisernes Geländer), hat die Bürgermeisterei aufgenommen.

Weiterfahren auf der D 40, dann rechts abbiegen nach Calvisson.

Calvisson. — 1 793 Ew. In der Vaunage-Ebene liegt dieser kleine Ort inmitten der Weinberge.

In der Ortsmitte der CD 107 in Richtung Fontanès folgen; am Ortsende führt links eine beschilderte Straße nach Le Roc de Gachonne.

Von dem Turm *(Orientierungstafel)* hat man einen malerischen **Ausblick** über die roten Ziegeldächer des Dorfs, das Vidourle-Tal im Südwesten und den Pic St-Loup im Westen; in der Ferne das Mittelmeer und die Pyrenäen.

Auf der D 40 in Richtung Nîmes, dann auf D 137 rechts nach Nages.

Oppidum von Nages. — *Seite 132*

Auf der D 345 weiterfahren und Boissières durchqueren (stark restaurierte Burg aus dem Mittelalter); dann die D 107 nehmen, rechts in die N 113 einbiegen, dann links in die D 139.

ⓥ **Abfüllanlage der Perrier Mineralquelle.** — Von einem hohen Laufgang aus überblickt man eine riesige Fabrikhalle, in der sich Ströme von hellgrünen Flaschen klirrend auf Fließbändern bewegen. Das mit einer Temperatur von 15 °C zutage tretende Wasser setzt Kohlensäure frei. Diese wird aufgefangen und dem auf 2 °C abgekühlten Wasser wieder zugeführt.
Die Jahresproduktion beträgt über 800 Millionen Flaschen. Davon wird ein großer Teil in die USA, die Schweiz, nach Canada sowie nach Australien und Saudi-Arabien ausgeführt.

Auf die N 113 zurückfahren, die nach Nîmes führt.

NOTRE-DAME-DE-GRÂCE (Kapelle)

Michelin-Karte Nr. 🗌 Falte 11 oder 🗌 Falte 15, 16 oder 🗌 Falte 25 — 18 km westl. von Avignon

Auf einer kleinen Anhöhe am Rande des Waldes von Rochefort erhebt sich die Kirche N.-D.-de-Grâce. Sie wurde an der Stelle eines Benediktiner-Priorats (798 gegründet) erbaut, im 18. Jh. verwüstet und im 19. Jh. von den Maristen restauriert.

ⓥ **BESICHTIGUNG** *1/2 Std.*

Einziger Schmuck der schlichten Kapelle sind die schmiedeisernen Chorgitter und der farbige Marmoraltar mit der Gnadenmadonna. Die Votivtafel am rechten Pfeiler vor dem Chor spendete Anna von Österreich 1666 nach der Geburt des späteren Ludwig XIV. Ein Saal neben der Kapelle enthält an die hundert Votivtafeln aus dem 17.-20. Jh. Im sog. Echo-Saal des Kreuzgangs können sich zwei Personen, die sich in gegenüberliegenden Ecken befinden und den Rücken zukehren, leise unterhalten. Auf diese Weise wurde den Leprakranken früher die Beichte abgenommen.

Rechts um das Empfangsgebäude herumgehen und den Stationen des Kreuzwegs folgen.

Von der Terrasse bietet sich ein herrlicher **Blick**★ auf das Lance-Gebirge, den Mont Ventoux, das Plateau von Vaucluse, das Montagnette- und Alpilles-Bergland sowie die Rhone-Ebene.

NYONS

6 293 Ew.

Michelin-Karte Nr. 81 Falte 3 oder 245 Falte 4, 17 oder 246 Falte 9 — Ferienort

Am Ausgang des Eygues-Tals liegt der ganz von Bergen umgebene Ort, wo die Winter so mild sind, daß sogar exotische Pflanzen wild wachsen. Auch viele Ruheständler schätzen das augenehme Klima. Olivenbäume prägen den provenzalischen Charakter der Landschaft. Außer mit Öl *(S. 16)* und Oliven handelt Nyons mit Trüffeln, Marmelade und Geleefrüchten.

NYONS

Autiero (Pl.)	2
Chapelle (R. de la)	3
Digue (Promenade de la)	4
Liberté (R. de la)	6
Mairie (R. de la)	7
Maupas (Rue)	8
Petits-Forts (R. des)	10
Randonne (Rue)	12
Résistance (R. de la)	14

SEHENSWÜRDIGKEITEN

Quartier des Forts. — Dieses alte Viertel liegt auf einem Hügel über der Stadt. Ausgangspunkt ist der von Arkaden eingefaßte **Place du Dr-Bourdongle**. Die Rue de la Résistance und die Rue de la Mairie führen zur Rue des Petits-Forts, einem schmalen Gäßchen mit niedrigen Häusern aus dem frühen 14. Jh.

Randonne-Turm (B). — 13. Jh. Er enthält die Kapelle Notre-Dame-de-Bon-Secours.

Links in die Rue de la Chapelle einbiegen.

★ **Rue des Grands Forts.** — Die lange gedeckte Galerie wird durch Fensteröffnungen in den dicken Mauern erhellt.

Nach dem hohen gewölbten Tor, einem Überrest der mittelalterlichen Burg, gelangt man links in den Maupas, eine Treppenstraße, die zur Rue de la Mairie zurückführt.

★ **Alte Brücke (Vieux pont)**. — 13. und 14. Jh. Mit 40 m Spannweite zählt ihr Bogen zu den kühnsten Brückenkonstruktionen im Süden Frankreichs.

Ölmühlen (Moulins à huile). — Sie sind zwischen November und Februar in Betrieb.

⊙ **Ölmühle Ramade.** — *Zufahrt auf der Avenue Paul-Laurens, ③ des Plans, und die 4. Straße links.* Im 1. Saal sind Mühlsteine und Pressen zur Herstellung von Olivenöl zu sehen, der 2. Raum dient der Veredelung und Lagerung.

⊙ **Ölmühle Autrand (D).** — *Zufahrt auf der Avenue de la Digue.* Die Mühlen stammen aus dem 18. Jh. Das Öl wird nach traditionellem Verfahren hergestellt.

⊙ **Genossenschaft** (Coopérative oléicole et viticole). — *Place Olivier-de-Serres. Zufahrt auf der Avenue Paul-Laurens, ③ des Plans.* Hier kann man die Herstellung des Jungfernöls (70 % der Produktion) verfolgen, das durch die erste Pressung erzielt wird.

⊙ **Ölbaummuseum** (Musée de l'olivier). — *Avenue des Tilleuls. Zufahrt auf der Avenue Paul-Laurens, ③ des Plans, dann nordwestlich über den Place Olivier-de-Serre.* Das Museum zeigt traditionelles Gerät zur Pflege der Olivenbäume und zur Ölherstellung sowie zahlreiche Gegenstände als Beispiel der vielfältigen Verwendungsmöglichkeiten des Öls (Lampen etc.); Dokumente vervollständigen die Sammlung. Besonders sehenswert ist ein Riesenfossil von 148 kg.

Aussichtspunkt (Belvédère). — *Die Neue Brücke (Nouveau pont) überqueren, dann links abbiegen auf die D 94, danach rechts durch den Tunnel fahren und nochmals rechts.* Von dem Felsen aus reicht der **Blick** über Alt-Nyons und das Angèle-Gebirge (1 606 m); der tiefe Einschnitt des Eygues-Tales (rechts) kontrastiert mit dem weiten Becken, wo sich die Neustadt ausbreitet (links).

AUSFLUG

Promenade des Anglais et de Vaulx. — Rundfahrt von 8 km. *Nyons auf einer ansteigenden Straße (NW des Plans) verlassen und nach 300 m rechts abbiegen.*
Die schmale kurvenreiche, aber gut befahrbare Straße führt zwischen Olivenbäumen am Hang entlang. Es bieten sich schöne Ausblicke auf Nyons, das Eygues-Tal und das Massiv der Baronnies.

Bei der Talfahrt zur D 538 den Weg nach Venterol rechts liegen lassen und auf der D 538 nach Nyons zurückkehren.

★★ ORANGE

27 502 Ew.

Michelin-Karte Nr. **81** Falte 11, 12 oder **245** Falte 16 oder **246** Falte 24

Geschichtskenner verbinden mit dem Namen Orange das Haus Nassau und seine noch heute in den Niederlanden regierende jüngere Linie Nassau-Oranien; Kunstkenner wissen von den herrlichen Baudenkmälern aus der Römerzeit, insbesondere dem Theater, in dem im Sommer Freilichtaufführungen stattfinden, und dem Triumphbogen aus der Zeit Kaiser Augustus'. Geschätzt sind vor allem die bereits 1869 gegründeten **Chorégies** (S. 189).

Orange liegt in einem fruchtbaren Obst- und Gemüseanbaugebiet; daneben gibt es Konservenfabriken und chemische Industrie. Der Ort ist ebenfalls Garnisonstadt (Flugstützpunkt, Ehrenlegion).

GESCHICHTLICHES

Die Römer. — *Arausio* war bereits eine keltische Siedlung, als Augustus hier 35 v. Chr. eine Veteranensiedlung für die Gallische Legion gründete. Im Jahre 105 v. Chr. hatte am Fuße des St-Eutrope Hügels die Schlacht gegen die vereinten Kimbern und Teutonen stattgefunden — eine katastrophale Niederlage der Römer, die in Rom zu Panikstimmung und einer Heeresreform führte und die — Jahre später — vor *Aquae Sextiae* (Aix, S. 46) durch den Feldherrn Marius gerächt wurde. *Arausio* war eine bedeutende Stadt der Provinz *Gallia narbonensis*. Es besaß Zirkus, Theater, Tempel, Thermen usw. (S. 33).

Die Völkerwanderung brachte, mit dem Durchzug der Alemannen und Westgoten, Niedergang und teilweise Zerstörung. Orange war Bischofssitz; zwei Konzile wurden in den Jahren 441 und 529 dort abgehalten.

Die Oranier. — Im Mittelalter blühte die Stadt unter der Herrschaft des Hauses Nassau wieder auf: Ursprünglich im Besitz der Familie des Baux, war das 1178 zum Fürstentum erhobene Gebiet 1544 schließlich an Wilhelm I. von Nassau gekommen. Dieser Prinz von Oranien hatte den Beinamen „der Schweiger" und ging als erster Statthalter der Niederlande in die Geschichte ein. Die Stadt entschied sich für die Reformation und wurde von der ganzen Härte der Religionskriege getroffen, doch konnte sie ihre Autonomie bewahren.

1622 ließ Moritz von Nassau die Stadt mit einer mächtigen Mauer umgeben und ein geräumiges Schloß errichten. Leider wurden dazu die Steine der römischen Baudenkmäler verwendet, und so blieben schließlich nur das Theater und das Monumentaltor übrig.

Die Franzosen. — Als Ludwig XIV. den Krieg gegen Holland unternahm, wurde die Stadt eingenommen und Mauern und Burg wurden zerstört. Im Frieden zu Utrecht (1713) fiel der Besitz der Oranier endgültig an Frankreich und wurde nach der Revolution dem Departement Vaucluse zugeordnet. So endete das ruhmreiche Arausio schließlich als Bezirkshauptstadt.

ORANGE

République (R. de la)	BY 9
St-Martin (R.)	AY 13
Arc de Triomphe (Av. de l')	AY
Artaud (Av. A.)	ABY
Blanc (R. A.)	BZ
Briand (Cours A.)	AYZ
Caristié (R.)	BY 2
Châteauneuf (R. de)	BZ 4
Clemenceau (Pl. G.)	BY 3
Contrescarpe (R. de la)	BY
Daladier (Av. E.)	ABY
Fabre (Av. H.)	BY
Frères-Mounet (Pl. des)	BY 5
Guillaume-le-Taciturne (Av.)	BY
Lacour (R.)	AY
Leclerc (Av. Gén.)	BZ
Mistral (Av. F.)	BY 6
Noble (R. du)	ABY
Pourtoule (Cours)	BZ
Princes-d'Orange-Nassau (Mtée de)	AZ
République (Pl. de la)	BY 8
Roch (R. Madeleine)	BZ 10
St-Clément (R.)	AZ
St-Florent (R. et ⊞)	BY 12
St Jean (R.)	AY
Tanneurs (R. des)	AY 16
Thermes (Av. des)	AZ
Tourre (R. de)	AZ 20
Victor-Hugo (R.)	AY

Auf den Michelin-Abschnittskarten im Maßstab 1 : 200 000 und den Stadtplänen der Michelin-Führer sind die Ausfallstraßen durch die gleichen Nummern ①, ② usw. gekennzeichnet.

139

ORANGE**

DIE RÖMISCHEN BAUDENKMÄLER *Besichtigung: 1 Std.*

***Römisches Theater** (Théâtre antique) (BZ). — Das in augustäischer Zeit entstandene Theater von Orange ist wohl das schönste und besterhaltene römische Bauwerk dieser Art, denn es fehlen nur das Sonnensegel über dem Zuschauerraum und das Dach der Bühnenrückwand. Erstaunlich ist die hervorragende Akustik. Jedes Jahr werden hier im Rahmen der sog. Chorégies überwiegend große Opern aufgeführt, deren prächtige Vorstellungen von hohem künstlerischem Rang sind.

Äußeres. — Sehr eindrucksvoll ist die 103 m lange und 36 m hohe Wand, die die Bühne abschließt, auch auf ihrer der Stadt zugekehrten Seite, so daß Ludwig XIV. von ihr behaupten konnte, sie sei die schönste Mauer seines Königreiches. In den oberen Etagen sieht man daran 2 Reihen von Steinen, die in regelmäßigen Abständen aus dem Mauerverband vortreten. Die oberen tragen kreis-

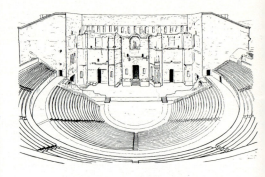

Orange — Römisches Theater

runde Löcher und dienten zur Aufnahme der Masten für das Sonnensegel. Unten entsprachen die 19 Arkaden im Inneren Räumen, Kulissen und Treppen. Davor befand sich ein 8 m breiter Säulengang, von dessen Befestigung noch Spuren zu erkennen sind. Der heutige Theatervorplatz war früher wahrscheinlich als Park angelegt und von einem weitläufigen Säulengang umgeben (der oben Genannte bildete einen der seitlichen Abschlüsse).

Inneres. — Das Bauwerk ist fast vollständig, nur der Säulengang über den Rängen, das Bühnendach und natürlich die prächtige Dekoration fehlen. Die Sitzstufen des Zuschauerraumes (Fassungsvermögen: 10 000 Plätze) sind teilweise direkt in den Hang hineingebaut und teilweise durch überwölbte Gänge abgestützt. Auf den ersten drei Rängen um die halbrunde „Orchestra" wurden Sitze für bedeutende Persönlichkeiten aufgestellt.

Beiderseits der Bühne dienten große übereinanderliegende Räume (z. Z. betritt man das Theater durch den unteren westlichen Saal) dem Empfang des Publikums und der Aufbewahrung von Kulissen. Die 61 m lange und 9 m tiefe Bühne lag etwa 1,10 m höher als die „Orchestra"; unter ihrem Bretterboden befanden sich die Maschinen. Sie wurde von einer niedrigen Mauer gestützt, hinter der sich der Graben für den Vorhang befand (der während der Vorstellungen gesenkt wurde). Die Bühnenwand war ebenso hoch wie die Zuschauerränge und reich mit Marmor, Stuck, Mosaiken, Säulenreihen und Nischen mit Standbildern geschmückt. Die originale Augustusstatue ist 3,55 m hoch und scheint von den Rängen aus doch nur lebensgroß.

Es gibt drei Türen mit jeweils bestimmter Funktion: die mittlere stellte den Eingang eines Palastes dar, während die beiden Seitentüren für Gäste reserviert waren. Ein Dach schützte die Bühne und wirkte gleichzeitig als Schalldeckel.

Die Vorführungen. — Das römische Theater diente vielen Zwecken: es war Treffpunkt für politische, musikalische und literarische Gruppen; es wurden Lotterien veranstaltet, Brot und Geld verteilt; man sah Seiltänzern, Säbelschluckern, Akrobaten und Hahnenkämpfen zu. Daneben gab es auch aufwendige szenische Bilder mit zahlreichen Darstellern, wie in den heutigen Shows. Der eigentliche Zweck des Theaters bestand jedoch in der Aufführung von Komödien und Tragödien durch organisierte Truppen. Dennoch sind uns heute weder Stücke noch Autoren bekannt. Man nimmt an, daß häufig griechische Stücke aus klassischer und hellenistischer Zeit gespielt wurden, die jedoch beim Publikum wenig Erfolg hatten. Beliebter waren die lateinischen Komödien, besonders, wenn sie aufwendig in Szene gesetzt waren. Außerdem gab es noch die mythologischen Stücke, die dem religiösen Kalender folgten.

Tatsächlich wurden die Theateraufführungen immer freizügiger, so daß sie im 5. Jh. unter christlichem Einfluß „wegen ihrer Obszönität" verboten wurden.

Die Schauspieler gehörten Truppen an, die von reichen Gönnern finanziert wurden. Beim Spiel trugen sie Masken aus Pappmaché, wobei jeder Personentyp — Vater, Mutter, junges Mädchen, junger Mann, Parasit, Sklave, Tyrann etc. — einer ganz bestimmten Maske entsprach, so daß der Zuschauer sofort die jeweilige Rolle erkannte. Darsteller tragischer Rollen trugen Kothurne (Sandalen mit sehr hohen Korksohlen), um eindrucksvoller zu wirken. Die Masken fungierten auch als Lautsprecher, wie überhaupt alles darauf angelegt war, eine perfekte Akustik zu erzielen: konkave Türen und Schalldeckel; Vasen, die als Resonanzkörper dienten...

Das Theaterviertel. — Neben dem Theater wurden die Fundamente eines Tempels freigelegt, sowie ein rätselhaftes Bauwerk, das ähnlich wie das Theater in einem Halbkreis endete *(Zugang durch das Theater)*. In der Mitte dieses Halbrunds erhob sich an der Stelle einer heiligen Quelle auf einem Sockel ein großer Tempel, der wahrscheinlich unter Hadrian errichtet worden war (2. Jh.). Der Sockel und verschiedene Fragmente blieben erhalten. Eine doppelläufige Treppe führte 28 m höher zu einem zweiten, kleineren Tempel, der an der Stelle des heutigen städtischen Wasserreservoirs stand. Über allem thronte die großartige, 60 m breite Dreitempelanlage des Kapitols. Ihre rechteckige Plattform erstreckte sich in ost-westlicher Richtung und setzte sich im Norden und Westen in mächtigen Stützmauern fort.

**ORANGE

** Triumphbogen (Arc de Triomphe) (AY). — Er erhebt sich im Norden der Stadt an der ehemaligen Via Agrippa, die Lyon mit Arles verband. Mit 22 m Höhe, 21 m Breite und 8 m Tiefe ist er der drittgrößte der römischen Monumentaltore dieses Typs. Seine Nordseite ist besonders gut erhalten, während die Westseite stark restauriert wurde. Das Tor entstand um 20 v. Chr., wurde später dem Tiberius geweiht und verherrlicht die Siege der in der Stadt angesiedelten, sog. Gallischen Legion. Die drei Durchgänge sind von Säulen gerahmt; der mittlere trägt einen Giebel, darüber ein doppeltes Attikageschoß. Ursprünglich krönte eine von zwei Trophäen flankierte Bronzequadriga das Bauwerk. Seine überreiche Dekoration ist zugleich vom römischen Klassizismus und von der hellenistischen Plastik beeinflußt. Man erkennt Kriegsszenen und Waffentrophäen (**1, 3, 6, 7**), die an die Befriedung Galliens erinnern; Attribute der Seefahrt (**2**), die wohl eher auf den Sieg des Augustus bei Actium verweisen als auf den Fall Marseilles unter Cäsar.

Nordfassade

1) Kampfszenen (gallische Krieger gegen Legionäre); Gefangene
2) Gegenstände aus der Seefahrt: Rammsporne von Galeeren, Anker, Seile, Dreizacke
3) Keltische Trophäen: Helme, Rüstungen, Wurfspieße, Feldzeichen
4) Früchte, Blumen, antike Schmuckmotive
5) Kassettengewölbe mit schönem Rosettenschmuck und verschiedenen anderen Motiven

Ostfassade

6) Trophäen
7) Mit Ketten gefesselte Gefangene

Orange — Triumphbogen

WEITERE SEHENSWÜRDIGKEITEN

Anhöhe (Colline) St-Eutrope (BZ). — *Zufahrt über die Montée des Princes d'Orange-Nassau. Man erreicht den Stadtpark und läßt den Wagen auf dem Parkplatz.*
Die Hauptallee überquert die Gräben der ehemaligen Oranierburg, von der bedeutende Überreste freigelegt wurden (links des Square Reine-Juliana). Am Nordrand des Parks steht neben einer Marienstatue eine Orientierungstafel: der **Blick*** umfaßt das Theater, die Anlage von Marcoule und die Rhone-Ebene. Links die Ruinen des Kapitols.

Städtisches Museum (Musée de la ville) (BYZ M). — Im Hof und Erdgeschoß sind Steinskulpturen von römischen Bauwerken und der Oranierburg ausgestellt. Ein Saal enthält die minutiös zusammengefügten Fragmente des in seiner Art einzigen **Katasterplans** von Orange. Auf den Marmortafeln konnten die Historiker folgendes erkennen: ein Straßennetz (mit den Hauptachsen „Cardo" und „Decumanus"), topographische Details (Straßen, Berge, Flüsse, Sümpfe) und Anmerkungen zum juristischen und fiskalischen Status der Ländereien. Die Fragmente gehören zu drei aufeinanderfolgenden Plänen: der erste stammt von 77 v. Chr., der zweite aus der Regierungszeit Trajans (2. Jh.), der dritte ist jüngeren Datums. Die Grenzen des zweiten konnten lokalisiert werden, sie verliefen: südlich von Montelimar bis nördlich von Orange; im Westen bis zur Rhone, östlich bis Vaison — ein Gebiet von 836 km^2.
Die übrigen Säle sind der Stadtgeschichte gewidmet, lokalen Traditionen und der Malerei (Herstellung der „Indiennes"-Baumwollstoffe im Orange des 18. Jh.s).

Ehemalige Kathedrale Notre-Dame (ABY). — Der Bau wurde während der Religionskriege stark beschädigt. Die Reste der Skulpturen am Südportal verraten antiken Einfluß; den Innenraum prägt die provenzalische Romanik.

Alt-Orange. — Angenehm ist ein Bummel vom Theater durch die Rue Caristié und die Straßen um das Rathaus (hôtel de ville) mit seinem Turm aus dem 17. Jh., vorbei an der Kathedrale und den hübschen provenzalischen Plätzen.

AUSFLÜGE

Harmas J.-H. Fabre. — *8 km auf der N 7 und D 976, ① des Plans.* Bei der Einfahrt in Serignan befindet sich rechts die Stätte, wo der bekannte Insektenforscher Fabre (1823-1915) 36 Jahre lang lebte und arbeitete. Botanischer Garten. Zu besichtigen sind das Arbeitszimmer mit den Vitrinen, die die Sammlungen des Forschers enthalten — Insekten, Muscheln, Fossilien, Mineralien — sowie ein Saal mit Aquarellen von Fabre. Man kann durch den Garten spazieren, der das Hauptbeobachtungsfeld des Forschers war (harmas = Brachland).

Caderousse. — *6 km auf der D 17, ⑤ des Plans.* 2 007 Ew. Der kleine Ort am Rhone-Ufer hatte häufig unter Überschwemmungen zu leiden, wie man an der Rathausfassade sehen kann; so links von der Tür vier Schilder den jeweils höchsten Wasserstand markieren. Seit 1856 wurde Caderousse von einem Deich geschützt, bis man es 1951 mit einer reglerechten Befestigung umgab, nur von Toren in den vier Himmelsrichtungen unterbrochen.

Kirche St-Michel. — Im Stil der provenzalischen Romanik. Die spätgotische Claudius-Kapelle rechts vom Chor wurde im 16. Jh. angebaut; sie besitzt ein besonders schönes Gewölbe.

★★★ ORGNAC-Höhle (Aven d'ORGNAC)

Michelin-Karte Nr. 80 Falte 9 oder 245 Falte 14 oder 246 Falte 23 — Kartenskizze S. 58

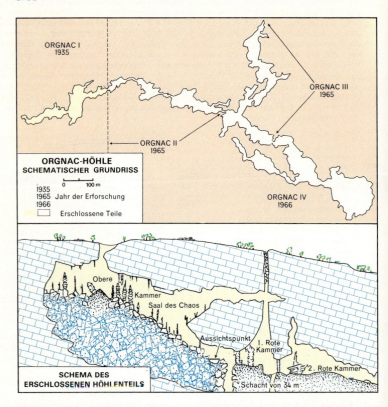

1935 stieg der Höhlenforscher Robert de Joly (1887-1968) in den Schacht und entdeckte dort ein weitläufiges System von Kammern, das auch heute noch nicht endgültig erkundet ist. Diese Höhle ist besonders interessant, denn unterirdische Ströme und Sickerwasser *(S. 19)* schufen riesige Hohlräume und Tropfsteinformationen von bis zu 10 m Durchmesser, die gegen Ende des Tertiär, vor etwa 50 Mio. Jahren, bei einem schweren Erdbeben zerbrachen: Neue Klüfte taten sich auf, alte Spalten verzweigten sich, Steine brachen von der Decke, die Wasserläufe suchten sich andere Wege, auf zerborstenen, umgekippten Säulen wuchsen neue Stalagmiten. Klimatische Schwankungen im Quartär führten zu Unregelmäßigkeiten — konnte das Wachstum eines Tropfsteins in feuchtwarmen Perioden 5 cm/Jh. erreichen, so wurde es während der trockenen Eiszeiten ganz unterbrochen. Häufig bahnte sich danach das tauende, mit Oxiden vermischte Eis neue Kanäle und vervielfältigte so Formen und Farben. Weitere Säle sind inzwischen entdeckt und erforscht worden (Orgnac II, III, IV und V bis), sind jedoch noch nicht für die Öffentlichkeit zugänglich.

ⓥ BESICHTIGUNG

etwa 1 Std.

Innentemperatur: 13 °C; 788 Stufen.

Der obere Saal, in dem sich ein gewaltiger Geröllkegel auftürmt, erstaunt durch seine Größe: 17-40 m hoch, 250 m lang und 125 m breit; die herrlichen

Orgnac-Höhle — Stalagmiten

★★★ ORGNAC-Höhle

Stalagmiten sind in ein unwirklich blaues Licht getaucht, das durch die natürliche Öffnung fällt. Die dicksten Tropfsteine befinden sich in der Mitte; durch zahlreiche Verdickungen wirken sie wie Tannenzapfen. Aufgrund der Höhe des Raumes wuchsen sie nicht mit den Stalaktiten zu Säulen zusammen, sondern verdickten sich an der Basis, was zuweilen einen eindrucksvollen Durchmesser ergab. Darüber gibt es jüngere Tropfsteine, die aufgestapelten Tellern ähneln. Am äußeren Rand des Saales stehen dünne Säulen, die erst nach dem Erdbeben entstanden und teilweise eine beachtliche Höhe erreichen. Auf einer buffetartigen Versteinerung steht in einer Nische die Urne mit dem Herz Robert de Jolys.

Der „Saal des Chaos" ist mit Tropfsteintrümmern aus dem oberen Raum angefüllt; ein herrlicher farbiger „Vorhang" scheint aus einer Spalte in der Decke niederzuwallen. Auf der Höhe der sog. Ersten Roten Kammer hat das Wasser — auf seinem Weg durch dunkelrotes Gestein und eisenhaltige Lehmschichten mit Kalziumkarbonat angereichert — eine rote Traumkulisse geschaffen. In der Nähe reicht ein Schacht von 34 m bis zu einer Höhle in 180 m Tiefe; ein Aussichtspunkt ermöglicht einen Blick in die „Zweite Rote Kammer."

ORGON   2 341 Ew.

Michelin-Karte Nr. **81** Falte 12 oder **245** Falte 30 oder **246** Falte 12 — 7 km südl. von Cavaillon — Kartenskizze S. 55

Die N 7 durchquert den Ort in der Durance-Ebene, die westlich von den Alpilles, im Osten vom Luberon-Bergland begrenzt wird.
Hier wurde **Napoleon** am 25.4.1814 auf seinem Weg ins Exil auf Elba von der aufgebrachten Menge angehalten und bedroht. Nur das beherzte Eingreifen des Bürgermeisters und eines russischen Kommissars ermöglichten dem Ex-Kaiser die Weiterreise.

Kirche. — Sie stammt aus dem 14. Jh. Der Chor weicht etwas von der Achse ab, die Seitenkapellen wurden im 17. Jh. angefügt. Links im Kirchenschiff schöne Tafelbilder aus dem 4. Jh.

Kapelle Notre-Dame-de-Beauregard. — Die moderne Kapelle thront auf der Anhöhe südlich des Ortes *(Straße mit reglementierter Benutzung)*. Vom Vorplatz bietet sich ein schöner Blick auf das Tal der Durance, die Luberon-Kette und das Küstengebirge.

★ Wald von PAÏOLIVE

Michelin-Karte Nr. **80** Falte 8

Das Kalkplateau des südlichen Vivarais' erstreckt sich südöstlich von Les Vans beiderseits des Chassezac über etwa 16 km². So hart und widerstandsfähig dieses graue Juragestein gegen mechanische Einflüsse ist, so anfällig ist es für chemische Erosion: Mit Regenwasser dringt Kohlensäure in die natürlichen Spalten und löst Kalziumkarbonat aus dem Stein, so daß tiefe Aushöhlungen entstehen und die Felsformationen an Ruinen erinnern. Andererseits ergab der von diesem Prozeß herrührende Lehm zusammen mit alten Ablagerungen fruchtbaren Boden, auf dem hauptsächlich Steineichen und Kastanien wachsen.

BESIGHTIGUNG   etwa 2 Std.

Die D 252 durchquert den Wald von West nach Ost.

Wenn man von Les Vans kommt, steht etwa 200 m von der D 901, etwa 20 m rechts von der Straße entfernt, ein markanter Felsen „der Bär und der Löwe".

★ **Lichtung** (Clairière). — Ein wenig weiter führt die D 252 hinter dem Schild „Casteljau 4 km" in einer Linkskurve zu einer Lichtung. Sie liegt in einer sog. Doline *(S. 19)*, in deren unmittelbarer Umgebung es interessante Felsformationen zu erforschen gibt. Im Schatten der hohen Bäume läßt es sich gut rasten.

★★ **Chassezac-Höhenweg** (Corniche). — 3/4 Std. zu Fuß hin und zurück. Von Les Vans aus führt in der Verlängerung der D 252 der 2. Weg links unter der Fernsprechleitung hindurch.
In der Ferne erkennt man ein Schloß mit zwei gleichhohen Ecktürmen: Herrenhaus Casteljau. Der Pfad wendet sich leicht nach links *(das Schloß bleibt immer in Sicht)* und erreicht nach etwa 10 Min. den Rand der Schlucht, ungefähr 80 m über dem Fluß, der sich zwischen ausgehöhlten, durchlöcherten Felswänden seinen Weg sucht. Die „Corniche" führt links weiter, vor dem Herrenhaus vorbei, zu einem Aussichtspunkt.

Auf demselben Weg zurückgehen oder die auf der Skizze (s. oben) eingezeichneten Pfade nehmen.

Wald von PAÏOLIVE★

Mazet-Plage. — Von der D 252 zweigt ein befestigter Weg zum Fluß ab *(300 m)*. Nach links läßt sich ein kleiner Spaziergang am Ufer machen *(1/4 Std. hin und zurück)*, zwischen Weiden, die am Fuß seltsam geformter Felsen wachsen.

Banne. — 505 Ew. *6 km hinter der Kreuzung von D 901 und D 252. Den Wagen auf dem Platz abstellen und hinter dem Kreuz den Hang hinaufsteigen.*
Man gelangt zu einem kleinen Plateau oberhalb der Senke von Jalès. Die Felsen tragen noch Reste einer alten Festung: Von dort erstreckt sich das **Panorama**★ bis zum Fluß Gard und der südlichen Ardèche. An der Südwestseite findet man, halb im Boden verborgen, ein langes überwölbtes Gebäude, das bis ins späte 18. Jh. als Schloßstallung diente.

PERNES-LES-FONTAINES   6 961 Ew.

Michelin-Karte Nr. 🟦 Falte 12, 13 oder 🟦 Falte 17 oder 🟦 Falte 11

Pernes liegt am Rande des Plateaus von Vaucluse und lebt wie viele Orte dieser Gegend von Konservenindustrie, da hier Früchte aller Art (vor allem Kirschen, Erdbeeren, Melonen und Trauben) besonders gut gedeihen.

★ **Notre-Dame-Tor (Porte Notre-Dame).** — 16. Jh. An das Tor schließ sich die Nesque-Brücke mit einer kleinen Kapelle (**B**) aus dem 16. Jh. an. Zusammen mit dem Wohnturm (**D**) der Burg der Toulouser Grafen ergibt sich ein hübsches Bild.

Kirche Notre-Dame-de-Nazareth. — Die ältesten Teile der Kirche datieren vom Ende des 11. Jh.s. Der (leider beschädigte) Schmuck des Südportals läßt antiken Einfluß erkennen. Innen hat das Gewölbe die Form einer Spitztonne, ein Kranzgesims bildet den schmückenden Abschluß, die Kapellen wurden im gotischen Stil errichtet.

Cormoran-Brunnen (**E**). — 18. Jh. Er ist der interessanteste der zahlreichen alten Brunnen, mit denen sich die Stadt schmückt.

Rathaus (Hôtel de ville) (**H**). — Ehemaliges Stadtpalais (17. Jh.) der Herzöge von Brancas, von denen einer Marschall von Frankreich und Botschafter Ludwig XIV. in Spanien war.

Brancas (R. de) 2	Neuve (R.) 8
Briand (Pl. Aristide) 3	Notre-Dame (Pont) 10
Corti (Pl. et Square D.) ... 4	Notre-Dame (R. Porte) .. 12
Gambetta (R.) 5	Raspail (R.) 13
Giraud (Pl. L.) 6	République (R. de la) ... 15
Jaurès (Av. Jean) 7	Victor-Hugo (R.) 16

◉ **Ferrande-Turm (Tour Ferrande)** (**F**). — An einem kleinen Platz erhebt sich zwischen den angrenzenden Häusern der zinnenbewehrte Viereckturm. Eine schmale Treppe führt zur 3. Etage, die mit Fresken des 13. Jh.s ausgemalt ist: Maria mit dem Kind, der hl. Christophorus sowie der Kampf Karls von Anjou gegen die Staufer.

Croix Couverte (**K**). — Das Denkmal stammt aus dem 15. Jh.

Porte de Villeneuve und Porte de St-Gilles. — Die Stadttore sind Überreste der Befestigung aus dem 14. und 16. Jh.

PEYROLLES-EN-PROVENCE   2 561 Ew.

Michelin-Karte Nr. 🟦 Falte 3, 4 oder 🟦 Falte 32 — Kartenskizze S. 105

Peyrolles liegt im Tal am E.D.F.-Kanal *(S. 103)*, der einen Teil des Durance-Wassers aufnimmt. Von der mittelalterlichen Stadtbefestigung sind nur ein Wachtturm mit schmiedeeisernem Glockenkäfig und die Ruine eines Rundturmes in der Nähe der Kirche erhalten.

◉ **Kirche St-Pierre.** — Diese wurde im 15. und 17. Jh. mehrfach umgestaltet, besitzt jedoch noch das romanische Hauptschiff mit Spitztonne.

◉ **Kapelle St-Sépulcre.** — Die Kapelle des Hl. Grabes (11.-12. Jh.) hat die Form eines griechischen Kreuzes: Vier Absidiolen mit Halbkuppelgewölbe umgeben ein Quadrat, das von einem kleinen Glockengiebel überragt wird.

Schloß. — In dem weitläufigen Anwesen aus dem 17. Jh. ist heute das Bürgermeisteramt untergebracht. Ein großes Tor schließt den Ehrenhof.

*Bei der Wahl eines Hotels oder Restaurants
oder der Suche nach einer Reparaturwerkstatt
ist Ihnen der **Michelin-Führer France** des laufenden Jahres sehr von Nutzen.*

In der Nähe: Remoulins → Bar l'Eden (Imbiss) (2012)

★★★ PONT-DU-GARD

Michelin-Karte Nr. 80 Falte 19 oder 245 Falte 15 oder 246 Falte 25

Der etwa um 19 v. Chr. errichtete, drei Etagen aufweisende Aquädukt ist einer der eindrucksvollsten römischen Bauten überhaupt und nach 2 000 Jahren fast vollständig erhalten geblieben. Die Wasserleitung führte das Wasser der Eure-Quelle aus der Nähe von Uzès nach Nîmes. Ein Besuch ist unbedingt einzuplanen, selbst wenn ein großer Umweg gemacht werden muß.

Der Aquädukt. — Der Leitungskanal in der dritten Etage war vollständig ausgemauert und größtenteils mit Platten abgedeckt.
Da das Gelände uneben war mußte die Leitung über Brücken bzw. unterirdisch durch Tunnel und Schächte gelegt werden.
Der etwa 50 km lange Aquädukt hatte eine Neigung von 34 cm pro km. Der Wasserdurchsatz betrug täglich 20 000 m^3.
Vom 4 Jh. an wurde er nicht mehr in Stand gehalten und die Kalkablagerungen verengten die Wasserrinne um zwei Drittel.
Im 9. Jh. war der Pont-du-Gard gänzlich unbrauchbar geworden und die Anwohner errichteten mit einem Teil der Steine und Platten private Bauten.
1743 verbreiterte man die unteren Pfeiler und legte darüber die Straße an.

★★★ **Die Brücke.** — Sie überspannt das Tal des Gard oder Gardon. Der honiggelbe Farbton der Steine harmoniert besonders gut mit den Felsen, dem klaren Wasser und den Bäumen mit dem dunklen Grün. Unzählige Dichter, Künstler und Archäologen haben die ebenmäßige Schönheit des Baus gerühmt.
Die Brücke besteht aus mörtellos gefügten Steinen, die zum Teil bis zu 6 t schwer sind und die bis in eine Höhe von mehr als 40 m hochgezogen wurden. Die an der Fassade vorstehenden Blöcke trugen das Baugerüst. Zum Bewegen der Blöcke benutzte man hohle Holztrommeln, die von im Inneren laufenden Sklaven gedreht wurden und wie Flaschenzüge arbeiteten.

Technische Daten:
Gesamthöhe: 49 m über dem Niedrigstwasserstand
Unterste Etage (6 Bögen), Höhe: 22 m, Breite: 6 m, Länge: 142 m
Mittlere Etage (11 Bögen), Höhe: 20 m, Breite: 4 m, Länge: 242 m
Oberste Etage mit Wasserleitungskanal (35 Bögen), Höhe: 7 m, Breite: 3 m, Länge: 275 m

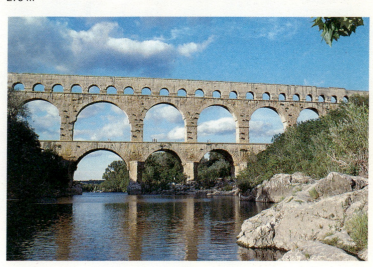

Pont du Gard

BESICHTIGUNG

Parkmöglichkeit an der D 981 oberhalb der Brücke (stromaufwärts); die Brücke selbst ist im Sommer Einbahnstraße.

Spaziergang. — *Dauer: 1 Std. Auf dem rechten Ufer des Gardon zweigt eine kleine Straße ab, die unter dem Aquädukt hindurchführt.*

Man folgt ihr bis zum Eingang von Schloß St-Privat und geht von dort bis zum Flußufer, wo man das Bauwerk in seiner ganzen Schönheit bewundern kann.
Auf dem Rückweg folgt man 50 m vor der Brücke rechts einem Waldweg und dann in der 3. Kurve einem Pfad, der rechts zu einem **Aussichtspunkt** führt: Unter einem der Brückenbögen liegt das Dorf Castillon.

Auf dem Hauptweg erreicht man in zahlreichen Serpentinen das obere Stockwerk des Aquäduktes. Will man die Brücke nicht auf diese Weise überqueren, so kann man den Weg links des Aquäduktes nehmen. Dieser führt unter dem ersten Bogen hindurch zur D 981.

Man überquert nun die oberste Etage des Aquädukts (entweder in der Rinne oder, falls man schwindelfrei ist, auf deren Deckplatten).
Über eine Treppe kommt man wieder zur D 981 und dem nahen Parkplatz.

Vermietung von Kajaks (zum Pont-du-Gard: 1/2 oder 1 Std.; zur Gardon-Schlucht: 1/2 oder 1 Tag). Schwimmkenntnisse sind unbedingt erforderlich.

PONT-ST-ESPRIT

8 135 Ew.

Michelin-Karte Nr. 80 Falte 10 oder 245 Falte 15 oder 246 Falte 23 — Kartenskizze S. 59

Von 1265 bis 1309 errichtete die Bruderschaft der Brückenbauer vom Hl. Geist die Brücke, die dem Ort seinen Namen gab und ihn zu einem wichtigen Rhone-Übergang machte.

SEHENSWÜRDIGKEITEN

Parkplatz am Ende der Allee Jean-Jaurès.

Die **Rue St-Jacques** (25) wird von alten Wohnhäusern gesäumt: Nr. 10 ist das Roubin-Palais aus dem 17. Jh. (**B**), Nr. 2 das Haus der Ritter (12.-16 Jh.) (**D**) mit einem hübschen romanischen Fenster. Am Place de l'Hôtel-de-Ville befindet sich das Paul-Raymond-Museum.

Paul Raymond-Museum (**M**¹). — Das im alten Rathaus untergebrachte Museum enthält eine regionale frühgeschichtliche Abteilung sowie eine Sammlung kirchlicher Kunst (Kelch und Opferschale aus vergoldetem Silber — Languedoc 1650; „Fall der Engel", ein Werk des provenzalischen Malers Boterie von 1510). Besonders sehenswert ist jedoch die Nachbildung der Apotheke des Heiligen-Geist-Hospitals mit über 220 Apothekengefäßen aus verschiedenen Werkstätten von Montpellier (18. Jh.), darunter 17 Teile Keramik aus dem maurischen Spanien (Mittelalter). Im Untergeschoß befindet sich der ehemalige Eiskeller der Stadt (1780).

Die Rue Haut-Mazeau führt zum Place St-Pierre.

PONT-ST-ESPRIT

Haut-Mazeau (R.)	8
Joliot-Curie (R.)	
Minimes (R. des)	
Mistral (Allées F.)	15
République (Pl. de la)	21
St-Jacques (R.)	25
Allègre-Chemin (Bd)	2
Bas-Mazeau (R.)	3
Bruguier-Roure (R. L.)	4
Couvent (R. du)	5
Doumergue (Av. G.)	6
Gaulle (Av. du Gén. de)	7
Hôtel-de-Ville (Pl. de l')	9
Jaurès (Allées J.)	10
Jemmapes (R.)	12
Paroisse (R. de la)	17
Plan (Pl. du)	18
St-Pierre (Pl.)	26
19 Mars 1962 (R. du)	28

Machen Sie sich mit der Zeichenerklärung auf S. 42 vertraut, sie ist der Schlüssel zu den zahlreichen Informationen auf den Stadtplänen.

Terrasse. — An der Ostseite des Place St-Pierre, zwischen der Pfarrkirche aus dem 15. Jh. (**N**), der Barockfassade der Büßerkapelle (SW) und der ehemaligen kuppelgekrönten Kirche St-Pierre aus dem 17. Jh. (S) liegt eine Terrasse, von wo man einen guten Überblick über die Brücke gewinnt. Eine zweiläufige Treppe verbindet mit dem Quai de Luynes. Schöne Renaissance-Bögen zieren das Haus des Königs (**K**) auf der linken Seite, kurz vor der Brücke.

Brücke. — Die fast 1000 m lange Brücke ist wie ein Damm leicht gegen den Strom gekrümmt. Ursprünglich besaß sie an beiden Enden Bastionen und in der Mitte zwei Türme, die zerstört wurden. 19 der 25 Bögen sind erneuert; zwischen den beiden ersten wurde der Pfeiler entfernt, um den Schiffen die Passage zu erleichtern, die jahrhundertelang als gefährlich galt. Es lohnt sich, bis auf die Brücke zu gehen, um von dort die Sicht zu genießen.
Auf dem freien Platz nördlich der Brücke befand sich die Stadtfestung, die im 17. Jh. von Vauban verstärkt wurde. Nimmt man die Treppe rechts des Fremdenverkehrsamts bietet sich ein guter Blick auf das spätgotische Portal (15. Jh.) der ehemaligen Stiftskirche (**N**) (zum Teil freigelegt).

Die Kreuzung überqueren und der alten Rue des Minimes, dann links der Rue du Couvent folgen. Die Straßen Rue Bas-Mazeau, Haut-Mazeau und St-Jacques führen zurück zum Ausgangspunkt.

*Benutzen Sie auf Ihren Reisen die **Michelin-Karten** im Maßstab 1: 200 000. Sie werden regelmäßig überarbeitet und geben die aktuellsten Hinweise.*

★ PORT-CAMARGUE

Michelin-Karte Nr. 83 Falte 8, 18 — Kartenskizze S. 90 — Ferienort

Der Jachthafen im Westen der Camargue an der Pointe de l'Espiguette gehört zur Gemeinde Grau-du-Roi *(S. 94)*. Es ist die südlichste Anlage dieser Art am Languedoc-Roussillon-Küstenstreifen und bietet Sportbooten günstige Verbindung zu den übrigen Häfen des Languedoc.

Der Hafen. — Dieser moderne Jachthafen wurde 1969 angelegt und bietet etwa 4 000 Sportbooten Platz; die Hälfte der 150 ha großen Gesamtfläche ist Wasser. Es gibt ein Becken, wo die Boote anlegen, und eines, in dem sie überwintern; darum gruppieren sich Hafenmeisterei, eine Werft, Schuppen und Bootswerkstätten.

Der Ort. — Die meisten Gebäude sind nur zweistöckig, ihre Fassaden haben gefällige Linien und sind abgestuft; Grünflächen lockern die Anlage auf. Die Wohnhäuser, sog. Marinas, liegen auf malerischen kleinen Halbinseln.

Altier (R. de l')	2	La Superbe (Av.)	8
Centurion (Av. du)	3	Le Foudroyant (Av.)	9
Hermione (Av. de l')	6	Petite-Caroline (Av. de la)	10

Leuchtturm (Phare) von l'Espiguette. — 6 km südlich: die Straße zweigt bei der großen Kreuzung am Ortseingang ab, gegenüber der Straße nach Le Grau-du-Roi. Der Leuchtturm auf der Landzunge von Espiguette wacht über eine typische Camargue-Landschaft: windgepeitschte, von Tamarisken und Disteln bewachsene Dünen.

★ La ROQUE-SUR-CÈZE

133 Ew.

Michelin-Karte Nr. 80 Falte 9 oder 245 Falte 15 oder 246 Falte 24

Auf einem von Zypressen dunkel getupften Bergrücken scharen sich die Häuser des alten La Roque um eine romanische Kapelle; eine alte Bogenbrücke überspannt den Fluß. Der schönste **Blick★** bietet sich von Norden her, von der D 980.

★Sautadet-Fall (Cascade). — Dieser Wasserfall ist vor allem wegen seines gekrümmten Profils und der bizarr ausgewaschenen Felsen sehenswert.

Auf der D 980 und D 166 in der Höhe von La Roque auf dem linken Ufer weiterfahren, ohne die Brücke zu überqueren.

Das Wasser schuf in einer Kalkbarriere, die die Passage versperrte, ein bizarres Gewirr von Spalten, Klüften und kesselförmigen Auswaschungen. Jenseits des ehemaligen Mühlbachs gelangt man näher an die Klamm, in die die Cèze hinabstürzt. Vom Südende des Wasserfalls hat man nochmals einen hübschen Blick.

★ ROUSSILLON

1 313 Ew.

Michelin-Karte Nr. 81 Falte 13 oder 245 Falte 18, 31 oder 246 Falte 11 — Kartenskizze S. 57 — Ferienort

Ausgesprochen malerisch ist die **Lage★** des Ortes: Seine Häuser, Ton in Ton mit der Umgebung, krönen den höchsten Punkt einer Hügelgruppe, die aus Ockererde besteht *(S. 16)*.

★Das Dorf. — Am besten besichtigt man das Dorf zu Fuß.

Die Rue des Bourgades nehmen, dann rechts in die enge Treppenstraße **Rue de l'Arcade** abbiegen, die teilweise überwölbt ist. Weitergehen in Richtung der Kirche und des sogenannten Castrums.

Abbé-Avon (Pl. de l')	2	Jeu-de-Paume (R. du)	7
Bistourle (Pl. de la)	3	Lauriers (R. des)	8
Burlière (Av. de la)	4	Mairie (Pl. de la)	9
Église (R. de l')	5	Mathieu (Pl. C.)	12
Fontaine (Rte de la)	6	Pasquier (Pl. du)	13

147

ROUSSILLON*

Castrum. — *Orientierungstafel.* Von dieser Felsterrasse aus erkennt man im Norden das Plateau von Vaucluse und den weißen Kamm des Ventoux; im Süden das Coulon-Tal und den Großen Luberon.

Zum Place de l'Abbé Avon, dann rechts durch die Rue du Jeu de Paume, bis zur Ortsgrenze gehen.

Beim Flurstück Porte Aurouse bietet sich eine reizvolle Aussicht auf die **Ockerschlucht „Feental"** (Aiguilles du Val des Fées).

Der Rückweg führt über eine Treppe (rechts) zur Rue des Bourgades und dem Ausgangspunkt.

Roussillon — Die „Straße der Riesen"

★★ Chaussée des Géants (Straße der Riesen). — *3/4 Std. zu Fuß hin und zurück. Die Straße in Richtung Apt nehmen und dann links in die erste befestigte Straße einbiegen.* Von einer Aussichtsplattform bietet sich ein schöner Blick auf den Ort und seine Umgebung. Beim Weitergehen kommt man links am Friedhof vorbei und erreicht den Rand eines Steilhanges. Hier liegt nun die „Straße der Riesen" vor dem Beschauer: eine Folge von eindrucksvoll steilen Klippen, an die sich magere Kiefern und immergrüne Eichen klammern.

ST-BLAISE (Ausgrabungsort)

Michelin-Karte Nr. **84** Falte 11 oder **245** Falte 43 oder **246** Falte 13

Das Oppidum (stadtähnliche Siedlung) St-Blaise liegt in der Nähe des Meeres, der Rhone, des Sees von Berre, mehrerer kleiner Seen und der weiten Crau-Ebene, auf dem Gebiet von St-Mitre-les-Remparts. Es ist ein geschichtsträchtiger Platz, dessen Bevölkerung während der Jahrhunderte hellenistischen Einflusses von Salzgewinnung und -handel lebte, und der vom 4.-14. Jh. erneut besiedelt war.

ⓥ BESICHTIGUNG *3/4 Std.*

Vom Parkplatz aus folgt man links dem ansteigenden Weg und gelangt zur mittelalterlichen Mauer, die die Ausgrabungsstätte umgibt.

Linkerhand erhebt sich die kleine Kapelle St-Blaise (12.-13. Jh.), an der im 17. Jh. eine Einsiedelei angebaut wurde.

Das antike St-Blaise. — Das Oppidum (dessen antiker Name nicht bekannt ist, möglicherweise Heraclea oder Mastramellè) liegt auf einem Gebirgsvorsprung, dessen natürliche Bastionen — mächtige senkrechte Felswände — in hellenistischer Zeit auf der leichter zugänglichen Seite zum Lavalduc-Tal hin durch Stützmauern ergänzt wurden.

Die frühesten Spuren menschlicher Besiedelung weisen ins frühe 5. Jt. v. Chr. zurück. Zahllose kleine Seen, die den östlichen Rhonearm mit dem See von Berre verbinden, erleichterten den ersten etruskischen Seefahrern im 7. Jh. den Zugang. Diese gründeten eine Handelsniederlassung und tauschten das an Ort und Stelle gewonnene Salz gegen Wein aus Etrurien. Gegen 600 v. Chr. bedeutete das Erscheinen der Phokäer in Marseille eine ernste Konkurrenz, doch entwickelte sich die Siedlung weiter, wie zahlreiche Keramikfunde etruskischer, korinthischer und ionischer Herkunft bezeugen. Ab der 2. Hälfte des 7. Jh.s entsteht eine städtische Vorform, die von einer Mauer umgeben ist. Wie in Entremont *(S. 52)* gibt es Ober- und Unterstadt. Die Steinhäuser haben einen rechteckigen Grundriß; in der Unterstadt sind die Mauern eines Hauses bis zu einer Höhe von 0,90 m erhalten.

Nach einem Brand folgt eine lange Übergangszeit (475-200 v. Chr.), in der die Etrusker ihre Handelsniederlassung verlassen und Marseille die Stelle St-Blaise's einnimmt. Spuren menschlicher Besiedelung fehlen.

Ausgrabungsort ST-BLAISE

Vom Ende des 3. Jh.s bis zur Mitte des 1. vorchristlichen Jh.s erlebt das Oppidum seine Blütezeit: der Handel lebt wieder auf, wobei St-Blaise von Marseille abhängig bleibt, ohne zur Kolonie zu werden. Bedeutende Nivellierungsarbeiten gehen städtischen Bauten und der Errichtung einer mächtigen Wehrmauer voraus.

Die Unterstadt ist schachbrettartig angelegt, gerade Fassadenfluchten säumen die teilweise mit Bürgersteigen ausgestatteten Straßen; die Häuser bestehen aus zwei, drei oder vier Räumen. Handel und Handwerk hinterließen zahlreiche Spuren: Keller mit aufgehäuften Krügen, die Werkstatt eines Gießers etc. St-Blaise diente damals als Speditionsplatz. Die **hellenistische Wehrmauer**★ wurde zwischen 175 und 140 v. Chr. unter der Leitung griechischer Baumeister in Großquaderwerk errichtet. Sie erstreckt sich mehr als 1 km entlang einer Reihe von Zwischenwällen mit Türmen und Bastionen; drei kleinere Durchgänge sind für Fußgänger vorgesehen, ein Tor für den Wagenverkehr. Diese bewundernswerte Mauer wurde von Zacken gekrönt und besaß Traufrinnen, die das Regenwasser ableiteten.

Als die Mauer beendet war, wurde die Siedlung heftig belagert (man fand zahlreiche Kugeln von Belagerungsmaschinen); der genaue Zeitpunkt ist jedoch noch ungewiß. Eine neuere Hypothese besagt, daß die „Salzstadt" St-Blaise, kurz nachdem sie sich von der Kontrolle durch Marseille befreit hatte, um 125-123 v. Chr. von den Römern erobert wurde. Danach folgte der totale Niedergang: bis auf eine kurze Wiederbesiedelung Mitte des 1. vorchristl. Jh.s blieb der Ort 400 Jahre verlassen.

Außer den hellenistischen Bauten gab es in St-Blaise auch ein Heiligtum der einheimischen Bevölkerung, ähnlich wie in Roquepertuse, Entremont und Glanum (S. 155), mit Torhallen für Schädel, Votivstelen etc.

Das frühchristliche und mittelalterliche St-Blaise. — Angesichts der wachsenden Unsicherheit gegen Ende des Römischen Reiches wurde das alte Oppidum erneut bewohnt, seine hellenistische Wehranlage wieder benutzt: im 5. Jh. erhöhte man sie durch einen Aufsatz aus unregelmäßigem Mauerwerk. Zwei Kirchen entstanden: St-Vincent (deren Apsis man in der Nähe des ehemaligen Haupttores erkennen kann) und St-Pierre (im 9. Jh. zerstört). Südlich erstrecken sich die Felsgräber der Nekropole. Inmitten der übrigen Spuren läßt sich die Siedlung dieser Epoche nicht eindeutig festlegen. 874 fällt Ugium, wie der Ort damals hieß, den Sarazenen zum Opfer. Es erholt sich nur langsam; die Kirche St-Pierre wird im 10. Jh. wiederaufgebaut, danach in Brand gesetzt und im 11. Jh. erneut errichtet (Unterbau neben der Kapelle St-Blaise).

1231 schützte eine neue Mauer am Nordende des Plateaus den Ort namens Castelveyre (neuer Name) mit seiner Kirche Notre-Dame-et-St-Blaise, um die sich die Häuser scharten. 1390 plünderte die Truppe des Raymond de Turenne (s. Les Baux, S. 81) die Siedlung, die nie wieder bewohnt werden wird; ihre letzten Einwohner flüchten nach St-Mitre. Von der Felsspitze genießt man eine schöne Aussicht auf den See von Lavalduc und den Hafen von Fos (S. 108).

Museum (Musée). — Auf dem Parkplatz, im Gebäude des ehemaligen Salzkastens (Zoll), zeigt ein kleines Museum leider nur einen Bruchteil der Fundstücke von den Ausgrabungen in St-Blaise (der Rest befindet sich im Hôtel de Sade in St-Remy-de-Provence, S. 157): Keramik („bucchero negro") und etruskischen Amphoren, Vasen aus Ostgriechenland und solche lokaler Herstellung, ländliche Keramik der antiken Periode, die Nachbildung eines Felsengrabes sowie Geschirr aus dem mittelalterlichen Ugium.

★ ST-GILLES   10 845 Ew.

Michelin-Karte Nr. **83** Falte 9 oder **245** Falte 28 oder **246** Falte 26 — Kartenskizze S. 91 — Ferienort

St-Gilles ist das Tor zur Camargue, ein Zentrum für Obst- und Weinbau. Die Portalanlage seiner Kirche ist eindrucksvoll und hat die romanische Bildhauerkunst der Provence und des Rhonetals weitreichend beeinflußt.

Legende und Geschichte. — Um das 8. Jh. verteilte der hl. Ägidius in Griechenland sein Hab und Gut an die Armen, bestieg ein Schiff und überließ es der Strömung, die ihn an die Küste der Provence trug. Dort lebte er einsam in einer Höhle von Nahrung, die ihm eine Hirschkuh brachte. Diese wurde eines Tages von einem vornehmen Herrn gejagt und flüchtete zu Ägidius, der den Pfeil des Jägers im Fluge aufhielt. Jener beschloß, am Ort des Wunders eine Abtei zu gründen. Der Heilige fuhr nach Rom und gab dem Papst den Beschluß bekannt. Dieser schenkte ihm zwei geschnitzte Türflügel, die Ägidius in den Tiber warf: Sie trieben bis ins Meer, schwammen die Kleine Rhone hinauf und erreichten gleichzeitig mit ihm die Höhle.

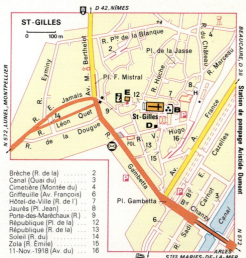

Brèche (R. de la) 2
Canal (Quai du) 3
Cimetière (Montée du) 4
Griffeuille (Av. François) 6
Hôtel-de-Ville (R. de l') 7
Jaurès (Pl. Jean) 8
Porte-des-Maréchaux (R.) 9
République (Pl. de la) 12
République (R. de la) 13
Soleil (R. du) 14
Zola (R. Émile) 15
11-Nov.-1918 (Av. du) 16

149

ST-GILLES ★

Ägidius wurde in der Kirche, die er errichtet hatte, bestattet, sein Grab als Pilgerziel verehrt, zumal St-Gilles an einem der vier Hauptwege nach Santiago de Compostela lag. Französische Könige und Päpste unterstützten das Benediktinerkloster, das seine Blütezeit im 12. Jh. erlebte (seit 1066 war es dem Orden von Cluny angegliedert): Zur Stadt gehörten damals neun Gemeinden, der Hafen empfing Waren aus dem gesamten Orient, und zahlreiche Pilger schifften sich hier zu ihrer Fahrt ins Heilige Land ein. Erst die Konkurrenz des königlichen Hafens Aigues-Mortes beeinträchtigte im 13. Jh. den Wohlstand. Gleichzeitig hatte die Albigenserbewegung in der Gegend viele Anhänger. Unter ihnen war auch Graf Raimund VI. von Toulouse, der sich, nachdem ein Abgesandter des Heiligen Stuhls von einem seiner Gefolgsleute ermordet worden war, 1209 vor der Kirche von St-Gilles einer öffentlichen Geißelung unterziehen mußte.

ABTEIKIRCHE ST-GILLES *Besichtigung: 3/4 Std.*

Ab Ende des 11. und im Verlauf des 12. Jh.s besaß die Abtei gewaltige Ausmaße: Der Chor der alten Kirche lag jenseits des heutigen Chores; rechts erstreckte sich der Kreuzgang, um den sich Kapitelsaal, Refektorium, Küche und im Untergeschoß ein Keller gruppierten, während die übrigen Klostergebäude bis zur Rue de la République und zur Rue Victor-Hugo reichten. Das Gotteshaus war im 12. Jh. über dem Grab des hl. Ägidius errichtet worden, blieb jedoch in der Folgezeit wegen fehlender Mittel unvollendet. Nach burgundischem Vorbild wies ihr Grundriß drei durch kreuzförmige Pfeiler getrennte Schiffe auf, ein vorspringendes Querhaus und einen Umgang mit Kapellenkranz; unter dem Langhaus befand sich eine große Krypta. Während der Religionskriege (1562) wurden die Mönche in den Brunnen der Krypta geworfen und die Gebäude in Brand gesetzt; die Gewölbe stürzten ein, 1622 zerstörte man den hohen Glockenturm. Im 17. Jh. schließlich wurde das Kirchenschiff beim Wiederaufbau um die Hälfte verkürzt und das Gewölbe gesenkt. So bleiben heute von dem großartigen mittelalterlichen Bauwerk nur noch die Fassade, einige Reste des Chors sowie die Krypta.

★★ **Fassade.** — Die herrliche Portalanlage, Mitte des 12. Jh.s entstanden ist, gilt als eines der schönsten Beispiele romanischer Bildhauerei im Süden Frankreichs. Ihre Gliederung, die vom römischen Triumphbogen inspiriert ist, zeigt eine Anordnung von drei Portalen mit Wandsäulen und Säulenhalle. Der obere Abschnitt wurde zerstört, als man im 17. Jh. die Mauern abtrug; zahlreiche Skulpturen wurden während der Religionskriege und vor allem in der Revolutionszeit beschädigt. Einige Säulen und Kapitelle restaurierte man im 19. Jh.

Das Werk wurde in einem Zug von mehreren Steinmetzhütten ausgeführt, wobei sich der Anfangsplan mit dem Verlauf der Arbeiten änderte. Dargestellt wird die Heilsgeschichte anhand von Szenen aus dem Leben Christi. Auch hier ist das Vorbild der Antike erkennbar (hauptsächlich durch die frühchristlichen Sarkophage): so z. B. an der Technik des Hochreliefs, der Darstellung der anatomischen Proportionen und der Formen (Gewandfalten).

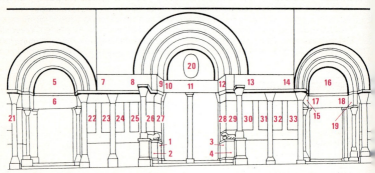

1 - Von links nach rechts: Kain reicht dem Herrn eine Weizengarbe; Abel opfert ein Lamm.
2 - Kain erschlägt seinen Bruder Abel.
3 - Ein Zentaur schießt einen Hirsch.
4 - Bileam und seine Eselin.
5 - Anbetung der Könige.

Der große Fries zeigt (von links nach rechts) das Geschehen der Karwoche, von Palmsonntag bis zum Ostermorgen sowie die hl. Frauen am leeren Grab.

6 - Einzug Jesu in Jerusalem (man beachte die realistische Darstellung)
7 - Judas gibt die 30 Silberlinge zurück.
8 - Jesus vertreibt die Händler aus dem Tempel.
9 - Jesus verheißt Petrus dessen Verleugnung.
10 - Fußwaschung
11 - Abendmahl
12 - Judaskuß
13 - Geißelung
14 - Kreuztragung
15 - Magdalena zu Füßen Jesu
16 - Kreuzigung (anatomisch realistische Darstellung des Erstickungstodes: Der Gekreuzigte stützt sich auf den Fußbalken, um zu atmen)
17 - Die hl. Frauen kaufen Salböl.
18 - Die hl. Frauen am Grabe
19 - Christus erscheint seinen Jüngern.
20 - Christus als Weltenherrscher mit den Symbolen der 4 Evangelisten *(S. 63)*.

Die Kunsthistoriker unterscheiden fünf stilistische Gruppen, wobei nur einer der Künstler namentlich bekannt ist — Brunus.

— Brunus: Matthäus (22), Bartholomäus (23), Johannes der Evangelist (26), Jakobus der Ältere (28), Paulus (29). Typisch ist der schwerfällige und strenge, antikisierende Stil.

— Meister des hl. Thomas: Thomas (24), Jakobus der Jüngere (25), Petrus (27), Flachrelief des Mittelportals (1-2-3-4). Dieser Künstler wirkte wahrscheinlich in Westfrankreich; typisch romanische, lineare und bewegte Darstellung.

★ST-GILLES

— Meister des „weichen Stils": Apostel (30-31), linkes Gewände des Mittelportals (9-10); Tympanon (5) und Sturz (6) des Nordportals. Weiche Drapierung der Gewandfalten um Arme und Beine.
— Meister des „harten Stils": Apostel (32-33), Südportal (15-16-17-18-19). Lange Drapierungen teilweise spiralförmiger Gewandfalten; Kontrast von Licht und Schatten.
— Meister des hl. Michael: Gebälk beiderseits des Mittelportals (7-8 und 13-14), hl. Michael mit dem Drachen (21). Bewegter, sehr ausdrucksvoller Stil.

Ehemaliger Chor (B). — Er liegt außerhalb der heutigen Kirche und wurde im 17. Jh. zerstört, doch lassen die Pfeilerbasen und Mauerreste den Grundriß mit Umgang und fünf Kranzkapellen gut erkennen. Seitlich standen zwei Glockentürme; in einem von ihnen blieb die ursprüngliche Wendeltreppe erhalten (s. unten).

★**Krypta.** — Diese 50 m lange und 25 m breite Unterkirche mit dem Grab des hl. Ägidius gehörte zu den großen Wallfahrtszielen der Christenheit. In drei Tagen besuchten etwa 50 000 Pilger das Grab des Heiligen.
Früher besaß sie ein Kreuzrippengewölbe, das noch in einigen Jochen rechts vom Eingang zu sehen ist. Den übrigen Raum überspannt ein Spitzbogengewölbe aus dem 12. Jh., das zu den ältesten Frankreichs zählt. Von burgundischem Einfluß zeugen die Dekoration mancher Fensterkreuze ebenso wie die Kannelierung der Pfeiler.
Über die Treppe und eine Schräge gelangten die Mönche zur Oberkirche. Sehenswert sind mehrere Sarkophage, antike Altäre und romanische Kapitelle.

★**Wendeltreppe (Vis de St-Gilles).** — Die Treppe des nördlichen Glockenturmes von 1142 blieb erhalten; sie galt seit jeher unter den Steinmetzen als Meisterwerk. Beim Aufstieg (50 Stufen) erkennt man, wie präzise die einzelnen Steine behauen und aneinandergefügt sind. Die Stufen liegen an der Spindel und den nach innen zylindrischen Wänden auf. So ergibt sich ein Schraubengewölbe mit neun Schlußsteinen, wobei die besondere Perfektion in der doppelt gekrümmten Form jedes Steines beruht.

WEITERE SEHENSWÜRDIGKEITEN

Mönchskeller (Cellier des moines) (D). — Ein Spitzbogengewölbe mit drei quadratischen Jochen (11. Jh.) überspannt den Raum.

Romanisches Haus (Maison romane) (E). — Hier soll Guy Foulque geboren sein, im 13. Jh. unter dem Namen Klemens IV. Papst in Rom.
Das Erdgeschoß enthält Skulpturenfragmente aus der alten Abtei, u. a. ein Relief aus dem 12. Jh. mit den Aposteln, einen weißen Marmorsarkophag aus dem 3. Jh. Im 1. Stock wird der Besucher in die heimische Tierwelt eingeführt. Von der 2. Etage, wo ein Kamin mit konischem Rauchabzug aus dem 12. Jh. zu sehen ist, blickt man über die Ziegeldächer der Stadt. Ein Raum (salle du vieux St-Gilles) zeigt Gerät und Gegenstände alter Berufe (Schäfer, Küfer, Wein- und Olivenbauer).

Pumpstation (Station de pompage Aristide Dumont). — 5 km nordöstl. auf der D 38 nach Pichegu. Diese Anlage ist eine der bedeutendsten Europas und das Kernstück des Be- und Entwässerungssystems Untere Rhone/Languedoc. Der Hauptbewässerungskanal kommt 12 km nördlich von Arles aus der Rhone und fließt in Richtung Montpellier, der Costières-Kanal führt nach Norden — wo beide zusammentreffen, liegt die Pumpstation, die die Ebene des Languedoc bewässert.

ST-JULIEN
825 Ew.

Michelin-Karte Nr. 84 W der Falte 5 oder 245 Falte 33 — 14 km südl. von Gréoux-les-Bains

Das Dorf überschaut die von kargem Gestrüpp bedeckte Ebene, wo hie und da kleine Siedlungen inmitten von Feldern liegen, auf denen Getreide, Wein und Oliven wachsen. Vom höchsten Punkt des Ortes (579 m), dem ehemaligen Dreschplatz, erstreckt sich der **Blick**★ über die Obere Provence: man erkennt das Durance-Tal, das Plateau von Valensole, die Voralpen sowie das Ste-Baume- und das Ste-Victoire-Gebirge.

Kirche. — Typische Kirche der Oberen Provence (11. Jh.). Der Hauptaltar aus vergoldetem Holz stammt aus dem 17. Jh.; gut erhalten ist der Triumphbalken. Den Chor erhellt ein viereckiger Glockenturm in Form einer Laterne.

Befestigung. — Die Straße, auf der man ankam, wird von einer anderen in nordwestlicher Richtung fortgesetzt, die zu einem Stadttor führt. Jenseits des Tores genießt man ebenfalls einen schönen **Ausblick**. Teile der Mauern aus dem 13. Jh. sind die letzten Zeugen dieses ehemals befestigten Platzes.

ST-MARCEL-Höhle

Michelin-Karte Nr. 80 Falte 9 oder 245 Falte 15 oder 246 Falte 23 — Kartenskizze S. 59

Die Höhle mit ihren riesigen Gängen voll mächtiger Stalagmiten und anderer Tropfsteine liegt in der Ardèche-Schlucht.

Besichtigung. — In 30 Minuten erreicht man einen langen, weiträumigen Gang mit erstaunlich gleichmäßiger Decke, bevor man zu einem höher gelegenen Gang gelangt. Über eine Art Plattform aus natürlich entstandenen Staubecken (sog. gours) kommt man zur dritten Ebene mit besonders schönen Tropfsteinen: schimmernde Decken, zarte Gebilde, die in alle Richtungen wachsen und solche, die an Blumenkohlköpfe erinnern. Der unterirdische Ausflug endet im riesigen „Speisesaal", dessen Gewölbe einem umgekehrten Schiffsrumpf gleicht. Über 10 km lang ist das System von Gängen, das die Forscher bisher erkundet haben.

★★ ST-MAXIMIN-LA-STE-BAUME 5 552 Ew.

Michelin-Karte Nr. 84 Falte 4, 5 oder 245 Falte 33

Das Städtchen liegt in einer kleinen Beckenlandschaft in der Nähe der Argensquelle. Es ist vor allem wegen seiner gotischen Kirche bekannt, der einzigen bedeutenden dieses Stils in der Provence.

LEGENDE UND GESCHICHTE

Der Ort verbindet in seinem Namen die Erinnerung an zwei legendäre Heilige, die in Saintes-Maries *(S. 159)* gestrandet und dann bis hierher weitergewandert sein sollen, nämlich Maximinus und Maria-Magdalena. Letztere habe sich zur Buße in eine Grotte (provenzalisch = *baoumo*) zurückgezogen und sei dann auch hier, d. h. im gallo-römischen *Villa Latta,* begraben worden.

Der im 8. Jh. vor den Sarazenen bzw. Mauren versteckte Sarkophag mit den Resten der Büßerin wurde 1279 wieder aufgefunden, und Karl von Anjou stiftete hier ein Kloster zur Pflege und Wahrung des Heiligtums. Anstelle der kleinen Gedächtniskirche aus merowingischer Zeit ließ er mit dem Bau einer Basilika beginnen, die bald Ziel einer berühmten Wallfahrt wurde.

Während der Revolution von 1789 wurden die Dominikanermönche vertrieben, doch fanden Klostergebäude und Gotteshaus einen Beschützer in **Lucien Bonaparte.** Dieser im Familienkreis „Brutus" genannte jüngere Bruder Napoleons hatte am Orte einen bescheidenen militärischen Posten inne. Von aktiver, rühriger Wesensart und ein guter Redner, war er Vorsitzender des Jakobinerklubs geworden. Als es darum ging, die Pfeifen der Orgel einzuschmelzen, ließ er darauf die Marseillaise spielen. Auch der übrige Bau blieb unangetastet, denn er hatte hier ein bewachtes Lebensmittellager eingerichtet.

1957 verließen die Dominikaner das Kloster. Heute enthält es ein **Kulturzentrum,** das Seminare, Kongresse, Kolloquien und Konzerte organisiert.

★★ **Basilika.** — *Besichtigung: 3/4 Std.* Die Bauarbeiten, die die ursprünglich kleine Kirche gänzlich umgestalteten, begannen 1295. Bis 1316 war der Ostteil fertiggestellt. Dann ruhte die Arbeit und wurde erst 1404 in der Krypta wiederaufgenommen. Ein letzter Bauabschnitt von 1508-1532 gab dem Gotteshaus seine heutige Gestalt.

Äußeres. — Durch das Fehlen eines Glockenturms, die unvollendete Fassade sowie die hoch angesetzten Strebepfeiler wirkt die Basilika wuchtig, gedrungen. Es gibt weder Chorumgang noch Querschiff.

Diese Kirche ist das bedeutendste Beispiel der Gotik in der Provence, wobei sich der Einfluß des Nordens (hauptsächlich Bourges) mit der traditionellen regionalen Architektur verbindet.

Innenraum. — Das Innere überrascht durch eine außerordentliche Raumwirkung. Diese ergibt sich aus der klaren Schlichtheit der Architekturformen und der großen Höhe der Gewölbe (Schiff 29 m, Seitenschiffe 18 m, Kapellen 10,25 m). Das Langhaus hat einen zweiteiligen Wandaufbau und ist von Kreuzrippengewölben überspannt. Die Schlußsteine sind mit Wappen der Grafen der Provence und der französischen Könige verziert. Der geräumige Ostteil endet in einer polygonalen Apsis und ebensolchen Kapellen, die das letzte Gewölbejoch flankieren. Hohe Fenster lassen ihn besonders hell erscheinen.

1) Orgel: Eine der schönsten französischen Orgeln, die aus dem 18. Jh. erhalten sind.

2) Vergoldete Holzfigur von Johannes dem Täufer

3) Altaraufsatz (15. Jh.) mit den vier Heiligen: Laurentius, Antonius, Sebastian und Thomas von Aquin

4) Ornat des später heiliggesprochenen Bischofs von Toulouse (gest. 1297): 30 Medaillons in prächtiger Seidenstickerei zeigen Szenen aus dem Leben Mariä und Jesu, umgeben von Cherubim mit vier Flügeln *(Beleuchtung am Pfeiler).*

5) Rosenkranzaltar mit vergoldeter Marienstatue (18. Jh.). Die geschnitzten Reliefs des Altarvorsatzes (16. Jh.) stellen Szenen aus dem Leben der Maria-Magdalena dar.

6) Geschnitzte Chorschranken (17. Jh.) mit schmiedeeisernen Verzierungen und dem französischen Wappen

7) Geschnitztes Chorgestühl (17. Jh.): 22 Medaillons stellen verschiedene Heilige des Dominikanerordens dar.

8) Stuckdekoration (17. Jh.) mit Themen aus dem Leben der Maria-Magdalena

9) Geschnitzte Kanzel (1756), ebenfalls mit Szenen aus dem Leben der Heiligen. Das aus einem Stück gearbeitete Treppengeländer ist ein Meisterwerk der Schnitzkunst.

10) Auf der Predella (15. Jh.) sieht man die Enthauptung Johannes' des Täufers, die hl. Martha, die in Tarascon die Tarasque aufhält, und Christus, wie er der Maria-Magdalena erscheint.

11) Altarretabel ★(16. Jh.) von dem Venezianer Ronzen. Das mittlere Bild mit der Kreuzigung ist von 18 Medaillons umgeben.

ST-MAXIMIN-LA-STE-BAUME

Krypta. — Ein mit Marmorplatten verkleideter Grabbau aus dem Ende des 4./Anfang 5. Jh.s, mit Nischen zur Aufnahme von Sarkophagen, ist ihr Ursprung. Man sieht hier vier gallo-römische Sarkophage aus dem 4. Jh. (Magdalenen-, Marcella und Susannen-, Maximinus-, Sidonius-Sarkophag) mit Reliefdarstellungen, die zu den ältesten christlichen Zeugnissen in Frankreich gehören. Das Reliquiar aus vergoldeter Bronze (19. Jh.) enthält einen Schädel, welcher als der Maria-Magdalenas verehrt wird. Vier Platten aus Stein und Marmor sind mit eingravierten Figuren verziert. Sie stellen das „Opfer Abrahams", „Daniel in der Löwengrube" und zweimal (laut Inschrift) die Jungfrau Maria dar (um 500).

Basilika von St-Maximin – Sidonius-Sarkophag (Detail)

★ Ehemalige Klosterbauten (Ancien couvent royal). — Das Kloster (13.-15. Jh.) schließt sich nördlich an die Basilika an. An dem eleganten **Kreuzgang★**, in dessen Garten im Sommer Konzerte stattfinden, liegen eine Kapelle mit schönem Korbbogengewölbe und das Refektorium (Lesebühne an der Nordwand). Eine von zwei Fenstern flankierte Tür führt zum **Kapitelsaal**, dessen schönes gotisches Gewölbe auf schlanken Säulen mit Blattkapitellen ruht. In dem Gästehaus, einem großen Gebäude aus dem 17. Jh., ist heute das Rathaus untergebracht.

Altes Viertel. — Südlich der Kirche gelangt man durch eine Passage zur Rue Colbert, die von Arkaden aus dem 14. Jh. gesäumt wird: hier befand sich das einstige Judenviertel. Auf der anderen Seite das ehemalige Spital und ein Haus, in dem Lucien Bonaparte 1793-94 wohnte.
Weiter hinten ein Plätzchen, das ein Uhrturm mit Glockenstuhl überragt. Rechts in Richtung Rue de Gaulle steht ein hübsches Haus aus dem 16. Jh. mit vorkragendem Türmchen.

Kirchen sollten während des Gottesdienstes nicht besichtigt werden.

Abtei ST-MICHEL-DE-FRIGOLET

Michelin-Karte Nr. 81 Falte 11 oder 245 Falte 29 oder 246 Falte 25 — 18 km südl. von Avignon

Das reizvoll gelegene Kloster wurde im 10. Jh. von den Mönchen aus Montmajour *(S. 131)* gegründet, die in der reinen Luft Erholung von der Malaria suchten.
Sie errichteten damals die der „Jungfrau vom Guten Heilmittel" *(bon remède)* geweihte Kapelle, Kern des heutigen Klosters und Wallfahrtsort. Verschiedene Mönchsorden lösten sich in seinen Mauern ab. Die meisten Gebäude stammen aus dem 19. Jh.; sie wurden damals mit Mauern und zinnenbekrönten Türmen im Stil des Mittelalters umgeben. 1880 und 1903 wurden die Mönche aus ihrer Abtei vertrieben; heute leben hier Prämonstratenser.
Eine in der Provence häufig zitierte Gestalt ist Frédéric Mistral *(S. 117)*, der im Internat des Klosters einige unbeschwerte Schülerjahre verbrachte.

ABTEI *Besichtigung: 3/4 Std.*

Die Messen und verschiedenen Feiern des Kirchenjahres werden in St-Michel mit eindrucksvoller Schlichtheit zelebriert. Auch der Besucher kann ihnen beiwohnen.
Notre-Dame-du-Bon-Remède. — Dunkelblau, rot und gold prunken die neugotischen Malereien, die Pfeiler und Wände der Abteikirche aus dem 19. Jh. bedecken. Die älteste erhaltene **Kapelle** (11. Jh.) bildet heute die Apsis des nördlichen Seitenschiffes. Hier befinden sich vergoldete **Schnitzereien★** mit Gemälden aus dem Atelier Nicolas Mignards (1606-1670). Sie wurden von Königin Anna von Österreich gestiftet, nachdem sie Frankreich 1638 den ersehnten Thronfolger und späteren Ludwig XIV. geschenkt hatte. In der im 19. Jh. angefügten Halle, auf die sich das Refektorium öffnet, sind schöne Santon-Figuren aus Olivenholz sehenswert.
Kreuzgang (Cloître). — Der Kirche benachbart ist ein kleiner Kreuzgang (Anfang 12. Jh.); im Nordflügel sind römische Überreste zusammengetragen: Friese, Kapitelle, Masken.
Kapitelsaal (Salle capitulaire). — 17. Jh. Hier wurden 1880 die Mönche, die noch Widerstand leisteten, festgenommen.

Abtei ST-MICHEL-DE-FRIGOLET

Museum. — Es enthält provenzalische Möbel, die Renaissancetür, die früher die Kapelle Notre-Dame-du-Bon-Remède abschloß sowie eine Sammlung von weiß-goldenen Apothekentöpfen aus der Empirezeit. Die kupfernen Destilliergeräte mögen Alphonse Daudet zu seiner Geschichte vom Pater Gaucher und dem Kräuterlikör inspiriert haben: Besagter Pater war vom Probieren seines Elixirs so angeheitert, daß er in der Kirche die Liturgie vergaß und statt dessen einen Pariser Gassenhauer sang...

Kirche St-Michel. — Die Klosterkirche aus dem 12. Jh. hat noch ein bemerkenswertes plattenbelegtes Dach mit kleinem Glockenturm und durchbrochenem Firstkamm bewahrt. Die Fassade wurde im 19. Jh. erneuert. Innen wurde der Boden um 1 1/2 m erhöht, was die Gesamtproportionen des Gebäudes beeinträchtigt.

★ ST-RÉMY-DE-PROVENCE — 8 439 Ew.

Michelin-Karte Nr. **84** Falte 1 oder **245** Falte 29 oder **246** Falte 26 — Kartenskizze S. 54 — Ferienort

St-Rémy, das Tor zu den Alpilles, ist eine typische Provence-Stadt, mit schattenspendenden Platanen, brunnengeschmückten Plätzen und alten Gassen, aber auch mit einer besonderen Atmosphäre, die vor allem an Markttagen oder einem der zahlreichen traditionellen Feste spürbar wird.

Der Ort entstand nach der Zerstörung von Glanum *(S. 155)* und wuchs unter dem Schutz der Abtei St-Rémi de Reims, die ihm auch seinen Namen gab. In dieser Gegend der Obst- und Gemüsebauer haben sich zahlreiche Betriebe auf Herstellung und Vertrieb von Samereien für Blumen und Gemüse spezialisiert. Wichtigste Einnahmequelle der Stadt ist jedoch der Tourismus aufgrund der schönen Umgebung und der nahen römischen Baudenkmäler.

In St-Rémy wurde 1503 Nostradamus geboren, dessen rätselhafte Voraussagen Aufsehen erregten. Vincent van Gogh und verschiedene provenzalische Dichter (Roumanille, Marie Mauron) ließen sich hier inspirieren. Die Kapelle Notre-Dame-de-Pitié im Süden der Stadt zeigt einen Teil der Werke des Malers Mario Prassinos (1916-85), die dem Staat vermacht wurden.

★★ LES ANTIQUES *Besichtigung: 1 1/2 Std.*

St-Rémy über ③ des Plans verlassen.

Das Plateau des Antiques liegt zu Füßen der Alpilles-Ausläufer, 1 km südlich von St-Rémy. An diesem idyllischen Ort, mit Blick über die Ebene des Comtat, das Durance-Tal und den Mont Ventoux, erhob sich einst die wohlhabende Stadt Glanum, die im 3. Jh. durch einen Barbareneinfall fast völlig zerstört wurde. Nur das Mausoleum und der sog. Triumphbogen stehen auf einer Terrasse. Hier führte die Römerstraße Via Aurelia vorbei, die Arles mit Mailand verband.

★★ Mausoleum. — Das 18 m hohe Monument ist einer der schönsten römischen Bauten dieser Art und der am besten erhaltene: nur der Pinienzapfen fehlt, der einst die Kuppel krönte. Lange glaubte man, daß es die Grabstätte eines reichen Bürgers und seiner Frau sei, doch wiesen die Arbeiten von H. Rolland nach, daß es sich um einen Zenotaph handelt, also ein Monument zu Ehren eines Verstorbenen. Flachreliefs mit Schlachten- und Jagdszenen schmücken die vier Seiten des quadratischen Sockels. Das 1. Geschoß, dessen vier Arkaden einem Miniatur-Triumphbogen gleichen, zeigt unter dem Fries (Motive der Seefahrt) des nördlichen Architravs eine Inschrift: SEX(tus) L(ucius) M(arcus) JULIEIC(aii) F(ilii) PARENTIBUS. Vermutlich handelt es sich um eine nachträgliche Widmung zu Ehren der früh verstorbenen Enkel des Augustus, Caius und Lucius, die ihm in der Regierung nachfolgen sollten.

Das 2. Geschoß bildet eine Rotunde aus korinthischen Säulen, die die beiden Statuen umgeben. Archäologen datieren das Monument auf etwa 30 v. Chr. und schreiben es einer Bauhütte aus dem Rhonetal zu, dessen Künstler und Steinmetze unter der Leitung italienischer Werkmeister arbeiteten.

★ Stadtgründungsmonument (Arc municipal). — Er ist der älteste Bogen seiner Art in Frankreich und stammt aus der Regierungszeit des Augustus (27 v.-14 n. Chr.). Das Monumentaltor stand an der Domitianischen Straße, die nach Spanien führte, und bildete den Eingang zur Stadt Glanum.

Seine vollkommenen Proportionen (12,50 m Länge, 5,50 m Breite, 8,60 m Höhe) und die außergewöhnliche Qualität seines Skulpturenschmucks weisen auf griechischen Einfluß hin, der überall in Glanum erkennbar ist. Den einzigen Bogen schmückt eine

★ST-RÉMY-DE-PROVENCE

wunderschöne Fruchtgirlande; das Tonnengewölbe ist mit fein gearbeiteten sechseckigen Kassetten verziert. Beiderseits der Öffnung sind in den Zwickeln Siegeszeichen zu erkennen, und auf den Seiten Gruppen zweier Gefangener, Männer und Frauen, zu Füßen von Waffentrophäen: besonders lebensnah ist die Darstellung der Niedergeschlagenheit und Entmutigung. Die Kunsthistoriker nehmen an, daß dieses allzu früh beschädigte Tor bestimmte romanische Portale des 12. Jh.s beeinflußt hat (z. B. das von St-Trophime in Arles). Der Plattenbelag stammt aus dem 18. Jh.

★ Ruinen von Glanum. — Das Ruinenfeld, das seit 1921 ausgegraben wird, liegt am Ausgang der Hauptschlucht der Alpilles, die direkt im Hintergrund aufragen. Da dieses Gelände mehrfach besiedelt war, (Archäologen stellten drei verschiedene Perioden fest), sind die vorhandenen Spuren äußerst vielschichtig.

Anfangs verehrte hier ein kelto-ligurischer Stamm eine heilige Quelle. Da die Siedlung an Kreuzungspunkt zweier wichtiger Verkehrswege lag, war bald Kontakt zu den Marseiller Händlern hergestellt. Im 3. und 2. vorchristlichen Jahrhundert entwickelte sich Glanon (oder Glanum I) unter hellenistischem Einfluß, der sich insbesondere beim Bau in der Technik des Trockenmauerwerks auswirkte (große, exakt behauene Steine, die ohne Mörtel zusammengefügt sind). Die hellenisierte

St-Rémy-de-Provence — Les Antiques

Siedlung besaß öffentliche Gebäude (Tempel, Marktplatz, Versammlungssaal, vielleicht ein Theater), Häuser mit säulenumgebenem Innenhof und im Süden ein befestigtes Viertel (Heiligtum). Die 2. Periode (Glanum II) beginnt mit der römischen Eroberung Ende des 2. Jh.s (S. 22) und der Besetzung des Landes durch die Armeen des Marius, die die Teutonen aufgehalten hatten. Wahrscheinlich hatte die Stadt unter letzteren zu leiden gehabt. Die neuen Bauwerke bestehen seit diesem Zeitpunkt aus unregelmäßigem Mauerwerk. Die letzte Periode (Glanum III) folgt auf die Einnahme Marseilles durch Cäsar 49 v. Chr. (S. 118). Die Romanisierung verstärkt sich, und unter Augustus erhält die Stadt ein neues Gesicht. Im Zentrum werden die alten Bauten abgerissen, die Trümmer eingeebnet und aufgefüllt, um einer weitläufigen, ebenen Esplanade Platz zu machen, auf der sich große öffentliche Gebäude erheben: Forum, Basilika, Tempel, Thermen etc. Die noch existierenden Privathäuser werden verändert und angepaßt, neue entstehen. Ihre Mauern bestehen aus regelmäßigen Bruchsteinen, die durch Mörtel verbunden sind. Um 270 fällt Glanum einer germanischen Invasion zum Opfer und wird von seinen Einwohnern verlassen. Die nicht mehr instand gehaltenen Kanäle verstopfen, und die von den Alpilles herabgeschwemmte Erde bedeckt allmählich die Stadt. Die Ausgrabungen förderten eine riesige Menge von Fundstücken zutage, deren Zuordnung noch zahlreiche Probleme aufwirft; das Material ist im Hôtel de Sade untergebracht (S. 157).

Haus der Anten. — 2. Jh. v. Chr. Die Wohnräume lagen um den von einem Säulengang umgebenen Innenhof mit Zisterne. Reste einer Treppe, die man hinuntergeht, lassen darauf schließen, daß das Haus auch ein Obergeschoß hatte.

Brunnenbecken. — Es stammt aus dem 2. Jh. v. Chr.

Haus des Atys. — Es schließt an das Haus der Anten an und bestand ursprünglich aus zwei Teilen (Hof mit Säulengang im Norden, südlich ein Wasserbecken), die durch eine breite Tür verbunden waren. Später wurde dann im Bereich des Säulengangs im Hof ein Kybele-Heiligtum angelegt: der Votivaltar, der den Ohren der Göttin geweiht war, steht noch an seinem Platz.

Thermen. — Sie ähneln den Badeanlagen von Pompeji. Bronze- und Keramikfunde deuten auf im 2. Jh. vorgenommene Umbauten hin. Man erkennt den Heizungsraum (1), das kalte Bad (2), das lauwarme (3) und das heiße Bad (4).
Der Hof war früher von Säulengängen umgeben. Hier lag das kalte Schwimmbecken (Piscina). Die schönen Mosaiken (5, 6) stammen aus einem Haus, das für den Bau der Thermen abgerissen wurde.

Gedeckter Kanal. — Diese bemerkenswerte Konstruktion ist wahrscheinlich ein ehemaliger Abwasserkanal, dessen Abdeckung das Pflaster der Hauptstraße von Glanum bildete. Er führt an einem Gebäude mit Apsis entlang, in dessen Nähe man zahlreiche Altäre gefunden hat, die meist dem Gott Silvanus geweiht waren.

Forum. — Es wurde auf den Trümmern vorrömischer Gebäude angelegt, die man noch zu identifizieren sucht. Nördlich schloß das Forum mit der Basilika ab (einem Mehrzweckbau, hauptsächlich für Handel und Verwaltung bestimmt), von deren Fundament noch 24 Pfeiler erhalten sind; unter ihr befand sich ein Tempel und das Haus des Sulla, aus dem die Mosaiken (7) stammen — wahrscheinlich die ältesten Galliens. Südlich der Basilika erstreckte sich der große Hof des Forums, der seitlich von überdachten Gängen gesäumt wurde und südlich von einer hohen Schmuckmauer mit Apsis abgeschlossen wurde. Unter diesem Hof fand man ein Haus und die griechische **Agora** (Marktplatz), die von herrlichen verzierten Kolonnaden (Fragmente) mit Figurenkapitellen (im Hôtel de Sade) umgeben war.

ST-RÉMY-DE-PROVENCE★

Tempel. — Südwestlich des Forums (beim Anstieg rechts) erhoben sich zwei Zwillingstempel in einem geschlossenen heiligen Bezirk, dessen südlichen Teil ein Versammlungssaal mit ansteigenden Sitzreihen einnahm.
Diese römischen Monumente, die ältesten dieses Typs in Gallien, stammen vermutlich von 30 v. Chr. und waren, wie das Mausoleum, nachträglich Caius und Lucius geweiht. Von den reichen Verzierungen wurden bedeutende Fragmente geborgen (Gesimsteile, Dachornamente etc.) und sehr schöne Skulpturen, insbesondere die Porträts von Octavia und Julia (Hôtel de Sade). Den Tempeln gegenüber lag vor dem Forum ein dreieckiger Platz mit gepflasterter Plattform (8) und einem prächtigen Brunnen (9). Weiter östlich erstreckt sich der Theaterbezirk.

Befestigtes Tor. — Die mächtige, aus regelmäßigen Blöcken gemauerte Anlage mit Mauerzacken und Wasserspeiern zur Verteidigung des Heiligtums stammt aus griechischer Zeit. Neben der Durchfahrt für Wagen öffnet sich eine kleine Seitentür.

Nymphäum. — Hier befindet sich die bereits von den Galliern verehrte Quelle, welcher Heilkraft zugeschrieben wurde. Die Griechen verkleideten die Anlage mit großen, ohne Mörtel gefügten Quadern. An der Nord- und Südmauer bauten die Römer einen Stützbogen ein, wohl als Agrippa im Jahre 20 v. Chr. der Göttin der Gesundheit (Valetudo) neben dem Heiligtum einen Tempel errichten ließ.
An der Südseite befand sich ein Herkules-Heiligtum: eine Statue des Gottes und mehrere Votivaltäre stehen noch immer an ihrem angestammten Platz.

Gallisches Heiligtum. — Die terrassenförmige Anlage (6. Jh. v. Chr.) am Hang ist der aufgehenden Sonne zugewandt. In diesem Bereich hat man Statuen kauernder Krieger und Schädelstelen entdeckt, die denen der großen salischen Stadtanlagen gleichen.

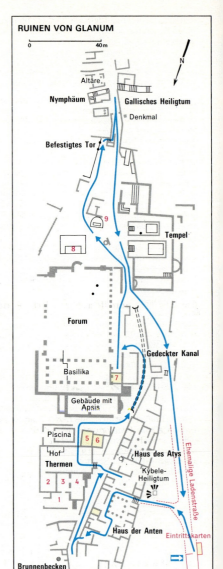

RUINEN VON GLANUM

○ **Ehemaliges Kloster (Ancien monastère) St-Paul-de-Mausole.** — Das Kloster in der Nähe des Plateau des Antiques wurde zunächst von Augustiner-, später von Franziskanermönchen geführt, ehe dort in der Mitte des 18. Jh.s eine Heilanstalt eingerichtet wurde. Hierher zog sich Vincent van Gogh freiwillig zurück (1889-90, S. 62). In seinem Atelier im Erdgeschoß (außerdem bewohnte er ein Zimmer im 1. Stock) malte er noch zahlreiche Bilder: verschiedene Ansichten der Anstalt, die Zypressen, das Weizenfeld mit Schnitter etc., Selbstporträts, Kopien nach Rembrandt, Millet, Delacroix und Doré sowie eine außergewöhnliche Sternennacht.
Die älteste Kirche vom Ende des 12. Jh.s (Fassade 18. Jh.) besitzt einen schönen rechteckigen Glockenturm mit Lisenen und Rundbogenornamentik. Der anschließende romanische **Kreuzgang**★ erinnert im Stil an Montmajour und St-Trophime in Arles: die Kapitelle weisen verschiedene Schmuckmotive auf (Blattwerk, Tiere, Masken etc.).

DIE STADT *Besichtigung: 1 Std.*

Ausgangspunkt ist der Place de la République.

Place de la République. — Der Platz an der Ringstraße, nimmt die Stelle der mittelalterlichen Befestigung ein und bildet mit seinen Caféterrassen und dem bunten Markttreiben das Herz der Stadt. Die **Kirche St-Martin** wurde nach ihrem Einsturz 1820 wiederaufgebaut und besitzt eine eindrucksvolle klassizistische Fassade; nur der Turm blieb aus dem 14. Jh. erhalten. Innen ist das schöne Orgelgehäuse sehenswert.

Der Avenue de la Résistance, dann rechts der Rue Hoche folgen.

Die Rue Hoche säumen Reste der Stadtmauer aus dem 14. Jh.; auch das Haus des **Nostradamus (D)** existiert noch.

Wer nicht "Zuckerbäcker)
"au petit Duc" war, war nicht in
St-Rémy (2012)

★ ST-RÉMY-DE-PROVENCE

Die Rue du 8-Mai 1945 mündet in den Place Jules-Pélissier.

An diesem Platz nimmt das Bürgermeisteramt ein ehemaliges Klostergebäude aus dem 17. Jh. ein.

Nun geht es weiter durch die Rue Roux und die Rue Carnot.

Im Haus Roux (Rue Carnot Nr. 5) führte der Komponist Charles Gounod (1818-93) 1863 zum 1. Mal die Oper „Mireille" auf, nach dem gleichnamigen Roman von Mistral. Ein wenig weiter wird der Place Favier, der ehemalige Kräutermarkt, von schönen Adelspalais aus dem 15. und 16. Jh. umgeben.

Hôtel de Sade (B). — Dieses Patrizierhaus (15.-16. Jh.) enthält eine reichhaltige Sammlung von **Steindenkmälern**★, von der dem Publikum nur ein Teil zugänglich ist. Beachtlich sind vor allem die Ausgrabungsstücke aus Glanum.
Erdgeschoß: gallische Grabstelen in Obeliskenform, Weihealtäre, Sarkophage, Säulen, Giebelverzierungen und Gesimsfragmente von den Tempeln des Caius und Lucius. Hinten im Hof sind noch Reste der Thermen aus dem 4. Jh. zu sehen und ein Baptisterium aus dem 5. Jh., Zeugnisse der Epoche nach Glanum.
1. Stock: Kapitelle, sehr schöner Giebelschmuck vom Tempel der Göttin Valetudo (mit gewundenem Halsring dargestellt), verschiedene Weihegaben und -altäre, Figur eines gefangenen Galliers, Herkulesstatue aus dem Herkules-Heiligtum, hübsches Relief mit den Bildnissen von Hermes und Fortuna.
2. Stock: Diese Gegenstände veranschaulichen das Alltagsleben in Glanum, von der griechischen bis zur gallo-römischen Epoche: Werkzeug, Gegenstände aus Bronze und Knochen, Graburnen, Keramik, Öllampen (darunter ein seltener Leuchter aus zwei übereinander angeordneten Lampenreihen), Schmuck (u. a. ein herrlicher Ring aus Bergkristall mit fein gearbeitetem Frauenkopf); prähistorische Sammlung (Feuerstein, Knochen).

Alpilles-Museum (Musée des Alpilles Pierre de Brun) (M). — Das Museum ist im Hôtel Mistral de Mondragon aus dem 16. Jh. eingerichtet. Seine Säle gruppieren sich um einen Innenhof mit rundem Treppenturm und Lauben. Die volkskundlichen Sammlungen (Möbel, Trachten, Santon-Figuren sowie Mineralien) enthalten auch Erinnerungsstücke und Dokumente von Nostradamus.

★★ STE-BAUME-Massiv

Michelin-Karte Nr. 84 Falte 14 oder 245 Falte 45, 46

Von dem Zufluchtsort der Maria-Magdalena, der sogenannten Heiligen Grotte (Provenzalisch: *baoumo),* hat sich die Bezeichnung auf das ganze Gebirgsmassiv und seinen herrlichen Wald ausgedehnt.
Das Ste-Baume-Massiv erreicht im St-Pilon eine Höhe von 994 m, von wo sich ein herrlicher Rundblick bietet.

Das Massiv. — Die ausgedehnteste und höchste der provenzalischen Gebirgsketten gipfelt im Signal de la Ste-Baume (1 147 m); auch sie verläuft in Ost-Westrichtung wie die meisten Bergketten der Provence *(Näheres S. 12).* Anders als beim Ste-Victoire-Gebirge ist der Südhang trocken und kahl und steigt sanft vom Cuges-Becken bis zur 12 km langen Kammlinie an. Steile, etwa 300 m hohe Felsen charakterisieren dagegen den Nordhang, wo auch die berühmte Grotte liegt; unterhalb erstreckt sich der Forst, daneben das Kalksteinplateau von Plan d'Aups, das an die Causses erinnert. Dieses Massiv, das mit seiner mageren Erde und den blendend weißen Felsen so typisch für die Provence ist, überrascht durch den Wald, der eher an nördlichere Breiten denken läßt. Kletterfreunde finden am Ostrand, d. h. im Gebiet des Pic de Bertagne, Steilwände von 100-250 m Höhe.

★★ **Der Wald.** — Er war wahrscheinlich schon bei den Galliern ein heiliger Hain. Noch heute wird hier, wie seit undenklichen Zeiten, kein Nutzholz geschlagen, sondern man entfernt nur die abgestorbenen Bäume und legt neue Pflanzungen an.
Der Bestand ist infolgedessen sehr alt, und die hohen, knorrigen Buchen, Linden und Ahornbäume bilden mit ihren Zweigen einen grünen Blätterdom, der sich über dem Unterholz aus Taxus, Spindelsträuchern, Efeu und Stechpalme wölbt. Für gewöhnlich trifft man diese Pflanzengemeinschaft sonst in kühleren und regenreicheren Klimazonen an, doch erklärt sich das Phänomen aus der Struktur des Gebirges. Dieses überragt die Waldzone mit einer 300 m hohen Steilwand und taucht den Wald immer in feucht-kühlen Schatten. Sobald die Schattenzone überschritten wird, erscheinen wieder Steineichen und all die anderen Pflanzen, die man sonst auf dem Kalkboden der Provence findet.

Legende und Geschichte. — Maria-Magdalena soll sich, so besagt die Überlieferung, nach ihrer Landung in der Camargue zur Buße in das Ste-Baume-Massiv zurückgezogen haben, um fortan ein asketisches Leben zu führen. In ihrer Todesstunde sei sie in den Ort hinuntergewandert, wo ihr ihr Reisegefährte Maximinus, inzwischen Bischof geworden, das letzte Abendmahl gereicht haben soll. An der denkwürdigen Stelle erhebt sich heute ein Monument. Es ist der sogenannte Petit Pilon am Ortseingang von St-Maximin, rechts der Straße, die aus dem Ste-Baume-Massiv kommt.
Die Grotte *(Sainte Baume)* war bereits in den ersten Jahrhunderten unserer Zeitrechnung ein Ort der Verehrung. Im 5. Jh. ließen sich Mönche des von Cassianus in Marseille gegründeten Klosters als Wächter in Saint-Maximin nieder und errichteten ein Kloster. Im 11. Jh. hieß es, die Reliquien seien geraubt und in das burgundische Kloster Vézelay gebracht worden. Doch dann wurden die Reste durch Karl von Anjou in St-Maximin aufgefunden und der Wallfahrtsort erhielt neue Popularität. Er hat auch heute noch nicht eingebüßt. Von 1259 bis zur Revolution waren Dominikaner Hüter der Grotte. Sie kamen 1859 wieder zurück. Am 21. und 22. Juli wird das Fest der Maria-Magdalena mit einer Mitternachtsmesse in der Grotte gefeiert.

STE-BAUME-Massiv★★

RUNDFAHRT AB GÉMENOS
69 km — etwa 3 Std. ohne Aufstieg zum St-Pilon — Kartenskizze s. unten

Gémenos. — 4 548 Ew. Der kleine Ferienort ist ein beliebtes Ausflugsziel der Marseiller Bevölkerung. Das Schloß aus dem späten 17. Jh. hat die Bürgermeisterei aufgenommen.

3 km der D 2 durch das St-Pons-Tal folgen.

★ **Park von St-Pons.** — Den Wagen auf dem Parkplatz vor der Brücke abstellen und den Fußweg am Bach entlang nehmen.
In der Provence seltene Baumarten wie Buchen, Hainbuchen, Eschen u. a. machen den Reiz dieses Parks aus; besonders schön ist im Frühjahr die Blüte der Judasbäume. Außerdem gibt es eine verlassene alte Mühle, in der Nähe einen kleinen Wasserfall, der aus der Pons-Quelle gespeist wird, sowie die Ruinen einer im 13. Jh. gegründeten Zisterzienserabtei.

Die Straße führt in Serpentinen den Südhang hinauf.

★ **Espigoulier-Paß** (Col de l'Espigoulier). — 728 m. Der Blick schweift über das Ste-Baume-Massiv, die Niederung von Aubagne, die Bergkette von St-Cyr, Marseille und das Étoile-Gebirge.
Bei der Talfahrt über den Nordhang sieht man das Étoile- und Ste-Victoire-Gebirge, dazwischen das Fuveau-Becken.

Bei La Coutronne rechts abbiegen auf die D 80.

Plan-d'Aups. — Kleiner Luftkurort mit einer hübschen romanischen Kirche.

Pilger-Herberge (Hôtellerie). — 1863 wurde am Waldrand in 675 m Höhe eine neue Unterkunft für die Pilger gebaut; in jüngerer Zeit richtete man ein Kulturzentrum und eine Kapelle ein.

Zugang zur Grotte. — *1 Std. zu Fuß hin und zurück.* Je nach dem gewählten Parkplatz gibt es zwei Möglichkeiten, zur Grotte zu gelangen: Ab Kreuzung Carrefour des Chênes (Kreuzung der D 80 und D 95) den bequemen Chemin des Rois, oder ab Gästehaus den Weg links des Gebäudes, der über das Le Canapé genannte Felsenmeer führt. Beide Wege durchqueren den herrlichen Wald und treffen sich beim Carrefour de l'Oratoire. Hier geht, rechts, ein breiter Weg ab, der zu einer in den Fels gehauenen Treppe *(150 Stufen)* führt. In einer Felsnische links erblickt man einen bronzenen Kalvarienberg.

Terrasse. — Ihre Brüstung überragt ein steinernes Kreuz, darunter eine Bronze-Pietà, die 13. Kreuzwegstation. Von hier genießt man einen schönen **Ausblick**★ auf das Ste-Victoire-Gebirge, das sich rechts im Mont Aurélien fortzusetzen scheint; geradeaus Plan d'Aups, die Herberge und der dichte Wald.

Grotte. — Sie öffnet sich in 946 m Höhe halbrund an der Nordseite der Terrasse. Rechts des Hauptaltars steht der Reliquienschrein, der die Reste der Maria-Magdalena enthalten soll. Hinter dem Hauptaltar liegt, in 3 m Höhe im Felsen, der sogenannte „Ort der Buße". Es ist die einzige trockene Stelle der Grotte und mit einer Liegefigur der Maria-Magdalena geschmückt.

★★★ **St-Pilon-Gipfel.** — Ab Kreuzung Carrefour de l'Oratoire *2 Std. zu Fuß hin und zurück.* An der Betkapelle (Oratoire) vorbeigehen, dann rechts einen Fußweg (GR9, rot-weiße Markierung) entlang. Der Weg führt an einer verlassenen Kapelle (chapelle des Parisiens) vorbei und steigt in engen Kurven bis zum Col du St-Pilon, wo er rechts zum Gipfel weiterführt. Eine Kapelle erinnert hier an den Ort, an dem Maria-Magdalena himmlische Musik gehört haben soll. Bei der Orientierungstafel in 994 m Höhe bietet sich ein herrlicher **Rundblick**★★★ auf die Herberge (im Vordergrund), den Ventoux (in der Ferne), Luberon, Mont Olympe und Mont Aurélien im Norden, das Mauren-Massiv im Südosten, das Ste-Baume-Massiv und den Golf von La Ciotat im Südwesten, die Alpilles und das Ste-Victoire-Massiv im Nordwesten.

✶✶STE-BAUME-Massiv

Auf der D 80 weiter nach Nans-les-Pins fahren.

Die Strecke führt in Serpentinen durch Wald bergab.

In Nans-les-Pins links auf die D 280. Auf der N 560 (links) gelangt man durch das obere Tal der Huveaune nach St-Zacharie.

Betkapelle (Oratoire) **St-Jean-du-Puy.** — *9 km zuzügl. 1/4 Std. zu Fuß hin und zurück.* In St-Zacharie nimmt man die D 85 bis kurz hinter dem Paß Pas de la Couelle. Hier zweigt rechts ein schmaler Weg ab, der steil zu einer Radarstation führt. Den Wagen abstellen und dem markierten Fußweg folgen. Bei der Kapelle schöner **Blick**✶ auf das Ste-Victoire-Massiv und die Ebene von St-Maximin im Norden, das Mauren- und das Ste-Baume-Massiv im Südosten; im Vordergrund das Regagnas-Gebirge, die Étoile-Kette und im Westen die Gegend um Aix.

Weiter auf der N 560; in Le Pujol links auf die D 45ᴬ abbiegen.

Das Tal der Vede, zunächst noch landwirtschaftlich genutzt, verengt sich schließlich zu einer tiefen Schlucht.

Bei La Coutronne rechts abbiegen nach Gémenos (die Strecke ist am Anfang der Rundfahrt in umgekehrter Reihenfolge beschrieben).

✶ STES-MARIES-DE-LA-MER 2 045 Ew.

Michelin-Karte Nr. 83 Falte 19 oder 245 Falte 41 oder 246 Falte 27 — Kartenskizze S. 91 — Ferienort

Les Saintes-Maries-de-la-Mer ist der Hauptort der **Camargue** *(S. 89)*. Schon bei der Anfahrt von Norden her, lange vor der Ankunft, hat man die Silhouette des weißen Dorfes vor sich, das von seiner alten Kirche mit Zinnenkranz und Glockenarkade überragt wird. Im Westen liegt der neue Jachthafen.

„Les Saintes" war bis in die 60iger Jahre hinein noch ein ländlicher Ort. Er war das Einkaufs- und Marktzentrum der südlichen Camargue und lebte nach einem eigenen, von der Natur und den Traditionen bestimmten Rhythmus. Im Mai strömten die wallfahrenden Zigeuner hierher, und auf dem weiten Strand — der van Gogh zu einem Bild mit Fischerbooten inspirierte — gab es immer genügend Platz für ihre bunten Wohnwagen.

Dann bemächtigten sich Film und Presse dieser ursprünglich gebliebenen Gegend und weckten mit gut photographierten Bildern vom Leben in freier Natur die Sehnsucht ungezählter Städter. Seitdem haben sich die Dinge geändert: Waren früher nur ein paar Ornithologen Sommergäste in Saintes-Maries, so zählt man heute in der französischen Hauptreisezeit, d. h. August, bis zu 80 000 Personen — ein Zustrom, dem der Ort kaum gewachsen ist. Und dennoch: selbst wenn die Flamingoschwärme manchmal nur im Teleobjektiv zu sehen sind, Stierherden seltener werden und die Camargue-Pferde auch nicht immer reinrassig sind, so hat doch die Landschaft ihren eigenen Reiz, einzigartig und unvergeßlich — so wie ein Kirchenfest in „Les Saintes", bei dem, trotz allem Fremdenverkehrsrummel, noch etwas wie echte Religiosität zu spüren ist.

Legende. — Um das Jahr 40 n. Chr., so will es die provenzalische Tradition, soll an dieser Stelle ein Boot gestrandet sein, dessen Insassen aus Palästina vertriebene Christen waren. Es handelte sich um Maria-Jakobäa, Schwester der Mutter Gottes, Maria-Salome, Mutter der Apostel Johannes und Jakobus, Lazarus (den Auferweckten) und seine beiden Schwestern Martha und Maria-Magdalena, außerdem Maximinus und Sidonius sowie Sara, die schwarze Dienerin der beiden Marien. Diese kleine Gemeinde trennte sich, um zu missionieren: Martha ging nach Tarascon, Maximinus und Sidonius nach Aix, Lazarus nach Marseille; Maria-Magdalena zog sich zur Buße in eine Grotte im Ste-Baume-Massiv *(S. 157)* zurück. Nur die beiden erstgenannten Marien blieben mit Sara in der Camargue und wurden dort beerdigt. Ihre Reliquien genossen bald große Verehrung. Sara, insbesondere, war Schutzpatronin der Zigeuner geworden.

Wie in Tarascon ließ König René 1448 nach den vor den Piraten versteckten Reliquien suchen und sie dann feierlich in Schreine legen. Damit erhielt der Volksglauben neue Nahrung und ist bis heute sehr lebendig geblieben.

Die Wallfahrt der Zigeuner. — Am 24. und 25. Mai, dem Fest der Maria Jakobäa, findet die berühmte **Wallfahrt**✶✶ statt, zu der die Wagen aus allen Teilen Frankreichs und Europas zusammenströmen. Am 24. wird der doppelte Reliquienschrein der Marien an Seilen aus dem Fenster der oberen Kapelle heruntergelassen in den Chor, wo die Gläubigen ihn sobald sie können mit den Händen berühren. Dann bildet sich ein von Arlesierinnen in Tracht angeführter Zug, der sich den draußen mit der Statue der hl. Sara wartenden Zigeunern anschließt. Unter Gesängen folgt man der von starken Männern getragenen Statue, die völlig unter Schals und Stoffen verborgen ist, hinunter zum Strand. Ihr fein ziseliertes Diadem schwankt ein wenig und glitzert. Der Priester hält eine kleine Predigt und segnet das Meer, während die *Gardians* mit ihren Pferden im Wasser stehen. Dann wird die Statue wieder in die Krypta zurückgeleitet, während andere Zigeuner noch weit ins Meer hinauswaten und dabei Gebete murmeln.

Am Tag darauf wird das Schiffchen mit den beiden Marien in einer Prozession der Einheimischen vom Strand getragen. Es folgen wieder Arlesierinnen und zahlreiche Gardians, die wieder einen Halbkreis im Meer bilden. Hier wird auch alle 3 oder 4 Jahre die Zigeunerkönigin gewählt.

Am 26. Mai schließlich findet ein Fest zu Ehren des Marquis de Baroncelli-Jaron statt, der in der Camargue außerordentlich populär ist.

Am Sonntag, der dem 22. Oktober am nächsten liegt, findet zu Ehren der Maria-Salome ebenfalls eine Prozession zum Meer statt.

STES-MARIES-DE-LA-MER★

SEHENSWÜRDIGKEITEN

★ Kirche (B). — Von außen wirkt das Gotteshaus wie eine Festung: Die obere Kapelle gleicht dem Turm einer mittelalterlichen Burg mit Wehrgang und zinnenbekrönter Plattform, darüber ein Anfang des Jahrhunderts restaurierter Glockengiebel. Den einzigen Schmuck der fast fensterlosen Fassade bilden lombardische Blendbögen am Chorhaupt und, an der Südseite, zwei Löwen, die ihre Beute verschlingen — möglicherweise stützten sie früher eine Vorhalle.

Inneres. — Eingang an der Nordseite (Kirchplatz). Der einschiffige romanische Innenraum (durch 2 Joche im 15. Jh. verlängert) ist sehr dunkel. Der Chor wurde beim Bau der Krypta erhöht: Blendarkaden ruhen auf acht Marmorsäulen mit schönen Kapitellen, von denen zwei verziert sind — eines zeigt die Fleischwerdung Christi, das andere die Opferung Abrahams; die sechs übrigen tragen Blätter- oder Maskenschmuck.

Am Mittelgang rechts steht der durch ein Gitter verschlossene Brunnen, der früher während einer Belagerung die Verteidiger mit frischem Wasser versorgte. Unter dem 3. Joch links sieht man über dem Altar das Boot der hl. Marien, das bei den Prozessionen zum Meer getragen wird. Rechts von diesem Altar ist ein polierter Stein in eine Säule eingelassen, das „Kissen der Heiligen", der 1448 bei den Reliquien gefunden wurde. Unter dem 4. Joch, links, befindet sich ein heidnischer Altar.

Krypta. — Im unterirdischen Raum befinden sich der Altarstein und der hölzerne Schrein, welcher die Reliquien der hl. Sara enthalten soll; rechts daneben ihre von bunten Tüchern und Kleidern bedeckte Statue mit

Aubanel (R. Théodore)	2	Impériaux (Pl. des)	10
Chateaubriand (R.)	3	Lamartine (Pl.)	12
Château-d'Eau (R. du)	4	Marquis-de-Baroncelli (Pl. du)	13
Église (Pl. de l')	5	Pénitents-Blancs (R. des)	15
Espelly (R.)	6	Plage (Av. de la)	16
Fouque (R. Capitaine)	7	Portalet (Pl.)	18
Gambetta (Bd Léon)	9	Razeteurs (R. des)	20

dem dunklen Gesicht, das vom vielen Berühren und Küssen fleckig geworden ist. Ein Glasgefäß ist bis zum Rand mit Fotos und Dankesgaben angefüllt.

Obere Kapelle. — Sie ist mit Holztäfelungen im Louis-quinze-Stil hellgrün und golden ausgeschmückt. Wenn keine Wallfahrten stattfinden, steht der doppelte Reliquienschrein der beiden Marien auf der Fensterbank der Kapelle. Hier läßt Mistral auch die ergreifende Sterbeszene seines Romans „Mireille" spielen. Ein Standbild der Mireille von Mercié ziert den Hauptplatz von Stes-Maries.

Wehrgang. — 53 Stufen. Von dem Wehrgang, der um das mit Steinplatten gedeckte Kirchendach führt bietet sich ein schöner **Blick** auf den Ort, das Meer und die weite Ebene der Camargue — besonders reizvoll bei Sonnenuntergang.

Baroncelli-Museum (M). — Das ehemalige Bürgermeisteramt enthält die Sammlung von Folco de Baroncelli (1869-1943), der es sich zur Aufgabe gemacht hatte, die Traditionen der Camargue neu zu beleben: Bilder, Möbel, Geräte und Dokumente illustrieren den Alltag dieser Gegend; ausgestopfte Vögel vertreten die heimische Fauna.

Von der Dachterrasse (44 Stufen) schweift der **Blick** auf die Kirche und den Ort sowie über den Vaccarès, die Kleine Rhone und das Flachland der Camargue.

Um unseren Lesern möglichst aktuelle Informationen geben zu können, wurden die Besichtigungsbedingungen für die in diesem Reiseführer beschriebenen Sehenswürdigkeiten am Ende des Bandes zusammengefaßt.

Die Sehenswürdigkeiten, für die besondere Besichtigungsbedingungen gelten - sie wurden jeweils durch das Zeichen ⓥ kenntlich gemacht - sind dort entweder unter dem Ortsnamen oder ihrem Eigennamen aufgeführt.

★★ STE-VICTOIRE-Massiv

Michelin-Karte Nr. 84 Falte 3, 4 oder 245 Falte 32

Das Kalksteinmassiv, dessen charakteristische Silhouette von Paul Cézanne *(S. 38)* in zahlreichen Gemälden festgehalten worden ist, liegt östlich von Aix-en-Provence. Es verläuft von Westen nach Osten und erreicht im Pic des Mouches 1 011 m. Während der Südhang steil über dem Becken des Arc aufsteigt, senkt sich der Nordhang stufenweise in einer Reihe von Plateaus zum Tal der Durance hinunter.
Am Fuße der Ste-Victoire schlug der römische Feldherr Marius im Jahre 102 v. Chr. die Teutonen vernichtend *(S. 46)*.

RUNDFAHRT AB AIX

74 km — 1 Tag, ohne Besichtigung von Aix — Kartenskizze s. oben

★★ **Aix-en-Provence.** — Besichtigung: 4 Std. Beschreibung S. 46.

Aix in östl. Richtung auf der D 10 verlassen, dann rechts in Richtung des Staudamms (barrage) von Bimont abbiegen.

Staudamm von Bimont (Barrage de Bimont). — Der Gewölbestaudamm des Infernet, eine Erweiterung des Verdon-Kanals *(S. 103)*, liegt in schöner, waldreicher Umgebung. Ein Fußweg führt flußabwärts zum Zola-Damm *(1 Std. hin und zurück)*, welcher vom Vater des berühmten Schriftstellers errichtet wurde und die Wasserversorgung von etwa 60 Gemeinden sichert.

Zurück zur D 10 und rechts weiterfahren.

Schöne Ausblicke.

★★ **Aussichtspunkt Kreuz der Provence** (Croix de Provence). — *3 1/2 Std. zu Fuß hin und zurück. Den Wagen bei dem Gehöft Les Cabassols auf einem kleinen Parkplatz abstellen und den Saumpfad Chemin des Venturiers nehmen.*
Dieser steigt zuerst steil in ein Wäldchen auf und führt dann als bequemer Weg in Serpentinen am Hang entlang. Man erreicht das ehemalige Kloster Notre-Dame de Ste-Victoire, das noch bis 1879 bewohnt war: Es besteht aus der Kapelle, einem Konventsgebäude und einigen Überresten des Kreuzgangs. Von der Terrasse bietet sich ein reizvoller **Blick** auf das Talbecken des Arc und das Étoile-Massiv.
Links des Kreuzgangs weitergehen und auf den 11 m hohen Sockel des Kreuzes steigen. Von hier bietet sich ein herrlicher **Rundblick**★★★ auf die Bergketten Ste-Baume und Étoile im Süden; weiter rechts die Vitrolles-Kette, die Crau-Ebene, das Durance-Tal, der Luberon, die Alpen und weiter östlich der Pic des Mouches.
Östlich, auf dem Kamm, öffnet sich die 150 m tiefe **Garagaï-Kluft** (gouffre), seit jeher sagenumwoben *(S. 25)*.

Schloß Vauvenargues. — Das Schloß (17. Jh.) liegt auf einem Felssporn und überschaut das Tal des Infernet. Es gehörte zuletzt Picasso, der im Park begraben liegt.

Hinter Vauvenargues links auf die D 11 in Richtung Jouques abbiegen und etwa 1 km fahren.

Es bietet sich ein schöner Blick in eine enge **Schlucht**★.

Zurück zur D 10.

Diese folgt der bewaldeten Infernet-Schlucht, vorbei an der linkerhand aufragenden Zitadelle (723 m), und überquert einen Paß (Col des Portes). Bei der Talfahrt zeichnet sich am Horizont die Silhouette der Voralpen ab.
Nun rechts auf die D 23 abbiegen, die östlich um das Ste-Victoire-Massiv führt und den Wald von Pourrières durchquert. Links erhebt sich der Pain de Munition (612 m).

In Pourrières rechts in Richtung Puyloubier weiterfahren.

Man durchquert eine Weingegend. In Puyloubier rechts abbiegen.

Schloß Domaine Capitaine Danjou. — Es ist nach dem Befehlshaber der Schlacht von Camaron (1863) benannt und beherbergt die Invaliden der Fremdenlegion *(S. 67)*. Zu besichtigen sind die Werkstätten (Töpferei, Buchbinderei, Kunstschmiede) sowie ein kleines Museum.

Zurück nach Puyloubier und hier die D 57^B, dann rechts die D 56^C nehmen.

Auf dieser malerischen Strecke genießt man schöne Ausblicke auf das Ste-Victoire- und Ste-Baume-Massiv sowie die Senke von Trets; dann überquert man das Cengle-Gebirge. Die D 17 (links) führt in Serpentinen zwischen dem eindrucksvollen Ste-Victoire-Gebirge und der Hochebene der Cengle-Berge hindurch zurück nach Aix.

★ SALON-DE-PROVENCE

35 845 Ew.

Michelin-Karte Nr. 84 Falte 2 oder 245 Falte 30 oder 246 Falte 12 — Ferienort

Salon ist das Zentrum eines Landbaugebietes mit ausgedehnten Olivenhainen. So ist denn hier auch die Herstellung von Olivenöl ein traditionsreiches Gewerbe, das schon im 15. Jh. ausgeübt und im 17. Jh. von Colbert gefördert wurde. Heute nimmt die Petrochemie einen bedeutenden Platz ein.

Seit 1936 ist Salon mit der Fliegerschule *École de l'Air* Ausbildungsstätte der französischen Luftwaffe.

Der alte Stadtkern liegt auf einem Hügel, der von einer mächtigen Burg bekrönt ist. Es sind hier noch zwei Stadttore aus dem 13. und 17. Jh. erhalten. Die neueren, von breiten Alleen durchzogenen Viertel breiten sich am Fuße der Anhöhe aus.

Am 11. Juni 1909 wurde die Gegend von einem Erdbeben heimgesucht, wobei die nahen Dörfer Vernègues und Rognes völlig zerstört wurden. Auch in Salon, Lambesc und St-Cannat waren große Schäden festzustellen.

Berühmte Söhne der Stadt. — Salon ist die Heimat des Ingenieurs **Adam de Craponne** (1527-1576), der den nach ihm benannten Kanal *(S. 101)* gebaut und damit den ersten Schritt zur Fruchtbarmachung der Crau-Landschaft getan hat.

Bekannter ist der Arzt und Astrologe Michel de Notredame, genannt **Nostradamus** (1503-1566), der in Salon die letzten 19 Jahre seines Lebens verbrachte. Nachdem er in Montpellier Medizin studiert und den Doktortitel erworben hatte, folgten zwölf Wanderjahre, in denen er Europa und den Orient bereiste und sein Wissen erweiterte. Als Arzt wurde er durch seinen bei Pestepidemien in Aix und Lyon mit Erfolg angewendeten Puder bekannt. Allerdings zog er sich dadurch den Neid der Kollegen zu, die erreichten, daß er in Mißkredit kam. Deshalb lebte er in Salon in großer Zurückgezogenheit und mag sich damals der Astrologie zugewendet haben. 1555 gab er ein Buch gereimter Prophezeiungen, die *Centuries,* heraus, das viel gelesen wurde und auch das Interesse des Hofes erregte. Karl IX. kam 1564 eigens nach Salon, um Nostradamus zu konsultieren, und machte ihn zu seinem Leibarzt. Außer den *Centuries* gab Nostradamus einen Almanach heraus, in dem er das Wetter voraussagte. Das Werk fand besonders bei der Landbevölkerung weite Verbreitung. Die dunkle Weisheit des Nostradamus hat seither immer wieder die Forscher interessiert, und sie konnten im Rückblick feststellen, daß einige seiner Voraussagen eingetroffen sind.

SALON-DE-PROVENCE

Carnot (Cours)	AY	4
Crousillat (Pl.)	BY	12
Frères-Kennedy (R. des)	AY	
Gimon (Cours)	BZ	
Victor-Hugo (Cours)	BY	38
Ancienne Halle (Pl.)	BY	2
Capucins (Bd des)	BZ	3
Centuries (Pl. des)	BY	6
Clemenceau (Bd Georges)	AY	7
Coren (Bd Léopold)	AY	8
Craponne (Allées de)	BZ	10
Farreyroux (Pl.)	BZ	13
Ferrage (Pl. de la)	BZ	14
Fileuses-de-Soie (R. des)	AY	15
Gambetta (Pl.)	BZ	18
Horloge (R. de l')	BY	20
Ledru-Rollin (Bd)	AY	22
Médicis (Pl. C. de)	BZ	24
Mistral (Bd Frédéric)	BY	26
Moulin d'Isnard (R.)	AY	27
Nostradamus (Bd)	AY	28
Pasquet (Bd Louis)	BZ	30
Pelletan (Cours Camille)	AY	32
République (Bd de la)	AY	33
Raynaud-d'Ursule (R.)	BZ	34
St-Laurent (Square)	BY	35
St-Michel (R.)	BY	36

Die Stadtpläne sind eingenordet (Norden = oben)

INNENSTADT Besichtigung: 1 1/2 Std.

Dem auf dem Stadtplan eingezeichneten Weg folgen.

L'Empéri-Burg (Château de l'Empéri) (BYZ). — Die imposante, Vor- und Hauptburg umfassende Burganlage überragt die Altstadt. Sie geht auf eine bereits im 10. J. erwähnte Gründung der Erzbischöfe von Arles zurück, die damals die Gebi. beherrschten. Die ältesten Teile der heutigen Bauten stammen aus dem 12. u. 13. Jh. Änderungen und Erweiterungen wurden im 16. Jh. vorgenommen. D. ehemalige Burgkapelle (12. Jh.), der Festsaal und 20 weitere Räume beherberg heute ein Armeemuseum.

★★ Armeemuseum (Musée de l'Empéri). — Die ansprechend dargebotenen, reich. Sammlungen (etwa 10 000 Ausstellungsstücke) bieten einen Einblick in die Geschich. des französischen Heerwesens. Sie beginnen mit der Regierung des Sonnenköni. (17. Jh.) und enden mit dem Ersten Weltkrieg (1918). Besonders die napoleonisc. Zeit ist durch Waffen, Uniformen, Fahnen, Dokumente usw. gut illustriert.

Rathaus (Hôtel de ville) (BY H). — Elegantes Stadtpalais aus dem 17. Jh. mit zw. Ecktürmchen und verziertem Balkon.

Auf dem Rathausplatz steht die Statue des Ingenieurs Craponne (Brunnen).

★SALON-DE-PROVENCE

Kirche St-Michel (BY). — Der Bau aus dem 13. Jh. besitzt eine schöne Glockenwand mit fünf Öffnungen; der zweite Turm wurde im 15. Jh. angefügt. Im Bogenfeld des Portals (12. Jh.) in der Mitte Erzengel Michael, umgeben von zwei Schlangen; darunter ein Lamm mit Kreuz und stilisierten Blumenornamenten. Der Chor birgt einen imposanten vergoldeten Altaraufsatz aus Holz (17. Jh.); in der 3. Kapelle rechts eine Statue der Jungfrau, ebenfalls aus dem 17. Jh.

Stadttor Porte Bourg-Neuf (BY F). — Überrest der ehemaligen Stadtmauer aus dem 13. Jh.

Haus des Nostradamus (BY M¹). — Im Herzen der Altstadt liegt das Wohnhaus des Nostradamus, das heute ein kleines Museum beherbergt. Man sieht den Stammbaum des Arztes, der aus einer alten jüdischen, zum Katholizismus übergetretenen Gelehrtenfamilie stammte; außerdem das rekonstruierte Arbeitskabinett und Ausgaben seiner Werke. Auch sein Sohn César war schriftstellerisch tätig.

Stadttor Porte de l'Horloge (BY K). — Dieser Teil der Wehranlage stammt aus dem 17. Jh.

Bemooster Brunnen (Fontaine moussue) (BY R). — Der Brunnen (18. Jh.) schmückt den Place Crousillat.

Stiftskirche St-Laurent (BY). — 14. und 15. Jh. Mit weiten, saalartigen Schiffen ist sie ein schönes Beispiel für provenzalische Gotik. Man beachte in der 1. Kapelle links des Chores ein polychromes Steinrelief (15. Jh.), das die Kreuzabnahme darstellt. Die 3. Kapelle links birgt das Grabmal des Nostradamus sowie eine Alabastermadonna aus dem 16. Jh. Die fünfte Kapelle enthält ein Flachrelief aus Marmor (15. Jh.).

AUSFLUG

Rundfahrt von 51 km. — Etwa 3 Std. Ausfahrt aus Salon-de-Provence östl. auf der Straße nach Pélissanne (D 17). Links abbiegen auf die Route du Val de Cuech, dann gleich links in die Rue du Pavillon (beschildert).

Heimatmuseum (Musée de Salon et de la Crau). — Ein großes Gebäude aus dem 19. Jh. macht mit der heimischen Tierwelt bekannt; provenzalische Möbel und Gemälde runden die Sammlung ab.
Ein Saal enthält Devotionalien, zwei weitere werden der Crau-Ebene *(S. 101)* und der Herstellung der Marseiller Seife gewidmet.

Weiter auf der D 17. In Pélissanne links abbiegen auf die D 22ᴬ.

★ **Schloß La Barben.** — *Seite 80*

Auf der D 22ᴬ weiterfahren, dann links auf der D 572.

Die Straße folgt dem fruchtbaren Touloubre-Tal und führt unter dem Kanal von Marseille *(S. 103)* hindurch. Schöne Sicht auf die Trévaresse-Gebirge.

St-Cannat. — 2 384 Ew. Heimat des Seefahrers Suffren (1729-88), der u. a. im Amerikanischen Unabhängigkeitskrieg kämpfte und in dessen Geburtshaus heute das Rathaus (kleines **Museum**) eingerichtet ist. In der Kirche steht ein schöner antiker Sarkophag, mit kleinen Figuren in Hochrelief verziert, der als Weihwasserbecken dient.

Lambesc. — 5 353 Ew. Die kleine Ortschaft liegt etwas abseits der N 7; sie besitzt eine imposante Kirche aus dem 18. Jh. mit Glockenturm (14. Jh.) — einziger Überrest des alten Baus — der beim Erdbeben im Jahre 1909 seine Spitze einbüßte. Das Stadttor wurde im 16. Jh. zu einem Uhrturm umgestaltet.

Weiter auf der N 7; in Cazan links abbiegen auf die D 22.

Château-Bas. — *Seite 98*

Auf der D 22 weiterfahren und rechts in die D 22ᶜ einbiegen.

Die ansteigende Strecke bietet herrliche Ausblicke auf den Luberon, das Tal der Durance, die Gebirgskette der Côtes und auf das Gebiet um Aix.

Vernègues. — 377 Ew. Dieser Ort entstand nach dem Erdbeben von 1909 auf der Hochebene, nachdem die Bewohner das alte Bergdorf verlassen hatten.

Vieux Vernègue. — Ein Weg führt um das kleine Dorf herum *(Betreten der Ruinen verboten)* zu einem kleinen Aussichtsturm. Bei der Orientierungstafel hat man einen wunderschönen **Rundblick**★ über einen großen Teil der Provence; im Westen zeichnen sich die Alpilles ab.

Nach Vernègues zurückkehren und rechts die D 22ᴮ, danach links die D 68 nehmen.
Die Straße führt durch das schmale Cuech-Tal.

Am Ortseingang von Pélissanne rechts der D 17 folgen.

★★ SÉNANQUE (Abtei)

Michelin-Karte Nr. **81** Falte 13 oder **245** Falte 17 oder **246** Falte 11

In der kleinen Senancole-Schlucht, die sich im Plateau von Vaucluse öffnet, liegen inmitten einer kargen **Landschaft**★ die einheitlichen Gebäude der Abtei (schöner Blick von der D 177 aus Richtung Gordes). Bei der Ankunft gegenüber vom Chorhaupt der Abteikirche, die im Sommer in gleißendem Sonnenlicht und Lavendelduft liegt, spürt man eine Atmosphäre heiterer Ruhe.

Entstehung und Entwicklung. — Im Zuge der außergewöhnlichen Ausbreitung der Zisterzienser im 12. Jh. gründete 1148 eine Gruppe von Mönchen der Abtei Mazan (Haut-Vivarais) Sénanque. Diese klösterliche Bewegung, gelenkt und geistig getragen vom hl. Bernhard, predigt das Ideal der Askese und schreibt in ihren Klöstern eine extrem strenge Beachtung der benediktinischen Regeln vor: Einsamkeit, Armut und

SÉNANQUE (Abtei)★★

Einfachheit sollen den Mönch zu Reinheit und Glückseligkeit führen. Die Lebensbedingungen der Zisterzienser sind folglich schwierig, ja äußerst hart: Gottesdienst, Gebet und fromme Lektüre wechseln mit körperlicher Arbeit und füllen den Hauptteil des Tages, wobei die Zeit der Ruhe höchstens 7 Stunden beträgt. Die kargen Mahlzeiten werden schweigend eingenommen; der gemeinsame Schlafsaal besitzt keinerlei Bequemlichkeit, so daß die Mönche in ihren Kleidern ruhen. Diese Strenge der Zisterzienser zeigt sich auch im architektonischen und künstlerischen Programm des Ordens. Der hl. Bernhard forderte schlichte Gebäude ohne jeden Schmuck, der möglicherweise die Aufmerksamkeit des Betenden ablenken könnte: keine bunten Fenster, Statuen oder Malereien, keine skulptierten Bogenfelder oder stolzen Glockentürme. Man findet diese Schlichtheit auch in den beiden anderen provenzalischen Abteien der Zisterzienser, Le Thoronet *(Michelin-Reiseführer Côte d'Azur)* und Silvacane *(S. 166)*. Wir sehen sie heute noch etwa so, wie sie zur Blütezeit des Ordens waren. Sénanque entwickelte sich so schnell, daß seine Gemeinschaft bereits 1152 groß genug war, um eine zweite Abtei im Vivarais zu gründen. Zahlreiche Schenkungen begünstigten sie: u. a. erhielt Sénanque die Ländereien der Familie Simiane, dann die der Herren von Venasque. Das Kloster errichtete jeweils teilweise weit entfernte Scheunen, eine Art Zweigstellen, um die sich landwirtschaftliche Betriebe bildeten. Diese wurden von Laienbrüdern, ehemaligen Bauern, bewirtschaftet. Die Blütezeit Sénanques fällt ins frühe 13. Jh., doch sind Erfolg und Wohlstand auch hier eine Quelle der Abweichung. Wie zuvor Cluny, häuften auch die Zisterzienser Reichtümer auf, die unvereinbar mit dem Gelübde der Armut waren; weitere Verstöße gegen die Ordensregeln folgten.

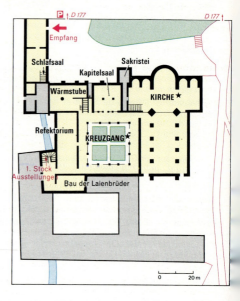

Verfall und Erneuerung. — Im 14. Jh. verfiel die Abtei. Während die Disziplin sich lockerte, wurde auch weniger eifrig um Nachwuchs geworben. Ende des 15. Jh.s jedoch besserte sich die Situation dank dem energischen Regiment eines Abtes, und bis zur Mitte des 16. Jh.s gab es wieder ein würdiges Klosterleben, das den Geist des Gründers zu respektieren suchte. Unglücklicherweise fiel Sénanque 1544 der Erhebung der Waldenser *(S. 23)* zum Opfer: die Mönche wurden von den Häretikern gehenkt und mehrere Gebäude in Brand gesetzt. Von diesem schrecklichen Schlag konnte sich die Abtei nicht mehr erholen. Ende des 17. Jh.s bestand die Gemeinschaft, trotz lobenswerten Bemühens von Seiten der Äbte, nur noch aus zwei Mönchen. Dennoch wurde der Südflügel des Klosters zu Beginn des 18. Jh.s wiederaufgebaut. 1791 wurde Sénanque als Staatsgut veräußert; der Käufer bewahrte die Abtei nicht nur vor der Zerstörung, sondern ließ sie sogar wiederherrichten. 1854 erwarb sie ein Kleriker und führte sie wenig später ihrer ursprünglichen Bestimmung zu: neue Gebäude entstanden neben den alten, und 72 Mönche zogen ein. Die antiklerikale Politik der Dritten Republik (1870-1940) führte zweimal zu ihrer Vertreibung, doch kamen 1927 zwölf von ihnen zurück; erst 1969 wurde die Abtei Lérins (Ile Saint-Honorat) angeschlossen.

Auch heute bemüht man sich um die Erhaltung der Abtei. Sie beherbergt ein **Kulturzentrum,** das zahlreiche künstlerische und kulturelle Veranstaltungen organisiert.

BESICHTIGUNG etwa 1 Std.

Das ursprüngliche Kloster, ein sehr schönes Beispiel der Zisterzienserbaukunst, ist fast vollständig erhalten, bis auf den Flügel der Laienbrüder, der im 18. Jh. wiederaufgebaut wurde. Das Mauerwerk der mittelalterlichen Teile besteht aus genau aufeinandergepaßten Steinen der Umgebung. Die Kirche besitzt noch das originale Schieferdach mit einem quadratischen Glockentürmchen. Anders als üblich ist sie nicht nach Osten sondern nach Norden ausgerichtet, da sich die Erbauer nach den örtlichen Gegebenheiten hatten richten müssen.

Die Besichtigung beginnt mit dem Schlafsaal, der nordwestlich des Kreuzgangs im 1. Stock liegt.

Schlafsaal (Dortoir). — Der weiträumige Saal besitzt ein Spitztonnengewölbe mit Gurtbögen, von einem zwölflappigen Rundfenster und schmalen Fenstern erhellt. Der Boden ist mit Backsteinen gepflastert. Hier schliefen die Mönche, jeder auf seinem Strohsack, der erste Gottesdienst fand mitten in der Nacht statt (2 Uhr), ein weiterer folgte zur Dämmerung. Heute veranschaulicht eine Ausstellung die Erbauung der Abtei. Im 1. Stock wird auch eine interessante Ausstellung über die Nomaden der Sahara gezeigt: Vom Zelt zur großen Weite, von der Realität des Alltags zum Imaginären und Mystischen der Wüste.

★★ Abtei SÉNANQUE

★ Kirche. — Sie wurde 1160 mit dem Altarraum und dem Querschiff begonnen und im frühen 13. Jh. mit dem Langhaus abgeschlossen. Die reinen Linien, die großartige, schlichte Schönheit und das Fehlen jeglicher Ausschmückung schaffen eine Atmosphäre der Sammlung und inneren Einkehr.
Am Ende des Schiffes ermißt man am besten die Ausgewogenheit der Porportionen und der räumlichen Gliederung.
Die Südseite besitzt kein Mittelportal; Zugang von außen gewähren zwei kleine Türen in den Seitenschiffen: man sieht, daß die abgelegene Kirche nicht dazu bestimmt war, große Menschenmengen aufzunehmen. Das Hauptschiff mit seinen fünf Jochen wird von einer Spitzbogentonne ohne Gurtbögen überwölbt, die Seitenschiffe besitzen eine steigende Spitztonne, wobei Seiten- und Hauptschiff durch große Bögen mit doppelten Archivolten verbunden sind. Die Vierung überspannt eine weite Kuppel über ausgeschmückten Trompen (Bögen, konvexe Steinplatten und kannelierte Pilaster, die stilistisch an die Kirchen des Velay und Vivarais erinnern). Der Altarraum endet in einer halbrunden Apsis, deren drei Fenster die Dreieinigkeit symbolisieren; ihre vier Apsiskapellen sind äußerlich in dem massiven Rechteck nicht zu erkennen. Die vier Seitenaltäre und der Hauptaltar entstammen noch der ersten Ausstattung. Im rechten Querschiff, dessen Wand von einem zehnstrahligen „Rad" durchbrochen ist, befindet sich das Grabmal eines der Herren von Venasque, der die Abtei im frühen 13. Jh. unterstützte. Hauptschiff, Querhaus und Seitenschiffe sind mit Steinplatten gedeckt, die direkt auf dem Gewölbe aufliegen. Die äußerste Schlichtheit des Gebäudes überließ den Mönch ganz der Begegnung mit Gott.
An der Nordseite ist die Sakristei angebaut.

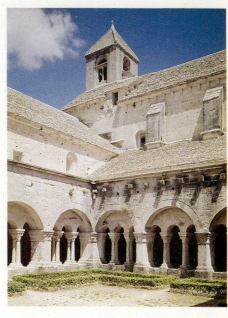

Abtei Sénanque

★ Kreuzgang (Cloître). — Ende des 12. Jh.s. Seine Flügel besitzen Tonnengewölbe, deren Gurtbögen auf skulptierten Konsolen ruhen. Unter großen Entlastungsbögen wechseln zwei Gruppen kleiner Zwillingssäulen mit eckigen Pfeilern. Der unauffällige Schmuck beschränkt sich auf die Kapitelle (Blattwerk, Blumen, gedrehte Bänder, Palmblatt- und Geflechtsornamentik).
Der Kreuzgang steht mit den verschiedenen Räumen der Klostergebäude in Verbindung, die jeweils eine bestimmte Funktion haben.

★ Klostergebäude (Bâtiments conventuels). — In der Verlängerung des linken Querhausarms der Kirche liegen: der Kapitelsaal, die Wärmstube, der Schlafsaal im 1. Stock; im Westen und Süden das Refektorium und der Bau der Laienbrüder.

Kapitelsaal. — Er besitzt sechs Spitzbogentonnen, die in der Mitte auf zwei Pfeilern ruhen; diese werden an den Kanten von vier Dreiviertelsäulen gerahmt. Hier versammelte sich die Gemeinschaft unter der Leitung des Abtes, um die Schriften zu lesen und zu kommentieren, das Gelöbnis von Novizen entgegenzunehmen, wichtige Entscheidungen zu fällen oder für die Totenwache. Die Mönche saßen auf den Stufen.

Wärmstube (Chauffoir). — Zugang über einen schmalen Gang (Sprechzimmer oder Saal der Mönche). Den Raum überspannt ein Kreuzgratgewölbe, gestützt von einem kräftigen Mittelpfeiler auf einem Sockel. In einer Ecke ist noch einer der beiden Originalkamine zu sehen. Für die Mönche, die hier ohne Bewegung saßen, um Schriften zu kopieren, war die Wärme unerläßlich.

Refektorium. — Der Speisesaal liegt parallel zum Westflügel des Kreuzgangs. Im 16. Jh. wurde er zerstört, in der Folgezeit wiederaufgebaut und kürzlich in seinen ursprünglichen Zustand zurückversetzt. Er enthält heute eine Ausstellung über den Zisterzienserorden.

Gebäude der Laienbrüder (Bâtiment des convers). — Südlich des Kreuzgangs beherbergte dieser im 18. Jh. wiederhergestellte Bau die „Hilfsmönche", die getrennt von der übrigen Klostergemeinschaft lebten und diese nur bei der Feldarbeit und zu bestimmten Gottesdiensten trafen.
Auch hier sind im Erdgeschoß und 1. Stock Ausstellungen untergebracht.

Zu Ihrem Grünen **Michelin-Reiseführer**
gehören selbstverständlich die entsprechenden **Michelin-Karten.**

★★ SILVACANE (Abtei)

Michelin-Karte Nr. **84** Falte 2, 3 oder **245** Falte 31 oder **246** Falte 12 — Kartenskizze S. 105

Inmitten der ländlichen Umgebung des linken Durance-Ufers bietet die Abtei Silvacane dem Besucher die Schönheit schlichter zisterziensischer Architektur.

Geschichtliches. — Im 11. Jh. hatten Mönche von St-Victor in Marseille hier im ungesunden, feuchten Ried (Sylva cana) ein Kloster gegründet. Es trat dem Zisterzienserorden bei und erhielt 1147 eine Schenkung von Guillaume de la Roque und Raymond de Baux, während eine Gruppe von Zisterziensern aus Morimond (ehemalige Abtei an der Grenze von Champagne und Lothringen) die Leitung übernahm. Die Abtei wurde von den provenzalischen Lehnsherren unterstützt und erlebte eine Blütezeit: das umliegende Land wurde nutzbar gemacht, und eine weitere Abtei, Valsainte bei Apt, wurde gegründet. 1289 gab es einen heftigen Konflikt mit der Abtei Montmajour (S. 131); Mönche verjagten ihresgleichen und nahmen sogar einige als Geiseln. Die Affäre endete mit einem Prozeß, und Silvacane wurde ihren legitimen Besitzern, den Zisterziensern, zurückgegeben. Sehr viel schwerer wogen einerseits die Plünderung von 1358 durch den Lehnsherrn von Aubignan und zum anderen die strengen Fröste von 1364, die die Oliven- und Weinernte vernichteten. Danach begann eine Periode des Niedergangs; 1443 schließlich wurde die Abtei dem Domkapitel von St-Sauveur in Aix unterstellt.

Anfang des 16. Jh.s wurde sie zur Pfarrkirche des Dorfes La Roque-d'Anthéron; während der Religionskriege nahm sie Schaden. Als die Revolution ausbrach, wurden die Gebäude als Staatseigentum verkauft und dienten als Gutshof. 1949 kauft sie der Staat zurück und läßt sie seither nach und nach restaurieren.

BESICHTIGUNG etwa 1 Std.

Kirche. — Sie wurde zwischen 1175 und 1230 auf abschüssigem Gelände errichtet und weist Abstufungen auf, die besonders an der Westseite auffallen. Hier gibt es zahlreiche Öffnungen: ein Mittelportal (auf dessen Bogenfeld die Domherren von St-Sauveur ihr Wappen hinzugefügt haben), zwei Seitentüren, seitlich darüber kleine Fenster; im 1. Geschoß drei Fenster und ein mit Simswerk verziertes Rundfenster. Das aus drei Jochen bestehende Hauptschiff endet mit einem flachen Chorhaupt. An jedem Arm des breiten Querschiffs liegen zwei nach Osten gerichtete Kapellen. Die Gewölbeformen sind vielgestaltig: im Hauptschiff Spitzbogentonne auf Gurtbögen, in den Seitenschiffen steigende Tonnen außer im dritten Joch links, das eine Halbtonne aufweist; im Querhaus findet man Quertonnen, in der Vierung und den Apsiskapellen Kreuzgratgewölbe. Den Chor erhellen drei Rundbogenfenster, darüber ein Rundfenster; das südliche Seitenschiff besitzt in jedem Joch eine Öffnung. Interessant, wie der Baumeister das abschüssige Gelände berücksichtigt hat, indem er Haupt-, Seitenschiffe und Kreuzgang im Niveau abstufte. Wie in Sénanque fehlt auch hier jegliche Verzierung: die Bauten erinnern in ihrer Einfachheit an die strengen zisterziensischen Regeln.

In der Nordkapelle des linken Querschiffs (1) befinden sich Fragmente des Grabmals von Bertrand de Baux, dem Enkel des Gründers, der den Kirchenbau 1175 beginnen ließ.

Kreuzgang (Cloître). — Er liegt 1,60 m tiefer als die Kirche und stammt aus der 2. Hälfte des 13. Jh.s. Dennoch besitzen seine Flügel romanische Tonnengewölbe über Gurtbögen, bis auf drei Ecken mit Kreuzgratgewölbe. Mächtige runde Arkaden öffnen sich zum Klosterhof; ursprünglich waren sie mit Zwillingsbögen geschmückt.

Klostergebäude (Bâtiments conventuels). — Außer dem Refektorium entstanden sie zwischen 1210 und 1230. Die enge **Sakristei** (2) liegt neben der **Bibliothek** (3), die sich unter dem nördlichen Querhaus befindet; der **Kapitelsaal** gleicht dem von Sénanque: sechs Kreuzgratgewölbe ruhen auf zwei verschiedenen Mittelpfeilern; der eine von vier kleinen Säulen kantoniert, der andere mit gewundenen Kannelüren. Hinter dem **Sprechzimmer** (4), durch das man nach draußen gelangt, folgt die **Wärmstube**, ebenfalls mit Kreuzgratgewölbe und Kamin. Im 1. Stock befindet sich der **Schlafsaal**.

Das weiträumige, wunderschöne **Refektorium** wurde 1420-25 wiederaufgebaut. Seine Kapitelle sind stärker verziert als die der anderen Säle; hohe Fenster und eine Rose erhellen den Raum großzügig; das Lesepult ist noch zu sehen.

Das Gebäude der Laienbrüder ist vollständig verschwunden. Ausgrabungen haben Reste des Portalbaus und der Klostermauer freigelegt.

Die Roten Hotelführer, Grünen Reiseführer und Karten
*von **Michelin** ergänzen sich.*
Benutzen Sie sie zusammen.

SUZE-LA-ROUSSE   1 396 Ew.
Michelin-Karte Nr. 81 Falte 2 oder 245 Falte 16 oder 246 Falte 23 — Ferienort

Der malerische Ort am Schloßhügel auf dem linken Ufer der Lez war im Mittelalter die bedeutendste Stadt des Tricastin. Das alte Rathaus besitzt eine schöne Fassade aus dem 15. und 16. Jh.

Schloß. — Der Zugang führt durch eine etwa 30 ha große Eichenpflanzung, wo die begehrten Trüffeln wachsen.
Das Schloß datiert vom 14. Jh., und seine Türme sind ein gutes Beispiel für Wehrbauten jener Zeit. In der Renaissance wurde das Innere verändert; der Ehrenhof zeigt noch schöne Fassaden aus dieser Stilepoche. Im Erdgeschoß befinden sich die Nebengebäude mit Pferdeställen und Küche aus dem 12. Jh. Eine Ehrentreppe führt zu den Gemächern: Sehenswert sind der Saal der Vier Jahreszeiten (salle des 4 saisons) sowie der Waffensaal (salle d'armes) mit einer Decke im französischen Stil und einem großen Kamin, der von zwei restaurierten Fresken (Belagerung von Montélimar) eingerahmt wird. In einem der Ecktürme befindet sich ein achteckiger Raum: schöner Blick auf den Ventoux, das Lance-Gebirge und die Voralpen des Dauphiné.

★ TARASCON   11 024 Ew.
Michelin-Karte Nr. 83 Falte 10 oder 245 Falte 28 oder 246 Falte 26

Die mächtige Burg am Ufer der Rhone ist einer der besterhaltenen mittelalterlichen Wehrbauten Frankreichs.
Eng mit dem Namen der Stadt verbunden sind das menschenfressende Ungeheuer *Tarasque*, das hier der Rhone entstiegen sein soll, sowie Tartarin, die von dem Schriftsteller Daudet im 19. Jh. ins Leben gerufene Gestalt, in welcher der provenzalische Menschenschlag in schmunzelnd-humoristischer Übertreibung gezeichnet ist.
Tarascon liegt am Rande einer fruchtbaren Ebene, wo Obst- und Frühgemüse angebaut werden und ist heute Sammel- und Versandort für diese Produkte.

Legende und Geschichte. — Griechen und Römer hatten hier bereits einen Stützpunkt. Dieses *Tarusco* lag auf einer Rhone-Insel und wurde von den Römern durch ein Castrum befestigt, das den Flußübergang sicherte. Wenig später, so erzählt die provenzalische Legende, soll wiederholt eine Art Riesenlurch aus dem Fluß getaucht sein, um Schiffer und Tiere zu töten und Kinder zu verschlingen. Da kam die hl. Martha aus Stes-Maries-de-la-Mer und zähmte das Untier mit dem Kreuzeszeichen, so daß es gefangen werden konnte.
König René *(S. 46),* der sehr gern in Tarascon Hof hielt, ließ hier 1474 zum ersten Mal ein großes Tarasque-Fest feiern, zu Ehren der hl. Martha, die die Stadt von dem kinderfressenden Ungeheuer befreit haben soll. In Erinnerung an die volkstümliche Legende findet heute wieder jährlich ein solches Fest statt.

Die hl. Martha bezwingt die Taraske

Das Tarasque-Fest. — Das Volksfest vereint die Tarasque-Legende und die Erinnerung an die Gestalt des **Tartarin**. Am Morgen des letzten Junisonntags wird die Ankunft von Tartarin am Bahnhof erwartet. Dieser entsteigt in Bergsteigerausrüstung dem Zug, wird von den Stadtvätern feierlich empfangen und zum Rathaus geleitet, wo er eine Rede hält. Nachmittags findet der Festzug statt, bei dem — zum Schrecken der Kinder — eine Nachbildung der Tarasque durch die Straßen geführt bzw. geschoben wird. Das Untier wedelt gefährlich mit seinem Drachenschwanz und versucht die Zuschauer damit umzuwerfen.

Spezialitäten. — In Tarascon kann man die *Tartarinades,* likörgefüllte Pralinen, versuchen. Am Orte werden auch wunderschöne provenzalische Baumwollstoffe hergestellt, die mit alten Mustern (manchmal hand-) bedruckt sind.

★★ BURG (Y) *Besichtigung: 1 Std.*

Die Lage am Rhoneufer, ihr massives Äußeres, das mit der eleganten Inneneinrichtung kontrastiert, und der außergewöhnlich gute Zustand machen diesen Bau zu einer der schönsten mittelalterlichen Burgen Frankreichs.
Im 13. Jh. erhob sich am Standort des römischen Castrums eine Burg, die, dem königlichen Beaucaire gegenüber, die Westgrenze der Provence bewachte. 1399 wurde sie von Raymond de Turenne *(S. 81)* eingenommen, wenig später jedoch ihren legitimen Besitzern, der Familie d'Anjou, zurückgegeben: Ludwig II., der Vater Renés, beschloß, sie gänzlich wiederaufzubauen. Nach dem Errichten von Mauern und Türmen (1400-06) wurden die Arbeiten unter Ludwig III. fortgesetzt: 1430-35 entstanden der Innenhof sowie Ost- und Südostflügel; Werkmeister war der Provenzale Jean Robert. 1447-49 beendete König René die Anlage dessen, was seine Lieblingsresidenzen werden sollte: sein verfeinerter Geschmack und Kunstsinn prägten die Innenausstattung der Burg. Hier organisierte er prächtige Feste (im Juni 1449 z. B. ein dreitägiges Turnier), schrieb eine Abhandlung über Turniere, komponierte Musik und empfing illustre Gäste wie den Dauphin Louis (den späteren Ludwig XI.) und Charles d'Orléans, den berühmten Troubadour.

TARASCON ★

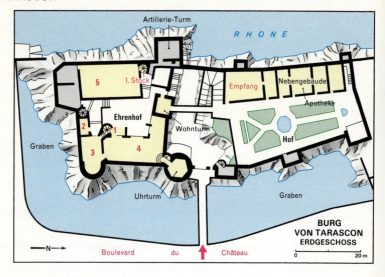

Danach blieb die Burg mehr oder minder verlassen, wurde im 17. Jh. ein berüchtigtes Gefängnis des Königreichs und blieb es bis 1926. Dann restaurierte man die Burg, beseitigte später angefügte Bauten und legte die Gräben frei, so daß das Äußere nun dem vor 500 Jahren gleicht. Es gibt zwei unabhängige Teile: zum einen das Wohngebäude im Süden, zur Stadt hin von Rundtürmen, zur Rhoneseite von Vierecktürmen flankiert — kompakte Mauern, die sich 48 m hoch erheben (gleich hohe Türme und Zwischenwall, Terrassen für die Bewegung der Artillerie); im Norden liegen die Wirtschaftsgebäude, von niedrigeren Vierecktürmen bewacht.

Inneres. — Ein breiter Graben mit Brücke (früher Zugbrücke) trennt die beiden Teile. In das herrschaftliche Wohngebäude gelangt man durch den zum Schutz im Winkel angelegten Eingang des Wohnturms. Nun sieht man den Ehrenhof, um den die Appartements mit fein skulptierter Fassade und Kreuzstockfenstern liegen. Ein zierliches polygonales Treppentürmchen (1) verbindet die einzelnen Etagen; seitlich birgt eine Nische die Büsten von König René und seiner zweiten Frau Jeanne de Laval. Steigt man in diesem südlichen Teil des Hofes die Freitreppe hinauf, bemerkt man den spätgotischen Abschluß der Kapelle der Kantoren (2); danach öffnet sich vom Eckturm aus die untere Kapelle (3), darüber liegt die obere Kapelle.
Im Osten und Norden befindet sich ein im Winkel, teilweise zur Stadt hin angelegter Wohntrakt; er enthält zahlreiche Räume, die jeweils zu zweien über einer schönen Galerie (4) mit Korbbogengewölbe liegen und mit dem Uhrturm in Verbindung stehen, der militärischen Zwecken diente. Im Westen ragt der stark vorkragende Artillerie-Turm über die Uferböschung.
Der Gang durch den Westflügel führt zu den Prunkgemächern: im Erdgeschoß der Saal für die festlichen Gastmale mit zwei Kaminen (5) und, im 1. Stock, der Festsaal, beides große Räume mit bemalten Holzdecken. Dann folgen das Gemach des Königs (im Südwestturm) mit Kamin und Tellerwärmer; im 2. Stock: Audienzsaal und Ratssaal, deren Gewölbe die Terrasse tragen. Im Vorübergehen sieht man mehrere flämische Tapisserien (17. Jh.), die die Taten des Scipio Africanus darstellen.
Im Südflügel schließlich besichtigt man die Zimmer des Kaplans (Sakristei, Hostienofen, Kirchenschatz), dann die Königskapelle mit den königlichen Oratorien, wo man auch den Gesang der Kantoren vernehmen konnte.

TARASCON

Halles (R. des)	YZ
Mairie (Pl. de la)	Y 15
Monge (R.)	Y
Pelletan (R. E.)	Z 19
Proudhon (R.)	Z 20
Victor-Hugo (Bd)	Z
Aqueduc (R. de l')	Y 2
Berrurier (Pl. Colonel)	Z 3
Blanqui (R.)	Z 4
Briand (Crs Aristide)	Z 5
Château (Bd du)	Y 6
Château (R. du)	Y 7
Hôpital (R. de l')	Z 9
Jaurès (R. Jean)	Y 12
Jeu de Paume (R. du)	YZ 14
Millaud (R. Ed.)	YZ 16
Mistral (R. Frédéric)	Z 18
Raffin (R.)	Y 23
République (Av. de la)	Z 24
Salengro (Av. R.)	Y 25

Norden befindet sich bei den Stadtplänen und Kartenskizzen der Michelin-Führer immer oben.

★TARASCON

Terrasse. — Auf der Dachterrasse *(136 Stufen)* des Turmes befand sich ursprünglich noch ein kleiner Aufbau. Der **Blick**★★ schweift über Beaucaire, Tarascon, die Rhône und den Staudamm von Vallabrègues, die Berge der Montagnette und Alpilles, Fontvielle, die Abtei Montmajour, Arles und die Ebene von St-Gilles.
Man steigt im Uhrturm hinab, in dessen Erdgeschoß sich der sog. Galeerensaal befindet, wo die Gefangenen Inschriften und Schiffszeichnungen hinterließen.

Nebengebäude. — Dieser Teil schließt an die Burg an, ist jedoch unabhängig und besteht aus einem Hof und den Unterkünften der Dienstboten.
Diese Gebäude wurden kürzlich instandgesetzt; hier brachte man die **Apotheke** des St-Nicolas-Spitals unter: schöne Schränke aus dem 18. Jh. enthalten über 200 Apothekentöpfe aus St-Jean-du-Désert und Montpellier.

WEITERE SEHENSWÜRDIGKEITEN

★**Kirche Ste-Marthe** (Y). — Nachdem die Gebeine der hl. Martha in einer Kapelle an dieser Stelle aufgefunden worden waren, errichtete man im 12. Jh. eine größere Kirche, die im 14. und 15. Jh. verändert wurde. Nach der starken Beschädigung 1944 wurden große Teile restauriert. Besonders harmonisch ist das romanische Südportal, dessen Skulpturenschmuck in der Revolution zerstört wurde.
Das Innere ist mit zahlreichen Gemälden ausgestattet, u. a.: Thomas von Aquin und die hl. Katharina aus Siena von Pierre Parrocel *(3. Kapelle rechts);* Bilder von Vien und Nicolas Mignard stellen wichtige Episoden aus dem Leben der hl. Martha dar.
Das linke Seitenschiff enthält ein schönes Triptychon aus dem 15. Jh. *(Kapelle des letzten Jochs);* Franz von Assisi, gemalt von Van Loo, Reliquienbüste und Liegefigur aus Marmor von einem Grabmal des 17. Jh.s *(Martha-Kapelle, 2. Joch).*
Auf der zur Krypta führenden Treppe befindet sich ein Renaissance-Grabmal, das der Schule von Francesco Laurana zugeschrieben wird. Die Krypta birgt den skulpturengeschmückten Sarkophag (3.-4. Jh.) der hl. Martha.

Rathaus (Hôtel de ville) (Y H). — Bau des 17. Jh.s, der an einen italienischen Palazzo erinnert. Die malerischen Arkaden der Rue des Halles stammen aus dem 15. Jh.

Haus des Tartarin (Y B). — Es wurde zu Ehren des berühmtesten Bürgers von Tarascon — einer Romanfigur Daudets — eingerichtet: drei Zimmer enthalten Möbel und Gegenstände aus der Zeit um 1870. Im Erdgeschoß: Arbeitszimmer, Salon; im 1. Stock: das Zimmer. Kleiderpuppen, Möbel und Dokumente veranschaulichen die Atmosphäre von Daudets Roman. Hinter dem Haus ein „exotischer Garten".

Le THOR 5 025 Ew.

Michelin-Karte Nr. 81 Falte 12 oder 245 Falte 17 oder 246 Falte 11

Das Städtchen lebt in erster Linie vom Obst- und Gemüseanbau, wobei der Anteil der Chasselas-Traube bei weitem überwiegt. Malerisch wirken die mittelalterliche Sorgue-Brücke, Reste der Stadtmauer, ein Tor und die Kirche.

★**Kirche.** — *Besichtigung: 1/4 Std.* Das Gebäude aus dem frühen 13. Jh. ist insgesamt romanisch, weist jedoch im einzigen Kirchenschiff ein gotisches Gewölbe auf, das zu den ältesten in der Provence gehört. Außen stützen starke Strebepfeiler das hohe Langhaus, Blendarkaden schmücken die Apsis; der Glockenturm blieb unvollendet. Die Portale lassen den Einfluß der Antike erkennen, insbesondere das der Südseite. Das Innere überspannt eine Trompenkuppel. Am Eingang der vierseitigen Apsis zeigt der Gewölbeschlußstein das von fünf Adlern umringte Lamm Gottes.

Thouzon-Höhle (Grotte de Thouzon). — *3 km nördl. auf der D 16, von der der Zugang zur Höhle abzweigt.* Die Höhle liegt am Fuß des Hügels, auf dem das verfallene Schloß von Thouzon und ein Kloster stehen (ganz in der Nähe gibt es eine interessante romanische Kapelle). Sie wurde durch Zufall 1902 bei Sprengungen in einem ehemaligen Steinbruch entdeckt. Der 230 m lange Gang entstand durch einen unterirdischen Fluß und endet in einer nicht allzu tiefen Kluft. Das 22 m hohe Gewölbe ist mit außergewöhnlich feinen Stalaktiten bedeckt; an anderen Stellen gibt es zahlreiche sonderbar geformte, farbige Tropfsteine.

La TOUR-D'AIGUES 2 479 Ew.

Michelin-Karte Nr. 84 Falte 3 oder 245 Falte 32 — 6 km nordöstl. von Pertuis

Zu Füßen des Luberon wirkt dieser Landstrich besonders begünstigt: eine liebliche Gegend, deren Boden Wein, Obst (Kirschen) und Gemüsekulturen trägt, bildet den Kontrast zur schroffen Kargheit der nahen Berge. Der Ort, im 10. oder 11. Jh. gegründet, erhielt seinen Namen vom Vorläufer des ehemaligen Schlosses.

Schloß. — Es wurde 1555-75 auf den Grundmauern einer mittelalterlichen Burg von einem italienischen Baumeister — Ercole Nigra — im Renaissancestil errichtet. Auf einer Fläche von 1 400 m^2 thront es über dem Lèze-Fluß. Hier hielt sich Katharina von Medici mit ihrem Gefolge 1579 auf. 1782 geriet das Schloß in Brand und wurde 1792 erneut und endgültig ein Opfer der Flammen. Das Departement Vaucluse läßt den Bau restaurieren.
Das monumentale **Eingangsportal** hat die Form eines überreich geschmückten Triumphbogens: Säulen und korinthische Pilaster, Friese mit Kriegsattributen, Gebälk mit Dreiecksgiebel. Beiderseits erheben sich zwei mächtige rechteckige Pavillons mit drei Fensterreihen; der linke besitzt noch seinen hohen Schornstein. Inmitten der Wehranlage liegt der Wohnturm, in einer Ecke die Kapelle.

La TOUR-D'AIGUES

Museum für Heimatgeschichte und Fayencen-Museum (Musée de l'Histoire du Pays d'Aigues et musée des faïences). — *Zugang durch den Pavillon des Fremdenverkehrsamtes (Syndicat d'Initiative, zugleich Außenstelle des Naturparks Luberon, S. 113).*
In einigen der zahlreichen Keller des Schlosses wurden diese beiden Museen eingerichtet.
Das erste veranschaulicht auf moderne Art, mit Hilfe audiovisueller Mittel, die Geschichte des Menschen und seiner Heimat von den Anfängen bis zur heutigen Zeit. Transparente Fotografien, Leuchtkarten, Gegenstände (alte Abgüsse, Werkzeuge, Nachbildung einer Seidenraupenzucht etc.) und Modelle illustrieren die Entwicklung des regionalen Landlebens.
Der zweite Keller enthält eine Sammlung von Fayencen, die früher im Schloß hergestellt wurden.
Weitere Keller und Stollen können besichtigt werden.

Kirche. — Das seltsame Gebäude besitzt ein romanisches Langhaus, das in einer Apsis endet, die heute jedoch Teil der Fassade ist; Querschiff und Chor wurden im 17. Jh. angefügt.

★ UZÈS 7 826 Ew.

Michelin-Karte Nr. 80 Falte 19 oder 245 Falte 14 oder 246 Falte 25 — Ferienort

Uzès liegt, umgeben von den Hügelwellen der Garigue-Landschaft, auf einem Kalksteinplateau, dessen Rand steil zum Tal des Alzon abfällt.
Die Stadt, Sitz von Herzögen und Bischöfen, läßt noch immer den befestigten Platz des Mittelalters erkennen. Dank dem wirtschaftlichen Aufschwung (Herstellung von Tuch, Futterstoffen und Seide) schmückte sich Uzès im 17. und 18. Jh. mit schönen Gebäuden. Wie in vielen Orten des französischen Südens hat eine Ringstraße die Stadtmauer ersetzt, und Uzès breitet sich nun über das Plateau aus.

SEHENSWÜRDIGKEITEN

Man geht von der Avenue de la Libération aus und folgt rechts dem Boulevard des Alliés.

Kirche St-Étienne (A). — 18. Jh. Die geschwungene Fassade wird von Ziervasen geschmückt; der Viereckturm, an der linken Seite, stammt jedoch aus dem 13. Jh.
Auf dem Kirchplatz erhebt sich das reizvolle Gebäude (A D), in dem der Volkswirtschaftler Charles Gide (1847-1932) geboren wurde.

Uzès – Kräutermarkt

Rue St-Étienne (A 25). — Am Haus Nr. 1, Türeinfassung aus Diamantquadern aus der Zeit Ludwigs XIII. Etwas weiter links erhebt sich ein Gebäude mit schöner Renaissancefassade.

Place aux Herbes (A 15). — Auf dem „Kräutermarkt" findet auch heute noch der Markt statt. Tiefe Arkaden umgeben malerisch den Platz. Aus dem 17. Jh. stammt hier das zurückgesetzte **Hôtel d'Aigaliers** (A E), an der Westseite.

Am hinteren Ende des Platzes rechts einem Gäßchen folgen.

Man kommt in die enge **Rue Pélisserie** (A 18).

Die Rue Entre-les-Tours nehmen.

Uhrturm (A). — Er stammt aus dem 12. Jh. und war ursprünglich der Bischofsturm. In jener Zeit teilten sich die Herzöge, der König und die Kirche die Regierung über Uzès, und jede der drei Mächte hatte ihren Turm.

Hôtel Dampmartin (A K). — *Rue Jacques-d'Uzès Nr. 1.* Renaissancefassade mit rundem Eckturm. Im Hof schöne Treppe.

Den Place Dampmartin überqueren.

Hôtel de Joubert et d'Avéjan (A L). — *Rue de la République Nr. 12.* Schöne restaurierte Fassade aus dem 17. Jh.

Zur Rue Jacques-d'Uzès zurückgehen und links abbiegen.

★ **Herzogsschloß (Duché)** (A). — Von der Straße aus gesehen erscheint das Schloß wie ein einziger wehrhafter Block. Die verschiedenen Bauten zeugen vom Aufstieg des Hauses Uzès.

Hof. — Man erkennt, von links nach rechts: den Turm der Vizegrafschaft (14. Jh.) mit seinem achteckigen Türmchen — tatsächlich wurde der Lehnsherr von Uzès 1328 Vizegraf; den Bermonde-Turm, einen quadratischen Wohnturm aus dem 11. Jh. (benannt nach seinem Bauherrn), dessen Aufsatz während der Revolution zerstört und im 19. Jh. erneuert wurde.

Rechts erstreckt sich die rechtwinklige **Renaissance-Fassade**★, die der erste Herzog um 1550 nach Plänen von Philibert Delorme erbauen ließ: ein frühes Beispiel übereinander angeordneter dorischer, ionischer und korinthischer Säulenreihen. Die gotische Kapelle an ihrem Ende wurde im 19. Jh. restauriert.

Bermonde-Turm. — *148 Stufen*. Zugang über eine schöne Ehrentreppe im Renaissancestil, deren Gewölbe Kassetten und Diamantierung schmücken. Von seiner Terrasse bietet sich eine reizvolle **Aussicht**★ auf die Ziegeldächer der Stadt und die Hügel der Garigue.

Gemächer. — Der große Salon Louis-quinze, den Stuckarbeiten und eine schöne Delfter Vase auf blattvergoldeter Konsole zieren, enthält Möbel im Stil Louis-quinze und Louis-seize sowie Kleidung aus der Zeit Karls X.
Im Speisesaal Möbel im Renaissance- und Louis-treize-Stil.
Links vom Ausgang erhebt sich ein Wachtturm aus dem 12. Jh.

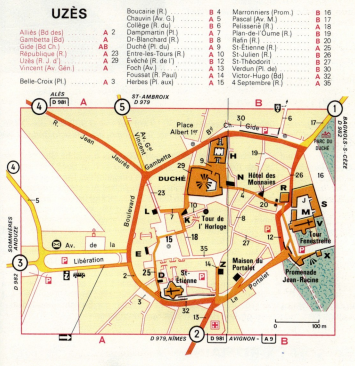

Rathaus (Hôtel de ville) (**AB** H). — Schöner Hof im Stil des 18. Jhs.

Krypta (**AB** N). — In der Krypta befinden sich ein Taufbecken und zwei Flachreliefs, wovon das eine Glasaugen besitzt. Die Wandnischen nahmen in frühchristlicher Zeit Kultgegenstände auf.

Der Rue Boucairie folgen.

An der Ecke Rue Rafin steht die ehemalige **Münze** (Hôtel des Monnaies) (**B**); eine Gedenktafel erinnert daran, daß die Bischöfe hier im Mittelalter Münzen prägten.

Hôtel du Baron de Castille (**B** R). — Der eindrucksvolle, säulengeschmückte Bau entstand im späten 18. Jh. Für den Baron wurde auch Schloß Castille (S. 109) erbaut.

Ehemaliges Bischofspalais (Ancien palais épiscopal) (**B** S). — Es befindet sich neben der Kathedrale und stammt aus dem 17. Jh. Im rechten Gebäudeflügel sind die Bibliothek und ein Museum untergebracht.

Städtisches Museum (Musée municipal). — Die Thematik der Sammlungen ist vielseitig: Flora der Garigue, Fossilien, Muscheln, Vorgeschichte, Archäologie (1. Saal); alte Dokumente, Volkskunst und Brauchtum, Möbel und afrikanische Kunst (2. Saal); Töpferwaren aus St-Quentin und Fayencen (3. Saal); Gemälde, Lithographien, Karikaturen von Daumier (4. Saal); Erinnerungen an die Familie Gide — Vater und Onkel des berühmten Schriftstellers **André Gide** (1869-1951) wurden in Uzès geboren (5. Saal).

Kathedrale St-Théodorit (**B** V). — Der Bau wurde im 17. Jh. im Jesuitenbarock errichtet, die Kirchenfassade im 19. Jh. erneuert. Das Innere ist recht einheitlich. Schmiedeeiserne Gitter schließen die Emporen über den Seitenkapellen ab und schmücken gliedernd das weite Kirchenschiff. Die zum Teil aus dem 18. Jh. stammende **Orgel**★ wurde während der Fastenzeit mit zwei bemalten Flügeln geschlossen. Links im Chor ein schönes Pult aus dem 17. Jh.

★**Fenestrelle-Turm** (**B**). — *Kein Zugang*. Der im Süden an die Vorhalle der Kirche anschließende Turm (12. Jh.) ist das einzige Zeugnis der alten romanischen Kathedrale, die während der Religionskriege zerstört wurde. Über einem quadratischen Sockel folgen sechs runde, sich nach oben verjüngende Etagen; es ist der einzige runde Glockenturm Frankreichs. Die verschiedenartigen Fensteröffnungen wirken elegant und abwechslungsreich.

UZÈS ★

Promenade Jean-Racine (B). — Sie ist, wie die oberhalb des Schloßparks verlaufende Kastanienallee (Promenade des Marroniers), beliebter Treffpunkt der jungen Leute von Uzès.
Jean Racine verbrachte als Zweiundzwanzigjähriger ein Jahr bei einem Onkel in Uzès. Er sollte, in der Obhut dieses Vikars, das Dichten und seine Theaterleidenschaft vergessen. Doch vergebliche Mühe: Racine wurde einer der großen Dichter Frankreichs. Der **Pavillon Racine** (B X) ist ein gegen Ende des 18. Jh.s restaurierter Turm der einstigen Stadtbefestigung.

Haus Portalet (B). — Nr. 19, le Portalet. Hübscher Renaissancebau.

In die Rue Paul-Foussat vorgehen.

Man beachte bei Nr. 3 (A Z) das schöne Renaissance-Portal. Hier wohnte Grimoard du Roure, bevor er unter dem Namen Urban V. Papst wurde.

Jean Racine
(Gemälde aus der Schule Mignards)

AUSFLUG

Burg Castelnau (Château de Castelnau). — *19 km auf der D 982 und der D 186. Ausfahrt aus Uzès auf ③ des Plans. Parkplatz im Schloßpark. Besichtigung: etwa 3/4 Std.*
Die Burg thront auf einer Anhöhe. Hier erfüllte sich 1704 das tragische Geschick des Kamisardenführers Laporte (französische Hugenotten, die sich in bewaffneten Aufständen erhoben). Danach wurde die Burg als Kaserne eingerichtet, Türme und Zinnen geschleift. Im 19. Jh. gab man der Festung ihr ursprüngliches Aussehen zurück.
Das Rechteck der Burg wird von vier Türmen (2 rund, 2 viereckig) flankiert und besteht aus verschiedenen Bauteilen, die aus dem 11.-12., 17. und 19. Jh. stammen. Auf dem Weg zum Donjon (Wohnturm) kann man einen Teil des Wehrgangs begehen: von der Terrasse genießt man einen wunderschönen Ausblick auf Uzès, den Ventoux, Mont Bouquet, die Lozère-Berge und den Verlauf des Gardon.
Innen besichtigt man den Salon, die Galerie und das Zimmer im 1. Stock, die sehenswerte Möbel des 17.-19. Jh.s enthalten; Speisesaal und Küche liegen im Erdgeschoß. Im Innenhof, der von einer Galerie gesäumt wird, ist eine Reihe gallo-römischer Stelen in die Mauern eingelassen; interessant ist auch der 25 m tiefe Brunnen. Beim Hinausgehen bemerkt man eine kleine Kapelle, die mit Malereien auf vergoldetem Holzgrund (16. Jh.) ausgeschmückt ist. Nach der Besichtigung lädt der schattige Park mit seinen großen Bäumen zum Spazierengehen ein.

★★ VAISON-LA-ROMAINE   5 864 Ew.

Michelin-Karte Nr. 81 Falte 2 oder 245 Falte 17 oder 246 Falte 9 — Kartenskizzen S. 102 und 179 — Ferienort

Bewaldete Hügel umgeben den hübschen Ort an den Ufern des Ouvèze. Vaison, „die Römische" bietet zahlreiche Altertümer, und eine Provence-Fahrt auf den Spuren der Römer wäre ohne den Besuch von Vaison unvollständig. Mit Resten von Straßen, Häusern und Säulenhallen etc. geben die Ausgrabungen einen kleinen Einblick in römisches Leben vor rd. 2 000 Jahren.
Die kleine Stadt, die im Sommer für die Touristen ein Musikfestival ausrichtet *(S. 189 und 190)*, lebt außerdem vom Wein- und Obstanbau und dem Handel mit Honig, Lavendel und Trüffeln.

GESCHICHTLICHES

Stadt der Vocontier. — Die Geschichte Vaisons beginnt bereits mit den Ligurern, die in der Gegend die Herstellung von Bronze einführten. Ende des 4. vorchristlichen Jahrhunderts wurde der Ort Zentrum mehrerer Siedlungen der Vocontier und blühte dann besonders nach der Unterwerfung dieses keltischen Stammes durch die Römer auf. Damals ließen sich wohlhabende Patrizier in *Vasio Vocontiorum* nieder und übermittelten den alteingesessenen Bewohnern ihre Kultur und Lebensweise. Vaison gehörte zu den bedeutendsten Städten der Provinz *Gallia Narbonensis* und lag in der heutigen Unterstadt.
Es erstreckte sich über etwa 70 ha und besaß mindestens 10 000 Einwohner. Anders als die kolonisierten Orte wie Arles, Nîmes, Orange etc. wurde die Stadt nicht nach römischer Art angelegt. Da bereits eine ländliche Siedlung bestand, fehlen ein regelmäßiges Straßennetz, eigens angelegte Wohnviertel und öffentliche Gebäude: das Ergebnis ist ein höchst unregelmäßiges Stadtbild. Große Anwesen fanden als Nachfolger früherer Bauten im Zentrum Platz. Erst unter den Flaviern (Ende des 1. nachchristl. Jh.s) legte man geradlinige Straßen an: Grundstücke und Häuserfluchten wurden entsprechend ausgerichtet, Säulenhallen und Kolonnaden entstanden. Außer Theater und Thermen sind keine großen öffentlichen Bauten bekannt.
Wie die Archäologen feststellten, waren die luxuriösen Häuser weitläufiger als die von Pompeji; sie stammen aus mehreren Bauphasen, die sich über insgesamt 250 Jahre erstrecken. Die Stadt war keineswegs einheitlich — kleine Paläste, bescheidene Wohnhäuser, Katen und winzige Hinterlädchen existierten nebeneinander.

VAISON-LA-ROMAINE

Im Wechsel der Zeiten. — Nachdem die Stadt Ende des 3. Jh.s teilweise zerstört worden war, wurde sie zu Beginn des 4. Jh.s christianisiert. Nach dem Zusammenbruch des römischen Reiches übernahmen die Bischöfe die Regierung des Gemeinwesens; zwei Konzile fanden 442 und 529 statt. Die Stadt erlebte in den unruhigen Zeiten der Völkerwanderung eine Periode des Niedergangs, muß jedoch zu Beginn des 12. Jh.s noch bedeutend genug gewesen sein, um zum Streitobjekt zwischen dem damaligen Bischof und den Grafen von Toulouse zu werden: Nach einer Belagerung besetzten die Grafen das linke Ufer des Ouvèze und bauten eine Burg, in deren Schutz sich, vom 14. Jh. an, eine neue Siedlung entwickelte, während die alte verfiel.

Im 18. Jh. verlagerte sich das Stadtgebiet erneut, und ein Großteil der Bevölkerung kehrte in die bereits von den Römern gewählte Zone der Unterstadt zurück, wo schließlich die heutige Stadt entstand.

Die Ausgrabungen wurden 1840 begonnen, im wesentlichen aber 1907-55 von dem Domherrn Sautel durchgeführt, der zwei Stadtviertel und das Theater entdeckte und freilegte. Sein Werk wird zur Zeit von einer Gruppe wissenschaftlicher Fachkräfte fortgeführt. Die Oberstadt erhält dank zahlreichen Privatinitiativen wieder ihr altes Gesicht.

VAISON-LA-ROMAINE

Fabre (Cours H.)	Y	13
Grande-Rue	Y	18
Montfort (Pl. de)	Y	25
République (R.)	Y	32
Abbé-Sautel (Pl.)	Y	2
Aubanel (Pl.)	Z	3
Burrhus (R.)	Y	4
Cathédrale (Square de la)	Y	5
Cevert (Av. François)	Y	
Château (R. du)	Z	7
Choralies (Av. des)	Y	8
Église (R. de l')	Z	9
Évêché (R. de l')	Z	12
Ferry (Av. Jules)	Y	
Foch (Quai Maréchal)	Y	14
Fours (R.)	Z	
Gaulle (Av. Gén. de)	Y	
Gontard (Quai P.)	Z	17
Haute-Ville (Montée de la)	Z	20
Horloge (R. de l')	Z	21
Jaurès (R. Jean)	Y	22
Mistral (R. Frédéric)	Y	24
Noël (R. B.)	Y	27
Pasteur (Q.)		
Poids (Pl. du)	Z	29
Poids (R. du)	Z	30
St-Quenin (Av.)	Y	34
Verdun (Q. de)	Z	
Victor-Hugo (Av.)	Y	35
Vieux-Marché (Pl. du)	Z	38
11-Novembre (Pl. du)	Y	40

★★ DAS AUSGRABUNGSFELD (Y) *Besichtigung: etwa 2 Std.*

Die Ruinen bedecken eine Fläche von 13 ha, wobei über dem Zentrum der gallo-römischen Siedlung (Forum und Umgebung) die moderne Stadt liegt. Daher konnten nur die Außenviertel freigelegt werden, was reichen Aufschluß über das Privatleben in den ersten Jahrhunderten unserer Zeitrechnung gab.

Die Ausgrabungen werden einerseits im Villasse-Viertel in Richtung auf die Kathedrale fortgesetzt, andererseits um den Puymin-Hügel, wo man kürzlich ein Geschäftsviertel und ein prächtiges Haus, die sog. Pfauenvilla mit Mosaikschmuck freilegte.

An der Nordgrenze der antiken Stadt zeigte die Ausgrabung der Thermen (mit etwa 20 Räumen), daß diese bis zu ihrer Zerstörung im späten 3. Jh. benutzt wurden *(Näheres über die römische Architektur S. 32-34).*

PUYMIN-VIERTEL

Haus der Messii. — Dieses große Patrizierhaus gibt eine gute Vorstellung von Pracht und Komfort eines solchen Anwesens. Vom Eingang an der Römerstraße führen ein Vorraum und ein Gang zum Atrium (1), um das sich die verschiedenen Wohnräume gruppieren, u. a. das Tablinum (Arbeitsraum, Bibliothek), das dem Hausherrn vorbehalten war.

Das Atrium erkennt man am zentralen quadratischen Sammelbecken für Regenwasser (Impluvium), dem eine Öffnung im Dach entspracht (Compluvium).

Im Zimmer (2) wurde der Venuskopf gefunden (im Museum); der sog. Oecus (3) ist ein großer Empfangsraum; der Säulenhof (Peristylium) besitzt ein Wasserbecken. Die Nebenräume bestehen aus der Küche (4) mit doppelter Feuerstelle und dem privaten Bad (5) mit drei Räumen (warm, lau, kalt).

Säulenhof des Pompejus (Portique de Pompée). — Dieses eingefriedete, 52 m lange Quadrat war eine Art öffentlicher „Park". Seine ursprünglich überdachten Galerien mit halbrunden Nischen umgaben einen Garten mit Wasserbecken, in dessen Mitte sich ein quadratisches Häuschen erhob. In den drei Nischen der freigelegten Nordgalerie stehen Abgüsse von Standbildern: Sabina, die Frau des Hadrian; der Wettkämpfer Diadumenos (die römische Replik des Polyklet-Werks befindet sich im British Museum, London) und Hadrian. Auch die Westseite ist fast vollständig freigelegt, während die beiden anderen Galerien unter modernen Bauten liegen.

VAISON-LA-ROMAINE ★★

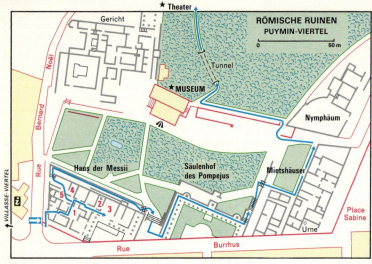

Mietshäuser (Maisons de rapport). — Sie liegen östlich des Säulenhofs. Die Dicke der Mauern läßt darauf schließen, daß die Gebäude ziemlich hoch gewesen sein müssen. Man beachte die große Vase, die zur Aufbewahrung von Vorräten diente.

Nymphäum (Nymphée). — Verschiedene Reste eines Wasserturms um eine in einem länglichen Becken gefaßte Quelle.

Ein wenig weiter östlich wurden das Geschäftsviertel und die sog. **Pfauenvilla** freigelegt. Vom Nymphäum aus erreicht man das Theater durch einen römischen Tunnel, den die Bewohner dieser Hügelseite zu ihrer Bequemlichkeit benutzten.

★ **Römisches Theater (Théâtre romain).** — Es stammt aus dem 1. Jh. n. Chr., wurde im 3. Jh. instandgesetzt und im 5. Jh. abgetragen. Mit 95 m Durchmesser und 25 m Höhe ist es um weniges kleiner als das von Orange (103 x 36 m). Wie bei diesem wurde der Hügel für die ansteigenden Sitzreihen genutzt, die Formigé hier jedoch erneuern ließ; 6 000 Zuschauer finden dort Platz. Auch die Bühne wurde gänzlich aus dem Fels geschlagen, weshalb die Gräben für die Maschinen, die den Vorhang bewegten, so gut erhalten sind. Dort hat man unter den Trümmern jene schönen Statuen entdeckt, die nun im Museum ausgestellt sind. Eine Besonderheit des Theaters von Vaison ist die z. T. noch erhaltene oberste Säulengalerie, die bei den anderen antiken Theatern der Provence fehlt.

Nach der Besichtigung des Theaters kehrt man über den Westhang des Hügels zurück.

Dort befindet sich der „prétoire" (Gericht) genannte Komplex — tatsächlich handelt es sich jedoch um ein Patrizierhaus mit Fresken und Latrinen.

★ **Museum** (M). — Das 1974 eröffnete Museum zeigt die Fundstücke aus Vaison in übersichtlicher Weise. Eine thematische Ordnung erfaßt verschiedene Aspekte gallo-römischer Zivilisation: Religion (Altäre, Grabinschriften, Widmungen), Wohnung, Keramik, Glaswaren, Waffen, Werkzeug, Gegenstände der Körperpflege, Münzen der Kaiserzeit. Bemerkenswert sind die Statuen: alle bestehen aus weißem Marmor. In zeitlicher Reihenfolge: Claudius (mit 43 datiert) mit einer dichten Eichenlaubkrone, Domitian im Harnisch; der unbekleidete Hadrian (datiert mit 121), der auf hellenistische Weise die Majestät verkörpert; seine Frau

Kaiserin Sabina

Sabina, konventioneller als vornehme Dame im Prunkgewand. Bei den Statuen ohne Kopf war dieser austauschbar; sie stellten Persönlichkeiten aus der Gemeinde dar. Zwei weitere Stücke sind erwähnenswert: der lorbeerbekränzte Venuskopf aus Marmor (2. Jh., *Abb. S. 20)* sowie die Silberbüste eines Patriziers aus dem 3. Jh.

VILLASSE-VIERTEL

Hauptstraße und Thermen (Rue centrale et thermes). — Beim Eintritt in das Ausgrabungsgebiet trifft man auf eine breite, mit Platten belegte Straße, die Gehsteige besitzt und in Nordsüdrichtung zum Ouvèze-Fluß hin verläuft. Die Parallelstraße rechts wurde von Kolonnaden gesäumt, war Fußgängern vorbehalten und führte an Geschäften vorbei, die in Anbauten von Wohnhäusern untergebracht waren. Links die Reste der zentralen Thermen, von tiefen Kanälen umgeben, was man lange für eine Basilika hielt. Im großen, 12,50 m breiten Saal blieb eine pilastergeschmückte Arkade erhalten.

★★VAISON-LA-ROMAINE

Haus der Silberbüste (Maison au buste d'argent). — Den Thermen gegenüber öffnet sich in der Ladenstraße der Eingang (1) eines weitläufigen Anwesens (3 000 m²), in dem die silberne Büste (im Museum) seines reichen Besitzers gefunden wurde. Im vollständigen Haus erkennt man den Plattenboden des Vestibüls, das Atrium (2), das Tablinum (3), ein Peristyl (Säulengang) mit Garten und Wasserbecken; danach ein weiteres, größeres Peristyl, ebenfalls mit Gartenanlage und Becken.
Südlich schließt sich ein weiteres Haus an, in dem mehrere Mosaiken (4) und Fresken gefunden wurden, die ein Atrium schmückten. Nördlich des zweiten Peristyls liegt ein privates Bad (5), dem ein Hof vorausgeht. Seitlich erstreckt sich eine große Anlage hängender Gärten.

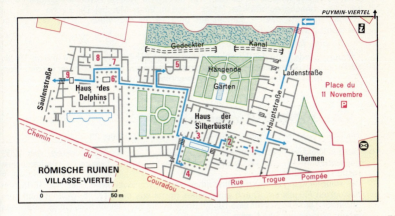

Haus des Delphins (Maison au Dauphin). — Ursprünglich, um 40 v. Chr., lag dieses Haus im Nordosten eines großen Bezirks, der noch nicht zur städtischen Anlage gehörte. Die Hauptwohnräume lagen um ein Peristyl, während die ersten bekannten Privatthermen Galliens in einem separaten Bau untergebracht waren.
Nördlich des großen Peristyls erreicht man über einige Stufen ein weiteres Peristyl (6) mit seinem Becken. Rechterhand erstreckt sich auf 50 m² das private Bad (7), daneben die Latrinen. Man durchquert das Triclinium (8), den großen Saal für die Festmahle und mehrere Zimmer, bevor man ins Atrium (9) gelangt.
Südlich gibt es ein weiteres Peristyl, das ein großes, mit weißem Marmor verkleidetes Becken mit drei halbrunden Nischen ziert: Wasserspiele und verschiedene Buschgruppen und Beete verliehen diesem Garten seinen besonderen Reiz.

Säulenstraße (Rue à colonnes). — Sie verläuft parallel zur Hauptstraße vor dem Haus des Delphins und wurde nur auf einer Strecke von 43 m freigelegt. Sie war nicht mit Platten belegt, sondern mit einer Kiesschicht bedeckt, die häufig erneuert wurde, wie dies bei zahlreichen anderen Straßen der Fall war.

WEITERE SEHENSWÜRDIGKEITEN

Ehemalige Kathedrale Notre-Dame-de-Nazareth (Y). — Dieses schöne Beispiel provenzalischer Romanik *(S. 35)* hatte mehrere Vorgängerbauten, von denen noch einige Spuren vorhanden sind. Die Grundmauern des Chorhaupts ruhen auf Fragmenten eines römischen Tempels; unterhalb die Reste einer Apsis in kleinteiligem Mauerwerk entstammen dem 4. Jh.
Dieser ersten frühchristlichen Kirche folgte ein merowingischer Bau im 6. oder 7. Jh., bezeugt durch die Apsis sowie die Basis einer kannelierten Säule, die 1951 im 1. Joch des linken Seitenschiffs freigelegt wurde. Mit einiger Vorsicht kann man sich ein Bild des damaligen Baus machen: ein dreifaches Schiff, dessen Holzgebälk 12 Säulen trugen. Im 11. Jh. wiederaufgebaut (aus dieser Zeit stammen ein Teil der Außenmauern und das rechte Joch vor der Apsis), wurde die Kirche Mitte des 12 Jh.s erneut errichtet und zu Beginn des 13. Jh.s beendet: Haupt- und Seitenschiffe gehören dieser Bauphase an.
Antikisierende Gesimse und Friese aus Laubwerk zieren das Äußere, die Chorkapellen sind unterschiedlicher Größe, der quadratische Glockenturm ist exzentrisch. Im Inneren besitzt das Langhaus mit Seitenschiffen in zwei Jochen Spitzbogentonnen und ein Joch mit Trompenkuppel, geschmückt mit den Evangelistensymbolen. In der mittleren Apsis (6. Jh.) ruhen die Arkaden auf wiederverwendeten antiken Säulen. Den Bischofsthron umgeben die aus Stein gehauenen Sitzstufen für die Priester; der Sarkophag des hl. Quenin und der **Hauptaltar**★ aus weißem Marmor auf vier kleinen Säulen stammen ebenfalls aus dem 6. Jh. In der linken Chorkapelle steht ein weiterer Marmoraltar aus dem 6. Jh. Lediglich die Grabmäler (14. Jh.) und die Mittelfenster (15. Jh.) wurden später hinzugefügt.

★ **Kreuzgang** (Cloître) **(Y B).** — Der Kreuzgang entstand im 11. und 12. Jh. (im 19. Jh. stark restauriert); heute beherbergt er ein kleines Museum christlicher Kunst: Tischaltar, Sarkophage, doppelseitiges Kreuz aus dem 15. Jh., Grabsteine, Fragmente karolingischer Geflechtsornamentik, Grabinschriften etc. Vom Kreuzgarten aus sieht man unter dem Gesims der Kathedrale eine rätselhafte lateinische Inschrift.

★ **Kapelle St-Quenin (Y D).** — Die eigenartige dreieckig umbaute Apsis sowie außergewöhnlicher Skulpturenschmuck haben die Datierung erschwert. Man nimmt heute an, daß die Kapelle im 12. Jh. unter Verwendung älterer Bauelemente entstand. Das Schiff wurde im 17. Jh. erneuert. Wiederverwendete frühchristliche oder merowingische Elemente sind über der Tür und links von ihr zu erkennen.

VAISON-LA-ROMAINE**

Römische Brücke (Pont romain) (Z). — Die 2 000 Jahre alte Brücke hat eine Spannweite von 17 m. Es wurde nur die steinerne Brüstung erneuert (im 19. Jh.).

Oberstadt (Haute Ville) (Z). — Vom Place du Poids aus kann man die malerischen Gassen und kleinen Plätze der Oberstadt durchstreifen, die im 13. und 14. Jh. entstand und später verlassen wurde *(S. 173)*. Heute sind viele der historischen, typisch provenzalischen Steinhäuser mit den Dächern aus Rundziegeln restauriert und mit neuem Leben erfüllt.
Einlaß gewährt ein Stadttor aus dem 14. Jh., überragt vom Wachtturm mit schmiedeisernem Glockenkäfig (18. Jh.).
Besonders reizvoll sind die Straßen Rue de l'Église, Rue de l'Évêché, Rue des Fours, und die brunnengeschmückten Plätze (Place du Vieux-Marché). Die Kirche — bis zur Revolution Kathedrale — stammt aus dem 15. Jh. und wurde im 17. und 18. Jh. verändert (Fassade).

Zur Burg führt ein recht beschwerlicher Fußweg.

Die Burg wurde Ende des 12. Jh.s auf den Felsen der Oberstadt erbaut und im 15. Jh. verändert, um dem militärischen Fortschritt Rechnung zu tragen; heute ist sie verlassen. Schöner **Blick** auf das Ouvèze-Tal, die Baronnies und den Mont Ventoux.

VALBONNE (Kartause)

Michelin-Karte Nr. 80 Falte 9 oder 245 Falte 1 oder 246 Falte 23

Dichter Wald verbirgt die glasierten Ziegeldächer des Kartäuserklosters, das 1203 gegründet, im 17. und 18. Jh. wiederaufgebaut wurde und heute ein medizinisches Institut beherbergt.
Der Haupteingang nimmt die Mitte eines langen, von zwei provenzalischen Türmchen flankierten Flügels ein. Durch ein zweites Portal aus dem 17. Jh. gelangt man zum Ehrenhof: Dort führt rechts eine Tür mit Bossenwerk zum kleinen Kreuzgang; geradeaus erhebt sich die barocke Kirche.

⊙ BESICHTIGUNG *1/2 Std.*

Besonders reich ist die **Innenausstattung★**: Mittelpunkt des stuckverzierten Chors ist der Hochaltar unter einem von gedrehten Säulen getragenen Baldachin. Von besonderer handwerklicher Qualität zeugt das Gewölbe, dessen weißes Mauerwerk in Rosettenform angelegt ist. Rechterhand führt eine Tür zu dem großen verglasten Kreuzgang, von dessen über 100 m langem Flügel früher die einzelnen Zellen abgingen.
⊙ In einer wiederaufgebauten **Zelle** veranschaulichen Möbel und Gebrauchsgegenstände das Leben der Kartäusermönche jener Zeit.

VALLON-PONT-D'ARC   1 907 Ew.

Michelin-Karte Nr. 80 Falte 9 oder 245 Falte 1 oder 246 Falte 23 — Kartenskizze S. 58 — Ferienort

Vallon ist der beste Ausgangspunkt für Fahrten durch die Ardèche-Schlucht, zu Wasser oder zu Lande *(S. 58)*. Südöstlich liegen am Hang eines Hügels die Ruinen des mittelalterlichen Dorfes Vieux Vallon.

⊙ **Tapisserien im Bürgermeisteramt.** — Das Rathaus (mairie) wurde in einem ehemaligen Palais im Louis-treize-Stil eingerichtet. Im Erdgeschoß beherbergt ein Saal sieben Aubusson-Wandteppiche aus dem 17. Jh. in lebhaften Farben. Sechs von ihnen stellen die Befreiung Jerusalems dar, der siebte das Veredeln eines Obstbaumes.

⊙ **Seidenraupenfarm (Magnanerie).** — 3 km auf der D 579 in Richtung Ruoms. Im Dorf **Les Mazes** kann man eine der letzten Seidenraupenfarmen des Vivarais besichtigen, die noch in Betrieb ist.

Aus Richtung Vallon zweigt die Zufahrt links ab.

Über die überdachte Terrasse gelangt man in einen großen Raum, wo die Seidenraupen auf Holzgestellen mit Schilfgeflecht leben. Der Besucher erhält einen Einblick in die Entwicklung der Tiere — von Nadelkopfgröße bis zum Auskriechen und vom Wachsen der Raupen bis zu den aus Seidenfäden gesponnenen Kokons, die an das Seidenbauinstitut in Alès geschickt werden.

VALRÉAS   8 796 Ew.

Michelin-Karte Nr. 81 Falte 2 oder 245 Falte 3, 4 oder 246 Falte 9 — Ferienort

Valréas liegt im fruchtbaren Tal der Coronne und lebt von Landwirtschaft und Industrie (Papierfabriken, Kunststoffverarbeitung, Druckereien, Möbelfabriken).
Im 14. Jh., zur Zeit der Exilpäpste in Avignon *(S. 69)*, wurde das Gebiet päpstliche Besitzung. König Karl VII. widersetzte sich einem Erstarken der Kirche in dieser Gegend, so daß Valréas Enklave blieb — auch heute gehört es zu einem anderen Departement als seine Umgebung.

Der Kleine St. Johannes. — Seit fünf Jahrhunderten besteht die Tradition, jährlich am 23. Juni einen Jungen zwischen 3 und 5 Jahren zum Kleinen St. Johannes zu wählen. Er symbolisiert die Reliquien des hl. Martins, des Schutzpatrons der Stadt, und wird bei Fackelschein in einer Sänfte durch die Straßen getragen und von 300 kostümierten Personen begleitet. Ein Jahr lang untersteht die Stadt seiner Obhut.

VALRÉAS

Ancien-Collège (R. de l')	2
Borello (R. Charles)	3
Château-Robert (R.)	5
Daurand (R. J.F.)	6
Échelle (R. de l')	7
Fabre (Pl. Henri)	9
Faye (R. Jules)	10
Ferry (Pl. Jules)	12
Foch (Av. Maréchal)	13
Grande-Rue	14
Gutenberg (Pl.)	15
Maury (Pl. Cardinal)	16
Meynard (Av.)	17
Niel (R. Jules)	18
Pasteur (R. Louis)	19
Recluse (Pl. de la)	21
Recluse (R. de la)	22
République (Pl. de la)	23
St-Antoine (R.)	24
St-Jean (R.)	25

Fußgängerzonen laden zum Bummeln ein. Sie sind auf unseren Plänen eingezeichnet.

SEHENSWÜRDIGKEITEN

Wo früher Befestigungsanlagen die Stadt umgaben — von ihnen blieb nur der Tivoli-Turm (**B**) übrig — erstreckt sich heute eine Platanenallee.

◎ **Rathaus** (Hôtel de ville) (**H**). — Stadtpalais aus dem 18. Jh., sein ältester Teil datiert vom 15. Jh. Eindrucksvoll ist die Fassade am Place Aristide-Briand.
Der **Ratssaal** im 1. Stock besitzt eine Decke im französischen Stil und gemalte Friese. In der Bibliothek sind Holztäfelungen (17. Jh.) aus dem alten Spital zu sehen sowie päpstliche Siegel, Pergamente und Inkunabeln (Wiegendrucke). Im 2. Stock enthält ein Saal mit schöner Balkendecke Werke des österreichischen Malers Scharf (1876-1943), der sich nach Valréas zurückgezogen hatte.

◎ **Kirche Notre-Dame-de-Nazareth.** — Der interessanteste Teil der romanischen Kirche (11. und 12. Jh.) ist das Südportal mit vier Bogenläufen, die auf Gewändesäulen ruhen. Im 14. und 15. Jh. wurde das Gebäude verändert (hauptsächlich die Vierung und die Seitenkapellen). Die Orgel auf der Empore stammt aus dem 16. Jh.

◎ **Kapelle der Weißen Büßer** (Chapelle des Pénitents Blancs) (**E**). — Auf dem Place Pie befindet sich ein schönes schmiedeeisernes Tor; die Allee dahinter führt zu einer Kapelle aus dem 17. Jh. Der Chor ist mit geschnitztem Gestühl und einer mit Blumenmotiven geschmückten Kassettendecke ausgestattet. Im Garten steht der Turm von Schloß Ripert oder auch Glockenturm (**F**) genannt; von der Terrasse bietet sich ein schöner Blick auf das alte Valréas und die Hügel des Tricastin.

Alte Wohnhäuser. — Grande-Rue: Nr. 36, Palais Aultane (**K**) mit wappenverzierter Tür; an der Ecke der Rue de l'Échelle: Palais Inguimbert (**N**) mit Konsolen und steinernen Fensterkreuzen; Place Gutenberg: Schloß Delphinal (**R**) mit Pechnasen.

AUSFLUG

Rundfahrt von 40 km. — Etwa 2 Std. Ausfahrt aus Valréas in westl. Richtung auf der D 941.

★ **Grignan.** — Seite 110

Der D 541 folgen, dann links die D 71 nehmen.

Chamaret. — 349 Ew. Ein imposanter Bergfried, Überrest eines mächtigen Schlosses, überragt von seinem Felsen aus die Ebene. Der obere Teil ist zu einem Glockenturm umgestaltet worden. Von den Ruinen gleitet der Blick über das Tricastin.

Weiter auf der D 71.

Die Straße führt zwischen Lavendelfeldern hindurch.

Montségur-sur-Lauzon. — 925 Ew. *Das alte Dorf ist mit dem Wagen erreichbar. Vor dem Rathaus die Straße links nehmen, dann rechts abbiegen und einem ansteigenden Weg folgen.* Bei einem Spaziergang durch das Gassengewirr entdeckt man die halb in den Fels gebaute Kirche. Vom Wehrgang aus bietet sich ein schöner **Rundblick**.

Auf der D 71ᴮ in östlicher Richtung weiterfahren.

Aussicht auf das Lance-Gebirge und das Gebiet um Nyons.

Richerenches. — 590 Ew. Die ehemalige Komturei wurde im 12. Jh. vom Templerorden gegründet als Stätte des Gebets und der Arbeit. Hier wurden Schafe und Pferde gezüchtet und Wolle und Getreide gehandelt; heute ist vor allem die Trüffelernte von Bedeutung *(S. 15).* Den rechteckig angelegten Ort umschließt noch die Stadtmauer mit vier Rundtürmen; Eingang durch den Wachtturm, einen Torturm mit Pechnasen und einer mit Nägeln beschlagenen Tür. Links von der Kirche befinden sich eindrucksvolle Überreste des alten Templer-Gotteshauses.

Die D 20, im Südosten, durchquert Visan und führt zu einer Kapelle.

◎ **Kapelle Notre-Dame-des-Vignes.** — Die aus dem 13. Jh. stammende Kapelle birgt im Chor eine Statue der Jungfrau (13. Jh.) aus bemaltem Holz, die am 8. September Ziel einer Wallfahrt ist. Im Kirchenschiff Täfelwerk aus dem 15. Jh.

Über Visan und die D 976 nach Valréas zurückfahren.

VENASQUE
656 Ew.

Michelin-Karte Nr. 81 Falte 13 oder 245 Falte 17 oder 246 Falte 11

Das teilweise noch befestigte Dorf liegt auf einem nach drei Seiten steil abfallenden Felsen über der Ebene von Carpentras. Es war früher Bischofssitz und gab der Grafschaft Venaissin ihren Namen.

★ **Baptisterium.** — *Eingang rechts vom Pfarrhaus (presbytère).* Das sog. Baptisterium gilt als eines der ältesten kirchlichen Baudenkmäler Frankreichs: Wahrscheinlich stammt es aus merowingischer Zeit (6. Jh.) und wurde im 11. Jh. umgebaut. Der Grundriß in Form eines griechischen Kreuzes läßt an eine Friedhofskapelle denken, doch rechtfertigt ein unter dem Fußboden freigelegtes Becken die Annahme, daß es sich um eine Taufkirche handelt.

Als Dekorationselemente fallen die Blendarkaden auf, die auf antiken Marmorsäulen mit skulptierten Kapitellen ruhen. Hier erkennt man u. a. das merowingische Flechtband als Schmuckmotiv.

Kirche Notre-Dame. — Die Kirche aus dem 12. und 13. Jh. wurde zwischen dem 15. und 18. Jh. mehrmals umgestaltet. Im Chor befindet sich ein schöner holzgeschnitzter Altaraufsatz (17. Jh.). In der 2. Kapelle links eine Kreuzigung (15. Jh.) aus der Schule von Avignon.

AUSFLUG

Wald von Venasque (Forêt de Venasque); Col de Murs. — *10 km östl. auf der D 4 in Richtung Apt.*
Die Straße führt durch den Wald von Venasque und eine malerische **Schlucht★**, bis man schließlich den Paß **Col de Murs** (627 m) erreicht. Wenige Kurven hinter der Paßhöhe bietet sich eine weite Aussicht auf Apt und Roussillon.

★★★ Das VENTOUX-Massiv

Michelin-Karte Nr. 81 Falte 3, 4, 13, 14 oder 245 Falte 17, 18 oder 246 Falte 10

Der pyramidenförmige Bergstock ist mit seinem kahlen, im Winter schneebedeckten Gipfel die höchste Erhebung im Gebirgssystem der Provence, und er wirkt, wie er sich da konkurrenzlos über der Ebene von Carpentras und dem Plateau von Vaucluse aufbaut, sehr majestätisch. Die Fahrt zum Gipfel ist einer der schönsten Ausflüge, den die Provence zu bieten hat.
Aus der Höhe seiner 1 909 m bietet sich ein herrlicher Rundblick.

Klima. — Wer etwas Französisch kann, wird im Namen Ventoux das Wort *vent* = Wind erkannt haben. Tatsächlich bläst der Mistral auf dem Gipfel mit besonderer Schärfe, so daß die Temperatur in der Höhe im Durchschnitt um 11 °C niedriger ist als am Fuße des Berges. Es regnet doppelt so viel wie in der Ebene, doch versickert das Regenwasser schnell im stark zerklüfteten Kalkstein des Massivs und im südlich vorgelagerten Plateau von Vaucluse.
Während der kalten Jahreszeit fällt das Thermometer der Wetterstation auf dem Gipfel bis auf − 27 °; in einer Höhe von 1 300/1 400 m bleibt der Schnee von Dezember bis April liegen.
In mehreren Orten des Nord- und Südhanges (Mont Serein, Chalet-Reynard) sind gute Wintersportmöglichkeiten geboten.

Pflanzenwelt. — Der Ventoux wurde früher im Volksmund der „geschälte Berg" *(Mont Pelé)* genannt, denn er war als Hauptholzlieferant der Werften von Toulon ziemlich kahl geschlagen. Heute ist er wieder aufgeforstet und trägt die verschiedensten Baumarten: Aleppokiefern, Steineichen, amerikanische Eichen, Zedern, Buchen, Bergkiefern, Tannen und Lärchen. Diese machen ab 1 600 m Höhe einer grauweißen Steinwüste Platz.
Vielfältig wie die Baumarten sind Kräuter und Blumen der verschiedenen Höhenlagen. Nach der Pflanzenwelt der Provence findet man, in der obersten Bergzone, Flechten und Moose des Polarkreises.
Die günstigste Zeit für den Botaniker ist von Anfang bis Mitte Juli, doch hat auch der herbstlich bunte Wald seinen Reiz.

Die Eroberung des Gipfels. — Der einsame Bergriese reizte schon den Dichter Petrarca *(S. 107)*, der im April des Jahres 1336 mit seinem Bruder die damals gefährliche Besteigung von Carpentras aus unternahm. In einem Brief gab er dann eine begeisterte Schilderung von diesem ungewöhnlichen Ausflug. Nach dem Erlebnis des Berges und seiner herrlichen, weiten Aussicht waren ihm der „Athos und Olymp weniger unglaublich geworden".
Im 19. Jh. berichtet Frédéric Mistral *(S. 24)* von einem Ausflug, den er mit Théodore Aubanel und einem Malerfreund nachts, von Bédoin aus, unternommen hatte, um auf dem Gipfel den Sonnenaufgang zu erleben. Die kleine, von einem Führer begleitete Gruppe hatte sich Maultiere gemietet, geriet aber dennoch, bei einer etwas unorthodoxen Abkürzung des Weges, in Schwierigkeiten.
Zwischen 1902 und 1973 fanden auf der Strecke Bédoin — Ventoux-Gipfel Autorennen statt. Lag der Geschwindigkeitsrekord 1913 bei 73 km/h, so erreichte 1973 Mieusset 142,28 km/h ! Manchmal enthält die berühmte Tour de France (Radrennen) den Ventoux als besonders anstrengende Etappe.
Mehrere Straßen und Wanderwege erschließen das Massiv und, wo immer man auch hinkommen mag, überrascht der Ventoux mit einem neuen Gesicht.

Nachstehend ist die Auffahrt zum Ventoux über den Nordhang beschrieben; sie ist jedoch auch von Osten ab Sault möglich (s. Michelin-Reiseführer Alpes du Sud — nur französische Ausgabe).

★★★ Das VENTOUX-Massiv

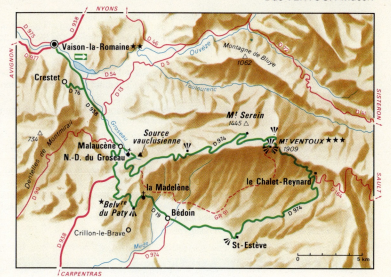

★★ AUFFAHRT ÜBER DEN NORDHANG
Rundfahrt ab Vaison-la-Romaine
63 km — 1 Tag — Kartenskizze s. oben

Die D 974 wurde 1933 als Touristenstraße angelegt. Im Hochsommer ist diese Strecke angenehmer als die Auffahrt über den Südhang, weil es hier frischer ist — die Steigung bleibt jedoch gleich. Bei Gewittern liegt auf den letzten 3 km u. U. Geröll, was den Verkehr jedoch nicht behindert, wenn man vorsichtig fährt. Wählt man die Strecke über Bédoin für die Talfahrt, wird der Motor weniger beansprucht.

★★ Vaison-la-Romaine. — *Seite 172*

Ausfahrt aus Vaison auf der D 938, ② des Plans.

Die Straße führt durch das hübsche Grozeau-Tal, wo rechts die Kette der Dentelles de Montmirail *(S. 101)* aufragt.

Crestet. — *2,5 km auf der D 76. Beschreibung S. 102.*

Malaucène. — *Seite 102*

Weiter auf der D 974.

Kapelle Notre-Dame-du-Groseau. — Diese Kapelle ist der einzige Überrest einer Benediktinerabtei, die St-Victor in Marseille unterstand. Das Gebäude mit quadratischem Grundriß ist der ehemalige Chor der Abteikirche aus dem 12. Jh., deren Langhaus verschwunden ist. Innen ruht eine schöne achteckige Kuppel auf Trompen, die die Symbole der Evangelisten zieren. Der antikisierende Stil zeigt den Einfluß von Künstlern des Rhonetals. Zu Beginn des 14. Jh. s hielt der französische Papst Klemens V. sich gerne an diesem lieblichen Ort auf, der als grüne, schattige Oase inmitten der Felsen liegt.

Groseau-Quelle (Source vauclusienne du Groseau). — Links der Straße liegt unter Bäumen ein kleiner See, der von der Groseau-Quelle gespeist wird. Die Römer hatten ein Aquädukt errichtet, das ihr Wasser bis nach Vaison brachte.

Von den Serpentinen der Straße genießt man eine schöne Sicht über das Plateau von Vaucluse; danach führt sie den Nordhang des Ventoux hinauf, die steilste und am stärksten ausgewaschene Seite des Berges, durch Weideland und kleine Tannengehölze, an der Schutzhütte des Mont Serein vorbei. Vom Aussichtspunkt hinter dem Forsthaus Les Ramayettes bietet sich ein herrlicher **Blick**★ auf die Täler des Ouvèze und Groseau sowie auf die dahinter aufsteigenden Bergzüge der Baronnies und den Gipfel des La Plate.

Mont Serein. — Wintersportort; die Chalets stehen inmitten der Schneefelder; zahlreiche Skilifte.

Der Rundblick reicht bis zu den Dentelles de Montmirail und den Höhen des rechten Rhone-Ufers. Nach zwei großen Serpentinen erreicht die Straße den Gipfel.

★★★ Gipfel des Ventoux. — Hier oben befinden sich eine Radarstation der französischen Luftwaffe und eine Sendeantenne.

Im Sommer bildet sich während der heißen Stunden häufig Dunst — es empfiehlt sich also, den Ausflug am frühen Vormittag bzw. gegen Abend zu unternehmen; doch auch bei Dunkelheit ist der Blick über die provenzalische Ebene mit ihren glitzernden Ortschaften bis hin zu den Leuchtfeuern der Küste äußerst reizvoll. Meist ist im Winter die Luft wesentlich klarer, der Gipfel dann allerdings nur mit Skiern erreichbar.

Vom Parkplatz aus *(Orientierungstafel)* bietet sich bereits eine schöne Aussicht auf die Alpen. Der **Rundblick**★★★ von der südlich davon angelegten Plattform *(Orientierungstafel)* ist überwältigend; bei besonders klarem Wetter kann man den Pyrenäengipfel Canigou sehen.

Die Talfahrt erfolgt über den Südhang: Zunächst durchquert man ein weißes Geröllfeld. Diese Straße entstand gegen 1885, gleichzeitig mit dem Observatorium, zu dem sie führt; vom Gipfel (1909 m) bis Bédoin (310 m) überwindet sie auf 22 km ein Gefälle von 1600 m.

Das VENTOUX-Massiv★★★

Le Chalet-Reynard. — Wintersportort zwischen herrlichen Skihängen.
Die Straße führt dann durch Wald, bevor die typisch provenzalische Vegetation überwiegt: Weinberge, Pfirsich- und Kirschbäume sowie Olivenhaine. Die Sicht reicht über die Ebene des Comtat bis zum Vaucluse-Plateau mit dem Luberon-Gebirge im Hintergrund.

St-Estève. — Vor dem Ort bietet sich rechts ein schöner **Blick**★ auf die Bergkette der Dentelles de Montmirail und das Comtat Venaissin, links auf die Hochebene von Vaucluse.

Bédoin. — 1 842 Ew. Durch malerische Sträßchen gelangt man zur klassizistischen Kirche (sog. Jesuitenstil), die schöne Barockaltäre besitzt.

Weiter auf der D 19.

- **Kapelle La Madelène.** — Unterhalb der Straße steht das Priorat. Die kleine Kapelle aus dem 11. Jh. ist ein Beispiel provenzalischer Romanik. Das Chorhaupt besteht aus drei kleinen schiefergedeckten Absidiolen; ein viereckiger Glockenturm mit Zwillingsöffnungen erhebt sich über dem Chor.

- ★ **Belvedere Le Paty.** — Von diesem Aussichtspunkt reicht ein herrlicher **Blick**★ über das malerische Dorf Crillon-le-Brave, rechts auf das Bergland der Alpilles, geradeaus auf das Comtat Venaissin und das Plateau von Vaucluse, links auf den Ventoux.

Die D 19 und die D 938 führen nach Vaison-la-Romaine zurück.

★ VILLENEUVE-LÈS-AVIGNON   9 535 Ew.

Michelin-Karte Nr. 81 Falte 11, 12 oder 245 Falte 16 oder 246 Falte 25 — Ferienort
Plan Avignon und Umgebung im Michelin-Hotelführer France

Die Ansicht Avignons von Villeneuve aus im Licht der untergehenden Sonne gehört zu den schönsten Landschaftsbildern des Rhone-Tals, doch auch die Kunst- und Bauwerke der ehemaligen „Stadt der Kardinäle" sind durchaus einen Abstecher wert.

Geschichtliches. — Als Gebiet der Grafen von Toulouse wurde Villeneuve nach dem verlorenen Albigenserkrieg vom französischen König konfisziert, der dadurch einen Stützpunkt am rechten Rhone-Ufer gewann. Philipp der Schöne ließ Villeneuve im 13. Jh. als erster militärisch ausbauen, indem er das Ende der Rhone-Brücke Pont Saint-Bénézet stark befestigte. Johann der Gute und Karl V. verstärkten die Verteidigungsanlagen durch den Bau des Saint-André-Forts, und bald entstand im Schutze der dicken Mauern ein kleiner Ort.
Villeneuve wurde zur Zeit der Päpste zum eleganten Vorort Avignons, denn Kardinäle, die in der Papststadt selbst keine ihrem Rang entsprechenden Paläste mehr gefunden hatten, erhielten hier Land zugeteilt. Auch nach der Rückkehr der Päpste nach Rom zeichnete sich die Klöster weiterhin durch ein reiches Geistesleben aus; im 17. und 18 Jh. entstanden zahlreiche Adelshäuser in der Hauptstraße, und erst die Revolution setzte all' diesem Glanz ein Ende.

★ KARTÄUSERKLOSTER VAL DE BÉNÉDICTION
Besichtigung: 1 Std.

Das bedeutendste Kartäuserkloster Frankreichs wurde 1352 von Innozenz VI. in Erinnerung an einen Ordensgeneral gestiftet, der aus Bescheidenheit die Papstkrone abgelehnt hatte.
Die Mitglieder des Ordens, der 1084 vom hl. Bruno gegründet worden war, verbringen ihr Leben in strenger Abgeschiedenheit mit Beten, Studien und handwerklicher Arbeit. Dreimal täglich treffen sie sich in der Kapelle zum Gottesdienst, und nur sonntags sind ein gemeinsames Mahl und wenige Minuten des Gesprächs gestattet.

In der Kartause ist heute ein **Kulturzentrum** (Centre Culturel de Rencontre) untergebracht.

Eingang durch das Tor in der Rue de la République Nr. 60.

Rechts davon markiert eine Inschrift den Wasserstand der Rhone bei der Überschwemmung im Jahre 1856.

Klostertor. — Es trennt die Allée des Mûriers (Maulbeerbäume) vom Place des Chartreux und trägt besonders an seiner Rückseite prächtige Verzierungen: Balkone über kannelierten Konsolsteinen, Löwenköpfe, einen Giebel mit Pinienzapfen und elegante Draperien.

Den Empfangsraum durchqueren und an der Südseite der Kirche entlanggehen.

Kirche. — Durch das Hauptschiff gelangt man zur offenen Apsis, die einen Blick auf das Fort St-André bietet *(S. 181).* Linkerhand, in der Apsis des 2. Schiffes und unter dem 1. Joch befindet sich das Gragmal Innozenz' VI. (1): Die Liegefigur aus weißem Marmor ruht auf einem arkadengeschmückten Sockel; der spätgotische Baldachin ist restauriert. Die beiden folgenden Kapellen sind den Heiligen Bruno und Michael gewidmet und nur während Ausstellungen zu besichtigen.

Kleiner Kreuzgang. — An seinem Ostflügel liegen der Kapitelsaal (2) und der Mesner-Hof (3) mit Brunnen und einer hübschen Treppe.

Friedhofskreuzgang (Cloître du cimetière). — Der 20 m breite und 80 m lange Kreuzgang wurde im 17. und 18. Jh. verändert; er wird von den Mönchszellen gesäumt, die jeweils aus Schlaf- und Arbeitsraum mit Durchreiche das Essen sowie einem kleinen Hof bestehen. Die erste Zelle kann besichtigt werden (4).
Am Nordostende des Kreuzgangs führt ein Gang zur Waschküche (5), einem Raum mit niedrigem Kreuzrippengewölbe, einem Brunnen und Kamin für die Trockenkammer. Vom Westflügel, bei einer kleinen Totenkapelle (6), gelangt man zur Kapelle (7) des

★VILLENEUVE-LÈS-AVIGNON

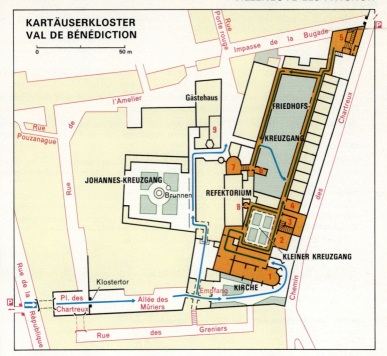

Möchsrefektoriums, die schöne Fresken von Matteo Giovanetti (14. Jh.) aufweist: Szenen aus dem Leben Jesu (Vorstellung im Tempel, Grablegung) und Johannes des Täufers.

Den Friedhofskreuzgang durchqueren und der Nordseite des Kleinen Kreuzgangs bis zum Brunnenhaus folgen.

Das Brunnenhaus (8) ist ein kleiner Rundbau mit einer hübschen Kuppel aus dem 18. Jh.

Refektorium. — Im ehemaligen Bankettsaal aus dem 18. Jh. finden heute Veranstaltungen statt.

Durch die Kirche und den Empfangsraum gelangt man zum Johannes-Kreuzgang.

Johannes-Kreuzgang (Cloître St-Jean). — Seine Arkaden sind inzwischen verschwunden, doch gibt es noch mehrere Mönchszellen. Der mächtige Johannes-Brunnen in der Mitte stammt aus dem 18. Jh.

Den Johannes-Kreuzgang verlassen und um das zinnenbewehrte Chorhaupt des Bankettsaals herumgehen: Von hier sieht man die Bäckerei (9) mit ihrem sechseckigen Turm. Im Nordosten liegt das **Gästehaus** (hôtellerie), das im 18. Jh. verändert wurde, mit schöner Nordfassade.

WEITERE SEHENSWÜRDIGKEITEN

★Fort St-André. — Zu Beginn des Mittelalters war der Hügel, genannt Mont Andaon, noch eine Rhoneinsel und trug eine Einsiedelei, dann ein Kloster. Später trocknete der Rhonearm aus. Das Fort wurde in der 2. Hälfte des 14. Jh.s durch Johann den Guten und Karl V. erbaut; es besitzt ein großartiges, von Flankentürmen (B) bewehrtes **Tor★** — eines der besten Beispiele mittelalterlicher Befestigungskunst — und eine Mauer, die eine Benediktinerabtei, die romanische **Kapelle Notre-Dame-de-Belvézet** (D) aus dem 12. Jh. sowie den Ort St-André umschloß, von dem nur noch einige Mauerreste vorhanden sind. Die Besichtigung des westlichen Chorturmes führt zum Saal, von wo die Fallgatter betätigt wurden, und zur Backstube (18. Jh.). Von der Terrasse *(85 Stufen)* schweift der **Blick★★** über die Rhone und Avignon mit dem Papstpalast, die Ebene des Comtat Venaissin, den Ventoux und die provenzalischen Gebirgsketten Luberon und Alpilles. Hinter dem Park der Abtei erhebt sich die massige Silhouette des Philippe le Bel-Turmes.

Abtei St-André (Abbaye St-André). — Von der im 10. Jh. gegründeten Benediktinerabtei sind nach den Zerstörungen während der Revolution nur das Eingangsportal, der linke Gebäudeflügel und die auf mächtigen Gewölben ruhende Terrasse mit einem Park im italienischen Stil übrig geblieben. Von hier aus reizvoller **Blick★** auf Avignon, das Rhonetal und den Ventoux.

Kirche (E). — Die ehemalige Stiftskirche wurde 1333 von Kardinal Arnaud de Via, einem Neffen von Papst Johannes XXII., gegründet. Ihr Ostturm war früher ein Wachtturm, dessen Arkaden im Erdgeschoß als öffentlicher Durchgang dienten. Später erhielten die Kanoniker die Erlaubnis, diese Passage zu schließen und als Chorraum umzugestalten: Ein zusätzliches Joch verband nun den Turm mit dem Langhaus.
Die Kirche enthält mehrere Kunstwerke: vom Chor ausgehend das wiederhergestellte Grab des Kardinals Arnaud de Via mit der originalen Liegefigur aus dem 14. Jh. (2. Kapelle links); eine Kopie der berühmten Pietà, die sich seit 1904 im Louvre in Paris

VILLENEUVE-LÈS-AVIGNON★

befindet (3. Kapelle rechts); der hl. Bruno, ein Gemälde von Nicolas Mignard und eine Kreuzigung von Reynaud Levieux (über dem Choreingang).
Den Hauptaltar (18. Jh.) schmückt ein Relief mit der Darstellung Christi im Grabe, das aus der Kartause stammt. Rechts vom Hauptaltar ein alter Abtssitz (18. Jh.) aus dem Kloster St-André.
Sehenswert sind auch die fein gearbeiteten Kragsteine im Hauptschiff (teilweise beschädigt).

Kreuzgang (Cloître) (**F**). — An der Nordseite der Kirche erstreckt sich der schlichte Kreuzgang der ehemaligen Stiftskirche aus dem 14. Jh.

Rue de la République. — Die Straße wird von mehreren ehemaligen Kardinalspalästen gesäumt (Nr. 1, 3, 45, 53); in einem von ihnen ist das Städtische Museum untergebracht.

Städtisches Museum (Musée municipal Pierre-de-Luxembourg) (**M**). — Im Palais des Kardinals Pierre de Luxembourg, der 1387 mit 19 Jahren starb. In vier Stockwerken sind großartige Kunstwerke zu sehen. Erdgeschoß: die **Madonna**★★ aus bemaltem Elfenbein (14. Jh.) wurde vorher in der Sakristei der Kirche gezeigt. Sie gehört zu den besten Schnitzereien dieser Art. Beim Drehen der Figur enthüllt die Rückseite die leichte Krümmung des Stoßzahns. Die eigenartige marmorne Madonna mit den zwei Gesichtern wurde im 15. Jh. in Deutschland geschaffen (Schule von Nürnberg). Der Marmorkopf, ein Werk von Laurana, stellt Königin Jeanne de Laval dar, die zweite Frau König Renés; außerdem ist das Meßgewand von Innozenz VI. ausgestellt sowie ein Hl. Abendmahl aus dem 18. Jh., mit feinen Perlen verziert.

Im 1. Stock befindet sich das Glanzstück der Sammlung, die **Marienkrönung**★★ (1453) von Enguerrand Quarton. Leuchtende Farben und ein symmetrischer Aufbau charakterisieren das Gemälde. Die Taube, die den Hl. Geist symbolisiert, scheint mit ihren Flügeln Gottvater und Sohn zu vereinen. Im Schutze des rot-blauen Mantels der Madonna sollten am unteren Bildrand gemäß den Wünschen des Auftraggebers rechts Rom und links Jerusalem liegen... natürlich ist die Architektur von den zeitgenössischen Bauten der Gegend inspiriert. Gemälde von Nicolas Mignard (Jesus im Tempel, 1649) und Philippe de Champaigne (Kreuzigung, um 1644).

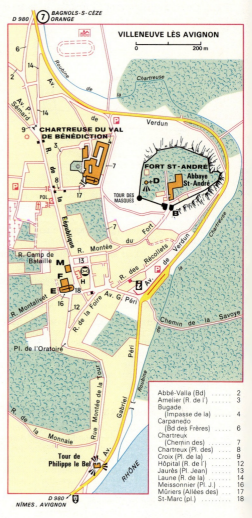

In der 2. und 3. Etage befinden sich Arbeiten von Nicolas Mignard, Philippe de Champaigne (Heimsuchung), Simon de Châlons, Parrocelli (hl. Antonius und das Jesuskind) und Reynaud Levieux. Einige Stück stammen aus der Kartause: eine Tür aus dem 17. Jh., ein Schrank (17. Jh.) und Zinngeschirr aus dem Gästehaus.

Philippe le Bel-Turm (Tour de Philippe le Bel). — Der zwischen 1293 und 1307 errichtete Turm bildete den Kern der ersten Verteidigungsanlage. Der zweite Stock und das Türmchen wurden im Laufe des 14. Jh.s angefügt. Von der obersten Plattform aus *(176 Stufen)* wunderschöner **Blick**★★ auf Villeneuve und Fort St-André, das Ventoux-Massiv, die Rhone, Avignon und die Gebirge Montagnette und Alpilles.

Lieben Sie ruhige Nächte?
Der jährlich neue **Michelin-Führer France** *bietet Ihnen*
eine Auswahl angenehmer Hotels in guter Lage an.

VITROLLES

22 739 Ew.

Michelin-Karte Nr. 84 Falte 2 oder 245 Falte 31, 44 oder 246 Falte P — Kartenskizze S. 85

Der Ort am Ostrand des Sees von Berre lebt von der Industrie, die sich in einer Zone von 240 ha angesiedelt hat und überwiegend Metallkonstruktionen, chemische Produkte und Nahrungsmittel herstellt. Wie die alten Häuser weisen auch die der Neustadt den typischen warmen Ockerfarbton auf. Ein bizarrer Felsen, dessen Form an eine Ruine erinnert, ragt über dem Ort auf.

Spaziergang zum Felsen. — *1/4 Std. zu Fuß hin und zurück. Ein Weg führt zu einer Treppe mit 75 Stufen (Parkmöglichkeit vor dem Haupteingang des Friedhofs).* Auf dem Felsen erheben sich am Südrand ein Sarazenen-Turm aus dem 11. Jh. und am Nordrand die der Schutzpatronin der Flieger geweihte Kapelle Notre-Dame-de Vie.

★ **Panorama.** — Im Südwesten sieht man die Seen von Berre und Bolmon, die Estaque-Bergkette, die Senke von Caronte, darüber die Höhen von St-Mitre sowie den Erdölhafen Lavéra. Im Umkreis der Seen erkennt man die Mündung des Marseille-Rhone-Kanals, La Mède mit der Raffinerie, Marignane, den Flughafen Marseille-Provence und die Fabriken von Berre. Im Südosten zeichnen sich die Étoile-Bergkette und der Pilon du Roi ab; weiter links erhebt sich das eindrucksvolle Ste-Victoire-Gebirge.

Provenzalischer Mas

ABKÜRZUNGEN auf Landkarten und Stadtplänen

Abb^e	abbaye	**Abtei**
Anc^{ne}	ancienne	**alt, ehemalig**
Av.	avenue	**Avenue**
B^d	boulevard	**Boulevard**
Belv^{re}	belvédère	**Aussichtspunkt**
B^{ge}	barrage	**Staudamm**
C^{ade}	cascade	**Wasserfall**
C^{al}	canal	**Kanal**
Carr^e	carrière	**Steinbruch**
Cath.	cathédrale	**Kathedrale**
Ch.	chemin	**Weg, Pfad**
Ch^{au}	château	**Burg, Schloß**
Ch^{lle}	chapelle	**Kapelle**
C^{que}	cirque	**Gebirgskessel**
D^r	docteur	**Doktor**
Égl.	église	**Kirche**
Établ^t	établissement	**Institut, Anstalt**
Ét^g	étang	**Teich, See, Lagune**
F^{ne}	fontaine	**Quelle, Brunnen**
G^{al}	général	**General**
G^{ffre}	gouffre	**Abgrund, Kluft**
G^{ges}	gorges	**Schlucht**
Gr^{de}	grande	**groß**
M^{al}	maréchal	**Marschall**
MF, M^{on} F^{re}	maison forestière	**Forsthaus**
M^{gne}	montagne	**Gebirge**
Mon^t	monument	**Monument, Denkmal**
M^t	mont	**Berg**
Nat.	national	**national**
N.-D.	Notre-Dame	**Unsere Liebe Frau**
Pl.	place	**Platz**
Pl^{au}	plateau	**Plateau, Hochebene**
Prés^t	président	**Präsident**
P^{te}	porte	**Tor, Tür**
Q.	quai	**Kai**
R.	rue	**Straße**
Rd-Pt	rond-point	**Rondell**
R^{er}	rocher	**Felsen**
S^{ce}	source	**Quelle**
St	saint	**Heiliger**
Ste	sainte	**Heilige**
Sup.	supérieur(e)	**obere(r)**
Th.	théâtre	**Theater**
U^{se}	usine	**Fabrik, Kraftwerk**
V^{on}	vallon	**Tal**

Praktische Hinweise

FORMALITÄTEN

Papiere. — Für den Besucher aus der Bundesrepublik Deutschland, aus Österreich und der Schweiz genügt beim Grenzübergang nach Frankreich der Personalausweis. Für Kinder unter 16 Jahren ist ein Kinderausweis erforderlich, oder sie müssen im Reisepaß der Eltern eingetragen sein.

Für Kraftfahrzeuge, einschließlich Wohn- oder Gepäckanhänger, benötigt man nur die heimatlichen Papiere, die Grüne Versicherungskarte wird nicht mehr verlangt, bei Schadensfällen vereinfacht sie jedoch die Abwicklungen.

Zoll. — Nach Frankreich dürfen aus Ländern der Europäischen Gemeinschaft eingeführt werden: 5 l Wein, 1,5 l Spirituosen über 22 Vol.-% oder 3 l mit oder unter 22 Vol.-%, 300 Zigaretten oder 75 Zigarren oder 400 Tabak, 1 000 g Kaffee oder 400 g löslicher Kaffee, 200 g Tee oder 80 g löslicher Tee, 75 g Parfüm und 3/8 l Eau de Toilette; Geschenke im Wert von 2 400 FF, Kinder unter 15 Jahren bis zu 620 FF. Aus Österreich und der Schweiz: 2 l Wein, 1 l Spirituosen über 22 Vol.-% oder 2 l mit oder unter 22 Vol.-%, 200 Zigaretten oder 50 Zigarren oder 250 g Tabak, 50 g Parfüm und 1/4 l Eau de Toilette, 500 g Kaffee oder 200 g löslicher Kaffee, 100 g Tee oder 40 g löslicher Tee. Geschenke im Wert von 300 FF, für Kinder unter 15 Jahren bis zu 150 FF.

Für Tabakwaren und Spirituosen gelten bei der Ausfuhr die gleichen Mengenbeschränkungen wie bei der Einfuhr nach Frankreich.

Reisenden mit ständigem Wohnsitz im Ausland kann beim Kauf bestimmter Waren die **Mehrwertsteuer** (T.V.A.) zurückerstattet werden. Auskünfte erteilen die Zollämter.

Devisen. — Aus allen Ländern dürfen französische Banknoten und Devisen in unbegrenzter Menge eingeführt werden; eine Summe über 12 000 FF muß allerdings deklariert werden. Die Ausfuhr ist auf 12 000 FF oder den Gegenwert in Devisen beschränkt. Bei einer Devisenausfuhr von über 12 000 FF muß die bei der Einfuhr ausgefüllte Erklärung vorgelegt werden.

Die **Währungseinheit** ist der französische Franc: 1 FF = 100 Centimes.

Kranken- und Unfallversicherung. — Für Reisende aus den **Mitgliedsstaaten der Europäischen Gemeinschaft** gibt es einen internationalen Krankenschein (Formular E 111). Dieser wird von der heimischen Krankenkasse ausgestellt und muß auf der Reise mitgeführt werden. Er wird im Bedarfsfall zusammen mit den vom Arzt oder Krankenhaus ausgestellten französischen Papieren (Krankenschein, Rezept) der örtlichen französischen Krankenkasse (Caisse Primaire d'Assurance Maladie) übermittelt. Diese erstattet die von Ihnen ausgelegten Beträge gemäß den in Frankreich üblichen Tarifen zurück.

Österreich. — Der in Österreich versicherte Tourist muß sich vor der Abreise bei seiner Krankenkasse ein Formular SE 110-07 ausstellen lassen, und es auf der Reise mitführen. Diese Bescheinigung reicht er zusammen mit dem vom französischen Arzt ausgestellten Krankenschein und dem Rezept bei der Krankenkasse seines Aufenthaltsortes ein, die ihm die Kosten nach französischen Tarifen erstattet. Bei Zeitmangel kann die Rückzahlung auch durch internationale Zahlungsanweisung an die Heimatadresse erfolgen.

Schweiz. — Da in der Schweiz eine Krankenversicherung nicht obligatorisch ist, muß der Reisende in Frankreich seine Kranken- und Unfallkosten selbst bezahlen. Privat Versicherte können bei ihrer Krankenversicherung einen französischen Krankenschein vorlegen, die Kosten werden den Bestimmungen entsprechend vergütet.

DIPLOMATISCHE VERTRETUNGEN

Konsulate
Bundesrepublik Deutschland:
13295 Marseille, 338 Avenue du Prado, ☏ 91 77 08 98 und 91 77 60 90
06000 Nice, 22 Avenue Notre-Dame, ☏ 93 62 22 26
Österreich:
13006 Marseille, 27 Cours Pierre-Puget, ☏ 91 53 02 08
Monte-Carlo, 19 Avenue d'Ostende, ☏ 93 30 08 08
Schweiz:
13291 Marseille, 7 Rue d'Arcole, ☏ 91 53 36 65
06000 Nice, 4 Avenue Georges-Clemenceau, ☏ 93 88 85 09

NÜTZLICHE ADRESSEN

Fremdenverkehrsämter. — Die **Informationsstellen** (*Syndicat d'Initiative* oder *Office de Tourisme*) sind auf den Stadtplänen des vorliegenden Reiseführers und des Michelin-Hotelführers France durch 🛈 gekennzeichnet oder unter dem Namen der größeren Orte im Ortsverzeichnis des Hotelführers angegeben. Sie stellen häufig bei Voranmeldung deutschsprachige Führer für Gruppen zur Verfügung.

Das **Amtliche französische Fremdenverkehrsbüro** in Paris, Accueil de France, 127 Avenue des Champs-Élysées, gibt Auskünfte und versendet Broschüren.

Weitere offizielle Stellen befinden sich:

In Deutschland
4000 Düsseldorf, Berliner Allee 26, ⌕ 80 37 56
6000 Frankfurt a. Main, Westendstraße 47, ⌕ 75 60 83 0

In Österreich
1030 Wien, Hiltoncenter 259 C, Landstrasser Hauptstraße 2 A, ⌕ 75 70 62

In der Schweiz
1201 Genf, Rue Thalberg 2, ⌕ 32 86 10
8022 Zürich, Bahnhofstraße 16, BP 49 79, ⌕ 211 30 85/86

Regionale Fremdenverkehrsverbände:
- Comité Régional du Tourisme Provence - Alpes - Côte d'Azur (Bouches-du-Rhône, Var, Vaucluse): 22A, rue Louis-Maurel, 13006 Marseille, ⌕ 91 37 91 22.
- Loisirs Accueil Bouches-du-Rhône (Angebot von Ferienunterkünften und Freizeitkursen): Domaine du Vergon, 13770 Mallemort, ⌕ 90 59 18 05.

Departementale Fremdenverkehrsverbände (Comités départementaux du Tourisme):
- Ardèche: 8 cours Palais, 07000 Privas, ⌕ 75 64 04 66;
- Bouches-du-Rhône: 6 rue Jeune Anacharsis, 13001 Marseille, ⌕ 91 54 92 66;
- Drôme: 1 avenue de Romans, 26000 Valence, ⌕ 75 43 27 12;
- Gard: 3 place des Arènes, 30000 Nîmes, ⌕ 66 21 02 51;
- Var: 1 boulevard Foch, 83300 Draguignan, ⌕ 94 68 58 33;
- Vaucluse: La Balance, Place Campana, 84008 Avignon Cedex, ⌕ 90 86 43 42.

Eisenbahn. — Eine Generalvertretung der Französischen Eisenbahn (S.N.C.F.) gibt es in: 6000 Frankfurt a. Main, Rüsterstraße 11, ⌕ 72 84 44
1070 Wien, Mariahilferstr. 84, ⌕ 93 75 88
3001 Bern, Effingerstr. 31, BP 2197, ⌕ 25 11 01/02

Automobilclub. — Der französische Automobilclub **„Fédération Française des Clubs Automobiles"** hat Geschäftsstellen in den größeren Städten. Adressen im Michelin-Hotelführer France des laufenden Jahres.

Unterkunft. — **Michelin-Hotelführer France** und **Michelin-Führer Camping Caravaning France:** siehe S. 8.
Für **Wander- oder Reitfreunde** ist der Führer „Gîtes et refuges en France" von A. und S. Mouraret, Éditions CRÉER, 63340 Nonette (⌕ 73 96 14 07) nützlich.

Unterkunft auf dem Land. — Man wende sich an Maison des Gîtes de France, 35, rue Godot-de-Mauroy, 75009 Paris, ⌕ 47 42 25 43.

Tourismus - auch für Behinderte
Eine gewisse Zahl der in diesem Führer beschriebenen Sehenswürdigkeiten ist für Behinderte zugänglich gemacht worden. Diese sind im Taschenbuch **„Touristes quand même"** aufgeführt, das vom Französischen Verband für die Rehabilitation der Behinderten (C.N.F.L.R.H., 38, Bd Raspail, 75007 Paris) in französischer Sprache herausgegeben wurde; die Verwendung von Piktogrammen (Legende in Deutsch) macht seine Lektüre aber auch bei geringen Französischkenntnissen möglich. Behandelt sind fast 90 französische Städte. Schwerhörige, Sehgeschädigte und Körperbehinderte finden viele wertvolle praktische Hinweise für Besichtigung und Aufenthalt.
Die Michelin-Publikationen Hotelführer **France** und **Camping Caravaning France** verweisen auf Hotels und Campingplätze, die über sanitäre Einrichtungen für Körperbehinderte verfügen.

VERSCHIEDENES

Preise. — Die im vorliegenden Reiseführer angegebenen **Eintrittspreise** folgen der allgemeinen Entwicklung und können sich seit der Drucklegung geändert haben. Gruppentarife wurden nicht berücksichtigt. Viele Museen gewähren an Sonn- und Feiertagen Ermäßigung; Kinder zahlen häufig die Hälfte.
In Hotels und Restaurants ist das **Bedienungsgeld** (Service, etwa 15 %) in der Rechnung inbegriffen. Es ist üblich, zusätzlich ein **Trinkgeld** (pourboire) zu geben; auch Friseure, Taxifahrer und Platzanweiserinnen in Kinos und Theatern erwarten es.

Öffnungszeiten. — Größere **Geschäfte** und Kaufhäuser sind werktags von 9.30-18.30 Uhr geöffnet. Kleinere Lebensmittelgeschäfte schließen meist in der Mittagszeit von 12.30-16 Uhr und sind abends länger geöffnet. Weinhandlungen, Bäckereien, Metzgereien und Blumengeschäfte haben am Sonntagmorgen bis 13 Uhr auf.
Die am Wochenende arbeitenden Betriebe sind montags morgens oder ganztägig geschlossen.

Banken. — Die Geschäftszeit der Banken ist im allgemeinen Montag bis Freitag von 9.30-12 und 14-16.30 Uhr. Am Vortag eines Feiertages schließen die Banken schon um 12 Uhr.

Museen. — Die staatlichen Museen sind meist dienstags und an Feiertagen geschlossen. Der Zutritt ist, besonders bei Führungen, 1/2 Std. vor Schließung nicht mehr möglich.

Kirchen. — Sie sind häufig von 12-14 Uhr geschlossen. Während der Gottesdienste sind die Kirchen nicht zu besichtigen.

Postämter. — Sie sind in größeren Städten von Montag bis Freitag von 8-19 Uhr, in den anderen Orten von 9-12 und 15-18 Uhr geöffnet sowie samstags vormittags bis 12 Uhr. Auslandsgespräche kann man von hier, vom Hotel und den hierfür bestimmten Telefonzellen führen (Vorwahl für Deutschland: 19-49).
In **Tabakläden,** außen durch die rote „Zigarre" mit der Aufschrift „Tabac" gekennzeichnet, kann man außer Tabakwaren Briefmarken kaufen und telefonieren, wozu man Telefonmünzen (jetons) braucht.
Die öffentlichen Fernsprecher sind z. T. Münzfernsprecher; hier benötigt man 1 Franc für Ortsgespräche; häufig ist das Telefonieren jedoch nur noch mit der „Télécarte" möglich, die bei der Post und in Tabakläden erhältlich ist.

Gesetzliche Feiertage, Ferien. — 1. Januar, Ostermontag, 1. und 8. Mai, Christi Himmelfahrt, Pfingstmontag, 14. Juli (Nationalfeiertag), 15. August (Mariä Himmelfahrt), 1. November (Allerheiligen), 11. November (Waffenstillstand 1918), 25. Dezember.
Die **Ferien** um Weihnachten, im Februar und um Ostern werden jährlich neu festgelegt. Die Sommerferien beginnen Anfang Juli und dauern bis Mitte September. Im August schließen viele Geschäfte und Betriebe.

Verkehrshinweise. — Die **Höchstgeschwindigkeit** beträgt in Orten 60 km/h, auf Landstraßen 90 km/h und auf Autobahnen 130 km/h. Wer seinen Führerschein noch nicht ein Jahr besitzt, darf nur 90 km/h fahren; eine Aufschrift am Wagen informiert die anderen Verkehrsteilnehmer.
Die **Autobahnen** in Frankreich sind gebührenpflichtig. Es besteht allgemeine **Gurtanlegepflicht**.

Elektrogeräte. — Deutsche Stecker passen teilweise nicht in französische Steckdosen. Es gibt die Möglichkeit, einen Zwischenstecker *(adaptateur)* zu verwenden. Die Stromstärke ist 220 V, gelegentlich noch 110 V.
Und noch ein praktischer Tip: **Taschenlampe** und **Fernglas** können bei der Besichtigung von Höhlen, Krypten und Kirchen (Fenster, Kapitelle) gute Dienste leisten.

FREIZEITGESTALTUNG

Wandern. — Die Fédération Française de la Randonnée pédestre gibt „Topo-Guides" mit ausführlichen Routenbeschreibungen und unentbehrlichen Hinweisen für den Wanderer heraus. Verkauf: 64, rue de Gergovie, 75014 Paris, ✆ 45 45 31 02.
Auskunft über kleinere Wanderwege bei den Informationsstellen.
Die Broschüren „Circuits de Découverte" von F. und C. Morenas (Saignon, Jugendherberge) führen durch den provenzalischen Colorado, zum Luberon, Mont Ventoux und den Dentelles de Montmirail.

Reiten. — Der Verband Association National pour le Tourisme Équestre (A.N.T.E., 15, rue de Bruxelles, 75009 Paris, ✆ 42 81 42 82) gibt eine Broschüre mit Anschriften der regionalen Reitvereine heraus:
— ATEP (Bouches-du-Rhône, Vaucluse), 28, place Roger-Salengro, 84300 Cavaillon, ✆ 90 78 04 49.
— ATECREL (Gard), 14, rue des Logis, Loupian, 34140 Mèze, ✆ 67 43 82 50.
Die Association des Loueurs de Chevaux de Camargue bietet organisierte, von Hirten begleitete Ausritte in die Sümpfe, an die Strände und zu den Herden an: 55-60 FF pro Stunde, 100-110 FF 2 Stunden, 140 FF 1/2 Tag, 200-220 FF pro Tag. ✆ 90 97 86 27.

Bootsfahrten. — Zur Besichtigung der Festung If (bei Marseille) und den Calanques von Sormiou, Sugiton, En-Vau, Port-Pin und Port-Miou siehe „Besichtigungsbedingungen" S. 191-205, wo Zufahrt und Sehenswürdigkeiten unter dem Eigennamen aufgeführt sind.
Über weitere Schiffsausflüge informieren die Fremdenverkehrsbüros (Syndicat d'Initiative und Office de Tourisme). Die Compagnie Naviginter organisiert täglich von Anfang Juli - Mitte September Fahrten zwischen Le Grau-du-Roi und Aigues-Mortes (Dauer: 1 1/2 Std.) mit der „Cigalou". Abfahrt: Le Grau-du-Roi, Quai gegenüber der Avenue de la gare.
Auskunft und Reservierung: ✆ 66 53 06 09/01 01.
Von Mai - Oktober führt die gleiche Gesellschaft Fahrten auf der Rhone (Lyon-Valence-Avignon-Arles und umgekehrt) durch; Teilstrecken möglich. Auskunft und Reservierung: Naviginter, 3, rue de l'Arbre-Sec, 69001 Lyon, ✆ 78 27 78 02.

Fahrten auf der Kleinen Rhone. — Seite 195.

Wassersport. — Auskunft erteilen die nationalen oder regionalen Sportverbände.
Segeln. — Fédération Française de Voile, 55, avenue Kléber, 75084 Paris Cedex 16, ✆ 45 53 68 00.
Kanu, Kajak. — Fédération Française de Canoë-Kayak, 17, route de Vienne, 69007 Lyon, ✆ 78 61 32 74. Ardèche-Schlucht: siehe „Besichtigungsbedingungen" S. 192.
Tauchen. — Die Fédération Française d'Études et de Sports Sous-Marins (24, quai de Rive-Neuve, 13007 Marseille, ✆ 91 33 99 31) umfaßt etwa 1000 Clubs und gibt ein Buch über den Unterwassersport in Frankreich heraus.
Regionale Verbände des FFESSM sind:
— Comité Régional de Provence, 38, avenue des Roches, 13007 Marseille, ✆ 91 52 55 20.
— Comité Régional Languedoc-Roussillon, 29, rue de Bouleaux, 31200 Toulouse, ✆ 61 47 43 63.

Sportfischerei. — Das Hochseefischen ist ohne besondere Erlaubnis möglich, wenn der Fang für den persönlichen Verzehr bestimmt ist. Das Angeln in Seen und Flüssen unterliegt eigenen Bestimmungen.
Allgemeine Informationen im Faltblatt mit Karte „Pêche en France", das vom Conseil Supérieur de la pêche, 10, rue Péclet, 75015 Paris, ✆ 48 42 10 00 herausgegeben wird.

Jagd. — Auskunft geben: St-Hubert Club de France, 10, rue de Lisbonne, 75008 Paris, ✆ 45 22 38 90 oder die Sekretariate der Jägervereinigungen der jeweiligen Departements.

Klettern. — Der Club Alpin Français, 12, rue Fort Notre-Dame, 13007 Marseille, ✆ 91 54 36 94 organisiert Ausflüge mit erfahrenen Führern.

Höhlenkunde. — Section Spéléologie du Club Alpin Français de Provence (Anschrift siehe oben).

Archäologie. — Man wende sich an Directions des Antiquités Préhistoriques et Historiques der verschiedenen Departements.
Ardèche, Drôme: 23 rue Roger Radisson, 69322 Lyon Cedex, ✆ 78 25 79 16, 78 25 87 62,
Bouches-du-Rhône, Var, Vaucluse: 21-23 boulevard du Roy René, 13617 Aix-en-Provence, ✆ 42 27 98 40.
Gard: 5 bis rue de la Salle l'Évêque, 34000 Montpellier, ✆ 67 52 85 85.
Die Revue „Archeologia" veröffentlicht im Frühjahr eine Liste von Ausgrabungsorten, wo freiwillige Helfer willkommen sind.

Radsport. — Bei den Fremdenverkehrsvereinen sind im allgemeinen Listen der Fahrradverleiher erhältlich.
In einigen Bahnhöfen der französischen Bahn SNCF können Räder entliehen werden (Aix-en-Provence, Avignon, Le Grau-du-Roi, L'Isle-sur-la-Sorgue, Fontaine-de-Vaucluse).
Fédération Française de Cyclotourisme, 8 rue Jean-Marie Jégo, 75013 Paris, ✆ 45 80 30 21.
Ligue Provence de la FFCT (Bouches-du-Rhône, Vaucluse): M. Jacques Maillet, 15 lotissement de la Trévaresse, 13540 Puyricard, ✆ 42 92 13 41.
Der departementale Fremdenverkehrsverband (Comité départemental du Tourisme du Gard, 3 place des Arènes, 30000 Nîmes) gibt kostenlos die Broschüre „cyclotourisme" heraus.

Skifahren. — Skilaufen — auch Langlauf — kann man auf dem Mont-Serein (ein Ventoux-Gipfel, 1 445 m). Auskunft im Bürgermeisteramt (mairie) von Beaumont-du-Ventoux 84350, ✆ 90 65 21 13 oder im Empfangsbüro, ✆ 90 63 49 44.

Kunstgewerbe. — Zahlreiche Werkstätten befinden sich an der Küste und im Hinterland. Im Sommer geben Töpfer, Santons-Hersteller, Weber u. a. Kurse. Auskunft geben die Fremdenverkehrsbüros.

Besichtigung von Kellereien. — In Weingegenden ist überall ein Besuch möglich: linkes und rechtes Rhoneufer, Gegenden um Aix, Cassis, Beaumes-de-Venise.

BUCHVORSCHLÄGE

Domke, H. **„Provence"** (Prestel-Verlag, München)

Fegers, H. **Reclams Kunstführer „Frankreich"** Bd. IV (Reclam jun. Verlag, Ditzingen)

Merian **„Provence"** (Hoffmann & Campe Verlag, Hamburg)

Roll, E. **„Die Waldenser"** (J. Ch. Mellinger Verlag, Stuttgart)

Fink, H., Thomas, M. **„Provence"** (Umschau Verlag, Frankfurt)

Daudet, A. **„Briefe aus meiner Mühle"** (Reclam jun. Verlag, Ditzingen)

Pagnol, M. **„Eine Kindheit in der Provence"** (Verlagsgruppe Langen-Müller Herbig, München)

BEDEUTENDSTE VERANSTALTUNGEN

2. Februar
Marseille .... Kerzenfest

Sonntag vor Fastnacht
Graveson .... Karnevalsumzug

Karfreitag - Ostermontag
Arles .... Oster-Feria: Stierkämpfe
nach spanischer Art

Ostern
Barjac .... Antiquitätenmesse

Ostermontag
Le Beaucet 🆂 Falte 13 .... St-Gens-
Wallfahrt

Ende April
Villeneuve-lès-Avignon .... St. Markus-
Fest: Umzug mit einem
bändergeschmückten Weinstock

Ende April - Anfang Mai
Arles .... Fest der Gardians
(Rinderhirten)

Mitte Mai
Le Beaucet 🆂 Falte 13 .... St-Gens-
Wallfahrt

Sonntag und Montag nach dem 15. Mai
Monteux .... St-Gens-Fest:
Trachtenumzug mit Gewehrsalven,
Predigt auf provenzalisch *(S. 95)*

Wochenende nach Himmelfahrt
Roussillon .... Ocker-Fest

24. und 25. Mai
Stes-Maries-de-la-Mer
Zigeunerwallfahrt *(S. 159)*

Pfingsten
Apt ..... Großer Reiterzug; Musikfestival
Nîmes .... Pfingst-Feria: Stierkämpfe

Juni - September
Nîmes ..... Stierkämpfe nach spanischer
und provenzalischer Art

1. Juni
Boulbon .... Flaschen-Umzug
mit Segnung des Weins;
Kirchengesang in St-Marcellin

1. oder 2. Sonntag im Juni
Courthézon 🆂 Falte 12 ...... Reben-Fest;
Predigt auf provenzalisch; Tanz und
Dankeshymne von 1493

23. Juni
Valréas .... Fest des Kleinen
St. Johannes *(S. 176)*

Sonntag nach dem 24. Juni
Allauch .... Provenzalisches Johannis-
Fest; Segnung der Tiere

Mitte Juni - Mitte September
Fontaine-de-Vaucluse .... Ton- und
Lichtschau

Letztes Wochenende im Juni
Tarascon .... Tarasque-Fest: Folklore-
Umzug, Empfang des Tartarin;
Stierkampf

Ende Juni - Ende Juli
Arles .... Festival von Arles (Ballett,
Musik, Oper, Theater)

Juli
Fontaine-de-Vaucluse,
L'Isle-sur-la-Sorgue,
Langnes, Saumane, Sorgue-Festspiele
Le Thor .... (Musik, Theater, Tanz)

Juli - August
Villeneuve-lès-Avignon. Internationales
Sommertreffen im Kartäuserkloster
(Konzerte, Theater, Ballett-
aufführungen)

1. Samstag im Juli
Martigues .... Venezianisches Fest:
nächtlicher Bootskorso

1. Sonntag im Juli
Châteaurenard .... St. Eligius-Fest:
40 sarazenisch gezäumte Pferde
ziehen die geschmückten Wagen;
Stierkampf

1. Montag im Juli
Arles .... Stierkampf um die Goldene
Kokarde

Anfang Juli - Anfang August
Aix-en-Provence .... Internationale
Musikfestspiele
Vaison-la-Romaine .... Festspiele
von Vaison (Musik, Theater, Ballett)

Anfang Juli - Ende August
Cassis, St-Martin-de-Crau,
Salon-de-Provence .... Festspiele

Juli - September
Arles .... Stierkämpfe nach spanischer
und provenzalischer Art

2 Wochen Anfang Juli
Marseille .... Internationales Folklore-
Festival in Château-Gombert

2. Wochenende im Juli
Nyons .... Oliven-Volksfest

2. Woche im Juli
Arles .. Internationale Foto-Tage *(S. 61)*

1 Woche Mitte Juli
Marseille .... Borély-Theaterabende

Mitte Juli
Carpentras .... Nächtlicher Umzug;
Fest der Notre-Dame de Santé
St-Maximin-
la-Ste-Baume .... Musikabende

Mitte Juli - Anfang August
Orange .... Choregies: Freilichtspiele
im Römischen Theater
(Oper, Symphoniekonzerte, *S. 139*)

2 Wochen Ende Juli
Martigues, Port-de-Bouc,
St-Mitre ...... Festspiele (Theater, Ballett,
Musik, Ausstellungen)
Uzès .... Musiknächte

Mitte Juli - Mitte August
Avignon .... Festival
der dramatischen Kunst *(S. 69)*
Carpentras .... Internationales Festival
„Offenbach und seine Zeit"
(Lyrik, Ballett, Theater)

Mitte Juli - Mitte September
St-Rémy-de-Provence .... „Organa"-
Festival: Orgelkonzerte

3. Woche im Juli
Nîmes .... Internationales Jazzfestival
(im Amphitheater)
Salon-de-Provence .... Jazzfestival;
Musik verschiedener Rassen

21. und 22. Juli
Ste-Baume .... St. Magdalenen-Fest,
Mitternachtsmesse in der Grotte
(S. 157)

Letzte Woche im Juli und 2 Wochen Anfang August
Aigues-Mortes.................................. Festival der dramatischen Kunst

Letzter Sonntag im Juli
Graveson.......................... St. Eligius-Fest, ähnlich wie in Châteaurenard

Ende Juli - Anfang August
Marseille...................... Boule-Wettkampf im Park Borély

Ende Juli - Ende August
Valréas.................... Theateraufführungen (dramatische Kunst)

August
La Roque d'Anthéron..... Internationales Klavierfestival

1. Samstag und Montag im August
Valréas............ Lavendelfest mit Umzug

1. Sonntag im August
Châteaurenard.............. Magdalenenfest: blumengeschmückte Festwagen

2 Wochen Anfang August, alle 3 Jahre (1989, 1992 etc.)
Vaison-la-Romaine......... Internationales Musikfestival Choralies

Woche um den 15. August
Barjac.......................... Antiquitätenmesse

3. Woche im August
Séguret........ Provenzalische Festwoche und Weinfest

Dienstag nach dem 4. Sonntag im August
Monteux................... Johannis-Feuerwerk (die Feuerwerker von Monteux sind für ihre Kunst bekannt)

Ende August
Aigues-Mortes..... Fest des hl. Ludwigs

Jeden Sonntag im September
Le Beaucet 81 Falte 13............ St-Gens-Wallfahrt

2 Wochen im September
Arles...................... Reisernte-Fest

Letztes Wochenende im September
Nîmes.................... Weinlese-Feria

Sonntag, der dem 22. Oktober am nächsten liegt
Stes-Maries-de-la-Mer........ Prozession zum Meer und Segnung des Meeres *(S. 159)*

Letzter Sonntag im November - Epiphanias
Marseille.......... Santons-Messe *(S. 122)*

Anfang Dezember - Anfang Januar
Arles..................... Internationale Santon-Ausstellung

24. Dezember
Allauch... Provenzalische Mitternachtsmesse; Hirten steigen vom Hügel der Notre-Dame-du-Château
Les Baux...................... Hirtenfest; Mitternachtsmesse *(S. 81)*
Fontvieille.. Provenzalische Christmette mit Hirtenspiel *(S. 53)*
St-Michel-de-Frigolet.............. Mitternachtsmesse; Hirten opfern ein Lamm
Ste-Baume...................... Provenzalische Mitternachtsmesse in der Grotte
Séguret.................................. „Pegoulado": provenzalische Mette

Für die im Führer nicht beschriebenen Orte geben wir die Nr. und Faltseite der Michelin-Karte an.

Besichtigungsbedingungen

Aufgrund der schwankenden Lebenshaltungskosten und der veränderlichen Öffnungszeiten geben wir die folgenden Informationen ohne Gewähr.

Die Angaben gelten für Einzelbesucher (ohne Ermäßigung); für Gruppen können im allgemeinen bei Voranmeldung besondere Bedingungen vereinbart werden.

Kirchen sollte man während der Gottesdienste nicht besichtigen; generell sind sie zwischen 12 und 14 Uhr geschlossen. Ist das Innere von großem Interesse, werden genauere Besichtigungszeiten angegeben. Durch Kapellen wird der Reisende meist von der Person geführt, die auch den Schlüssel aufbewahrt; man sollte immer eine Anerkennung oder Spende bereithalten.

In Aix-en-Provence, Arles, Avignon, Beaucaire, Carpentras, Marseille, Nîmes, Nyons, Orange, St-Gilles, Uzès, Vaison-la-Romaine und Villeneuve-lès-Avignon werden während der Reisezeit regelmäßig geführte Stadtbesichtigungen organisiert. Man wende sich an das jeweilige Fremdenverkehrsamt (Office du Tourisme oder Syndicat d'Initiative).

Die Sehenswürdigkeiten, für die besondere Besichtigungsbedingungen gelten, wurden im Hauptteil S. 43-183 durch das Zeichen Ⓥ kenntlich gemacht.

AIGUES-MORTES

Konstanzenturm und Wehrgang. — Eingang unten im Turm. Geöffnet: Anfang Juli-Mitte Sept. täglich, durchgehend; im übrigen Jahr vor- und nachmittags. Geschlossen: 1. Jan., 1. Mai, 1. und 11. Nov., 25. Dez. 15 FF. Einlaß bis 1/2 Std. vor der an Ort und Stelle angegebenen Schließungszeit. Führungen: ☎ 66 53 61 55.

Kirche Notre-Dame des Sablons. — Geöffnet: vor- und nachmittags.

Kapellen der Weißen und Grauen Büßer. — Führungen: im Juli und Aug. auf Anfrage beim Fremdenverkehrsamt (Office de Tourisme), ☎ 66 53 73 00.

Salins du Midi. — Führungen: im Juli und Aug. mittwochs- und freitags nachmittags durch das Fremdenverkehrsamt (Office de Tourisme) von Aigues-Mortes, ☎ 66 53 73 00; dienstags- und donnerstags nachmittags durch das Fremdenverkehrsamt von Le Grau-du-Roi, ☎ 66 51 67 70.

AIX-EN-PROVENCE

Naturkundemuseum. — Geöffnet: vor- und nachmittags. Geschlossen: Sept.-Mai sonn- und feiertags. 4 FF. ☎ 42 26 23 67.

Stiftung St-John-Perse. — Geöffnet: vor- und nachmittags. Geschlossen: samstags, sonn- und feiertags sowie fast den ganzen April, ☎ 42 23 41 81, App. 525. Bei Ausstellungen Führung mit Kassetten.

Heimatmuseum. — Geöffnet: vor- und nachmittags. Geschlossen: montags und feiertags sowie im Okt. 10 FF. ☎ 42 21 43 55.

Hôtel de Châteaurenard. — Geöffnet: täglich, durchgehend. Geschlossen: samstags, sonn- und feiertags.

Tapisseriemuseum. — Geöffnet: vor- und nachmittags. Geschlossen: dienstags, Ende Dez.-Ende Jan., 11. Nov. 8 FF (bei Ausstellungen 13 FF). ☎ 42 21 05 78.

Kathedrale St-Sauveur. — Geöffnet: vor- und nachmittags. Geschlossen: dienstags und sonntags. Um das Triptychon des Brennenden Dornbuschs und die Türflügel zu sehen, wende man sich außerhalb der Gottesdienste an die Aufsichtsperson.

Paul-Arbaud-Museum. — Geöffnet: nachmittags. Geschlossen: sonn- und feiertags sowie im Okt. 10 FF.

Kirche St-Jean-de-Malte. — Geöffnet: vor- und nachmittags (Sonntag spätnachmittags). Geschlossen: mittwochs vormittags.

Granet-Museum. — Geöffnet: vor- und nachmittags. Geschlossen: dienstags (außer im Juli und Aug.), an den meisten Feiertagen sowie Ende Dez.- Ende Jan. 11 FF (bei Ausstellungen 15 FF). ☎ 42 38 14 70.

Kirche Ste-Marie-Madeleine. — Geöffnet: vor- und nachmittags. Geschlossen: sonntags sowie im Juli und Aug. nachmittags.

Pavillon de Vendôme. — Geöffnet: vor- und nachmittags. Geschlossen: dienstags und an Feiertagen. 7 FF. ☎ 42 21 05 78.

Besichtigungsbedingungen

Stiftung Vasarely. — Geöffnet: vor- und nachmittags. Geschlossen: dienstags sowie am 1. Jan., 1. Mai, 25. Dez. 18 FF. ✆ 42 20 01 09.

Cézanne-Atelier. — Führungen (1/2 Std.): vor- und nachmittags. Geschlossen: dienstags und an Feiertagen. 6 FF. ✆ 42 21 06 53.

Ausgrabungen von Entremont. — Geöffnet: vor- und nachmittags. Geschlossen: dienstags und an Feiertagen.

ALLAUCH

Heimatmuseum. — Geöffnet: mittwochs- und samstags nachmittags sowie sonntags vor- und nachmittags. 4 FF.

ANSOUIS

Schloß. — Führungen (3/4 Std.): nachmittags. Geschlossen: dienstags, 1. Jan., 1. Mai, 25. Dez. 15 FF. ✆ 90 79 20 99.

Außergewöhnliches Museum. — Führungen (1/2 Std.): nachmittags. Geschlossen: dienstags. 12 FF. ✆ 90 79 20 88.

APT

Ehemalige Kathedrale Ste-Anne. — Geöffnet: vor- und spätnachmittags; Führungen Anfang Juli-Anfang Sept. um 11 und 17 Uhr. Geschlossen: montags und sonntags nachmittags.

Kirchenschatz. — Führungen (1/4 Std.): Anfang Juli-Anfang Sept. vor- und nachmittags. Geschlossen: montags sowie an Sonn- und Feiertagen.

Archäologisches Museum. — Geöffnet: vor- und nachmittags. Geschlossen: dienstags sowie an Sonn- und Feiertagen. 3,40 FF. ✆ 90 74 00 34.

ARDÈCHE (Schlucht)

Je nach Jahreszeit und Wasserstand sind 6-9 Std. für die Flußfahrt vorzusehen; u. U. ist das Passieren der Stromschnellen nicht ganz einfach. Schwimmkenntnisse sind unbedingt erforderlich.

Äußerst nützlich ist der wasser- und reißfeste „Plan de descente des Gorges de l'Ardèche", herausgegeben von der Association pour la Protection des Gorges de l'Ardèche, der an allen örtlichen Verkaufsstellen erhältlich ist.

Am Ufer gibt es Picknick-Plätze. Camping ist nur an bestimmten Stellen (Gaud und Gournier; Übernachtung pro Person: 5 FF) erlaubt.

Bootsfahrt. — Die Association des Bateliers de l'Ardèche veranstaltet Fahrten auf der Ardèche für 4-6 Personen, von 2 erfahrenen Bootsführern begleitet. Abfahrt 8 Uhr, Rückkehr gegen 18 Uhr. Auskunft und Reservierung im Fremdenverkehrsbüro (Office de Tourisme) von Vallon-Pont-d'Arc, ✆ 75 88 04 01.

M. J.-L. Tourre, Bauernhof im Tiourre-Tal, Route des Gorges, 07150 Vallon-Pont-d'Arc, ✆ 75 88 02 95, organisiert von Anfang März-Ende Nov. Fahrten in 4-Mann-Booten bis nach Sauze; die Rückfahrt im Taxi ab Sauze ist im Preis von 200 FF pro Person enthalten.

Kanufahrt. — Man wende sich an Locacano-Sports in Salavas, 07150 Vallon-Pont-d'Arc, ✆ 75 88 04 36, der von April-Sept. Kanus oder Kajaks für einen oder mehrere Tage vermietet; Rückfahrt geregelt.

ARLES

Baudenkmäler und Museen (Amphitheater, römisches Theater, Kreuzgang St-Trophime, Museum heidnischer Kunst, Museum für christliche Kunst, Réattu-Museum, Palais Constantin, Alyscamps). — Geöffnet: Anfang Mai-Ende Sept. täglich, durchgehend; im übrigen Jahr vor- und nachmittags. Geschlossen: 1. Jan., 1. Mai, 25. Dez. Im Winter wende man sich für einen Besuch des Palais Constantin an das Réattu-Museum. 10 FF pro Besichtigung, Sammelbillet (einschl. Museon Arlaten): 33 FF. ✆ 90 96 29 35.

Portal der Kirche St-Trophime. — Wird z. Z. restauriert.

Museon Arlaten. — Geöffnet: vor- und nachmittags. Geschlossen: Anfang Okt.-Ende Juni montags sowie am 1. Mai und 25. Dez. 8 FF. ✆ 90 96 08 23.

Espace Van Gogh. — Eröffnung der Mediathek voraussichtl. Ende 1988.

AUBAGNE

Santon-Werkstätten. — Ausstellung Mitte Juli-Anfang Sept.

Weihnachtskrippe. — Ausstellung Anfang Dez.-Anfang Febr.

„Die kleine Welt des Marcel Pagnol". — Ausstellung Mitte Febr.-Mitte Nov.

Museum der Fremdenlegion. — Geöffnet: Anfang Juni-Ende Sept. vor- und nachmittags; im übrigen Jahr mittwochs, samstags und sonntags, vor- und nachmittags. Geschlossen: montags, außerhalb der Saison auch dienstags, donnerstags und freitags. ✆ 42 03 03 20.

AURIOLLES

Mas de la Vignasse. — Führungen (1 1/2 Std.): Anfang Mai-Ende Sept. vor- und nachmittags. 20 FF. ✆ 75 39 65 07.

Besichtigungsbedingungen

AVIGNON

Papstpalast. — Geöffnet (Führungen: 3/4 Std.): Anfang Juli-Ende Sept. täglich, durchgehend; von den Frühlingsferien bis Ende Juni vor- und nachmittags; im übrigen Jahr nur Führungen vor- und nachmittags. Geschlossen: 1. Jan., 1. Mai, 25. Dez. 19 FF. ✆ 90 86 03 32.
Nicht zu besichtigen sind: die Schatzkammer über dem Jesus-Saal, die Bibliothek im 4. Stock des Engelturms, die beiden Geschosse der Garderobe, das Privatkabinett Benedikts XII. in der 1. Etage des Studienturms und die Betkapelle St-Michel über dem Hirschzimmer. Zur Besichtigung der Kapelle Benedikts XII. (z. Z. Departements-Archiv) wende man sich im voraus an den Direktor des Papstpalastes. ✆ 90 86 16 18.

Petit Palais. — Geöffnet: vor- und nachmittags. Geschlossen: dienstags und an Feiertagen. 13 FF. ✆ 90 46 44 58.

Brücke St-Bénézet und Kapelle St-Nicolas. — Geöffnet: vor- und nachmittags. Geschlossen: dienstags (außer Anfang Juni-Ende Aug.) sowie im Jan. und Febr.

Kirche St-Agricol. — Wegen Restaurierungsarbeiten vorübergehend geschlossen.

Palais du Roure. — Führungen durch die Wohnräume: dienstags vor- und nachmittags. ✆ 90 82 57 51.

Calvet-Museum. — Geöffnet: vor- und nachmittags. Geschlossen: dienstags sowie am 1. Mai, 14. Juli, 1. Nov. und 25. Dez. 14 FF. ✆ 90 86 33 84.

Requien-Museum. — Zugang zur Bibliothek und zu den Arbeitsräumen: vor- und nachmittags. Geschlossen: sonntags, montags sowie an Feiertagen. ✆ 90 82 43 51.

Lapidarium. — Gleiche Besichtigungsbedingungen wie das Calvet-Museum.

Kapelle der Grauen Büßer. — Geschlossen: sonn- und feiertags nachmittags sowie dienstags.

Haus des Königs René. — Wird z. Z. restauriert.

Kirche St-Didier. — Geöffnet: wochentags am Spätnachmittag sowie sonntags vormittags.

Kirche St-Pierre. — Geöffnet: nur sonntags vormittags.

Théodore Aubanel-Museum. — Geöffnet: vormittags. Geschlossen: sonn- und feiertags sowie im Aug.

Kapelle der Schwarzen Büßer. — Wegen Restaurierungsarbeiten vorübergehend geschlossen.

Louis Vouland-Museum. — Geöffnet: Anfang Juli-Ende Sept. vor- und nachmittags; im übrigen Jahr nur nachmittags. Geschlossen: montags, samstags sowie an Sonn- und Feiertagen. ✆ 90 86 03 79.

Kirche St-Symphorien. — Führungen: wochentags am frühen Vormittag und späten Nachmittag; sonntags: vormittags und spätnachmittags. ✆ 90 82 10 56.

BAGNOLS-SUR-CÈZE

Museum für moderne Kunst. — Geöffnet: vor- und nachmittags. Geschlossen: dienstags, 1. und 2. Jan., 1. Mai, 25. und 26. Dez. sowie im Febr. 5,50 FF. Sammelbillet mit dem Archäologischen Museum: 8 FF. ✆ 66 89 60 02.

Archäologisches Museum. — Geöffnet: donnerstags, freitags und samstags vor- und nachmittags. Geschlossen: 1. und 2. Jan., 1. Mai, 25. und 26. Dez. sowie im Febr. 5,50 FF; Sammelbillet mit dem Museum für moderne Kunst: 8 FF. ✆ 66 89 74 00.

La BARBEN

Schloß. — Geöffnet: vor- und nachmittags. Geschlossen: dienstags und am 25. Dez. 20 FF. ✆ 90 55 19 12.

Vivarium. — Geöffnet: vor- und nachmittags. Geschlossen: 25. Dez. 20 FF. ✆ 90 55 19 12.

Zoo. — Geöffnet: vor- und nachmittags; sonntags durchgehend. Geschlossen: 25. Dez. 30 FF. ✆ 90 55 19 12.

BARBENTANE

Schloß. — Führungen (1/2 Std.): vor- und nachmittags. Geschlossen: Allerheiligen-Ostern montags-samstags; mittwochs (außer im Juli, Aug., Sept.) sowie am 1. Jan. und 25. Dez. 18 FF. ✆ 90 95 51 07.

Haus der Ritter. — Keine Besichtigung.

Besichtigungsbedingungen

Le BARROUX

Schloß. — Führungen: Juli und Aug. vor- und nachmittags. 15 FF.

Terrasse. — Ganzjährig freier Zutritt.

Les BAUX-DE-PROVENCE

Parkplatz. — 7 FF, ohne zeitliche Begrenzung

Ehemaliges Rathaus, Museum für zeitgenössische Kunst, Hôtel de Manville. — Geöffnet: Ostern bis Ende Okt. vor- und nachmittags. Die Eintrittskarte für 12 FF berechtigt zur Besichtigung des Archäologischen Museums und der Toten Stadt.

Archäologisches Museum. — Geöffnet: Ostern-Ende Okt. täglich, durchgehend. Die Eintrittskarte für 12 FF berechtigt zur Besichtigung der obengenannten drei Sehenswürdigkeiten sowie der Toten Stadt.

Kathedrale der Bilder. — Geöffnet: täglich, durchgehend. Geschlossen: im Okt. und Nov. dienstags sowie Mitte Nov.-Ende März. 28 FF. ☎ 90 54 38 65.

BEAUCAIRE

Kraftwerk. — Besichtigung (außer samstags, sonn- und feiertags) auf Anfrage mind. 2 Wochen im voraus: Services de la Compagnie Nationale du Rhône, 2 rue André, 69316 Lyon Cedex 04, ☎ 72 00 69 69 oder 28 boulevard Raspail, 75007 Paris, ☎ 45 48 76 26.

Burg. — Geöffnet: vor- und nachmittags. Geschlossen: dienstags. 10 FF.

Museum La Vignasse. — Geöffnet: nachmittags. Geschlossen: montags, dienstags und an Feiertagen. 5 FF. ☎ 66 59 47 61.

Kirche Notre-Dame-des-Pommiers. — Geschlossen: nachmittags und an Feiertagen.

BOLLÈNE

Museum. — Geöffnet: Anfang Apr.-Ende Sept. vor- und nachmittags. Geschlossen: montags und dienstags. ☎ 90 30 14 43.

Stiftskirche St-Martin. — Man wende sich an das Fremdenverkehrsamt, ☎ 90 30 14 43.

BONNIEUX

Alte Kirche. — Man wende sich an M. Bernard Gils, rue Pasteur.

Neue Kirche. — Siehe alte Kirche.

Bäckereimuseum. — Geöffnet: während der Frühlingsferien und Anfang Juni-Ende Sept. vor- und nachmittags. Geschlossen: dienstags; Anfang Okt.-Ende Mai montags-samstags, sowie im Jan. und Febr., am 25. Dez. 5 FF. ☎ 90 75 90 28.

BONPAS (Kartause)

Besichtigung der Höfe, der romanischen Kapelle und der Gärten: täglich, durchgehend. 5 FF.

BOULBON

Kapelle St-Marcellin. — Man wende sich an M. Betton, 10 rue de l'Enclos, ☎ 90 91 13 79.

BUOUX (Fort)

Ganzjährig geöffnet. 7 FF.

CADARACHE (Kernforschungszentrum)

Besichtigung in Gruppen auf schriftliche Anfrage, 3 Wochen im voraus: Bureau des Relations Publiques du centre, B.P. n° 1, 13115 St-Paul-lez-Durance.

CADEROUSSE

Kirche St-Michel. — Ein gläserner Windfang erlaubt einen Blick ins Innere. Wegen einer Führung wende man sich an Mlle Léone Roche, 1 place de l'Église.

CAMARGUE

Naturpark. — Auskunft über Einrichtungen und Aktivitäten im Informationszentrum Ginès (s. dort) oder in den Fremdenverkehrsämtern (Office de Tourisme) von Arles (☎ 90 96 29 35), Stes-Maries-de-la-Mer (☎ 90 47 82 55) oder Salin-de-Giraud (☎ 42 86 82 11).

Besichtigungsbedingungen

Schutzgebiet. — Sämtliche Auskünfte über einen Besuch erteilt das Centre d'Information de la Capelière, an der D 36 B, östl. des Vaccarès-Sees, 13200 Arles, ☏ 90 97 00 97; geöffnet: montags-freitags vor- und nachmittags.

Deich. — Auf dem Deich und dem Küstenstreifen ist ein 20 km langer Rundweg angelegt; für motorisierte Fahrzeuge gesperrt.

Wachsfigurenkabinett. — Geöffnet: Anfang Apr.-Ende Okt. vor- und nachmittags; im Febr., März und Nov. nur an Sonn- und Feiertagen vor- und nachmittags. Geschlossen: im Jan. und Dez. 15 FF. ☏ 90 97 87 42.

Ausflugsfahrten auf der Kleinen Rhone. — Regelmäßige Fahrten zwischen Ende März und Anf. Nov.: im Juli und Aug. 4 Abfahrten täglich; im übrigen Jahr 1-2 Abfahrten täglich. Dauer: 1 1/4 Std. 44 FF. Auskunft und Reservierung bei: Capitaine E. Aupy, Bateau „Tiki III", 13460 Stes-Maries-de-la-Mer. ☏ 90 97 81 68.

CARPENTRAS

Ehemalige Kathedrale St-Siffrein. — Geöffnet: vor- und nachmittags.

Kirchenschatz. — Geöffnet: vor- und nachmittags. Geschlossen: dienstags, sonntags vormittags und an Feiertagen. ☏ 90 63 04 92.

Justizpalast. — Führungen wochentags; sich an das Fremdenverkehrsamt wenden. ☏ 90 63 00 78.

Museen. — Führungen: vor- und nachmittags. Geschlossen: dienstags und an Feiertagen. 2 FF. ☏ 90 63 04 92.

Spital. — Geöffnet: montags, mittwochs und donnerstags jeweils vormittags. 5,50 FF. ☏ 90 63 00 78.

Synagoge. — Führungen (3/4 Std.): vor- und nachmittags. Geschlossen: samstags, sonntags und an den jüdischen Feiertagen.

CASSIS

Museum. — Geöffnet: ganzjährig nachmittags. Geschlossen: montags, dienstags, donnerstags sowie an bestimmten Feiertagen. ☏ 42 01 88 66.

Schloß. — Keine Besichtigung

Calanques. — Siehe unter dem jeweiligen Eigennamen

CASTELNAU (Burg)

Führungen (1 Std.): in der Saison täglich, sonst nur sonntags. 17 FF. ☏ 66 83 21 04.

CASTILLE (Schloß)

Keine Besichtigung

CAVAILLON

Kapelle St-Jacques. — Geöffnet: vor- und nachmittags. Geschlossen: dienstags. ☏ 90 71 32 01.

Ehemalige Kathedrale Notre-Dame-et-St-Véran. — Geöffnet: vor- und nachmittags. Geschlossen: sonntags und montags vormittags. ☏ 90 71 32 01.

Synagoge. — Geöffnet: vor- und nachmittags. Geschlossen: samstags sowie am 1. Jan., 1. Mai und 25. Dez. 4 FF.

Museum. — Geöffnet: vor- und nachmittags. Geschlossen: dienstags sowie am 1. Jan., 1. Mai und 25. Dez. 4 FF.

CHÂTEAU-BAS

Römischer Tempel. — Geöffnet: sonntags; wochentags sich im voraus telefonisch anmelden: ☏ 90 59 13 16.

Kapelle St-Cézaire. — Gleiche Besichtigungsbedingungen wie für den römischen Tempel.

CHÂTEAU-GOMBERT

Kirche. — Geöffnet: nur sonntags vormittags.

Museum provenzalischer Volkskunst. — Geöffnet: montags, mittwochs (außer während der Schulferien), samstags und sonntags jeweils nachmittags. Führung mittwochs um 15 Uhr. 10 FF. ☏ 91 68 14 38.

CHÂTEAUNEUF-DU-PAPE

Winzermuseum. — Geöffnet: ganzjährig vor- und nachmittags. ☏ 90 83 70 07.

CHÂTEAURENARD

Burg (Griffon-Turm). — Führungen (3/4 Std.): vor- und nachmittags. Geschlossen: Anfang Juni-Ende Sept. dienstags, donnerstags und samstags jeweils vormittags; Anfang Okt.-Ende Mai dienstags- und freitags nachmittags sowie samstags vormittags; außerdem am 1. Jan. und 25. Dez. 3 FF. ☏ 90 94 07 27.

Besichtigungsbedingungen

La CIOTAT

Kirche Notre-Dame-de-l'Assomption. — Geöffnet: vor- und nachmittags. Geschlossen: samstags nachmittags. ✆ 42 71 43 82.

Stadtmuseum. — Geöffnet: nachmittags. Geschlossen: Anfang Juni-Ende Sept. sonntags nachmittags und an Feiertagen; im übrigen Jahr dienstags, donnerstags und sonntags. 5 FF. ✆ 42 71 40 99.

Le Mugel-Park. — Geöffnet: ganzjährig. Die Aussichtspunkte sind von 12-14 Uhr geschlossen. „Atelier bleu" (Einführung in die Welt des Meeres): ✆ 42 08 07 67.

Ile Verte. — Man wende sich an die Bootsbesitzer am Landungssteg. 16 FF hin und zurück während der Saison.

COCALIÈRE-Höhle

Führungen (1 1/4 Std.): Anfang Apr.-Anfang Nov. vor- und nachmittags. 26 FF. ✆ 66 24 01 57.

CRESTET

Burg. — Wird z. Z. restauriert

CUCURON

Kirche. — Geöffnet: nachmittags.
Heimatmuseum. — Vorübergehend wegen Umgestaltung geschlossen.

DOMAINE CAPITAINE DANJOU

Führungen durch die Werkstätten: vor- und nachmittags. Geschlossen: samstags sowie an Sonn- und Feiertagen. Besuch des Museums: vor- und nachmittags. Geschlossen: montags. ✆ 42 29 24 01.

EN-VAU (Calanque)

Schiffsfahrt (3/4 Std. hin und zurück) ab Cassis, Quai St-Pierre. Der Besuch der Calanques Port-Miou und Port-Pin ist eingeschlossen. 25 FF.

FONTAINE-DE-VAUCLUSE

Parkplatz. — 7 FF.

Höhlenkundliche Ausstellung. — Führungen (1/2 Std.): vor- und nachmittags. Geschlossen: montags und dienstags (außer im Juni, Juli und Aug.) sowie Anfang Nov.-Ende Jan. 15 FF. ✆ 90 20 34 13.

Museum. — Geöffnet: vor- und nachmittags; Anfang März-Mitte Apr. und Mitte Okt.-Ende Dez. nur an den Wochenenden. Geschlossen: Mitte Apr.-Mitte Okt. dienstags sowie im Jan. und Febr. 5 FF.

Kirche St-Véran. — Geöffnet: Ostern-Ende Okt. täglich, durchgehend.

FORESTIÈRE-Höhle

Führungen (1 Std.): Anfang Juni-Ende Aug. täglich, durchgehend; im April, Mai und Sept. vor- und nachmittags. 22 FF. ✆ 75 38 63 08.

FOS-SUR-MER

Hafen. — Führung durch den Hafen: man wende sich an Service des Relations Publiques du Port Autonome, 23 place de la Joliette, 13002 Marseille ✆ 91 91 90 66.

Informationszentrum Centre de vie. — Besichtigung und Filmvorführungen: vor- und nachmittags. Geschlossen: mittwochs, samstags sowie an Sonn- und Feiertagen. ✆ 42 05 03 10.

Besichtigungsbedingungen

GINÈS

Informationszentrum. — Geöffnet: ganzjährig vor- und nachmittags. Geschlossen: Anfang Okt.-Ende Febr. freitags sowie am 1. Jan., 1. Mai und 25. Dez. ℘ 90 97 86 32.

GORDES

Schloß. — Geöffnet: vor- und nachmittags. Geschlossen: dienstags (außer im Juli und Aug.) sowie am 1. Jan., 1. Mai und 25. Dez. 10 FF. ℘ 90 72 02 89.

Dorf der Bories. — Besichtigung täglich, durchgehend. 15 FF. ℘ 90 72 03 48.

Glasmuseum. — Geöffnet: Anfang Febr.-Ende Nov. vor- und nachmittags; im übrigen Jahr nur an Sonn- und Feiertagen vor- und nachmittags. 14 FF (die Eintrittskarte berechtigt auch zum Besuch des Ölmühlen-Museums.

Ölmühlen-Museum. — Geöffnet: Anfang Febr.-Ende Nov. vor- und nachmittags; im übrigen Jahr nur an Sonn- und Feiertagen vor- und nachmittags. 14 FF (die Eintrittskarte ist auch für das Glasmuseum gültig). ℘ 90 72 22 11.

GRIGNAN

Schloß. — Führungen: (1 1/4 Std. zur Besichtigung der Räume im 1. Stock; 35 Min. audiovisuelle Führung mit Besichtigung des 2. Stocks) vor- und nachmittags. Geschlossen: Anfang Nov.- Ende März dienstags, mittwochs vormittags sowie am 1. Jan. und 25. Dez. 16 FF; audiovisuelle Führung: 22 FF; Park: 5 FF. Ton- und Lichtschau (Son et Lumière) Mitte Juli-Mitte Sept. ℘ 75 46 51 56.

Kirche St-Sauveur. — Im Sommer werden mehrere Orgelkonzerte veranstaltet.

HARMAS J.-H. FABRE

Führungen (1 Std.): vor- und nachmittags. Geschlossen: dienstags, im Okt. sowie am 1. Jan., an Ostern, 1. Mai, 1. Nov. und 25. Dez. 9 FF. ℘ 90 70 00 44.

IF (Festung)

Schiffsfahrt (1 1/2 Std. einschl. Besichtigung) ab Quai des Belges im Alten Hafen von Marseille. Abfahrt im Sommer stündlich; im Winter geänderter Fahrplan. 30 FF. Die Besichtigungszeiten sind auf den Fahrplan abgestimmt. ℘ 91 55 50 09.

L'ISLE-SUR-LA-SORGUE

Kirche. — Geöffnet: vor- und nachmittags. Geschlossen: Sonntag spätnachmittags.

Spital. — Führungen: Anfang Juni-Ende Sept. Geschlossen: an Sonn- und Feiertagen. Man wende sich an den Pförtner am Haupteingang.

ISTRES

Heimatmuseum. — Wegen Restaurierungsarbeiten vorübergehend geschlossen. ℘ 42 55 04 97.

Der jährlich neue **Michelin-Hotelführer France** *gibt*
– *eine Auswahl angenehmer, ruhiger und gut gelegener Hotels*
– *Angaben über ihre Einrichtung und Annehmlichkeiten:*
   Schwimmbad, Tennis, Garten usw.
– *eine Auswahl gepflegter Restaurants*
   mit Kennzeichnung durch den **Michelin-Stern** ✦ *bei besonders guter Küche*
– *sorgfältig zubereitete, preiswerte Mahlzeiten*

Der jährlich neue **Michelin-Führer Camping Caravaning France**
informiert Sie über die Ausstattung und Annehmlichkeiten empfehlenswerter Campingplätze: Einkaufszentren, Restaurants, Waschanlagen, Aufenthaltsraum, Tennis, Minigolf, Kinderspielplatz, Planschbecken, Schwimmbad usw.

Besichtigungsbedingungen

LABASTIDE-DE-VIRAC

Schloß. — Führungen (1 Std.): Ostern-Mitte Okt. vor- und nachmittags. 15 FF. ✆ 75 38 61 13.

LOUBIÈRE-Höhle

Führungen (1/2 Std.): ganzjährig nachmittags. Geschlossen: dienstags sowie am 25. Dez. 15 FF. ✆ 91 68 15 02.

LOURMARIN

Schloß. — Führungen (3/4 Std.): vor- und nachmittags. Geschlossen: Anfang Dez.-Ende Febr. dienstags. 15 FF. ✆ 90 68 15 23.

LUBERON (Naturpark)

Informationszentren. — Maison des Pays du Luberon, 1, place Jean-Jaurès, 84400 Apt, ✆ 90 74 08 55. Dokumentation, Wechselausstellungen, regionale Geologie und Paläontologie (geöffnet: vor- und nachmittags außer sonntags). Schloß von La Tour d'Aigues, 84240 La Tour-d'Aigues, ✆ 90 77 50 33 oder 90 77 48 80; Besichtigungsbedingungen für das Museum für Heimatgeschichte und Fayencen-Museum, s. S. 204.

MADELEINE-Höhle

Führungen (1 Std.): im Juli und Aug. täglich, durchgehend, Anfang Apr.-Ende Juni und im Sept. vor- und nachmittags; im Okt. nur sonntags. 21 FF. ✆ 75 04 22 20.

La MADELÈNE (Kapelle)

Man wende sich an das Fremdenverkehrsamt in Bédoin, ✆ 90 65 63 95 (Ostern-Sept.) oder werktags an das Bürgermeisteramt (mairie), ✆ 90 65 60 08.

MAILLANE

Mas du Juge. — Keine Besichtigung.

Museon Mistral — Führungen (1/2 Std.): ganzjährig vor- und nachmittags. Geschlossen: montags und an den meisten Feiertagen. 4 FF. ✆ 90 95 74 06.

MARCOULE

Ausstellung. — Geöffnet: im Juli und Aug. täglich vor- und nachmittags; Apr.-Juni, im Sept. und Okt. nachmittags (außer dienstags und donnerstags); in den Schulferien (außer im Sommer) täglich nachmittags; im übrigen Jahr mittwochs, samstags und sonntags jeweils nachmittags.

MARIGNANE

Bürgermeisteramt. — Die Fassade zum Innenhof wird z. Z. restauriert. Besichtigung auf Anfrage während der Dienstzeit, ✆ 42 88 13 41.

MARSEILLE

Stadtgeschichtliches Museum. — Geöffnet: durchgehend. Geschlossen: sonntags, montags sowie am 1. Jan., 1. Mai, 11. Nov. und 25. Dez. 3 FF. ✆ 91 90 42 22.

Heimatmuseum. — Geöffnet: vor- und nachmittags. Geschlossen: dienstags, mittwochs vormittags, feiertags sowie am 26. Dez. 3 FF. ✆ 91 55 10 19.

Museum der römischen Lagerhäuser. — Geöffnet: nachmittags. Geschlossen: dienstags, mittwochs vormittags, sowie an Feiertagen. 5 FF.

Kulturzentrum. — Geöffnet: nachmittags; donnerstags auch abends. Hier sollen die Sammlungen aus Schloß Borély (Archäologisches Museum und Lapidarium) untergebracht werden. ✆ 91 73 21 60.

Kathedrale La Major. — Geöffnet: vor- und nachmittags. Geschlossen: montags. ✆ 91 90 53 57.

Alte Kathedrale La Major. — Führungen (1 Std.): vor- und nachmittags. Geschlossen: montags. Man wende sich an M. Christian Lamothe, 1, avenue Robert-Schuman. ✆ 91 90 53 57.

Kirche St-Ferréol. — Geschlossen: 12-14 Uhr, samstags, sonntags sowie Anfang Juli-Anfang Okt.

Marinemuseum. — Geöffnet: vor- und nachmittags. Geschlossen: dienstags, feiertags sowie zum Herz-Jesu-Fest. ✆ 91 91 91 51.

Besichtigungsbedingungen

Cantini-Museum. — Geöffnet: nachmittags. Geschlossen: an bestimmten Feiertagen. 3 FF. Die Fayencen-Sammlung soll im Schloß Borely untergebracht werden. ✆ 91 54 77 75.

Basilika Notre-Dame-de-la-Garde. — Freier Zugang oder Führung auf Anfrage. ✆ 91 37 42 82.

Basilika St-Victor. — Geöffnet: vor- und nachmittags. 5 FF. ✆ 91 33 25 86.

Botanischer Garten. — Geöffnet: durchgehend. Geschlossen: dienstags und sonntags. Freier Eintritt außer für das Gewächshaus des 19. Jh.s: 7 FF. Führung nach telefonischer Anmeldung, ✆ 91 55 25 51.

Schloß Borély. — Geöffnet: vor- und nachmittags. Geschlossen: dienstags und mittwochs vormittags. 10 FF (12 FF bei Ausstellungen). Nach dem Umzug der Sammlungen in das Kulturzentrum soll im Schloß ein Kunstgewerbemuseum eingerichtet werden. Für Auskünfte wende man sich montags, dienstags und donnerstags jeweils vormittags an: ✆ 91 73 21 60 oder an das Fremdenverkehrsamt, 4 la Canebière, ✆ 91 54 91 11.

Grobet-Labadié-Museum. — Geöffnet: vor- und nachmittags, Führungen (1 Std.) auf Anfrage. Geschlossen: dienstags, mittwochs vormittags und an Feiertagen. 3 FF. Themenbezogene Führungen mittwochs und sonntags jeweils nachmittags. ✆ 91 62 21 82.

Kunstmuseum. — Geöffnet: vor- und nachmittags. Geschlossen: dienstags, mittwochs vormittags und an bestimmten Feiertagen. 3 FF. ✆ 91 62 21 17.

Naturhistorisches Museum. — Geöffnet: vor- und nachmittags. Geschlossen: dienstags und mittwochs vormittags. 3 FF. ✆ 91 62 30 78.

Zoologischer Garten. — Geöffnet: ganzjährig durchgehend. 5 FF.

Hafen. — Zugang zum Hauptdamm (Digue du Large) für Fußgänger nur an Sonn- und Feiertagen 7-21 Uhr (bzw. 18 Uhr Anfang Okt.-Ende März) durch das Tor Nr. 2 (Arenc). An Werktagen werden Führungen veranstaltet; man wende sich mindestens 1 Woche vorher an die Direction du Port Autonome, Service des Relations Publiques, 23 place de la Joliette, 13002 Marseille. ✆ 91 91 90 66.

MARTIGUES

Kirche Ste-Madeleine-de-l'Ile. — Wird z. Z. restauriert; kann jedoch besichtigt werden. ✆ 42 42 10 65.

Ziem-Museum. — Geöffnet: nachmittags. Geschlossen: montags, dienstags sowie am 1. Jan., 1. Mai, 14. Juli, 1. Nov. und 25. Dez. 5 FF. ✆ 42 80 66 06.

MARZAL-Höhle

Höhlenkundliches Museum, Schacht und Höhle. — Führungen (1 Std.): Anfang Mai-Ende Aug. vor- und nachmittags; im Apr., Sept. und Okt. in der Woche nachmittags, sonn- und feiertags vor- und nachmittags; im März und Nov. sonn- und feiertags jeweils nachmittags. Geschlossen: Anfang Dez.-Ende Febr. 26 FF. ✆ 75 04 12 45.

Vorgeschichtlicher Zoo. — Geöffnet: Anfang Mai-Ende Aug. vor- und nachmittags; im Apr., Sept. und Okt. nur nachmittags; im März und Nov. nur sonn- und feiertags jeweils nachmittags. Geschlossen: Anfang Dez.-Ende Febr. 20 FF. ✆ 75 04 12 45.

MAS DU PONT DE ROUSTY

Siehe unter Pont de Rousty (Mas).

MAZAN

Heimatmuseum. — Geöffnet: im Juli und Aug. täglich nachmittags; im Juni und Sept. nur sonntags nachmittags. ✆ 90 69 71 69.

MÉJANES

Organisierte Ausritte: 50 FF/Std.; Fahrt mit dem kleinen Zug: 10 FF.

MÉNERBES

Kirche. — Man wende sich an das Sekretariat des Bürgermeisteramtes (mairie), dienstags-samstags vor- und nachmittags. ✆ 90 72 22 05.

MONTFAVET

Kirche. — Besichtigung nur für Gruppen; man wende sich an das Pfarramt.

MONTMAJOUR (Abtei)

Geöffnet: vor- und nachmittags. Die Peterskapelle ist nur bei Führungen zu besichtigen. Geschlossen: dienstags sowie am 1. Jan., 1. Mai, 1. und 11 Nov., 25. Dez., außerdem Anfang Okt.-Ende März an Sonn- und Feiertagen jeweils nachmittags. 16 FF. ✆ 90 54 64 17.

Heiligkreuzkapelle. — Keine Besichtigung.

MÜHLE VON DAUDET

Geöffnet: vor- und nachmittags. Geschlossen: im Jan. wochentags. 5 FF. ✆ 90 97 60 78.

Besichtigungsbedingungen

NAGES

Oppidum und archäologisches Museum. — Freie Besichtigung oder Führung (2 Std.) auf schriftliche Anfrage bei Mme Py-Tendille, rue Basse, 30980 Langlade. Preis für die Führung durch Oppidum und Museum: 200 FF. Man wende sich an das Sekretariat des Bürgermeisteramtes. ℘ 66 35 05 26.

NÎMES

Römische Baudenkmäler (Amphitheater, Maison Carrée, Magne-Turm). — Geöffnet: Mitte Juni-Mitte Sept. durchgehend; im übrigen Jahr vor- und nachmittags. Geschlossen: 1. Jan., 1. Mai, 1. und 11. Nov., 24., 25. und 31. Dez. Keine Besichtigung des Amphitheaters an Tagen, an denen eine Vorstellung oder Corrida stattfindet. 23 FF für alle römischen Bauwerke und die Museen; 12 FF für die Besichtigung eines Bauwerks (außer Amphitheater). Museen sind sonntags vormittags geschlossen. Stadtrundfahrten im Bus: Anfang Juli-Mitte Sept. dienstags, donnerstags und samstags; Abfahrt: 9.30 Uhr, Place des Arènes. Auskunft im Fremdenverkehrsamt. ℘ 66 67 29 11.

Archäologisches Museum. — Geöffnet: Mitte Juni-Mitte Sept. durchgehend; im übrigen Jahr vor- und nachmittags. Geschlossen: sonntags vormittags, außerhalb der Saison auch dienstags sowie am 1. Jan., 1. Mai, 1. und 11. Nov., 24. und 25. Dez. Sammelbillet für alle Museen: 15 FF. ℘ 66 67 25 57.

Naturgeschichtliches Museum. — Gleiche Besichtigungsbedingungen wie für das Archäologische Museum. ℘ 66 67 39 14.

Kunstmuseum. — Gleiche Besichtigungsbedingungen wie für das Archäologische Museum. ℘ 66 67 38 21.

Kathedrale Notre-Dame-et-St-Castor. — Geöffnet: vor- und nachmittags

Heimatmuseum. — Gleiche Besichtigungsbedingungen wie für das Archäologische Museum. Es ist vorgesehen, den gesamten ehemaligen Bischofspalast als Heimatmuseum einzurichten. ℘ 66 36 00 64.

NOTRE-DAME-DE-GRÂCE (Kapelle)

Kapelle und Nebengebäude. — Man melde sich in der Eingangshalle rechts. ℘ 90 31 72 01.

NOTRE-DAME-DE-LUMIÈRES (Kirche)

Geöffnet: vor- und nachmittags.

NOTRE-DAME-DES-VIGNES (Kapelle)

Führungen: Anfang Apr.-Ende Nov. täglich (außer dienstags) nachmittags; im übrigen Jahr nur samstags-, sonn- und feiertags nachmittags. Bei der Pförtnerin klingeln.

NOTRE-DAME-DU-GROSEAU (Kapelle)

Man wende sich an das Pfarramt von Malaucène. ℘ 90 65 20 19.

NOVES

Kirche. — Geöffnet: vor- und nachmittags.

NYONS

Ölmühle Ramade. — Geöffnet: vor- und nachmittags; sich im voraus telefonisch anmelden. ℘ 75 26 08 18. Geschlossen: an Sonn- und Feiertagen.

Ölmühle Autrand. — Geöffnet: vor- und nachmittags. Geschlossen: sonntags sowie 2 Wochen Ende Okt. ℘ 75 26 02 52.

Genossenschaft. — Geöffnet: im Sommer durchgehend; im übrigen Jahr vor- und nachmittags.

Ölbaummuseum. — Geöffnet: Ostern-Ende Sept.; im Juli und Aug. donnerstags, freitags und samstags jeweils nachmittags; im übrigen Jahr nur samstags nachmittags. 5 FF. ℘ 75 26 12 12.

Wenn Sie selbst Ihre Reiserouten zusammenstellen wollen, empfehlen wir:

- *Sehen Sie sich zuerst die Karten auf S. 4-5 an. Sie enthalten Streckenvorschläge, touristisch interessante Gegenden, Städte und Hauptsehenswürdigkeiten.*
- *Lesen Sie anschließend im Ortsverzeichnis (ab S. 43) die entsprechenden Beschreibungen. Ausflugsziele wurden den bedeutendsten Zentren unter dem Titel Ausflüge zugeordnet.*

*Außerdem geben die **Michelin-Karten Nr.** 80, 81, 83, 84, 245 und 246 zahlreiche touristische Hinweise: malerische Strecken, Sehenswürdigkeiten, Aussichtspunkte, Flüsse, Wälder usw.*

Besichtigungsbedingungen

OK CORRAL (Vergnügungspark)

Geöffnet: durchgehend (die Karussels sind in der Mittagspause nicht in Betrieb); im März: 1.-8. und sonntags; im Apr. und Mai: mittwochs, samstags, sonn- und feiertags sowie während der Schulferien; Anfang Juni-Ende Aug.: täglich; im Sept.: mittwochs, samstags und sonntags; im Okt. sonntags sowie in den Schulferien. Erwachsene: 50 FF, Kinder bis 10 Jahre: 40 FF. ☎ 42 73 80 05 oder 42 73 82 75.

ORANGE

Römisches Theater. — Geöffnet: Anfang Apr.-Anfang Okt. wochentags durchgehend, sonn- und feiertags vor- und nachmittags; im übrigen Jahr vor- und nachmittags. Geschlossen: 1. Jan., 1. Mai und 25. Dez. 10 FF (die Eintrittskarte ist auch für das Städtische Museum gültig). Führungen: während der Frühlingsferien und Anfang Juni-Mitte Sept.; Auskunft beim Fremdenverkehrsamt. ☎ 90 34 70 88.

Städtisches Museum. — Geöffnet: vor- und nachmittags. Geschlossen: 1. Jan., 1. Mai und 25. Dez. 10 FF (die Eintrittskarte berechtigt auch zum Besuch des römischen Theaters).

ORGNAC-Höhle

Geöffnet: vor- und nachmittags. Geschlossen: Mitte Nov.-Ende Febr. 26 FF. ☎ 75 38 62 51.

ORGON

Kirche. — Nur während der Gottesdienste geöffnet.

PERNES-LES-FONTAINES

Ferrande-Turm. — Führungen auf Anfrage beim Fremdenverkehrsamt, im Juli und Aug. donnerstags vormittags. 5 FF. ☎ 90 61 31 04.

PERRIER (Quelle)

Führungen (50 Min.): vor- und nachmittags. Geschlossen: samstags, an Sonn- und Feiertagen sowie am Jahresende. ☎ 66 87 62 00.

PEYROLLES-EN-PROVENCE

Kirche St-Pierre. — Man wende sich an das Pfarramt, 15, rue de l'Église.
Kapelle St-Sépulcre. — Man wende sich an das Bürgermeisteramt.

PIOLINE (Schloß)

Führungen (3/4 Std.) auf schriftliche Anfrage (mind. 20 Personen) bei: M. J.-L. Vian, Château de la Pioline, 13290 Les Milles.
Auch während des Festivals von Aix-en-Provence (Juli) ist ein Besuch möglich, im Rahmen einer Besichtigung historischer Anwesen dieser Gegend. Pauschalpreis: 85 FF. ☎ 42 26 02 93.

PONT DE GAU

Vogelpark. — Geöffnet: Anfang März-Mitte Nov. 16 FF. ☎ 90 47 82 62.

PONT DE ROUSTY (Mas)

Camargue-Museum. — Geöffnet: Anfang Apr.-Ende Sept. durchgehend; im übrigen Jahr vor- und nachmittags. Geschlossen: Anfang Okt.-Ende März dienstags sowie am 1. Jan., 1. Mai und 25. Dez. 12 FF. ☎ 90 97 10 82.

PONT DU GARD

Parkplatz. — 7,50 FF für 24 Std.

PONT-ST-ESPRIT

Paul Raymond-Museum. — Geöffnet: vor- und nachmittags. Geschlossen: im Febr.; Anfang Juni-Ende Sept. dienstags; im übrigen Jahr montags, dienstags, freitags und samstags sowie am 1. und 2. Jan., Ostern, 1. Mai, 1. und 11. Nov. 25. Dez. 5 FF. ☎ 66 39 09 98.

Besichtigungsbedingungen

PORT-MIOU (Calanque)
Schiffsfahrt (3/4 Std. hin und zurück) ab Cassis, Quai St-Pierre. Der Besuch der Calanques Port-Pin und En-Vau ist eingeschlossen. 25 FF.

PORT-PIN (Calanque)
Schiffsfahrt (3/4 Std. hin und zurück) ab Cassis, Quai St-Pierre. Der Besuch der Calanques Port-Miou und En-Vau ist eingeschlossen. 25 FF.

ROGNES
Kirche. — Man wende sich im voraus an M. Bonnaud, 10 avenue de la Libération, 13840 Rognes.

ST-BLAISE (Ausgrabungsort)
Geöffnet: Juli-Ende Sept. vor- und nachmittags; im übrigen Jahr montags, mittwochs und freitags jeweils nachmittags, an den übrigen Tagen vor- und nachmittags. Geschlossen: dienstags sowie am 1. Mai, 1. und 11. Nov., 25. Dez. 5 FF.

Museum. — Vorübergehend geschlossen

ST-CHAMAS
Kirche. — Sonntags nachmittags geschlossen

ST-CHRISTOPHE (Stausee)
Die Genehmigung zur Besichtigung der Pumpanlagen erhält man bei: Société des Eaux de Marseille, Service Adduction, 25 rue Édouard Delanglade, 13254 Marseille Cedex 6. Mit dieser Genehmigung wende man sich an den Schleusenwärter im Verwaltungsgebäude an der D 543 und dem See.

ST-GABRIEL (Kapelle)
Man wende sich an den Campingplatz „St-Gabriel", ℘ 90 91 19 83.

ST-GILLES
Krypta. — Geöffnet: vor- und nachmittags. Geschlossen: im Jan. und Febr. sowie sonntags (außer Anfang Juli-Ende Sept.), am 1. Jan., 1. und 11. Nov., 25. Dez. 8 FF (Zutritt zur Wendeltreppe). ℘ 66 87 33 75.

Wendeltreppe. — Gleiche Besichtigungsbedingungen wie für die Krypta.

Mönchskeller. — Nur bei Führungen zu besichtigen. ℘ 66 87 33 75.

Romanisches Haus. — Geöffnet: Anfang März-Ende Dez. montags, mittwochs und freitags vor- und nachmittags. ℘ 66 87 40 42.

ST-JEAN-DE-GARGUIER
Kapelle. — Geöffnet: samstags und sonntags jeweils nachmittags.

ST-LAURENT-DES-ARBRES
Kirche. — Sonntags geschlossen. Wegen einer Führung wende man sich an Mme Vian, beim Bürgermeisteramt, ℘ 66 79 44 73.

ST-MARCEL-Höhle
Vorübergehend nicht zu besichtigen; Auskunft beim Bürgermeisteramt von St-Marcel-d'Ardèche, ℘ 75 04 66 11.

ST-MAXIMIN-LA-STE-BAUME
Kulturzentrum. — Auskunft: ℘ 94 78 01 93.

Basilika. — Geöffnet: vor- und nachmittags. Die große Orgel wird z. Z. restauriert

Ehemalige Klosterbauten. — Geöffnet: Anfang Apr.-Ende Okt. vor- und nachmittags. Geschlossen: 1. Mai. 7 FF. ℘ 94 78 01 93.

Besichtigungsbedingungen

ST-MICHEL-DE-FRIGOLET (Abtei)

Freier Zutritt zur Kirche, Führungen im Kreuzgang täglich, durchgehend. Man wende sich an das Geschäft beim Eingang, rechts hinter dem Torbogen.
Messe wochentags um 11 Uhr, Vesper um 20.10 Uhr, große Messe sonntags um 10.30 Uhr. Bedeutende Feste: Karwoche, Ostermontag (Folklorefest), Sonntag nach dem 15. Mai (Fest der Jungfrau vom Guten Heilmittel), letzter Sonntag im Juni (Fest der Kranken), letzter Sonntag im Sept. (Fest des hl. Michael, Prozession), Weihnachten (Mitternachtsmesse, bei der die Schäfer ein lebendes Lamm zum Altar bringen). ☏ 90 95 70 07.

ST-PANTALÉON

Kirche. — Wegen Restaurierung vorübergehend keine Besichtigung.

ST-PONS (Park)

Geöffnet: durchgehend. Geschlossen: montags.

ST-RÉMY-DE-PROVENCE

Ruinen von Glanum. — Geöffnet: vor- und nachmittags. Geschlossen: 1. Jan., 1. und 11. Nov., 25. Dez. 22 FF (Anfang Apr.-Ende Sept.), sonst 10 FF.

Ehemaliges Kloster St-Paul-de-Mausole. — Kirche und Kloster sind täglich, durchgehend zu besichtigen.

Hôtel de Sade. — Führungen (1 Std.): Anfang Apr.-Ende Sept. täglich vor- und nachmittags; im März und Okt. nur samstags, sonn- und feiertags vor- und nachmittags. Geschlossen: in der Saison dienstags sowie Anfang Nov.-Ende Febr. 8 FF. ☏ 90 92 08 10.

Alpilles-Museum. — Geöffnet: Anfang Apr.-Ende Okt. vor- und nachmittags; im März und Nov. nur samstags und sonntags vor- und nachmittags. Geschlossen: in der Saison dienstags sowie Anfang Dez.-Ende Febr. 8 FF. ☏ 90 92 05 22.

ST-ROMAN (Abtei)

Geöffnet: Anfang Juli-Mitte Okt. durchgehend; im übrigen Jahr samstags, sonn- und feiertags sowie in den Schulferien jeweils nachmittags. Geschlossen: in der Saison donnerstags. 5 FF.

ST-SIXTE (Kapelle)

Man wende sich an das Pfarramt von Eygalières.

STES-MARIES-DE-LA-MER

Kirche. — Geöffnet: Anfang Mai-Mitte Sept. vor- und nachmittags; sonst durchgehend. Lichtschalter für Chor, Hauptschiff und Gewölbe (jeweils 1 FF).

Obere Kapelle. — Wird z. Z. restauriert

Wehrgang. — Geöffnet: Anfang Apr.-Mitte Nov. vor- und nachmittags. Geschlossen: Anfang Apr.-Mitte Mai und Anfang Okt.-Mitte Nov. jeweils donnerstags. 9 FF.

Baroncelli-Museum. — Geöffnet: vor- und nachmittags. Geschlossen: Anfang Okt.-Ende Mai dienstags. 7 FF.

SALON-DE-PROVENCE

L'Empéri-Burg. — Geöffnet: vor- und nachmittags. Geschlossen: dienstags sowie am 1. Jan., 1. Mai und 25. Dez. 6 FF. ☏ 90 56 22 36.

Haus des Nostradamus. — Geöffnet: im Juli und Aug. vor- und nachmittags; im Mai und Juni mittwochs, samstags und sonntags jeweils nachmittags; im übrigen Jahr wende man sich an das Heimatmuseum (s. unten). Geschlossen: in der Saison dienstags. 5 FF.

Heimatmuseum. — Geöffnet: vor- und nachmittags. Geschlossen: dienstags sowie samstags, sonn- und feiertags jeweils vormittags, am 1. Jan., 1. Mai, 25. Dez. 3 FF. ☏ 90 56 28 37.

SÉNANQUE (Abtei)

Kulturzentrum. — Auskünfte unter: ☏ 90 72 02 05.

Schlafsaal, Kirche, Kreuzgang und Klostergebäude (außer dem der Laienbrüder). — Geöffnet: im Juli und Aug. durchgehend; im übrigen Jahr vor- und nachmittags. Geschlossen: im Jan. montags-freitags. 20 FF. Führungen (3/4 Std.) auf Anfrage im Juli und Aug.: ☏ 90 72 02 05.

Gebäude der Laienbrüder. — Dieser Bau ist dem Kulturzentrum vorbehalten; keine Besichtigung.

SILVACANE (Abtei)

Kirche, Kreuzgang, Klostergebäude (außer Schlafsaal und Refektorium). — Geöffnet: vor- und nachmittags. Geschlossen: dienstags sowie am 1. Jan., 1. Mai, 1. und 11. Nov. und 25. Dez. 16 FF (Apr.-Sept.), 9 FF (Okt.-März). Führungen (3/4 Std.) auf Anfrage. ☏ 42 50 41 69.

Schlafsaal. — Keine Besichtigung

Refektorium. — Vorübergehend geschlossen

Besichtigungsbedingungen

SORMIOU (Calanque)

Schiffsfahrt (4 Std.) im Juli und Aug. nachmittags ab Marseille, Quai des Belges. Eingeschlossen ist der Besuch der Calanques Sugiton, En-Vau, Port-Pin und Port-Miou. 70 FF. ✆ 91 55 50 09.

SUGITON (Calanque)

Schiffsfahrt (4 Std.) im Juli und Aug. nachmittags ab Marseille, Quai des Belges. Eingeschlossen ist der Besuch der Calanques Sormiou, En-Vau, Port-Pin und Port-Miou. 70 FF. ✆ 91 55 50 09.

SUZE-LA-ROUSSE

Schloß. — Führungen: nachmittags. Geschlossen: dienstags sowie am 1. Jan., 25. Dez. und im Nov. 8,50 FF.

t

TARASCON

Burg. — Führungen (3/4 Std.): Anfang Juni-Ende Sept. durchgehend; im übrigen Jahr vor- und nachmittags. Geschlossen: dienstags sowie am 1. Jan., 1. Mai, 14. Juli, 1. Nov. und 25. Dez. 16 FF in der Saison, sonst 9 FF. ✆ 90 91 03 52.

Haus des Tartarin. — Freie Besichtigung oder Führungen (3/4 Std.): vor- und nachmittags. Geschlossen: an Feiertagen. 7 FF. ✆ 90 91 05 08.

TEILLAN (Schloß)

Führungen durch die Räume (1 Std.): Mitte Juni-Mitte Sept. nachmittags. Besichtigung auf vorherige Anfrage: Ostern-Mitte Juni und Mitte Sept.-Allerheiligen. Geschlossen: montags (außer an Feiertagen - dann dienstags geschlossen). 15 FF. ✆ 66 88 02 38.

Le THOR

Kirche. — Geöffnet: vor- und nachmittags. Geschlossen: montags nachmittags.

Thouzon-Höhle. — Führungen (35 Min.): Anfang Apr.-Ende Okt. vor- und nachmittags. 18 FF. ✆ 90 33 93 65.

La TOUR D'AIGUES

Museum für Heimatgeschichte und Fayencen-Museum. — Geöffnet: vor- und nachmittags. Geschlossen: Mitte Sept.-Mitte Juni montags sowie am 1. Jan. und 25. Dez. 12 FF. ✆ 90 77 50 33 oder 90 77 48 80.

u - v

UZÈS

Kirche St-Étienne. — Besichtigung nur bei Stadtführung möglich. ✆ 66 22 68 88

Herzogsschloß. — Führungen (3/4 Std.): vor- und nachmittags. 20 FF ✆ 66 22 18 96.

Krypta. — Führungen (20 Min.): Mitte Juni-Ende Okt. vor- und nachmittags. Geschlossen: montags. 6 FF sonn- und feiertags, sonst 5 FF. ✆ 66 22 68 88.

Städtisches Museum. — Geöffnet: Mitte Juni-Mitte Sept. nachmittags. Geschlossen: montags. 3,50 FF. ✆ 66 22 68 88.

VAISON-LA-ROMAINE

Ausgrabungsfeld. — Geöffnet: vor- und nachmittags. Pauschaleintritt für alle Bauwerke: 17 FF; Eintrittskarten sind bei jedem Bauwerk erhältlich. ✆ 90 36 02 11

Pfauenvilla. — Keine Besichtigung

Ehemalige Kathedrale Notre-Dame-de-Nazareth. — Im Sommer geführte Besichtigung. Man wende sich an das Fremdenverkehrsamt, ✆ 90 36 02 11.

Kreuzgang. — Geöffnet: vor- und nachmittags. Geschlossen: 1. Jan. und 25. Dez. 4,80 FF. Geführte Besichtigungen an Ostern und im Sommer; man wende sich an das Fremdenverkehrsamt (s. oben).

Besichtigungsbedingungen

VALBONNE (Kartause)

Geöffnet: Mitte März-Mitte Nov. vor- und nachmittags. Geschlossen: sonn- und feiertags vormittags. 10 FF. ⌖ 66 82 79 32, App. 30.

Zelle. — Besichtigung nur im Rahmen einer Gruppenführung möglich.

VALLON-PONT-D'ARC

Tapisserien im Bürgermeisteramt. — Führungen (1/4 Std.): vor- und nachmittags. Geschlossen: an Sonn- und Feiertagen. 3 FF. ⌖ 75 88 02 06.

Seidenraupenfarm. — Geöffnet: Mitte Mai-Ende Sept. vor- und nachmittags. Geschlossen: sonntags. 17 FF. ⌖ 75 88 01 27.

VALREAS

Rathaus. — Führungen (20 Min.): nachmittags. Geschlossen: an Sonn- und Feiertagen. 5 FF während der Ausstellung über die päpstliche Enklave im Juli und Aug. ⌖ 90 35 00 45.

Kirche Notre-Dame-de-Nazareth. — Geöffnet: vor- und nachmittags

Kapelle der Weißen Büßer. — Führungen: Im Juli, Aug. und Sept. nur in der Woche nachmittags.

VAUVENARGUES

Schloß. — Keine Besichtigung

VENASQUE

Baptisterium. — Geöffnet: ganzjährig vor- und nachmittags

Kirche Notre-Dame. — Geöffnet: ganzjährig vor- und nachmittags

VENTOUX (Mont)

Zufahrt. — Auskunft über den Straßenzustand erhält man bei der Station Mont Serein, ⌖ 90 36 03 20 oder in Carpentras, ⌖ 90 67 20 88. Zwischen Nov. und Mai kann es auf den Bergstrecken zu Behinderungen kommen; die D 974 ist zwischen Chalet-Reynard und Mont Serein vom 15. Nov.-15. Apr. gesperrt.

VILLENEUVE-LÈS-AVIGNON

Kartäuserkloster Val de Bénédiction. — Geöffnet: im Juli durchgehend; im übrigen Jahr vor- und nachmittags. Geschlossen: 1. Jan., 1. Mai, 1. und 11. Nov., 25. Dez. 16 FF. Auf Wunsch Führungen, ⌖ 90 25 05 46 oder geführte Besichtigungen, ⌖ 90 25 61 33.

Kulturzentrum. — Auskünfte (insbes. über die Internationalen Sommertreffen) unter: ⌖ 90 25 05 46.

Refektorium. — Keine Besichtigung

Fort St-André. — Mitte Mai-Ende Okt. wende man sich vor- und nachmittags an folgende Nr.: ⌖ 90 88 18 71.

Kapelle Notre-Dame-de-Belvézet. — Keine Besichtigung

Abtei St-André. — Gärten und Terrassen sind vor- und nachmittags geöffnet. 5 FF. ⌖ 90 88 18 71.

Kirche. — Geöffnet: vor- und nachmittags. Geschlossen: dienstags, im Febr. sowie am 1. und 2. Jan., 1. Mai, 25. und 26. Dez.

Städtisches Museum. — Geöffnet: vor- und nachmittags. Geschlossen: dienstags, im Febr. sowie am 1. Mai. 10 FF. ⌖ 90 25 42 03 (Bürgermeisteramt) oder 90 25 61 33 (Fremdenverkehrsamt).

Philippe le Bel-Turm. — Gleiche Besichtigungsbedingungen wie für das Städtische Museum. 5,60 FF.

Register

Cadenet . . . . Ort, Sehenswürdigkeit oder Reisegebiet
(Vaucluse) . . . . Name des Departements
B.-du-R. = Bouches-du-Rhône
Cäsar . . . . Historische Persönlichkeit, Begriff aus Kunst oder Geschichte, ortsübliche Bezeichnung, die im Text beschrieben bzw. näher erklärt werden.

Einzelne Sehenswürdigkeiten (Schloß, Kloster, Höhle etc.) erscheinen unter ihrem Eigennamen.

A

Adhémar, Louis . . . 110
hl. **Ägidius** 149
Aigle (Vallon) 106
Aigues-Mortes (Gard) . . 44
Aiguèze (Gard) 60
Aïoli 40
Aix-en-Provence
(B.-du-R.) 46
Albaron (B.-du-R.) . . . 92
Albertl, Antonio . . . 73
Albigenser . . . 133, 150
Aleppokiefer 17
Allauch (B.-du-R.) 52
Alpilles 53
Amphitheater 33
hl. **Anna** 56
Anna von Österreich 153
Ansouis (Vaucluse) . . . 55
Antonius Pius 133
Les **Antiques** 154
Apt (Vaucluse) 56
Aquädukte 34
Arc (Tal) 52
Ardèche-Schlucht . . . 58
Aristide-Dumont
(Pumpstation) 151
Arles (B.-du-R.) 61
Aubagne (B.-du-R.) . . . 67
Aubanel, Théodore . . 77
*Aucassin und
Nicolette* 25
Auriolles (Ardèche) . . . 68
Autridge (Belvederes) . 59
Avignon (Vaucluse) . . . 69

B

Bagnols-sur-Cèze
(Gard) 78
*Barbarossa,
Friedrich* 63
Banne (Ardèche) 144
Barbegal (Aquädukte) . 53
La **Barben** (Schloß) . . . 80
Barbentane (B.-du-R.) . 80
*Baroncelli,
Baron Folco de* . . 160
Baronnies 12
Le **Barroux** (Vaucluse) . 102
Bartolo, Taddeo di . . 73
Bastide 27
Les **Baux-de-Provence**
(B.-du-R.) 81

Bauxit 16
Beaucaire (Gard) 83
Beaucaire (Kraftwerk) . 83
Le **Beaucet**
(Vaucluse) . . . 189, 190
Beaume-Schlucht . . . 112
Beaumes-de-Venise
(Vaucluse) 102
Bédoin (Vaucluse) . . . 180
*Bellaud
de la Bellaudière* . 24
Benedikt XII. 23
hl. **Bénézet** 26, 75
Berlinghieri 73
Bernus, Jacques . . . 95
Berre (See) 84
Berre-l'Étang (B.-du-R.) 86
Bimont (Staudamm) . . 161
Bollène (Vaucluse) . . . 87
Bonaparte, Lucien . . 152
Bonnieux (Vaucluse) . . 87
Bonpas (Kartause) . . . 105
Bories 110, 114
Botticelli 73
Bouillabaisse 40
Boulbon (B.-du-R.) . . . 131
Boule (Spiel) 10
Braque, Georges . . . 38
Bréa, Louis 74
Bretoul (Mühle) 131
Buoux (Fort) 116

C

Cabane 27
Cadarache
(Kernforschungs-
zentrum) 104
Cadarache (Staudamm) 103
Cadenet (Vaucluse) . . . 88
Caderousse (Vaucluse) 141
Cäsar 118
hl. **Cäsar** 25
Calanques 96
Calès
(Höhlenwohnungen) . 88
Callelongue (B.-du-R.) . 128
*Calvinus, Caius
Sextius* 46
Calvisson (Gard) 137
Camargue 89
Camargue (Naturpark) . 89
Camargue
(Schutzgebiet) 89
Camoins-les-Bains
(B.-du-R.) 107

Camus, Albert . . . 113
Canaille (Cap) 100
Carbonnière-Turm . . . 94
Carpentras (Vaucluse) . 94
Carro (B.-du-R.) 106
Carry-le-Rouet
(B.-du-R.) 106
Cassis (B.-du-R.) 96
**Castelas de
Roquemartine** 55
Castellet (Vaucluse) . . 115
Castelnau (Burg) 172
Casteret, Norbert . . 107
Castille (Schloß) 109
Caume-Plateau
(Aussichtspunkt) 54
Cavaillon (Vaucluse) . . 97
Caveirac (Gard) 137
Cayron-Paß 102
Cecco di Pietro 73
Cézanne, Paul 38, 47, 51
Cèze-Schlucht 79
Le **Chalet-Reynard**
(Vaucluse) 180
Chamaret (Drôme) . . . 177
Char, René 112
**Chassezac-
Höhenweg** 143
Château-Bas (B.-du-R.) 98
Château-d'If (Festung) 127
Château-Gombert
(B.-du-R.) 128
Châteauneuf-du-Pape
(Vaucluse) 98
Châteaurenard
(B.-du-R.) 98
La **Ciotat** (B.-du-R.) . . 98
Clérissy, Joseph . . 120
Cocalière-Höhle 99
Colombier (Belvedere) . 60
Colorado von Rustrel . 57
Comtat Venaissin . . . 100
Die **Concluses** 100
Corniche des Crêtes
(Höhenstraße) 100
Cornillon (Gard) 79
Cornillon-Confoux
(B.-du-R.) 86
Couronne (Cap) 106
Courthézon (Vaucluse) 188
Coutelle (Belvedere) . . 60
*Craponne,
Adam de* 162
Craponne (Canal) . . . 103
Crau-Ebene 101
Crestet (Vaucluse) . . . 102
Crivelli, Carlo 74
Les **Crottes** (Ardèche) . 60
Cucuron (Vaucluse) . . 116

206

D

Daudet, Alphonse . . 132
Daudets Mühle 132
Daumier, Honoré . . 126
**Dentelles
de Montmirail** . . . 101
Diokletian 46
Doline 19
**Domaine Capitaine
Danjou**
(Schloß) 161
*Domenico da
Montepulciano,
Pietro di* 73
Donzère-Mondragon
(Anlage, Kanal) 87
Dumas, Alexandre . . 127
Duran, Frédérique . . 110
Durance (Unterlauf) . . 103
Durand, Marie 44

E

E.D.F. (Canal) 103
Eiche 17
Ensuès-la-Redonne
(B.-du-R.) 106
Entreconque (Felsen) . . 54
Entremont (Plateau) . . 51
En-Vau (Calanque) . . . 96
Erdöl 84
Espigoulier-Paß 158
Espiguette
(Leuchtturm) 147
L' **Estaque** (B.-du-R.) . . 106
Estaque-Massiv 106
Étoile-Massiv 106
Eygalières (B.-du-R.) . . 55
Eyguières (B.-du-R.) . . 55

F

Fabre, J.-H. 141
Fangassier (See) 93
Faraman (Leuchtturm) . 89
Farandole 26
Fauchier, Joseph . . 120
Félibrige 24
Ferrade 92
Figuerolles (Calanque) . 99
Flaumeiche 17
Fontaine-de-Vaucluse 107
Fontvieille (B.-du-R.) . . 53
Forestière-Höhle 60
Forum 32
Fos (Industriehafen) . . . 108
Fos-sur-Mer (B.-du-R.) . 108
Fremdenlegion 67
*Friedrich
Barbarossa* 63
Froment, Nicolas . . . 70

G

Gacholle (Leuchtturm) . 93
Gaddi, Taddeo 73
Galabert (See) 93
Garagaï (Kluft) 161
Gardanne (B.-du-R.) . . 106
Gardon-Schlucht 109
Garigue 18, 109
*Gatta, Bartolomeo
della* 73
Gaud (Belvedere) 59
Gaud-Schleife
(Aussichtspunkt) . . . 60
Gémenos (B.-du-R.) . . 158
Gewürzkräuter 15
Ghirlandaio, Ridolfo . 74
Gigondas (Vaucluse) . . 102
Ginès
(Informationszentrum) 92
Giovanni di Paolo . . 73
Glanum (Ruinen) 155
Glasmuseum 110
*Gogh,
Vincent van* . . 38, 62
Gordes (Vaucluse) 109
Goudargues (Gard) . . . 79
Gournier (Belvedere) . . 59
Grand (Belvedere) 60
Le **Grau-du-Roi** (Gard) . 94
Graveson (B.-du-R.) . . 131
Gregor XI. 70
Grignan (Drôme) 110
Groseau-Quelle 179
Guidon du Bouquet . . 79
*Guihen das
Waisenkind* 26
*Guillem de
Cabestaing* 25
Gyptis 25

H

Harmas J.-H. Fabre . . 141
Haute Corniche
(Höhenstraße) 59
Herkules 25
Huerta, Jean de la . 74
Höllental
(Val d'Enfer) 83

I - J

If (Festung) 127
*Indiennes
(Stoffe)* 133
L' **Isle-sur-la-Sorgue**
(Vaucluse) 112
Istres (B.-du-R.) 85
Jean de l'Ours 26
*Johannes
Hispanicus* 74
Joly, Robert de 19
Jouques (Kraftwerk) . . 104
Juge (Mas) 117

K - L

Kardinal (Turm) 53
Karl von Anjou 23
Karstgebirge 13
Kathedrale
(Belvedere) 59
**Kathedrale
der Bilder** 83
Kermeseiche 17
Kiefer 17
Klemens V. 69
Kreuz der Provence
(Aussichtspunkt) . . . 161
Krippen 39
Labastide-de-Virac
(Ardèche) 60
Labeaume
(Ardèche) 112
Lacoste (Vaucluse) . . . 116
Lagnel, J.-L. 39
Lambesc (B.-du-R.) . . . 163
Lançon
(Aussichtspunkt) . . . 86
Lavandin 14
Lavendel 14
Lavéra (B.-du-R.) 85
Liebeshof 81
Lieferinxe, Josse . . 74
Linden 15
Loubière-Höhle 128
Lourmarin (Vaucluse) . 113
Luberon (Bergkette) . . 113
Luberon (Naturpark) . . 113
Lussan (Gard) 79

M

Madeleine (Belvedere) . 59
Madeleine-Höhle 117
La Madelène (Kapelle) . 180
Madrague-de-Gignac
(B.-du-R.) 106
Maillane (B.-du-R.) . . . 117
Maladrerie (Belvedere) . 59
Malaucène (Vaucluse) . 102
Mallemort (Kraftwerk) . 104
Manades 91
Mandelbaum 17
Mandeln 15
Marcoule
(Atomzentrum) 117
hl. Maria Magdalena 157
Marignane (B.-du-R.) . . 86
Marius 46
Marseillaise 119
Marseille 118
Marseille (Canal) 103
Marseille-Provence
(Flughafen) 86
Marseilleveyre-Massiv 128
Martel, E.-A. 19
hl. Martha 167
Martigues (B.-du-R.) . . 128
Martini, Simone . . . 70
Marzal-Höhle 130
Mas 27
**Mas du Pont
de Rousty** 92
Masson, André 38
Massone, Giovanni . 74
Matisse, Henri 38
hl. Maximinus 157
Mazan (Vaucluse) 95
Mazel, Abraham . . . 44
Mazes (Ardèche) 176
Mazet-Plage
(Ardèche) 144
La Mède (B.-du-R.) . . . 86
Méjanes (B.-du-R.) . . . 93
Ménerbes
(Vaucluse) 130
Meyrargues (B.-du-R.) . 104
Milhaud, Darius . . . 47
Mimet (B.-du-R.) 106
Mirabeau, Graf 46
Mirabeau (Défilé,
Pont de) 104
Miramas-le-Vieux
(B.-du-R.) 86
Mistral, Frédéric 24, 117
Mistral (Wind) 8
hl. Mitre 25
*Le Moiturier,
Antoine* 74
Monaco, Lorenzo . . 73
Montagnette 130
Montclus (Gard) 79
Monteux (Vaucluse) . . 95
Montfavet
(Vaucluse) 78
Montmajour (Abtei) . . 131

Montségur-sur-Lauzon (Drôme) 177	*Picasso, Pablo* 38	**St-Chamas** (B.-du-R.) . . 86
Mont Serein 179	**Pichegu** (Gard) 151	**St-Chamas** (Kraftwerk) 86
Mourre Nègre 115	**Piémanson** (Strand) . . 93	**St-Christophe** (Bassin) 104
Mornas (Vaucluse) . . . 87	*Pierre de Provence* . 25	**St-Estève** (Vaucluse) . . 180
Mugel (Calanque) 99	*Pinie* 17	**St-Estève-Janson** (Kraftwerk) 104
Mühle von Daudet 132	**Pioline** (Schloß) 52	**St-Gabriel** (Kapelle) . . 54
Murs (Paß) 178	**Plan-d'Aups** (Var) . . . 158	**St-Gilles** (Gard) 149
	Platane 17	**St-Gilles** (Schleuse) . . 93
	Pont-d'Arc 58	**St-Jean-de-Garguier** (Kapelle) 68
N	**Pont de Gau** (Vogelpark) 92	**St-Jean-du-Puy** (Kapelle) 159
	Pont de Rousty (Mas) . 92	**St-Julien** (B.-du-R.) 106
Nages (Oppidum) 132	**Pont du Gard** 145	**St-Julien** (Var) 151
Nîmes (Gard) 133	**Pont Flavien** (Brücke) . 86	**St-Laurent-des-Arbres** (Gard) 79
Niolon (B.-du-R.) 106	**Pont Julien** 57	**St-Marcel** (Höhle) 151
Nostradamus (Michel de Notredame) 156, 162	**Pont de Mirabeau** . . . 104	**St-Martin-d'Ardèche** (Ardèche) 60
Notre-Dame d'Aubune (Kapelle) 102	**Pont-St-Esprit** (Gard) . 146	**St-Maximin-la-Ste-Baume** (Var) . 152
N.-D.-de-Grâce (Kapelle) 137	**Pont-St-Nicolas** 109	**St-Michel-de-Frigolet** (Abtei) 153
N.-D.-de-la-Garde (Kapelle) 99	**Port-Camargue** (Gard) . 147	**St-Mitre-les-Remparts** (B.-du-R.) 85
N.-D.-du-Groseau (Kapelle) 179	**Port-de-Bouc** (B.-du-R.) 129	**St-Pantaléon** (Vaucluse) 110
N.-D.-de-Lumières (Kirche) 117	**Port-Miou** (Calanque) . 96	**St-Paul-de-Mausole** (Kloster) 156
N.-D.-des-Marins (Kapelle) 129	**Port-Pin** (Calanque) . . 96	**St-Pilon-Gipfel** 158
N.-D.-des-Vignes (Kapelle) 177	**Port-St-Louis-du-Rhône** (B.-du-R.) 108	**St-Pons** (Park) 158
Nougat 40	**Poulx** (Gard) 109	**St-Rémy-de-Provence** (B.-du-R.) 154
Noves (B.-du-R.) 105	*Pradier, James* 136	**St-Roman** (Abtei) 84
Nyons (Drôme) 138	*Protis* 25	**St-Saturnin-d'Apt** (Vaucluse) 57
	Provence (Canal) 103	**St-Sixte** (Kapelle) 55
	Provenzalisch 24	**St-Sulpice** (Kapelle) 60
O	*Puget, Pierre* 37	**St-Victor-la-Coste** (Gard) 79
	Pytheas 25	**St-Vincent-de-Gaujac** (Oppidum) 79
Ocker 16		**Ste-Baume-Massiv** . . 157
Ockerbrüche 57	**Q – R**	**Stes-Maries-de-la-Mer** (B.-du-R.) 159
Ok Corral (Vergnügungspark) . . 68		**Ste-Victoire-Massiv** . 161
Öl (Oliven-) 16	*Quarton, Enguerrand* . 70	**Salin-de-Badon** (B.-du-R.) 93
Ölbaum 16	*Racine, Jean* 172	**Salin-de-Giraud** (B.-du-R.) 93
Ölmühlen-Museum 110	**Ranc-Pointu** (Belvedere) 60	*Salinen* 16
Oliven 15	**Realtor-Stausee** 52	**Salins-du-Midi** 45
Oppède-le-Vieux (Vaucluse) 116	**Régalon-Schlucht** . . . 105	**Salon-de-Provence** (B.-du-R.) 162
Orange (Vaucluse) 139	*Reisanbau* 89	*Salz* 16
Orgnac-Höhle 142	**Remoulins** (Gard) 109	**Sampzon-Felsen** 113
Orgnac-Plateau 60	*René I.* 23, 46	*Santons* 39
Orgon (B.-du-R.) 143	**Richerenches** (Vaucluse) 177	**Saoupe** (Mont) 100
Oustau 27	*Rieu, Charloun* 82	**Sarrians** (Vaucluse) 95
	Rochecourbière-Grotte 111	**Sausset-les-Pins** (B.-du-R.) 106
	Römer 22	**Sautadet-Fall** 147
P	**Rognes** (B.-du-R.) 104	**Séguret** (Vaucluse) 102
	La Roque-d'Anthéron (B.-du-R.) 104	**Sénanque** (Abtei) 163
Pagnol, Marcel 67	**Roquefavour** (Aquädukt) 52	**Serein** (Mont) 179
Païolive (Wald) 143	**Roquemartine** (Castelas) 55	**Serre de Tourre** (Belvedere) 58
Palmezzo, Marco . . 74	**Roquemaure** (Gard) . . 98	*Sévigné, Mme. de* . 110
Le Paty (Belvedere) 180	**La Roque-sur-Cèze** (Gard) 147	**Silvacane** (Abtei) 166
Pavillon der Königin Johanna 83	**Le Rouet-Plage** (B.-du-R.) 106	**Sormiou** (Calanque) . . 128
Pernes-les-Fontaines (Vaucluse) 144	**Roussillon** (Vaucluse) 147	*Starnina, Gherardo* 73
Perrier (Mineralquelle) 137	**Rouvière** (Belvedere) . 59	*Steineiche* 17
Perrin, Wwe. 120	**Rove-Kanal** 106	*Sternkiefer* 17
Pertuis (Vaucluse) . . . 104	**Ruoms** (Ardèche) 113	*Stierkampf* 26
Pest 119	**Ruoms** (Klamm) 113	**Sugiton** (Calanque) . . 128
Pétanque 10		**Suze-la-Rousse** (Drôme) 167
Petrarca 70, 107	**S**	
Peyrolles-en-Provence (B.-du-R.) 144		
Phokäer 118	**Sabran** (Gard) 79	
	Sabran, Elzéar de . . 25	
	Sade, Marquis de 116	
	Saignon (Vaucluse) . . 115	
	St-Blaise (Ausgrabungsort) . . . 148	
	St-Cannat (B.-du-R.) . . 163	

T-U

Tarascon
  (B.-du-R.) 167
Tarasque 167
Taulignan (Drôme) . . . 111
Teillan (Schloß) 45
Tempelritter
  (Belvedere) 59
Theater (römische) . 33
Thermen 34
Le **Thor** (Vaucluse) 169
Thouzon-Höhle 169
La **Tour-d'Aigues**
  (Vaucluse) 169
La **Treille** (B.-du-R.) . . . 107
Triumphbogen 34
Troubadoure 24
Trüffeln 15
Turenne,
  Raimund von . . . 81
Urbani, Ludovico . . 74
Uzès (Gard) 170

V

Vaccarès-See 93
Vaison-la-Romaine
  (Vaucluse) 172
Valbonne (Kartause) . . 176
Val d'Enfer (Höllental) . 83
Valdes, Petrus 23
Vallon-Pont-d'Arc
  (Ardèche) 176
Valréas (Vaucluse) . . . 176
Vasarely (Stiftung) . . . 51
Vaucluse (Plateau) . . . 13
Vaucluse (Quelle) 107
Vauvenargues (Schloß) 161
Venasque (Vaucluse) . . 178
Venasque (Wald) 178
Veneziano, Paolo . . 43
Ventabren (B.-du-R.) . . 52
Ventoux-Massiv 178
Verdon (Canal) 103
Vernègues (B.-du-R.) . . 163
Verona, Liberale da 74
Verte (Ile) 99
Vieux-Vernègue
  (B.-du-R.) 163
Villeneuve-lès-Avignon
  (Gard) 180
Viterbo, Matteo
  Giovanetti da . . . 70
Vitrolles (B.-du-R.) . . . 183
Vogelpark 92

W-Z

Wachsfigurenkabinett 92
Waldenser 23
Wein 40
Wehrbauten 29
Ziem, Félix 129
Zigeuner 159
Zürgelbaum
  (Micocoulier) 17
Zypresse 17

Bildnachweis: **A.A.A.:** Le Naviose, S. 114 — Nach Foto J.-P. Aerts, S. 88 — Nach Foto **ARCH. PHOT.** Paris, S. 24 und S. 141 — **ARTEPHOT:** Nimatallah, S. 51; Malborough, S. 62; Varga, S. 172 — **BIBLIOTHÈQUE NATIONALE:** S. 24 und S. 46 — J. Bottin, S. 55 — H. Boulé, S. 119 und S. 11 — **CASTELET:** R. Delon, S. 142 — **C.E.D.R.I.:** S. Marmounier, S. 91 — Daspet, S. 37 — **DIAF:** Pratt D. Pries, S. 20 — **EDIMEDIA:** J. Guillot, S. 80 — **EXPLORER:** J.-P. Nacivet, S. 14; F. Jalain, S. 53; R. Claquin, S. 60; G. Martin Guillou, S. 86; G. Carde, S. 10 — **FONDATION VASARELY AIX-GORDES,** S. 109 — Nach J. Formigé (Rechte vorbehalten), S. 66 — Nach Foto G. Gaud, S. 174 — **GIRAUDON:** Lauros, S. 50 und S. 111 — **OUEST-FRANCE:** H. Champollion, S. 145 — **PITCH:** Nach Fotos Cordier, Hayon, Gantes, S. 17; Hayon, S. 18 — **PIX:** M. Marcou, S. 18; Delon, S. 19; S. 69; Gauthier, S. 101; Éd. Arthaud, S. 120; Perdereau, S. 148; G. Gaud, S. 153 und S. 165; A.-M. Bérenger, S. 183 — **P.N.R.C. MAISONS PAYSANNES DE FRANCE:** P. Jourdan, S. 27 — **RAPHO:** P. Briolle, S. 18 und S. 39; R. und S. Michaud, S. 26; Ciccione, S. 67; P. Berger, S. 128; Nach Foto Ciccione, S. 134 — **SCOPE:** Nach Foto J. Guillard, S. 16; J. Sierpinski, S. 43; J. Guillard, S. 110 — Nach Fotos S.L. Villeurbanne, S. 93 und S. 170; — **VLOO:** R. Mangiavacca, S. 132 — Nach Foto **VU DU CIEL:** A. Perceval, S. 62.

MANUFACTURE FRANÇAISE DES PNEUMATIQUES MICHELIN

Société en commandite par actions au capital de 875 000 000 de francs
Place des Carmes-Déchaux - 63 Clermont-Ferrand (France)
R.C.S. Clermont-Fd B 855 200 507
© Michelin et Cie, Propriétaires-Éditeurs 1989
Dépôt légal 1er trim. 1989 - ISBN 2.06.023.761.0 - ISSN 0763-1375

Jede Reproduktion,
gleich welcher Art, welchen Umfangs und mit welchen Mitteln,
ohne Erlaubnis des Herausgebers ist untersagt.

Printed in France - 02.89.20
Photocomposition : S.C.I.A., La Chapelle d'Armentières - Impression : OUEST-IMPRESSION, Rennes, n° 8885